Türkei

Die Südküste

Hans E. Latzke

Gratis-Download: Updates & aktuelle Extratipps des Autors

Unsere Autoren recherchieren auch nach Redaktionsschluss für Sie weiter. Auf unserer Homepage finden Sie Updates und persönliche Zusatztipps zu diesem Reiseführer.

Zum Ausdrucken und Mitnehmen oder als kostenloser Download für Smartphone, Tablet und E-Reader.
Besuchen Sie uns jetzt!
www.dumontreise.de/tuerkei-suedkueste

DUMONT
Reise-Taschenbuch

Unterwegs an der Türkischen Südküste

Auf Entdeckungstour

Karten und Pläne

s. hintere Umschlagklappe

▶ Dieses Symbol im Buch verweist auf die Extra-Reisekarte Türkei – Die Südküste

Liebe Leserin, lieber Leser,

Ankunft Flughafen Antalya, der erste Schritt auf die Gangway, die schwül-warme Luft raubt mir für Sekunden den Atem. Einmal tief Luft holen, Jacke aus, ich bin wieder da. Hoş Geldiniz – willkommen! Ich bin so gern hier, an den Sandstränden der ›türkischen Riviera‹ und in der wilden Bergwelt des Taurus-Gebirges – eine einzigartige Kombination. Und wenn das Meer blau durch das dunkle Grün der Pinienwälder blitzt, wenn die weiche Luft des Mittelmeers ewigen Sommer verspricht, dann scheint das Paradies nicht mehr weit.

Dass man hier bereits im Paradies lebe (während woanders die Leute nur hofften, da hineinzukommen), schrieb einst ein türkischer Journalist, der von Atatürk an die Küste verbannt (!) worden war. Cevat Şakir erfand auch die Blaue Reise, als er mit Bohème-Freunden und großen Raki-Vorräten in einsame Buchten segelte, um über den Sinn des Lebens zu sinnieren. Wer heute in eine solche Situation kommt, sinniert wohl eher über das Glück im Leben und überlegt fieberhaft, wie er möglichst immer in dieser Lage bleiben könnte.

Allerdings wird kein Paradies verschenkt, erst recht nicht dort, wo Tourismusmanager Millionen investieren. Vieles an der Riviera-Küste der Türkei ist mittlerweile zu einem gewaltigen Geschäft geworden. Buchten, wo ich vor Jahren noch ganz allein war, haben sich zu großen Urlaubsorten entwickelt. Aber dennoch: Wer vor allem einfach Urlaub machen und sich erholen will, ist dort gar nicht so schlecht aufgehoben. Die Menschen, mit denen man zu tun bekommt, sind herzlich und aufgeschlossen – arkadaş, Freund, ist eines der ersten türkischen Wörter, die man lernt.

Umso mehr lohnt sich aber auch, einmal abseits der Zentren auf Entdeckungstour zu gehen, sei es bei einer Wanderung, wie ich im Buch einige empfohlen habe, sei es in kleinen Dörfern wie Kızılot, Çıralı, Adrasan, Gelemiş bei Patara oder Selimiye auf der Bozburun-Halbinsel mit ihren familiären Pensionen. In jedem Fall wünsche ich jedem Leser spannende Erfahrungen und interessante Begegnungen.

Herzlichst, Ihr

Am Golf von Yeşilova auf der Bozburun-Halbinsel

Leser fragen, Autoren antworten

Türkische Südküste – meine Tipps

Nur wenig Zeit? Die Südküste zum ersten Kennenlernen

Wer nur über ein verlängertes Wochenende Zeit hat, sollte ein Hotel in der Altstadt von **Antalya** nehmen. Dort wohnt man romantisch in historischen Traditionshäusern, die zumeist auch sehr viel Luxus bieten. Viele gute Restaurants, alt-türkische Architektur, Shoppingmeilen und zwei interessante Museen bieten einen guten Einstieg.

Beim Zeitbudget würde ich zwei Tage für Antalya reservieren, einen Tag für den Ausflug zu den zwei antiken Städten **Perge** und **Aspendos** (Tagestour oder Mietwagen), evtl. mit Abstecher zum **Düden-Wasserfall.** Am vierten Tag geht es zum antiken **Phaselis** und an den **Çıralı-Strand.** Bleibt jetzt noch Zeit, lohnt ein Ausflug in die Berge, entweder zum antiken **Termessos** oder die Fahrt mit der Seilbahn auf den fast 2400 m hohen **Tahtalı Dağı** bei Kemer.

Welche Sehenswürdigkeiten sollte man nicht verpassen?

An der Mittelmeerküste der Türkei gibt es so viele antike Ruinen, dass die Auswahl schwerfällt. In der Region Marmaris/Fethiye sind es **Knidos, Kaunos, Xanthos** und **Patara** mit seinem schönen Sandstrand, für Antalya **Perge, Aspendos** und **Phaselis**. Das sind

Antalya und Umgebung

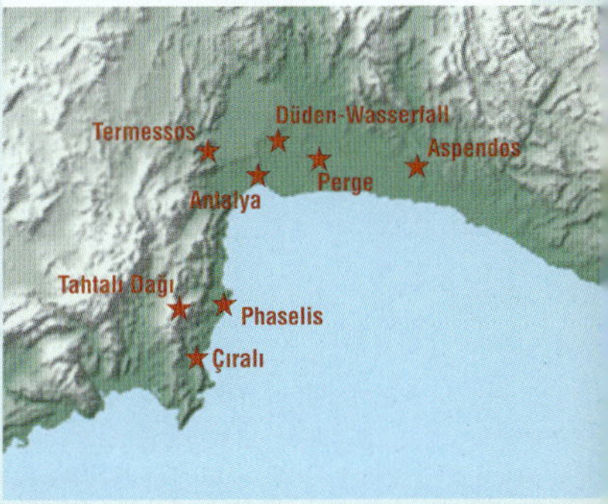

auch lohnende Ziele, wenn man ein Hotel in Side bucht.

Die Region Alanya hat vor allem landschaftliche Reize zu bieten, zum Beispiel das Tal des **Dim Çayı** oder den **Sapadere-Canyon.** Im Westen bieten das Schilfdelta bei **Dalyan** und die **Saklıkent-Schlucht** die besten landschaftlichen Impressionen. Die interessanteste frühchristliche Stätte ist schließlich **Myra** an der lykischen Küste bei Kaş, die Heimat des Bischofs Nikolaus.

Sollten wir individuell fahren?

Viel zu viele Leute reisen pauschal in die Großhotels, obwohl es wirklich überall nette, kleine, familär geführte Unterkünfte gibt – ob romantische Boutique-Hotels, familiäre Pensionen, Aparthotels mit Kitchenette für Selbstversorger oder ländlich-einfache Camphotels –, sodass man sich die lauten All-in-Anlagen nicht antun muss.

Über die Webportale dieser Häuser oder Buchungsportale wie booking.com kann man einfach und sicher bereits von zu Hause aus buchen – auch wenn das preislich nicht die beste Lösung ist, denn vor Ort, an der Rezeption, zahlt man in der Regel weniger.

Welcher Ort ist der richtige?

Marmaris, Fethiye, Kemer, Side, Belek und Alanya sind die Hochburgen des Massentourismus … das lässt sich nicht anders sagen. Die **Luxushäuser** liegen mal ländlich oder strandnah, mal abseits vom Meer oder in urbaner Umgebung – vor der Buchung sollte man mal bei einer Map-Internetseite nachschauen.

Zentren des **Party-Tourismus** sind Marmaris und Alanya, für den **Familienurlaub** sind vor allem Fethiye, Belek und Side geeignet. **Urbanes Flair** bieten Antalya, Alanya und Kemer-Zentrum, die **besten Strände** findet man in Ölüdeniz bei Fethiye, in Tekirova bei Kemer, in Belek und Kumköy bei Side. Nette Kleinstädtchen mit **Individualtourismus** sind hingegen Kaş an der lykischen Küste, Datça westlich von Marmaris geblieben und Kızkalesi östlich von Anamur geblieben.

Brauchen wir einen Mietwagen?

Ein Auto ist natürlich praktisch, um viel zu sehen, auch abgelegene Plätze, die man mit dem Bus nicht erreichen kann. Und davon gibt es so viele, dass ein Mietwagen sich unbedingt lohnt. Zwar werden die bedeutenden Sehenswürdigkeiten, aber auch Schluch-

Der Westen der türkischen Südküste

Start der Bootstouren am Ölüdeniz-Strand

ten und Spaßbäder mit organisierten Ausflügen angefahren, aber dabei ist der Zeitrahmen sehr eng und man landet unweigerlich in einer Verkaufsveranstaltung für Lederjacken, Schmuck oder Teppiche. Autofahren ist in der Türkei übrigens völlig unproblematisch – auch wenn manche Reiseleiter davor warnen (Tipps s. S. 24.)

Lohnt sich eine Rundreise?

Ja, vor allem für den, der viel erleben will oder sich für die antiken Ruinenstädte interessiert. Am besten bucht man einen Gabelflug, hin nach Dalaman, zurück ab Alanya-Gazipaşa; Mietwagen von Sixt oder Avis z. B. kann man auch an anderen Flughäfen abgeben. Dieses Buch ist für eine solche Reise konzipiert, die meisten genannten Hotels nehmen Gäste auch für eine Nacht auf.

Was ist eine ›Blaue Reise‹?

Als ›Blaue Reise‹ bezeichnet man in der Türkei Fahrten mit einem landestypischen Gulet-Boot entlang den türkis schimmernden Küsten der Ägäis und westlichen Mittelmeerküste. Ob mit eigener Charterjacht, Wochentouren mit Kapitän und Smutje oder Tagestouren mit Mittagessen an Bord und vielen Badestopps – nur so lässt sich die wahre Schönheit der türkischen Küste mit ihren vielen, auf dem Landweg oft unerreichbaren Buchten wirklich entdecken. Hochburgen sind Marmaris und Fethiye, am beliebtesten sind dort die Fahrt entlang der Bozburun-Halbinsel und die 12-Islands-Tour im Golf von Fethiye.

Wie ist das Essen in der Türkei?

Die All-in-Verpflegung kann man charakterisieren als durchaus bemüht, aber nicht gut, das Essen in den touristischen Hafenrestaurants als durchaus gut, aber sehr teuer. Mein Tipp, um die echte türkische Küche kennen zu lernen, sind die einfachen Lokanta der Einheimischen. Landestypisches Ambiente, köstliche Schmorgerichte und günstige Preise sprechen für sich – auch wenn es dort inzwischen oft weder Bier noch Wein oder Rakı gibt.

Wo kann man nachts etwas erleben?

In der berühmt-berüchtigten ›Bar Street‹ von Marmaris und am Hafen

Der Osten der türkischen Südküste

von Alanya sind in der Hochsaison Tausende Party-Kids unterwegs, die in den eng aneinandergereihten Tanztempeln und Music-Bars bis 5 Uhr morgens durchfeiern. Laser-Shows, Go-go-Girls, Miss-Wet-Shirt-Wahlen und Foam-Partys gehören zum Standardprogramm. Und die Ü-35-Generationen? Für die gibt es in allen Urlaubsorten groovige Bars, oft mit Oldies, wo man immer einen netten Abend verbringen kann.

Merkt man die Islamisierung?

In den Urlaubszentren eigentlich kaum, auch wenn selbst dort inzwischen alle Alkoholwerbung abgeschraubt werden musste. Und ein paar Clubs mussten wegen zu unsittlicher Aktionen schließen. Nur in Antalya gibt es inzwischen außerhalb der Altstadt fast keine Gelegenheit mehr, abends ein Bier zu trinken. Alle Einheimischen, die das Verbot umgehen wollen, treffen sich heute in den Kneipen der Altstadt, was diese deutlich lebendiger gemacht hat. Oft sorgen zudem Livemusiker für Unterhaltung.

Wanderung in Termessos

Gute Ziele für Wassersportler?

Aktivitäten auf und über dem Wasser werden an allen Stränden mit Großhotels angeboten: von Jet-Skis bis Parasailing, wenn man am Gleitschirm bis 60 m Höhe über das Wasser gezogen wird. Der Hot-Spot für **Taucher** ist Kaş mit sehr vielen Tauchschulen – es geht aber auch in Marmaris, Fethiye oder Alanya.

Die beste Ecke für **Windsurfer** ist die Küste östlich von Datça, wo der steife Ägäiswind von Norden für besonderen Fahrspaß sorgt. Ein neuer Trend ist das **Sea Kayaking,** mit dem Kajak entlang der Küste paddeln, vor allem in Marmaris, Fethiye und Kaş. Spannender noch sind **Raftingtouren** auf dem Dalaman Çayı oder dem

Köprülü Çay, Anbieter in Marmaris/Fethiye oder Side/Alanya.

Etwas Unvergessliches erleben?

Der Tandemsprung am Paragliding-schirm vom fast 2000 m hohen Baba Dağ bei Fethiye/Ölüdeniz – das ist der Kick des Lebens: mit einem Profi springen, über das Meer und die Blaue Lagune fliegen und schweben. Die Tandemprofis tun ihren Job schon seit über 15 Jahren zuverlässig und sicher, Unfälle sind nur bei Individualfliegern vorgekommen.

Zweiter Platz: Canyoning durch eine der wilden Taurus-Schluchten wie etwa den Göynük-Canyon bei Kemer.

Und zum dritten: ein Besuch in einem echten türkischen Hamam, z. B. in der Altstadt von Antalya.

Kann man an der Südküste gut wandern?

Ich persönlich würde nur in den **Wintermonaten** bis Anfang April oder ab Anfang Oktober dazu raten. Im Sommer ist es viel zu heiß, man muss sehr viel Wasser mitschleppen. In diesem Buch sind etliche einfachere Wanderungen und zwei schwierigere Trekking-Touren beschrieben (s. Inhaltsverzeichnis). Für erfahrene Trekker empfehlen sich der Lykische Weg und der St. Paul Trail (s. S. 59).

Wie verhalte ich mich gegenüber Schleppern?

In den Urlaubszentren wird man auf Schritt und Tritt von freundlichen Männern angesprochen, die einen in ein Restaurant lotsen wollen oder in einen Textilmarkt bzw. eine Ausflugstour empfehlen. Das kann ganz schön nerven, und viele verunsichert es sogar auch. Man muss sich nicht entschuldigen, wenn man nicht will. Am besten redet man gar nicht, sondern lernt das türkische Zeichen für ›nein‹: das Kinn leicht hochrecken und mit der Zunge an den Zähnen schnalzen. Das wirkt todsicher.

Ein besonderer Tipp zum Schluss

Eine ganz einzigartige Erfahrung ist ein Nachtpicknick bei den Naturfeuern von Yanartaş bei Çıralı. Sie brennen schon seit Tausenden von Jahren.

Wanderung im Sapadere-Canyon

Besonders eindrucksvoll ist die Stelle, zu der man gut 30 Minuten wandert, im Dunkeln. Also bei Dämmerung hochlaufen – aber unbedingt an eine Taschenlampe für den Rückweg denken!

NOCH FRAGEN?

Die können Sie gern per E-Mail stellen, wenn Sie die von Ihnen gesuchten Infos im Buch nicht finden:
latzke@dumontreise.de
info@dumontreise.de
Auch über eine Lesermail von Ihnen nach der Reise mit Hinweisen, was Ihnen gefallen hat oder welche Korrekturen Sie anbringen möchten, würden wir uns freuen.

Castle Bar in Marmaris – schöne Aussicht abseits vom Trubel, S. 102

Akropolis von Pinara – ein toller Picknickplatz mit Aussicht, S. 138

Lieblingsorte!

Olympos-Strand bei Kemer – Baden vor antiken Ruinen, S. 182

Mermerli-Strand in Antalya – kleine Oase in der Großstadt, S. 202

Plateau der Cuba Bar in Side – zwischen Himmel und Meer, S. 240

Manavgat-Wasserfall bei Side – Gartenpark mit Wasserblick, S. 246

Die Reiseführer von DuMont werden von Autoren geschrieben, die ihr Buch ständig aktualisieren und daher immer wieder dieselben Orte besuchen. Irgendwann entdeckt dabei jeder Autor seine ganz persönlichen Lieblingsorte. Dörfer, die abseits des touristischen Mainstreams liegen, eine einsame Strandbucht, Plätze, die zum Entspannen einladen, ein Stückchen ursprünglicher Natur, eben Wohlfühlorte, an die man immer wiederkehren möchte.

Dimçay-Fluss bei Alanya – lauschige Restaurants im Wasser, S. 268

Alahan bei Silifke – Klosterruinen in der Bergeinsamkeit, S. 285

Schnellüberblick

Marmaris und Datça
Die quirlige Urlaubshochburg Marmaris überzeugt mit Kontrasten: Wildes Nachtleben im Zentrum und einsame Idylle auf der Bozburun-Halbinsel, luxuriöse Hotelanlagen und eng gebaute Urbanisationen auf dichtem Raum nebeneinander. Datça auf der Reşadiye-Halbinsel ist dagegen ein beschauliches Dorf – hier macht man Urlaub unter Türken.
S. 94

Antalya und Umgebung
Heute eine moderne Millionenmetropole, hat Antalya immer noch den schönsten Hafen und die romantischste Altstadt der Türkei. Imposante Monumente aus römischer und alttürki-

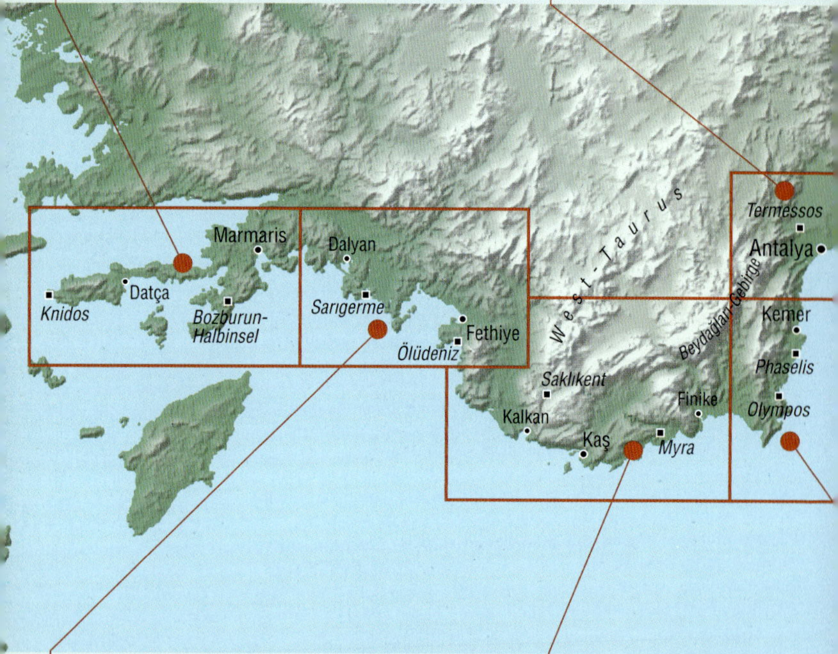

Fethiye und Umgebung
Das Schönste an Fethiye ist, aufs Boot zu steigen und loszufahren: Dann erst erlebt man die wunderbare Küstenlandschaft aus einsamen Buchten und Inseln. Doch die Stadt bietet mehr: ein lebhaftes Basarviertel, die berühmten lykischen Gräber – und Ölüdeniz, die Blaue Lagune der Türkei. Die Region Sarıgerme überzeugt durch ländliches Flair; tolle Ausflugsziele sind Dalyon und Kaunos am Köyçeğiz-See. S. 112

Die lykische Küste von Fethiye bis Finike
Steil fällt der Taurus ins Meer ab, gute Strände sind eher eine Ausnahme. Dafür laden die untergegangenen Städte der Lykier zu Entdeckungstouren, Kaş ist eine Hochburg der Taucher.
S. 132

scher Zeit, ein großartiges Antikenmuseum, quirliges Leben, lange Strände und eine unberührte Bergwelt im Hinterland mit der Ruinenstadt Termessos, all das macht den Reiz der Stadt aus. S. 190

Belek und die Türkische Riviera
Luxushotels, Paradiesstrände und jede Menge Golfplätze – am Strand von Belek verbringt man Urlaub vom Feinsten! S. 214

Side und das İncekum-Gebiet
Ein Dorf in antiken Ruinen, Sandstrände, Wassersport, Kinderclubs, Shoppingmeilen ... Eine sehr touristische Region ohne Einsamkeit. S. 228

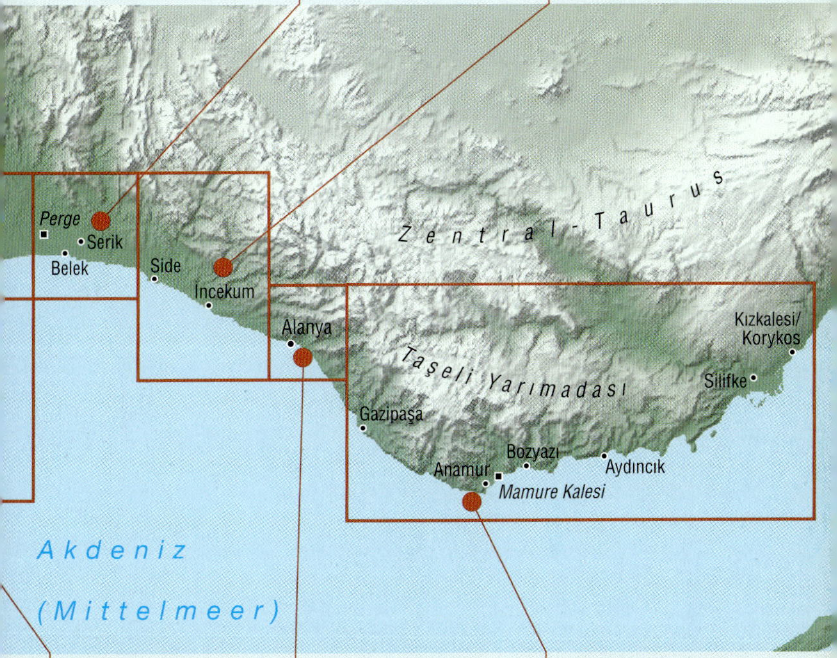

Die Kemer-Küste
Urlaub zwischen den 3000er-Gipfeln des Beydağları-Gebirges und Meergestade, das alles nur 20 km voneinander entfernt. Mittendrin liegen die antiken Städte Phaselis und Olympos. S. 168

Alanya und Umgebung
Die Höhenzüge des Taurus überragen die Stadt mit der Seldschukenburg. Im Zentrum dagegen steht Party auf dem Programm: Alanya ist die Stadt mit dem wildesten Nachtleben der Südküste. S. 254

Von Alanya nach Kızkalesi
Östlich von Alanya ist der Tourismus deutlich weniger präsent; typisch türkische Kleinstädtchen und einsame Ruinenstätten machen den Reiz dieser von Steilküsten geprägten Region aus. S. 272

Reiseinfos, Adressen, Websites

Blick von den lykischen Bergen auf die Küste bei Yediburun mit dem Balartlı-Strand

Informationsquellen

Infos im Internet

www.antalya.de
Sehr viele aktuelle Infos zu den Urlaubsorten zwischen Kalkan und Alanya, Unterkunft, Events, Häuserkauf etc.

www.istanbulpost.net
Deutschsprachige Internetzeitung mit News zur Türkei

www.kesit.com
Kommerzielles Portal einer großen Tourismusagentur, Hotels, Blaue Reisen und Outdoor-Aktivitäten inkl. Bergsteigen

www.kultur.gov.tr
Infos zu allen Regionen der Türkei mit Museen, Sonderausstellungen und speziellen Veranstaltungen; mit englischer Version

www.goturkey.com
Offizielle Fremdenverkehrsseite

www.tuerkei-individuell.de
Portal, das kleine Hotels und Touranbieter in der Region zwischen Marmaris und Antalya vorstellt – alles abseits vom Massentourismus.

www.hurriyetdailynews.com
Eine türkische Zeitung in Englisch, aktuelle Artikel zu Politik und Wirtschaft

www.turkuaz-guide.net
Kommerzielle Tourismus-Site zur Region Südliche Ägäis (Kuşadası bis Fethiye); Hotels, Restaurants, Aktivitäten

Türkische Websites
Die meisten touristischen Anbieter in der Türkei haben bereits eine Homepage. Bei der Internetrecherche wichtig: Soweit es sich um englischsprachige Seiten handelt, werden die türkischen Sonderzeichen (auch die Umlaute) einfach weggelassen. Den Ort Üçağız findet man also unter Ucagiz. Bei türkischsprachigen Seiten werden auf deutschen PCs meist die falschen Zeichen des Standardschriftsatzes dargestellt.

Türkische Fremdenverkehrsbüros

... in Deutschland
Baseler Str. 37, 60329 Frankfurt
Tel. 069 23 30 81, Fax 069 23 27 51
frankfurt@goturkey.com

... in Österreich
www.turkinfo.at
Singerstr. 2/VIII, 1010 Wien
Tel. 01 512 21 28, Fax 01 513 83 26
office@turkinfo.at

... in der Schweiz
www.tuerkei-info.ch
Stockerstr. 55, 8002 Zürich
Tel. 044 221 08 10, Fax 044 212 17 49
info@tuerkei-info.ch

... in der Türkei
In allen größeren Ferienorten ist ein Info-Büro *(Turizm Danışma Bürosu)* zu finden: Man bekommt dort aber in der Regel nur die Prospekte des Fremdenverkehrsamtes, mitunter auch Ortspläne. Besser informieren private Tourbüros, die meist kompetent bei allen Problemen helfen. An zentralen Kreuzungen in den größeren Orten findet man oft große Anzeigetafeln mit einem Stadtplan.

Karten

Die Karten in diesem Buch sind ausreichend, sie werden bei jeder Auflage aktualisiert. In der Türkei selbst sind gute Karten so gut wie nicht erhältlich, erst recht keine verlässlichen Wanderkarten. Es lohnt aber immer, an Kiosken nach Stadtplänen Ausschau zu halten. Eine exakte Wiedergabe darf man bei der rasanten Entwicklung der Türkei (Straßenbau, Städtewachstum, Ortsumbenennungen) jedoch von keiner Karte erwarten.

Hilfreich für Abenteurer ist die Karte World Mapping Project Türkei Mittelmeerküste (Reise Know-How), die mit Höhenschichtenrelief und Gradnetz ausgestattet und damit GPS-tauglich ist.

Literaturtipps

Necla Kelek: Bittersüße Heimat, Bericht aus dem Inneren der Türkei, München 2009: Eine deutschtürkische Soziologin berichtet über die gesellschaftliche Realität in der Türkei.

Necla Kelek: Die verlorenen Söhne. München 2007. Hier schreibt Frau Kelek über türkische Männer, das Nachfolgeprojekt ihres Buches »Die fremde Braut« über Zwangsheirat. Die Kultur des Islam von innen gesehen.

Nazan Eckes: Guten Morgen, Abendland. Almanya und Türkei – eine Familiengeschichte, Köln 2012. Eine Deutschtürkin erzählt von ihrer Kultur und ihrer Integration.

Yaşar Kemal: Memed mein Falke. Zürich 1990. Berühmte Darstellung des Lebens der Çukurova-Region in den 1930er-Jahren. Memed kämpft als Räuber gegen die Großgrundbesitzer.

Brigitte Moser, Michael Weithmann: Landeskunde Türkei. Geschichte, Gesellschaft und Kultur, Tübingen 2008. Derzeit aktuellste Landeskunde zur Türkei, von der stürmischen Entwicklung seit Erscheinen aber auch schon wieder arg überholt.

Wetter und Reisezeit

Heiße, regenlose Sommer und gemäßigte Winter charakterisieren das Klima. Regen fällt nach einer langen sommerlichen Dürreperiode nur in den Wintermonaten. Die Sommer sind sehr trocken und heiß; im Juli und August klettern die Temperaturen auf bis zu 43 °C – für Kreislaufkranke, alte Menschen oder Übergewichtige sind das lebensbedrohliche Verhältnisse.

Den Rest des Jahres prägt wechselhaftes Wetter, wohltuend warm bei Sonne, eher kühl bei Regen. Dennoch ist die vom Taurus-Gebirge abgeschirmte Rivieraküste bei Antalya und Side auch als Winterreiseziel durchaus geeignet. Der Westen, die Region Marmaris und Fethiye, hingegen liegt dann stärker im Einfluss der kalten ägäischen Nordwindzone.

Die beste Zeit für …

Badeurlaub

Badesaison ist an der türkischen Südküste ab Mitte Mai, dann herrscht stabiles Sommerwetter. Bis in den Oktober können Wolkenmassen aus dem Inland nicht zur Küste vordringen. Im August ist es definitiv zu heiß. Die schönste Zeit zum Baden ist der September, denn dann ist auch das Wasser wärmer. Ende Mai bis Anfang Juli ist es warm, das Meer aber noch etwas

Schulferien und Saisonende

Mitte Juli bis Mitte September sind in der Türkei Schulferien, dann kommen auch viele Türken zum Urlaub an die Küste. Die Preise, vor allem für Hotels und Mietwagen, steigen um 40 %.
In der Region Marmaris und Fethiye kommt mit dem 30. Oktober pünktlich das Saisonende, selbst wenn die Herbstferien noch länger dauern. Von einem Tag auf den anderen schließen fast alle Restaurants. An der Riviera nimmt das Angebot zwar ebenfalls merklich ab, in den Touristenorten geht das Leben jedoch weiter.

frisch. Im Oktober kann es regnen, meist ist es aber sonnig-warm, das Meer ist dann am wärmsten.

Rundreisen

Wer längere Touren unternehmen möchte, etwa um die antiken Stätten zu besuchen, fährt im Frühjahr oder im Oktober. Ab Mitte April ist es noch nicht so heiß, die Landschaft wirkt nicht so ausgedörrt wie im Sommer. Im Mai ist die Vegetation am schönsten, im Juni blüht der Oleander, meines Erachtens die schönste Jahreszeit überhaupt. An der Rivieraküste haben die Hotels, jedenfalls die großen, und die Altstadtpensionen in Antalya auch im Winter geöffnet, Richtung Westen (Fethiye, Marmaris) ist spätestens Anfang November endgültig Saisonende.

Sportreisen

Die beste Zeit zum Golfen ist Februar/März, wenn in Belek angenehm frühlingshafte Temperaturen herrschen. Mountainbiken oder auch Wandern kann man am besten im April und Anfang Mai, doch auch dann muss man darauf achten, ausreichend Wasser mitzunehmen. Kanufahren, Rafting oder Paragliding ist am schönsten im Juli oder im September, wenn es heiß, aber nicht zu heiß ist. Noch im März kann man in Antalya die Sonne genießen und oben in den Bergen Ski fahren.

Klimatabelle Antalya

	J	F	M	A	M	J	J	A	S	O	N	D
Mittlere Tagestemperaturen in °C	16	17	18	23	27	32	35	35	32	27	22	18
Mittlere Nachttemperaturen in °C	7	7	8	11	15	19	21	22	19	14	11	8
Mittlere Wassertemperaturen in °C	16	15	15	17	19	22	24	26	25	23	20	17
Sonnenstunden/Tag	4	5	6	8	10	11	12	12	10	8	6	4
Regentage/Monat	11	10	7	4	3	0	0	0	1	5	7	11

Kleidung

Manch einer meint, am besten nähme man gar nichts mit, denn alles, was man braucht, kann man in den Touristenorten spottbillig neu kaufen. Was nicht falsch ist! In den Ferienorten kann man zudem jeden Dresscode vergessen, sommerlich und vor allem sexy ist angesagt.

Für Fahrten ins Gebirge und vor allem bei Reisen im Frühjahr und Herbst sollte man weder wärmende Kleidung noch eine Windjacke vergessen. Für den Besuch der antiken Stätten und für Wanderungen sind Outdoor-Schuhe sowie eine Kopfbedeckung als Sonnenschutz nützlich.

In den Hotels und an der ›Costa Touristica‹ haben sich zwar Shorts und

T-Shirt allgemein durchgesetzt, für geschäftliche Kontakte oder Reisen in nicht vom Tourismus geprägte Gebiete beachtet man aber besser türkische Kleidungssitten: lange Hose, Hemd, Sakko für den Herrn, auch Frauen machen im Business-Look immer eine gute (ehrenvolle) Figur. Frauen sollten stets ein Tuch dabeihaben, um notfalls Haare und nackte Arme bedecken zu können, für Ausflüge aufs Land ist ein langer Rock zu empfehlen.

Anreise und Verkehrsmittel

Einreisebestimmungen

Deutsche oder Schweizer können für einen Aufenthalt unter drei Monaten mit Reisepass oder Personalausweis einreisen. Auch Kinder benötigen ein eigenes Reisedokument: Kinderreisepass oder Personalausweis. Österreicher benötigen einen Pass und müssen an der Grenze ein Visum erwerben. Bei längerem Aufenthalt muss man bei der Ortspolizei eine Aufenthaltsgenehmigung beantragen.

Zoll bei der Einreise: Wertvolle Gegenstände wie Laptops oder Antiquitäten (s. u.) sollten bei der Einreise angemeldet werden. Zigaretten sind in der Türkei billiger als im Duty-Free-Shop oder im Flugzeug. Devisen dürfen in unbegrenzter Höhe eingeführt werden, müssen aber ab einem Wert von 5000-US-$ bei Einreise in die Türkei deklariert werden und ab 10 000 € bei der Ausfuhr aus der EU.

Zoll bei der Rückreise: Beachten Sie die rigiden türkischen Bestimmungen (s. links), aber auch die Einfuhrbestimmungen des einheimischen Zolls (steuerfrei pro Person über 17 Jahre): bis zu 200 Zigaretten oder 100 Zigarillos oder 50 Zigarren oder 250 g Tabak, 1 l Spirituosen über 22 % Vol. oder 2 l Spirituosen mit maximal 22 % Vol. Alkohol sowie 2 l nicht schäumende Weine, 50 g Parfüm und 0,25 l Eau de Toilette sowie andere Waren in einem Wert bis 430 €.

Anreise

Mit dem Flugzeug

Von fast allen Flughäfen im deutschsprachigen Raum werden die Flughäfen Dalaman (Region Marmaris, Fethiye) und Antalya (Kemer, Belek, Side) direkt angeflogen, Alanya und Kızkalesi sind am besten über den neuen Airport Gazipaşa zu erreichen. Gute Verbindungen bieten die Turkish Airlines (turkishairlines.com) oder die SunExpress (sunexpress.com), die mit dem Lufthansa-Konsortium verbunden

Ausfuhr von Antiquitäten, Ausgrabungsfunden und Steinen

Die Ausfuhr von Antiquitäten, auch wenn sie frei erwerbbar sind, Fundstücken und Steinen – auch Steine, die Kinder gesammelt haben –, **steht unter strenger Strafe** (ca. 9000 € Kaution, fünf Jahre Haft). **Beachten Sie daher folgende Regeln:** Für Teppiche muss eine Quittung mit Angabe des Alters vorliegen. Für jedwede Art von alten Gegenständen muss eine Freigabe von der Direktion eines Museums vorliegen. Wertgegenstände müssen im Reisepass eingetragen sein, oder es muss die Quittung eines entsprechenden Geldwechsels vorliegen. Steine oder Mineralien dürfen nur mit einer Erlaubnis des MTA (Institut für Bodenschätze) ausgeführt werden.

Individuelle Nachtankunft in Dalaman

Wer später am Tag in Dalaman landet, sucht die erste Unterkunft am besten in Dalyan, das nur 30 Min. Fahrt entfernt ist. In dem kleinen Örtchen am Fluss gibt es keine Großhotels, aber viele kleine Pensionen und Mittelklassehäuser. Achten Sie bei der Zimmersuche jedoch auf gute Moskitonetze: Aufgrund der nahen Schilfsümpfe sind die Quälgeister dort allgegenwärtig.

ist. SunExpress fliegt Adana über İzmir an, Pegasus (flypgs.com) bietet Flüge direkt ab Antalya, sonst muss man über Istanbul fliegen. Die Flugpreise variieren saisonal erheblich. Die Flugzeit ab Frankfurt beträgt 3 Std. 15 Min.

Flughafen Antalya (AYT): *Antalya Havalimanı,* ca. 15 km östlich des Zentrums mit drei Terminals, einem für Inlandsflüge *(iç hatlar terminalı)* und zwei für internationale Flüge *(1./2. diş hatlar terminalı).* Havaş-Busse ins Zentrum ab Inlandsterminal (10 TL); Taxis ca. 50 TL zur Altstadt. Die Stadtbuslinie 600 fährt 6–22.30 Uhr von allen drei Terminals über die Adnan Menderes Caddesi zum Busbahnhof (Haltestelle ist mit weißem D auf blauem Schild gekennzeichnet). Taxis fahren zu festen Tarifen auch Richtung Side und Alanya (ca. 45–79 €). In den Terminals sind **Wechselschalter** geöffnet (dort aber schlechtere Kurse als bei Banken), ebenso **Mietwagenagenturen.**

Flughafen Dalaman (DLM): *Dalaman Havalimanı,* ca. 70 km von Fethiye, 120 km von Marmaris. Havaş-Busse ca. 8 x tgl. vom Inland-Terminal nach Fethiye und Marmaris (ca. 30 TL). Reguläre Busse ab Dalaman Yeni Otogar, bis dahin per Taxi (ca. 15 TL). Direktfahrt per Taxi zu festen Tarifen (ca. 70 €/180 TL bis Marmaris, ca. 60 €/135 TL bis Fethiye).

Flughafen Gazipaşa (GZP): *Gazipaşa-Alanya Havalimanı,* ca. 45 km von Alanya. Per Taxi 40 € (120 TL), per Havaş Shuttle 5 x tgl. (15 TL).

Drogen

In der Türkei gelten überaus **harte Strafen** für Besitz und Schmuggel von Drogen. Sie sollten alle diesbezüglichen Kaufangebote ablehnen und keinerlei Pakete mit unbekanntem Inhalt zum Transport annehmen – es wurden schon einige junge Touristen zu Haftstrafen über 10 Jahren verurteilt!

Mit dem Auto

Die Strecke Frankfurt–Antalya ist rund 3200 km lang. Bei dem großen, günstigen Angebot an Mietwagen spricht wenig für die Anreise mit dem eigenen Fahrzeug. Wer die viertägige Tortur trotzdem nicht scheut, fährt am besten über Budapest und Bukarest nach Istanbul. Dabei bleibt man in der EU; Visa benötigen Deutsche, Österreicher und Schweizer für Ungarn, Rumänien und Bulgarien nicht mehr. Von Istanbul geht es über Bursa, Afyon und Isparta nach Antalya.

Ab Villach (Österreich) fährt auch ein **Autoreisezug** nach Edirne: Juni bis Okt., je Pkw ca. 260 €, pro Person ab 149 € (2014). Er ist über Optima Tours, München, Tel. 089 548 80 11, www.optimatours.de, zu buchen.

Grenzdokumente sind für den Pkw nicht vorgeschrieben, das Fahrzeug wird jedoch in den Pass eingetragen (Achtung: bei Diebstahl oder Totalverlust Eintragung von der Polizei löschen lassen, sonst kann man nicht ausreisen). Folgende Papiere werden benötigt: nationaler Führerschein, Kfz-Schein sowie internationale Grüne Versicherungskarte, die auch für den asiatischen Teil der Türkei gültig sein muss. Da türkische Haftpflichtversicherungen meist nur unzureichende Entschädigungen leisten, ist eine **Kurzzeitvollkaskoversicherung** ratsam.

Mit dem Schiff
Schiffsverbindungen von Ancona oder Brindisi nach Çeşme werden nicht mehr angeboten.

Verkehrsmittel vor Ort

Flugverbindungen
SunExpress (sunexpress.com) und Pegasus (flypgs.com) unterhalten innertürkische Direktverbindungen, z. B. von Antalya nach Adana (Pegasus), sonst muss man über Istanbul oder Ankara fliegen. Die Preise sind recht günstig.

Busse
Das landesweit wichtigste öffentliche Verkehrsmittel ist der Bus, Eisenbahnverbindungen gibt es an der Küste nicht. Quasi im Stundentakt verbinden Fernbuslinien (Intercity genannt) alle Städte an der Küstenstraße D400. Die Preise sind günstig, z. B. kosten die Strecken Antalya–Fethiye ca. 40 TL, Antalya–Marmaris 50 TL. Nach jeweils 2–3 Std. Fahrt werden längere Pausen eingelegt. Ein Fahrtbegleiter verstaut das Gepäck, bietet regelmäßig Eau de Cologne zur Erfrischung an oder verteilt kleine Wasserflaschen.

Den Intercity-Busverkehr organisieren private Gesellschaften. Varan, Pamukkale oder Koc haben in puncto Komfort und Sicherheit einen guten Ruf. Die **Fahrkarten** werden in den Büros der Unternehmen auf den Busstationen verkauft und gelten auch als Platzkarten.

Die **Busstationen** *(otogar)* der größeren Städte liegen meist außerhalb; zum Stadtzentrum *(şehir merkezi*, sprich *schähir märkäsi)* fährt man per Taxi oder Minibus. Taxifahrer versuchen oft, den Touristen gleichzeitig eine Pension zu vermitteln, um dafür eine Provision zu kassieren. In kleineren Orten oder bei historischen Sehenswürdigkeiten hält der Bus auf Zuruf an; in der Regel kann man die Busse auch auf freier Strecke per Handzeichen stoppen.

Dolmuş/Minibusse
Der Busverkehr auf den Nebenstrecken zu den abgelegenen Orten wird von Minibussen, traditionell *dolmuş* (sprich *dolmusch)* genannt, übernommen. Die Fahrzeuge werden privat betrieben, doch sind die Preise staatlich festgelegt und günstiger als die der Taxis. Meist halten Minibusse auf Zuruf oder Handzeichen an, wenn man aussteigen will, sagt man: *Dur, dur* (Stopp) oder *inecek var* (spr. *indschek warr).* Die Fahrtziele werden auf einem Schild an der Windschutzscheibe angezeigt, die Tickets gibt's an Bord.

Einsteigen und losfahren
Da die Busse selten ausverkauft sind, sucht man einfach einen Bus zum gewünschten Ziel, der schon teilweise besetzt ist. Das ist zumeist der, der als Nächster startet; man kann ohne Probleme während der Fahrt zahlen. In den Hauptreisezeiten, vor allem vor und während der religiösen Feiertage Şeker Bayramı und Kurban Bayramı, empfiehlt es sich jedoch, vorher zu buchen (s. S. 36).

Mietwagen
In allen Städten und touristischen Orten werden Mietwagen angeboten. Internationale Agenturen wie Avis sind in der Regel teurer als die lokalen, bieten jedoch besseren Notfallservice.

Die Tagespreise (ohne Abrechnung nach Kilometern) liegen zwischen 30 € für einen Kleinwagen und 60 € für einen Jeep. Bei längerer Mietdauer werden Rabatte eingeräumt; in der Nebensaison kann man den Preis verhandeln. Man muss Führerschein und Reisepass vorlegen; das Mindestalter beträgt 21 Jahre. Gezahlt wird vorab, wobei stets eine Kaution *(deposit)* über die Kreditkarte verlangt wird. Überprüfen Sie vor Fahrtantritt Reserverad und Wagenheber!

Verkehrsregeln: s. S. 25

Taxis

Die gelben Taxis der Türkei sind im Vergleich zu den Dolmuş teurer, aber immer noch recht billig. Achtung: Seit 2009 ist der erhöhte Nachttarif abgeschafft, dafür der Grundtarif erhöht worden. Er beträgt jetzt 2,73 TL, dazu kommen pro Kilometer 1,97 TL. Offiziell muss jedes Taxi nach Taxameter abrechnen. In den Hotelzonen hat es sich jedoch eingebürgert, zu (überteuerten) Festpreisen zu fahren. Da lohnt es sich oft, im nächsten Ort ein Moped für den ganzen Urlaub zu mieten.

Wichtige Sätze: Bitte Fenster schließen: *Lütfen camı kapatın.* Hier anhalten: *burada durun.* Taxameter anschalten: *taksimetreyi çalıştırın.* Bitte warten Sie: *lütfen bekleyin.*

Hinweisschilder

Dikkat	Achtung
Dur	Stopp
Yavaş	Langsam
Insaat	Baustelle
Tehlikeli Viraj	Gefährliche Kurve
Bozuk Satıh	Schlechte Straße
Taşit Giremez	Gesperrt
Sollamayın	Überholverbot
Tek Yön	Einbahnstraße
Park Yapılmaz	Parkverbot
Şehir Merkezi	Stadtzentrum

Autofahren

Mittlerweile sind alle wichtigen Straßen an der Südküste zu sehr gutem Standard ausgebaut worden; die Staatsstraße D400 ist zumeist dreispurig, auf großen Strecken zwischen Antalya und Alanya sogar autobahnähnlich ausgebaut. In Bergregionen jedoch muss man mit kurvigen, schmalen und an Steilabstürzen völlig ungesicherten Pisten rechnen. Hier macht das Fahren wegen der tiefen Schlaglöcher und der gewaltigen Staubfahne bei Geschwindigkeiten von kaum mehr als 35 km/h wenig Freude.

Die Türken selbst fahren unkonventionell, aber im Prinzip eher defensiv. Motto: Es gibt keine Regel, doch wer einen Unfall baut, ist immer schuld! Vorsicht aber bei Lkw oder Luxuskarossen, sie fahren oft sehr rücksichtslos. Zur Rush-Hour ist in den Städten mit chaotischen Verhältnissen zu rechnen – an Fahrbahnmarkierungen hält sich dann keiner mehr und aus drei Fahrspuren werden fünf.

Praxistipps für Autofahrer

Türkische Autofahrer hupen gern. Sie machen damit auf sich aufmerksam, beispielsweise bei einem Überholmanöver. Üblicherweise gestattet man das Überholen dann sofort. Auch auf den dreispurigen Straßen gilt die Regel, dass man jeden, der überholen will, auch vorbeilässt!

Bei Fahrten in abgelegenen Bergregionen muss man sich zum Teil auf sehr schlechte Schotterpisten mit Schlaglöchern und nicht selten auf mehr als 10 % Gefälle einstellen (mit Motorbremse fahren!), bei stark holprigem Gelände sollte man zur ›Schonung‹ der Ölwanne mit den Reifen

Taxistand in Fethiye

über die hohen Steine fahren. In ländlichen Regionen blockieren häufig frei laufende Ziegenherden die Straße.

Tankstellen

Tankstellen haben auch sonntags geöffnet, an den Überlandstraßen viele sogar durchgehend 24 Std. lang. Meist ist ein Kiosk, oft ein Restaurant angeschlossen. Man tankt nicht selbst, sondern überlässt es den Angestellten, die auch gern Wartungsarbeiten und kleinere Reparaturen ausführen. Benzin ist ca. 20 % teurer als in Deutschland. Bleifrei heißt in der Türkei *kurşunsuz* (sprich *kurschunssus),* Diesel *motorin* oder *mazot* (sprich *masott).*

Unfall

Bei jedem Unfallschaden, der über die Haftpflichtversicherung zu regulieren ist, muss in der Türkei ein Polizeibericht aufgenommen werden, der immer einen (zeitraubenden) Alkoholtest einschließt – andernfalls zahlt die türkische Versicherung nicht. Bei größeren Unfällen oder Personenschäden lassen Sie sich am besten einen Deutsch sprechenden Anwalt durch Botschaft oder Konsulat vermitteln (s. S. 39).

Notruf: s. S. 41

Türkischer Automobilclub (Türkiye Turing ve Otomobil Kurumu – TTOK): Antalya, Tel. 0242 247 06 99. Hilft bei Unfall oder Panne.

Verkehrsregeln

Innerorts darf nicht schneller als 50 km/h gefahren werden, auf den Staatsstraßen gilt eine Höchstgeschwindigkeit von 90 km/h, auf Autobahnen (mautpflichtig, aber sehr preiswert) von 120 km/h. Radarkontrollen gibt es nur selten, zumeist an den Ausfallstraßen der großen Städte, oft aber Polizeikontrollen (Pass also nie vergessen!).

Es besteht Gurtpflicht sowie ein Alkohollimit für Privatfahrer von 0,5 Promille, für Berufsfahrer von 0,0 Promille (s. auch Unfälle). Die Verkehrsschilder entsprechen der europäischen Norm.

Übernachten

An den türkischen Küsten sind seit 1985 gewaltige Hotelsiedlungen mit Unterkünften aller Kategorien entstanden; vor allem seit 2000 ist der Bereich der großen Luxusanlagen enorm ausgebaut worden. Campingplätze gibt es an der Südküste nur noch wenige, viele hat man zu Hotelanlagen umgebaut.

Reservieren und Preise

Außer in der Hochsaison (Mitte Juli bis Mitte Sept.) findet man überall ein freies Zimmer. Will man sichergehen, in einem bestimmten Hotel unterzukommen, sollte man jedoch besser reservieren, bei Rundreisen am besten telefonisch am Vorabend. Fast alle Hoteliers sprechen Englisch, viele auch Deutsch. Am Telefon melden sich Türken fast nie mit Namen, sondern nur mit *Efendim* (Bitte?).

Über zahlreiche touristische Internetseiten wie booking.com kann man – zumeist Ober- und Mittelklassehotels – ganz einfach direkt vorbuchen. Privathotels haben oft eigene Websites oder sind zumindest per E-Mail erreichbar. Wirklich günstig ist eine Internetbuchung aber selten: Vor Ort kann man den Preis meist erfolgreich herunterhandeln! Auch wenn Hotels ihre Preise in Euro angeben, kann man übrigens besser handeln, wenn man in Türkischen Lira (TL) zahlt.

Bei den Hoteltipps in diesem Buch finden Sie bevorzugt zentrumsnahe Adressen, die man problemlos vor Ort (oder im Internet, siehe aber oben) – buchen kann. Anders sieht es bei den Luxus- und Oberklassehotels aus, deren Straßenpreise meist erheblich über dem Pauschalbuchungspreis liegen (DZ ab 180 €). Kleine Pensionen oder Apartments sind hingegen vor Ort für 100–240 TL (35–80 €) erhältlich.

Allein saisonabhängig schwanken die Preise jedoch um bis zu 40 %. Der Standardpreis gilt stets bei Zweierbelegung inklusive Frühstück. Der Einzelzimmerabschlag ist recht gering (um 20 %), für ein Zustellbett zahlt man etwa 30 % Aufschlag.

Orientierungshilfen für Kinder
Am Strand vor den großen Hotelanlagen können Kinder leicht die Orientierung verlieren, vor allem abends, da die Dämmerung sehr rasch in Dunkelheit übergeht. Erkunden Sie also gleich nach Ankunft mit dem Kind zusammen den Strand, zeigen Sie ihm Orientierungspunkte – am besten geben Sie ihm auch einen Zettel mit dem Hotelnamen mit.

All-inclusive-Tourismus?

Inzwischen werden in den Urlaubszentren die meisten Großhotels nach dem Club-Modell organisiert: All-inclusive ist das Zauberwort. Man läuft mit einem Plastikarmband herum, zahlt mit Perlen – und steht ständig in der Schlange, um mehr zu essen und zu trinken, als einem gut tut. Und vor lauter Animation kommt man gar nicht mehr dazu, über die hohen Mauern dieser Anlagen zu schauen. Land und Leute lernt man jedoch nur außerhalb solcher Kunstwelten ein wenig kennen. Auch Freunde guten Essens sollten besser nur Bed & Breakfast buchen, denn die Großküchenverpflegung ist nicht selten eine Zumutung.

Viel Flair – Hotel Tekeli Konakları in Antalyas Altstadt

Urlaub mit Kindern

Viele der Großhotels haben sich auf Familienurlaub spezialisiert und bieten einen Kinderclub mit Animationsprogramm, sodass den Eltern genügend Zeit zur Entspannung bleibt. Apartments oder Familienzimmer mit getrennten Schlafbereichen gehören ebenso zum Standard wie Kinderfestpreise. Auch in vielen Touristenrestaurants gibt es Kindersitze und spezielle Gerichte für den Nachwuchs.

Wer mit Kindern in günstigeren Mittelklassehäusern unterkommen will, hat hingegen eher Probleme; alternativ bucht man nur den Flug und mietet vor Ort ein Apartment in einem der vielen kleineren Aparthotels: z. B. an den kinderfreundlichen Stränden von Turunç bei Marmaris, in Hisarönü bei Fethiye oder östlich von Manavgat.

In einfachen Hotels oder Pensionen übernachten Kinder unter 8 Jahren im Elternzimmer meist kostenlos, über 8 Jahren für ca. 50 % des vollen Preises, ab 13 Jahren zahlt man den vollen Preis.

Hotels mit Flair

Die meisten großen **Luxushotels** an der Riviera, die man in den Katalogen findet, sind großzügige Neubauanlagen auf riesigem Areal. Viele sind architektonisch fantasievoll gestaltet und zitieren antike oder osmanische Bauelemente oder bauen sogar die Naturwunder der Türkei nach. Unter den Tausenden von **Mittelklassehotels** gibt es dagegen nur selten außergewöhnliche Häuser.

Eine Ausnahme bilden die osmanischen **Holzkonaks** in der Altstadt von Antalya, die in den 1990er-Jahren zu stilvollen und luxuriösen Pensionshotels umgebaut wurden (s. S. 201). Auf deren Erfolg hin wurde in den letzten Jahren auch in anderen Orten der Bereich der **Boutiquehotels** breit ausgebaut: Kleinere, landestypisch eingerichtete Pensionshotels mit hohem Anspruch, die leider mittlerweile oft ähnlich viel kosten wie Luxusanlagen – zumindest bei Buchung im Internet.

Agro-Hotels

Einen echten Agro-Tourismus gibt es in der Türkei noch nicht, jedoch einige abgelegene Orte, wo man ohne Bars, Luxusrestaurants und Discos in ländlicher Umgebung einen ruhigen Urlaub verbringen kann. In der Region Marmaris bieten die Fischerdörfer Selimiye und Söğütköy gut ausgestattete Unterkünfte, ebenso das Orangendorf Çıralı an der südlichen Kemer-Küste.

Günstiger und einfacher sind die ›Baumhäuser‹ bei Olympos an der Kemer-Küste oder die Camp-Hotels am Kabak-Strand bei Fethiye. Dort kann man zwischen Holzbungalows mit Privatbad oder offenen Holzhütten mit Gemeinschaftsduschen wählen, wird mit türkischer Dorfküche verpflegt und von den Hähnen geweckt.

Essen und Trinken

Die türkische Küche

Kennzeichnend für die türkische Küche ist die variationsreiche Zubereitung von Gemüse – tatsächlich haben die Türken Europas höchsten Pro-Kopf-Verbrauch an Gemüse. Häufig werden sie in frischer Form zu den Speisen gereicht, was, wie die moderne Ernährungswissenschaft berichtet, eine gesündere Verdauung garantiert und Krebs vermeidet.

Jedes Mahl beginnt mit einem Brotkörbchen: Entweder man erhält

Strandrestaurant in der Kelebekler-Bucht

knuspriges Weißbrot *(ekmek)* oder frisch gebackenes Fladenbrot *(pide)*. Dann kommen die *mezeler* auf den Tisch, womit in etwa das gemeint ist, was der Spanier Tapas nennt: Appetithäppchen, die man auch gern zu alkoholischen Getränken genießt. Sie variieren von unterschiedlichsten Salaten über Gemüsepasten, kalten oder warmen Schmorgemüsen bis zu eingelegtem Oktopus oder gebratener Leber.

In den Hotels kann man sich meist am Buffet bedienen, im Restaurant wählt man an einer großen Schauvitrine aus, serviert wird dann auf kleinen Tellerchen, von denen die ganze Tischgemeinschaft probiert.

Restaurantzeiten

Während der Saison von Mai bis Oktober öffnen die meisten, insbesondere einfachere Restaurants morgens, sobald die ersten Touristen kommen, und sind dann ganztägig geöffnet. Sie schließen abends, wenn kein Gast mehr da ist. Etwas zu essen bekommt man dann immer, wenn auch nicht stets das gesamte Programm. In Großstädten sind einfache Lokale oft 24 Std. durchgehend geöffnet.

Die Einheimischen essen mittags meist nur eine Kleinigkeit – allein schon wegen der Hitze. Die Hauptmahlzeit findet abends statt, in der Regel erst gegen 21 Uhr, und wird gern zum Anlass genommen, mit Freunden und Bekannten in großer Runde mit *rakı* und vielen *mezeler* zu feiern. Wer schon um 19 Uhr essen will, darf zusehen, wie der Grill angeheizt wird.

Fleisch- und Schmorgerichte

Traditionell wurde in der Türkei, insbesondere bei der Dorfbevölkerung, eher wenig Fleisch gegessen. Das Grillen gilt als Zeichen für Wohlstand und ist eine Lieblingsbeschäftigung der Männer aus der Mittelklasse geworden. Auch für Touristen wird gern gegrillt – die häusliche Küche bevorzugt eher gehaltvolle, würzige Schmoreintöpfe mit Kartoffeln und Gemüse wie *güveç* oder *tas kebap*.

Üblicherweise findet man Lamm, Rind und Hühnchen. Schweinefleisch gibt es natürlich nicht, denn das ist den Muslimen verboten und darf in der Türkei auch nicht angeboten werden. So gut wie immer verwendet man übrigens türkische Eigenerzeugnisse und keine Importware.

Fleisch vom Grill wird in der Regel in mundgerechte Stücke geschnitten und heißt dann *kebap*. Eine spezielle Form ist der *şiş kebap*, wobei im Wechsel immer Gemüse zwischen das Fleisch gelegt ist. Eine andere beliebte Form sind die *köfte*, Hackfleischbällchen, die nicht nur gegrillt, sondern auch geschmort oder gar roh serviert werden. *Döner kebap* findet man nicht so oft, wenn, dann meist in größeren Orten, wo mit viel Laufkundschaft zu rechnen ist, z. B. an Busstationen. In den einfachen *lokantalar* wird er häufig auf einem Holzkohlengrill bereitet und üblicherweise als *iskender kebap* mit Joghurt auf Pidebrot serviert.

Fisch und Meeresfrüchte

In den Küstenorten ist das Angebot an Fisch und Meeresfrüchten groß und verlockend: Oktopussalat, gegrillte Kalamari, die rote Meerbarbe *(barbunya)*, Meerbarsch *(levrek)*, Goldbrasse *(çupra)* oder Schwertfisch *(kiliç balık)*. Frischer Fisch aus dem Mittelmeer ist recht teuer geworden, obwohl er meist aus Zuchtfarmen stammt – in den Touristenzentren sind die Preise häufig sogar geradezu unverschämt hoch. In den Spitzenloka-

Vegetarische Küche

Auf den ersten Blick bietet die türkische Küche für Vegetarier sehr viel Auswahl: Mezeler aus Gemüse, Schmorgerichte ohne Fleisch, Pide mit Käse ... Allerdings fehlt die entsprechende Ideologie, Vegetarismus oder gar Veganismus ist als Lebens- oder Glaubensform für Türken kaum vorstellbar. So kann es also durchaus möglich sein, dass im Schmorgericht ohne Fleisch durchaus Fleischbrühe ist. Wer sichergehen will, frage genauer nach, am besten den Koch.

len in Antalya oder Side zahlt man für eine Fischplatte 90 € und mehr.

Zumeist wird der Fisch fangfrisch auf Eis ausgelegt, sodass man seine Wahl treffen kann. In einfacheren Lokalen wählt man den Fisch an der Gefriertruhe aus. Achtung: Besser immer gleich nach dem Preis fragen, eine ›Fischplatte‹ kann sonst leicht sogar auch mal um die 150 € kosten. Man sollte außerdem auch die Zubereitung besprechen, manchmal wird er nicht über Holzkohlenglut gegrillt, sondern in Öl frittiert oder erst filetiert und wie ein Steak gebraten – Fischliebhaber gruseln sich. Üblicherweise muss man alle Beilagen zum Fisch extra bestellen, serviert wird er höchstens mit einigen herzhaften Roka-Blättern (Wilde Rauke) und Zitrone.

Dessert

Zum Nachtisch wird in Restaurants oft frisches Obst der Saison serviert: Honigmelone *(kavun)* oder Wassermelone *(karpuz),* Trauben *(üzüm)* oder Orangen *(portakal).* Man kann aber auch Gebäck wie Baklava oder Pudding wie *sütlaç* bestellen. Ausführlich zu türkischen Süßspeisen s. S. 84.

Snacks für Kinder

Die normalen Restaurantportionen sind für Kinder viel zu groß, halbe Portionen in der Türkei nicht üblich. Viele Touristenlokale haben zwar inzwischen typische Kindergerichte auf der Karte (Chicken Nuggets, Hamburger, Mini-Pizza), sonst kann man mit sich mit *hoşmarim* (Pfannkuchen) behelfen, die immer als Allzweckwaffe gegen Kindernörgeln gut geeignet sind. In türkischen Lokalen bestellen einheimische Eltern gern nur einen Teller Reis mit der Sauce eines Schmorgerichts für ihre kleineren Kinder.

Frühstück

Das typisch türkische Frühstück *(kahvaltı)* mutet zunächst etwas ungewohnt an: frisches Weißbrot, Butter, Tomaten und Gurken sowie Schafskäse und Oliven, als Konzession an den europäischen Geschmack gibt es auch Marmelade oder Honig. Dazu wird Tee *(çay)* oder Nescafé (Filterkaffee höchstens in Luxushotels) gereicht.

In ländlichen Gebieten beginnen Türken den Tag üblicherweise mit einer Suppe, gern *mercimek çorbası,* eine sämige Suppe aus roten Linsen, oder *işkembe çorbası* aus Kutteln mit viel Zitrone, Chili und Knoblauch. Letztere gilt als passabler Muntermacher nach einer durchzechten Nacht.

In den Touristenorten servieren aber viele Restaurants ab 9 Uhr morgens ein englisches Frühstück mit Eiern und Speck oder Bohnen und kross gebratenen Würstchen.

Wasser, Saft oder Wein

Leicht gekühltes **Wasser** in Karaffen bekommt man nach guter Sitte zu jedem Essen, heute ist dies aber meist nur in einfachen *lokantalar* üblich. Wenn man Mineralwasser will, bestellt man *soda* oder *maden suyu.*

Ein Getränk, das die Türken aus den Steppen Zentralasiens mitgebracht haben, ist **Ayran** aus leicht gesalzenem, verdünntem Joghurt und sehr gesund. Wenn es kein Alkohol sein soll oder das Lokal mal wieder keinen ausschenkt, ist man mit einem *Ayran* bestens bedient.

Fast ganzjährig gibt es frisch gepressten **Orangensaft** *(portakal suyu)*. Orangen werden in den Provinzen an der Südküste auf großen Plantagen produziert, daher ist so ein frischer Vitaminschock sehr preisgünstig. Beliebt ist auch der säuerlich-erfrischende **Granatapfelsaft** *(nar suyu);* wem er zu herb schmeckt, sollte ihn mit Orange mischen. Granatäpfel sind ein Leitprodukt der Regionen Kemer und Side, Kemer veranstaltet im Juni sogar ein nach der Frucht benanntes Festival.

Die besseren Restaurants servieren alkoholische Getränke. In einem einfachen *lokanta* darf man dies jedoch nicht immer erwarten. Das beliebteste **Bier** ist das der türkischen Efes-Brauerei, es gibt aber oft auch deutsche Biere.

Der türkische **Wein** ist nicht unbedingt schlechter als Importware. Das bekannteste Erzeugergebiet ist die Region Nordägäis, dessen Trauben unter dem Namen Çanakkale vermarktet werden. Allerdings wird Rotwein *(kırmızı şarap)* selten passend temperiert serviert. Bestellt man ihn gekühlt *(soğuk)*, kommt er aus dem Kühlschrank, verlangt man ihn ungekühlt *(soğuk olmasın, lütfen)*, hat er Lufttemperatur – im Sommer weit über 25 °C. Weißwein *(beyaz şarap)* aus türkischer Produktion ist in der Regel trocken und gekühlt gut trinkbar. Importwein ist eher selten und in jedem Fall ziemlich teuer.

Çay – überall dabei

Ebenfalls ein Nationalgetränk der Türkei ist Tee, *çay* (sprich *tschai)*, zugleich gilt er als Symbol für Gastfreundschaft. Vor allem Teppichhändler und Juweliere haben die Sitte perfektioniert und

Tee, serviert in kleinen, bauchigen Gläschen, ist das Nationalgetränk der Türkei

Die Rechnung
»Zahlen, bitte« heißt auf Türkisch »*Hesap lütfen!*« Üblicherweise zahlt man in der Türkei nicht getrennt, sondern legt zusammen. Wenn man als Gruppe unterwegs ist und getrennt zahlen möchte, sollte man das schon beim Bestellen sagen. Ein Trinkgeld ist gern gesehen, man rundet beim Zahlen auf. Zu geringe Beträge wirken eher beleidigend: Viel oder gar nichts ist die Regel.

ködern potenzielle Kunden mit einer Einladung zum Tee. Schwarztee wird aus einem sehr starken Aufguss zubereitet und dann portionsweise mit heißem Wasser verdünnt und aus kleinen Gläschen mit viel Zucker getrunken.

In guten Teegärten *(çay bahçesi)* erhält man auf Wunsch auch einen Samowar *(çay semaver)* und kann sich an der Prozedur selbst versuchen. Wer es nicht so bitter mag, bestellt Apfeltee *(elma çay)* aus Instantpulver.

Türkischer Mokka

Aus dem Osmanischen Reich kam einst der Kaffee nach Europa, doch heute wird der türkische Mokka *(kahve)* relativ selten getrunken. Er wird stets frisch aufgekocht und mit dem Satz serviert – etwas ungewohnt, aber probieren sollte man ihn doch einmal. Schon bei der Bestellung muss man angeben, ob der Kaffee süß *(şekerli)*, mittelsüß *(orta)* oder ohne Zucker *(sade)* gewünscht wird.

Rakı – die Löwenmilch

Häufiger als Wein trinken Türken *rakı* (sprich *rake)*, der als Nationalgetränk gelten darf. Das ist ein Anisschnaps ähnlich dem griechischen Ouzo; traditionell wird er aus Feigen und Weintrauben gebrannt, mit Anissamen versetzt und ein zweites Mal destilliert.

Nach alter Sitte trinkt man *rakı* ungekühlt und mit Wasser verdünnt. Dadurch färbt er sich milchig, weshalb er auch *arslan sütüsü,* Löwenmilch, heißt. In der Tat: Das höllische Gemisch kommt auf Samtpfoten daher und wirft schließlich den stärksten Löwen um.

Türkische Esskultur

In Urlaubsorten wie Marmaris, Side oder Alanya findet man eine enorme Auswahl an Restaurants. Halbpension lohnt nicht – zumal die Hotelküchen oft dem englisch-deutsch-russischen Durchschnittsgeschmack zu entsprechen versuchen. Generell gilt: Je nobler das Ambiente, desto weniger authentisch und umso teurer das Essen. Skepsis ist auch bei Werbung für typisch deutsche oder englische Speisen geboten.

Meist wird das Angebot an der Kühlhaltetruhe in der Heimatsprache der Gäste erläutert. Während die besseren Restaurants sich so weit internationalisiert haben, dass Rice, Chips, Salad zu jedem Gericht serviert werden, bringt man im einfachen *lokanta* nur recht kleine Portionen auf den Tisch. So kann die Mahlzeit aus verschiedenen Gerichten zusammengestellt werden. Man wählt die Speisen an einer Glasvitrine aus und ist auf die Speisekarte nicht angewiesen. Normalerweise bringt der Kellner alles gleichzeitig; wollen Sie mehrere Gänge, müssen Sie das ausdrücklich sagen.

Die einfachen türkischen Lokale haben sich oft auf bestimmte Gerichte spezialisiert. So erhält man im *kebap salonu* Grillgerichte, im *pide salonu* die dünnen türkischen Pizzen *(lahmacun)*, das *büfe* ist eine Art Take-away. Sehr authentisch sind solche Lokale meist in der Nähe von Busbahnhöfen. Man sucht die Speisen an Warmhaltetruhen aus und isst für gut 4 € pro Person.

Aktivurlaub, Sport und Wellness

Der Kulturtourismus, einst das wichtigste Fremdenverkehrssegment, spielt heute längst nicht mehr die Hauptrolle. Mit ihren teils buchtenreichen, teils von Sandstränden gesäumten Küsten, der großartigen, naturbelassenen Bergwelt und zahlreichen Wildwasserflüssen ist die Türkei ein Paradies für aktive Urlauber.

Sport an Land

Golf

Beim Ferienort Belek östlich von Antalya gibt es über zehn Plätze am Meer zwischen Dünen mit kiefernbestandenen Greens s. S. 220). Einige Hotels betreiben Golfschulen. Einen Golfreisekatalog für die Türkei hat Öger Tours. Die Saison beginnt etwa ab Februar.

Mountainbiking

Mit geländegängigen Fahrrädern lassen sich die landschaftlichen Schönheiten am besten erschließen, vor allem dort, wo die Berge nahe der Küste aufsteigen. Geführte Touren bieten im Kemer-Gebiet manche große Hotels an, in Side das Biketeam Türkei (www.biketeam-tuerkei.de), das man über Öger Tours buchen kann, in Alanya die deutschsprachige Agentur Martin Türkay (www.martin-tuerkay.com). Gute Kondition und Fahrvermyögen sind natürlich Voraussetzung, denn es geht teils recht steil über unbefestigte, ausgewaschene Schotterpisten.

Paragliding

Der 1970 m hohe Babadağı über Ölüdeniz bei Fethiye ist weltweit einer der Hot Spots für Fallschirmgleiter. Auch Anfänger können im Tandem mit Profis fliegen. Anbieter gibt es am Ölüdeniz-Strand; Szenetreff dort ist die Bar Cloud Nine. Man fährt ca. 1,5 Std. hoch, fliegt ca. 30 Min. – und wird süchtig (s. S. 126). Mittlerweile werden Tandemsprünge aber auch in Kaş an der lykischen Küste angeboten (ab 1000 m Höhe, s. S. 155).

Reiten

Mehrere Reitställe, die stundenweise Pferde zum Ausritt am Strand vermieten, findet man z. B. in Side/Sorgun oder Patara. Besonders schön ist die Berke Ranch, ein Hofhotel in den Bergen über Kemer, das auch Reitkurse anbietet (s. S. 173).

Triathlon

Alanya Triathlon: Ende Okt. Für ganz sportliche Naturen. Der Wettkampf (1,5 km Schwimmen, 40 km Radfahren, 10 km Laufen) gilt als Finale des ETU-Cups, ca. 400 Teilnehmer.

Wandern s. S. 58, 35

Strände

An der Küste der Türkischen Riviera zieht sich zwischen Antalya und Alanya ein endloses Sandstrandband. Meist ist der Sand hier mit mehr oder weniger vielen Kieseln durchsetzt, vor allem in der Brandungszone. Kinder und empfindliche Personen nehmen daher besser Badeschuhe mit. Die Hotelstrände sind stets sehr gepflegt und werden jeden Morgen geharkt. Dort findet man Strandbars, Wassersportangebote und Sonnenschirmverleih. An öffentlichen Stränden zahlt man ca. 8 € für zwei *sun beds* mit Schirm.

Im Kemer-Gebiet westlich von Antalya dominieren lange Strandbuchten vor landschaftlich sehr schönen Bergwäldern. An der lykischen Küste bis nach Fethiye und Marmaris bestimmen vor allem kleinere Buchten das Bild. In den Touristenorten werden aber Bootstouren angeboten, die Felsküste eignet sich gut zum Tauchen. Tolle Sandstrände gibt es bei Finike oder bei Patara, und der Strand von Ölüdeniz ist der schönste der Türkei.

Weiter im Osten, zwischen Alanya und Silifke, hat man das Meer an kleinen Buchten fast für sich allein, muss zum nächsten Ort aber lange fahren. Wirklich schön ist vor allem der Strand von Kızkalesi, dort gibt es auch eine umfassende touristische Infrastruktur. Weiter im Osten bei Mersin ist die Küste über Kilometer mit Hochhausbauten zugestellt. Am Golf von İskenderun schließlich tragen Meeresströmungen viel Müll an den Strand.

Wassersport

In den Urlaubszentren ist die Palette der angebotenen Wassersportaktivitäten enorm groß. Man kann Tretboote oder Kajaks leihen, Wasserski oder Jet-Ski fahren, auch Parasailing (vom Motorboot gezogen am Fallschirm übers Meer gleiten) gehört zum Standard. Beliebt ist Banana Riding: Ein Motorboot zieht eine aufgeblasene Plastikbanane, auf der man sitzt. Sieger ist, wer oben bleibt! Noch rasanter geht die Fahrt mit Ringos, Gummireifen, mit denen man mit voller Geschwindigkeit übers Wasser geschleift wird.

Aqua-Parks

Obwohl das Meer nie weit ist, erleben Aqua-Parks, also Spaßbäder, einen Boom. Jedes Städtchen, das etwas auf sich hält, hat eine solche Anlage mit zahlreichen, oft extrem steilen Wasserrutschen. Für kleine Kinder gibt es Wasserspielplätze, auch ein Wellenbecken ist oft dabei. Vor allem für Jugendliche und Kinder ist ein Tag in so einem Bad die erste Wahl.

Rafting

Die Gebirgsflüsse im Taurus bieten gute Wildwasserreviere für Kanuten

Beliebt sind Raftingtouren auf den Flüssen, die aus dem Taurus herabkommen

und Rafter. Infos zu den Taurus-Flüssen gibt's über 4-paddlers.com (unter Flussinfo – Rivermap). Achtung: Starten Sie nie ohne Führer, denn die Flüsse entwickeln gefährliche Strömungen! Am bekanntesten ist der Köprülü-Canyon westlich von Side. In der Saison kann man am Forellenrestaurant hinter Beşkonak zu geführten Touren durch zwei Schluchten starten, die auch für Anfänger geeignet sind.

Abenteuerlicher ist die Abfahrt auf dem Manavgat-Fluss von der Şahap-Brücke zwischen Aydınkent und Akseki, wo der Fluss durch drei Canyons mit Fällen der 5. Klasse strömt. Von Alanya aus ist der nächste Rafting-Fluss der Alara Çay, dort werden Touren zwischen Güzelbağ und der Alara-Burg angeboten.

Tauchen

Die Zahl der Tauchschulen ist stark gewachsen. In den frühen 1980er-Jahren hatten die spektakulären Funde antiker Schiffswracks (bei Finike und am Uluburun bei Kaş) und die Sorge vor Schatztauchern ein generelles Tauchverbot zur Folge. Heute ist Scuba Diving (Tauchen mit Pressluftgeräten) fast überall erlaubt, allerdings nur in Begleitung autorisierter Tauchführer. Wer tatsächlich antike Amphoren etc. findet, muss sie den türkischen Behörden übergeben; andernfalls drohen sogar Gefängnisstrafen.

In den Urlaubsorten, vor allem in Fethiye, Kaş und Alanya, bieten Servicestellen und Tauchschulen eintägige Schnupperkurse sowie Wochenkurse zum Erwerb des PADI- oder CMAS-Brevets (ca. 340 €) an. Die Ausrüstung wird gestellt; das notwendige Gesundheitszeugnis erstellt ein türkischer Arzt. Für Fortgeschrittene werden verschiedene Ausfahrten (selbst nächtliche Tauchgänge, *night dives)* angeboten. Buchung und Info erfolgen meist abends am Hafenkai direkt vor den ankernden Tauchbooten.

Tauchzentrum Kaş

Das beliebteste Tauchzentrum ist das kleine Örtchen Kaş an der lykischen Küste. Hier haben sich eine ganze Reihe Hotels auf Tauchferien spezialisiert und bieten Tauchschulen direkt im Haus an. Und der gesamte Ort mit seinem durchaus regen, aber nicht wie sonst üblich übermäßig lauten Nachtleben ist zu wesentlichen Teilen in den Händen der Taucherszene.

Deutschsprachige Tauchschulen:
Kaş Diving, www.kas-diving.com
Likya Diving, www.likyadiving.de
Mavi Diving, www.mavidiving.com
Sirena Diving, www.sirenadive.com

Tour-Anbieter im Web

Die meisten Websites gibt es mit deutscher Sprachversion.

Dardanos Travel: www.dardanostravel.com. Trekking durch die lykischen Berge zwischen Fethiye und Finike, St. Paul Trail, Reiten, Kanufahren.

Alternatif Outdoor: Marmaris, www.alternatifraft.com. Rafting auf dem Dalaman Çay, Sea Kayaking, MTB-Touren, Canyoning.

Outdoor Profis: Alanya, www.outdoorprofis.com. Rafting, Kajaking, Wandern, MTB, Enduro.

Martin Türkay: www.martin-tuerkay.de, Alanya. MTB- und Enduro-Touren in der Region Alanya.

Dragoman Outdoor Activities: Kaş, www.dragoman-turkey.com. Wandern, Sea Kajaking und Tauchen, fünftägige Paddeltouren entlang der Küste, für Konditionsstarke: neun Tage mit MTBs am Eurymedon (Köprülü Çay, bei Aspendos) entlang – von der Quelle bis zum Meer.

Wellness

Die Hotels der oberen bzw. Luxusklasse ab vier Sternen verfügen in der Regel über größere Wellness-Anlagen, zu denen immer ein türkisches Bad *(hamam,* s. S. 76*)*, Sauna und Fitness-Center zählen. Da im traditionellen Hamam eine Massage immer dazugehört (dort aber nie gemischtgeschlechtlich), werden auch in den Hamams der Hotels Massagen angeboten, allerdings zumeist von Männern, die – wie übrigens auch die Kellner dieser Häuser – über ausgeprägte Gigolo-Qualitäten verfügen.

Vor allem die Riva-Hotels von GTI, die Magic Life Resorts von TUI und auch Häuser von Öger Tours bieten eine breite Palette, von Cellulite-Massage bis Algenpackungen. Wer nicht das ganze Paket vorbuchen will, kann in diesen Anlagen auch Einzelanwendungen bekommen, wobei dann der Preis verhandelbar ist. Vielfach suchen die Masseure auch am Strand mit Flyern nach Kunden – auch dann sollte man um den Preis handeln.

Feste und Veranstaltungen

Eine lebendige Festtradition ähnlich der in Italien oder Spanien wird man in der Türkei vergebens suchen. Da der offizielle Islam keine Heiligenverehrung kennt, gibt es auch keine lokalen Festtraditionen wie in christlichen Mittelmeerländern. Und anders als dem Katholizismus ist dem Islam die Verbindung von religiösem Anlass und öffentlicher Feier fremd.

Die Feste der halbnomadischen Bauern – bis vor 100 Jahren lebte noch der größte Teil der Bevölkerung in nomadisierenden Sippenverbänden – waren private Feiern (Beschneidung, Hochzeit), zu denen Wandermusiker aufspielten. Heute feiert man im Touristenhotel mit einer Türkpop-Band.

Feiertage

Zu den Republikfesten an den **Nationalfeiertagen** (s. S. 40) kommt selten richtige Feststimmung auf. Vormittags treffen sich alle vor der Atatürk-Statue und bewundern die Kapellen der uniformierten Schulaufmärsche, die Politiker halten Reden. Nachmittags geht man zu Vorführungen der Kinder- und Jugendgruppen. Das ist mitunter nicht uninteressant, denn hier kann man noch die alten türkischen Traditionstänze sehen.

Religiöse Feste

Die großen Feste des Islam sind **Ramazan Bayramı,** das Fest am Ende des Fastenmonats, und **Kurban Bayramı,** das Opferfest (Termine s. S. 40). Zu beiden Festen gehört das gemeinsame Gebet, zu dem (gegen die Regel) auch Frauen in die Moschee kommen.

Weniger bedeutend sind Feste wie **Mohammeds Geburtstag** oder die **Nacht der Offenbarung** (des Korans), doch scheinen sie in den letzten Jahren im Zuge der Islamisierung mehr Gewicht zu erhalten.

Ramazan Bayramı

Mit dem Ramadan-Fest, volkstümlich *Şeker Bayramı* (Zuckerfest) genannt, endet der Fastenmonat (trk. *ramazan)*. Es ist ein Schlemmerfest wie bei uns Weihnachten. Die Armen werden beschenkt, die Kinder erhalten neue Kleider (und Unmengen an Süßigkeiten). Es dauert drei Tage, das öffentliche Leben kommt aber schon am Nachmittag des Vortags zum Erliegen.

Kurban Bayramı
Das Opferfest findet am 10. Tag des Wallfahrtsmonats des islamischen Kalenders statt, in dem man zur Pilgerreise Hadsch *(hac)* aufbricht. Es ist der wichtigste islamische Feiertag und damit etwa mit Ostern zu vergleichen. Als Erinnerung an das Opfer Abrahams, das Muslime als Symbol für die Unterwerfung unter den Willen Gottes verstehen, schlachtet man ein Schaf oder Lamm für das Festmahl, zu dem sich die ganze Familie trifft. Teile des Fleischs werden an die Armen, tatsächlich oft an Oma und Opa, verteilt.

Konzerte

Um die Saison ein wenig aufzulockern, haben die Tourismusleute eine Reihe von **Festivals** ins Leben gerufen, die mit Konzerten (Klassik, Pop) sowie kulturellen und sportlichen Events für Stimmung sorgen sollen. Sie sind teils sehr erfolgreich, bieten teils aber nur provinzielles Niveau. Jedes Jahr gut besetzt ist das **Aspendos-Festival**, das seit 1994 im Juni unter Förderung von Vural Öger, dem türkisch-deutschen Reiseveranstalter, im antiken Theater von Aspendos stattfindet. Geboten werden Opern und Ballett – für die Historienspektakel wie »Troia« oder »Anatolisches Feuer« wurde die moderne Gloria Arena in Aspendos gebaut).
Konzerte türkischer Popstars: s. S. 88

Nachtleben

Im Hochsommer ist es bis Mitternacht noch bis 30 °C warm – klar, dass man heiße Nächte erleben kann. Das Nachtleben findet an der Südküste von Mai bis September hauptsächlich unter freiem Sternenhimmel statt. In den Urlaubsorten, vor allem in Marmaris, Fethiye, Antalya und Alanya, kann man in den Barvierteln bis spät in der Nacht zwischen lauschigen Cafés und lauten Music Bars pendeln.

Festivals und Events

März
Runtalya, Marathon in Antalya

Mai
Sand-Skulpturen-Festival in Antalya (Lara-Strand, bis Ende Oktober)
Folklore-Festival in Silifke
Jachtfestival in Marmaris
Frühlingsfestival in Marmaris

Juni
Tourismus-Festival in Alanya
Opern und Klassikkonzerte im antiken Aspendos-Theater
Granatapfel (Altın Nar)-Festival in Kemer

Juli/August
Barış Suyu Festival in Manavgat, mit Pop-Konzerten

August
Beach-Partys und Pop-Konzerte am Konyaaltı-Strand in Antalya
Yağlı Güreş (Ölringkämpfe) in Elmalı (nördl. von Kaş)

September
Beach Volleyball in Alanya
Side-Festival, Konzerte im antiken Theater

Oktober
Filmfestival Altın Portakal in Antalya
Triathlon in Alanya

Livemusik

In vielen Bars in den Ortszentren gibt es am Wochenende türkische Livemusik. Oft singt zwar lediglich ein *Saz*-Spieler zur Begleitung dieses bouzoukiartigen Instruments Volkslieder, mitunter erlebt man aber auch modernen Türkpop oder türkischen HipHop. Es lohnt also immer, Flyer oder Plakate anzuschauen – meist ist der Eintritt sogar kostenlos.

Music Bars und Discos

Die lauteste Nachtszene haben Marmaris (Bar Street im Altstadtzentrum und der Siteler-Bereich) und Alanya (Hafen). Hier reihen sich die Music Bars aneinander: Openair-Bars, in denen ein DJ aktuelle Musik auflegt und man tanzen kann. Eintritt muss man meist nicht zahlen, stattdessen wird mit *free shots* geworben: gratis ausgeschenkten Schnäpsen für jeden neuen Gast. In der Regel müssen die Music Bars allerdings gegen 2 Uhr schließen, es sei denn, sie sind überdacht und schallgeschützt.

Auch viele Hotels betreiben Discos, doch wenn es sich nicht um große Clubanlagen handelt, ist das in der Regel nicht sonderlich aufregend. Legendär ist der Ruf von Mega-Discos wie dem Areena Club in Marmaris, dem Inferno Club in Kemer, dem Ally in Antalya, dem Truva in Kızılağaç bei Side oder dem Summer Garden bei Alanya. Nicht selten lassen sie im Sommer DJs aus Europa einfliegen. In den Großclubs gehören Events wie Foam Party, Miss Wet Shirt und Go-go-Girls zum Standard. Die Clubs öffnen meist ab 22 Uhr, bis 1 Uhr trösten verbilligte Happy-Hour-Preise über die gähnende Leere hinweg. Erst danach trudeln die Nachtschwärmer ein, dann wird bis 5 Uhr morgens gefeiert.

Romantisches Ausgehviertel am Hafen von Marmaris

Reiseinfos von A bis Z

Apotheken

Apotheken *(eczane*, sprich *ädschsanä)* sind zu üblichen Geschäftszeiten geöffnet (Mo–Sa ca. 8.30–19/21 Uhr). Sie führen neben Arzneien auch Drogerieartikel. Da in der Türkei die wenigsten Medikamente rezeptpflichtig sind, nimmt der Apotheker auch beratende Aufgaben wahr. Bei kleineren Problemen kann man sich den Gang zum Arzt daher sparen, zumal die Apotheker meist eher Deutsch können als Ärzte.

Oft sind Medikamente unter anderen Namen im Handel, spezielle Mittel sollte man daher mitnehmen. Gängige Präparate (Aspirin, die Pille und auch Viagra) sind viel günstiger erhältlich.

Ärztliche Versorgung

Unfall- und Notfallpatienten werden in **staatlichen Krankenhäusern** *(devlet hastanesi)* kostenlos versorgt, man zahlt nur Material und Medikamente. Auch bei anderen Akut-Erkrankungen wird man dort preiswerter behandelt als bei Privatärzten. Mit kleineren Problemen kann man direkt zum Apotheker gehen (s. o.).

Alle selbst gezahlten Rechnungen kann man bei der Krankenkasse einreichen, die die Kosten in Höhe der deutschen Kassensätze erstattet. Eine **Auslandskrankenversicherung** lohnt sich zur Vorsorge gegen hohe Risiken (Krankenhausaufenthalt, Rücktransport etc.).

In den Touristenregionen sind viele **Privatkliniken** *(özel hastanesi)* entstanden, die sich darauf spezialisiert haben, kleinere Verletzungen mit großem (= teurem) Aufwand zu behandeln: Bleiben Sie skeptisch und gehen Sie lieber in ein öffentliches Krankenhaus!

Gesundheitsvorsorge

Offiziell sind keine **Impfungen** erforderlich, jedoch sollte man seinen Impfschutz gegen Polio, Diphtherie und Tetanus überprüfen lassen. Das gefährliche Krim-Kongo-Fieber tritt bislang nur an der Schwarzmeerküste auf.

Das häufigste Gesundheitsproblem sind schwere **Sonnenbrände.** Gegen die intensivere UV-Strahlung verwenden Sie am besten eine Creme mit hohem Schutzfaktor.

Auch leichte **Darmverstimmungen** mit Durchfall sind nicht selten. Empfindliche Personen sollten Eis und kalte Getränke meiden. Auch häufiges Händewaschen ist ratsam. Leitungswasser ist nicht immer einwandfrei; besser greift man auf Wasser in Flaschen zurück. Bei leichteren Beschwerden hilft eine Diät: ungesüßter Tee, lauwarme Cola, Salzgebäck. Halten die Beschwerden länger an, gibt es in der Apotheke rezeptfreie Medikamente. Tritt Fieber auf, sollte man einen Arzt aufsuchen.

Und: **AIDS** ist Fakt! Kondome heißen *prezervatif* (volkstümlich *kapot)* und sind in den Apotheken erhältlich.

Diplomatische Vertretungen

... von Deutschland

Botschaft: Atatürk Bulv. 114, Ankara, Tel. 0312 455 51 00, Fax 0312 455 53 37
Generalkonsulat İzmir, Außenstelle Antalya: Çağlayan Mahallesi, Barınaklar Bulv. 60, Tel. 0242 314 11 01, Fax 0242 321 69 14, info@antalya.diplo.de

... von Österreich

Botschaft: Atatürk Bulv. 189, Ankara, Tel. 0312 405 51 90, Fax 0312 418 94 54, ankara-ob@bmeia.gv.at

... der Schweiz
Botschaft: Atatürk Bulv. 247, Ankara, Tel. 0312 457 31 00, Fax 0312 467 11 99, www.eda.admin.ch/turkey

Elektrizität

Die Netzspannung beträgt wie in Europa 220 Volt. Flachstecker passen, aber für Schuko-Stecker benötigt man meist einen Adapter.

Feiertage

Nationale Feiertage

1. Jan.: Neujahr
23. April: Tag der Souveränität und der Kinder (Ulusal Egemenlik ve Çocuk Bayramı). Erinnert an die Einberufung der Nationalversammlung 1920.
19. Mai: Atatürk-Gedenktag, Tag der Jugend und des Sports (Gençlik ve Spor Bayramı). Mit ihm wird der Ankunft Atatürks in Samsun 1919, dem Gründungstag der Unabhängigkeitsbewegung, gedacht.
30. Aug.: Tag des Sieges (Zafer Bayramı). Feier des entscheidenden Sieges von Atatürk im Krieg gegen die Griechen 1929.
29. Okt.: Tag der Republik (Cumhuriyet Bayramı). Erinnert an die Republikgründung 1923.

Religiöse Feste

Religiöse Feste (s. S. 36) und der Beginn des Fastenmonats Ramadan *(ramazan)* werden nach dem islamischen Mondkalender festgelegt. Sie verschieben sich jährlich um ca. elf Tage nach vorn.
Ramadan: 2015 ab 18. Juni, 2016 ab 6. Juni, 2017 ab 27. Mai
Şeker Bayramı: 2015 ab 17. Juli, 2016 ab 6. Juli, 2017 ab 25. Juni
Kurban Bayramı: 2015 ab 24. Sept., 2016 ab 12. Sept., 2017 ab 31. Aug.

Foto und Video

Alle militärisch relevanten Objekte (Brücken, Kasernen, Armeeposten) dürfen nicht fotografiert werden. Entsprechende Verbote sollten Sie strikt beachten!

Bevor Sie Personen fotografieren, sollten Sie durch eine Geste um Einverständnis bitten. Viele ›Originale‹ und Kameltreiber verlangen Geld fürs Foto – inzwischen oft auch Kinder.

Geld und Geldwechsel

Die türkische Währung ist die Lira bzw. Türk Lirası (TL, gespr. *tällä,* internat. TRY), unterteilt in 100 Kuruş.
Wechselkurs (Stand Ende 2014):
1 € = 2,90 TL (1 TL = 0,35 €),
1 CHF = 2,35 TL (1 TL = 0,42 CHF).

In touristischen Regionen kann man oft (außer bei staatlich-offiziellen Stellen) mit Euro zahlen, in Side oder Kemer sind die Preise sogar überwiegend in Euro angegeben. Bei Reisen dorthin nimmt man besser Bargeld in kleinen Scheinen mit.

Türkische Lira kann man direkt nach Ankunft in den Flughäfen tauschen; die Wechselbüros in der Arrival-Halle geben allerdings schlechtere Kurse als die Banken bzw. die Bankautomaten hinter dem Ausgang (Devisenbestimmungen s. S. 21).

In den Ortszentren gibt es Bankautomaten für Giro-Karten, an denen man Lira erhält. Da die Gebühren pro Transaktion berechnet werden, hebt man besser einmal eine große Summe ab. Achtung: ›Bankautomaten‹ bei privaten Wechselstuben sind sehr teuer: Man zahlt bis zu 15 % Gebühr! Bewahren Sie Umtauschquittungen auf, um bei der Ausreise Probleme mit dem Zoll zu vermeiden (s. S. 21).

Gängige Kreditkarten wie Visa und Mastercard werden von den meisten

Hotels und Restaurants, Geschäften und Autovermietungen akzeptiert.

Kinder

Im Restaurant: Der Service gegenüber kleinen Gästen ist fast immer von großer Herzlichkeit geprägt. Viele Restaurants haben Kindersitze, sonst wird improvisiert. Kindergerichte gibt es zwar nur selten, doch meist stehen Pizza, Spaghetti oder Hamburger auf der Karte; selbst spezielle Wünsche erfüllt der Koch meist gern. Sie können auch nur Reis oder Nudeln bestellen oder einen leeren Teller erbitten, denn für Türken ist es normal, wenn Kinder von den Eltern mitessen.
Im Hotel: s. S. 27
Babybedarf: Windeln und Babynahrung sind in Supermärkten erhältlich (am besten fragt man nach dem nächsten Migros-Markt).
Vorsichtsmaßnahme: Im Frühsommer ist (besonders bei Kleinkindern) die Mitnahme eines Moskitonetzes anzuraten. Zudem erfordert die starke Sonneneinstrahlung Cremes mit hohem Schutzfaktor – besser mitbringen, denn in der Türkei sind sie sehr teuer. Zwischen 11 und 14 Uhr sollten Kinder direkte Sonne grundsätzlich vermeiden.

Medien

Fernsehen

Alle Luxusanlagen bieten ihren Gästen Sat-Fernsehen mit den wichtigen deutschen Programmen. Auch in vielen Kneipen läuft deutsches, holländisches oder englisches Fernsehen, vor allem Fußball.

Zeitungen

In Touristenzentren sind deutschsprachige und internationale Zeitungen einen Tag nach Erscheinen erhältlich. Die Hürriyet Daily News, eine türkische Tageszeitung auf Englisch, bringt touristische Informationen und übersetzte Artikel aus türkischen Zeitungen.

Notruf

Erste Hilfe: 112
Polizei: 155, Verkehrspolizei: 154, Jandarma-Polizei: 156
Feuerwehr: 110
Sperrung GiroCards, Kreditkarten und Handys: +49 116 116

Öffnungszeit

Banken: Mo–Sa 8.30–12, 13.30–16 Uhr.
Geschäfte: Mo–Sa 8–19 Uhr, in Tourismuszentren bis 21 Uhr, im Sommer oft 14–16.30 Uhr Siesta, Souvenirshops und Supermärkte tgl. 8.30–22 Uhr.
Museen: zumeist Di–So 8–17 Uhr, in der Saison bis 19 Uhr.

Post

Ein Büro der türkischen Post (PTT) findet sich in jedem Ort. Hauptpostämter größerer Städte sind meist wochentags bis 21, So bis 19 Uhr geöffnet. Briefmarken *(pul)* erhält man am Schalter. Die Gebühr für Postkarten *(kartpostal)* oder einfache Briefe *(mektup)* beträgt 4 TL (www.ptt.gov.tr). Per Luftpost sind Briefe etwa 3–5 Tage unterwegs.

Reisekasse und Preise

Im Vergleich zu Westeuropa ist das allgemeine **Preisniveau** der Türkei noch ziemlich günstig. Soweit es sich nicht um importierte Güter (Benzin!) handelt, liegen die Preise deutlich niedriger, im Fall von Lebensmitteln um etwa 50 %. Günstiger sind auch Restaurants, Dienstleistungen, Medikamente und Unterkünfte.

Sicherheitshinweise

Diebstahl ist selten, gilt als höchst unehrenhaft. Vorsicht ist v. a. in den Touristenzentren geboten, wo man aber eher von Miturlaubern bestohlen wird. Ärgerlich sind die vielen Versuche, dem unerfahrenen Touristen **überhöhte Preise** abzufordern. Das betrifft Geschäfte im Basar, Taxifahrten oder andere Dienstleistungen, selbst Schuhputzer verlangen erst einmal das Doppelte. Betrug ist für Türken allerdings ein Kavaliersdelikt, sich betrügen zu lassen eine Frage von Dummheit: Das verdient kein Mitleid, auch die Polizei zuckt nur die Achseln ... Also aufpassen, nicht zu gutgläubig sein! Vorsicht ist bei größeren Ausgaben, z. B. für Goldschmuck und Teppiche, geboten: Kaufen Sie nichts ohne Sachkenntnis und zähes Handeln (s. S. 75).

Jedes Jahr liest man von **Todesfällen** von Urlaubern in der Türkei. Meist passiert das bei Aktivsportarten und Ausflügen in Bergregionen. Die Sicherheitsbestimmungen in der Türkei sind nicht mit denen in Europa vergleichbar. Viele Burgen oder Ruinenstätten, für die Eintritt erhoben wird, sind inzwischen gegen Unfälle gesichert, nicht aber selten besuchte.

Bei Ausflügen in einsame Bergregionen ist es mehrfach zu **Mordfällen** gekommen. Das kann im Grundsatz nur in einer schwerwiegenden Verletzung türkischer Ehrbegriffe begründet sein – beachten Sie, dass Sie auch in den einsamsten Wäldern und an den einsamsten Stränden nicht unbedingt allein sind. Sicherer sind geführte Ausflüge.

Terrorismus: Seit den Kriegen in Syrien und Irak besteht eine angespannte Sicherheitslage, auch wenn es in den touristischen Küstenregionen noch nicht zu Anschlägen kam. Bitte beachten Sie die jeweils aktuellsten Hinweise des Auswärtigen Amtes: www.auswaertiges-amt.de, Stichwort ›Reisen‹.

In den Touristenzentren liegen die Preise jedoch deutlich über dem türkischen Inlandsniveau. Üblich ist dort auch ein für den Außenstehenden kaum merkliches System der ›doppelten Preise‹, bei dem Ausländer generell mehr zahlen müssen als die Einheimischen.

Unterkunft: Im Durchschnitt zahlt man an den Küsten 70–160 TL (25–60 €) pro Doppelzimmer (DZ) für eine Pension oder ein Hotel der unteren Mittelklasse (mit Frühstück). Familienapartments kosten 130–250 TL (50–90 €) bei Viererbelegung, aber ohne Frühstück. Bessere Hotels (4 Sterne, Luxus) haben hohe Straßenpreise, Pauschalbuchung ist günstiger.

Essen gehen: Die Unterschiede sind erheblich. In einfachen Lokalen *(lokanta)* kann man bereits für 15 TL ein Hauptgericht wie Adana Kebab bekommen. Die Touristenrestaurants an den Häfen sind zum Teil doppelt so teuer. Besonders Fisch kann extrem teuer sein (s. S. 29).

Fahrtkosten: Günstig fährt man mit Bussen oder Minibussen *(dolmuş,* s. S. 23), die Strecke Antalya–Kaş (250 km) kostet ca. 20 TL (7 €). Auch Taxis (s. S. 24) sind günstiger als in Westeuropa. Mietwagen bekommt man bei einer Mietdauer über 7 Tage für unter 30 €. Benzin ist aber sehr teuer, 1 l Super kostet 5,70 TL (1,90 €).

Reisen mit Handicap

Ein behindertenfreundliches Reiseland ist die Türkei nicht, aufgrund fehlender Sozialkassen können türkische Behinderte nur als Bettler überleben. Da die Gestaltung und Höhe der Bürgersteige Privatsache sind, wird selbst ein Stadtbummel zum Hindernislauf. Sogar in den Luxushotels ist behindertengerechte Architektur bislang eher selten.

Souvenirs

Textilien machen den größten Teil des Angebots auf den Touristenmärkten aus. Es handelt sich jedoch in der Regel um Markenfälschungen; die Qualität ist nicht immer befriedigend, und beim deutschen Zoll könnte es Probleme geben. **Lederkleidung** wird ebenfalls viel angeboten, wobei man Maßanfertigungen machen lassen kann.

Darüber hinaus findet man viel osmanisch-orientalischen **Nippes**: handgetriebene Messing- und Kupferwaren (Tabletts, Kannen), mit islamischen Motiven bemalte Keramik usw.

Handwerklich sind die einfachen Souvenirprodukte nicht immer gut, das meiste ist wenig qualitätvolle Ware aus Pakistan. **Goldschmuck** ist in den Touristenläden mitunter nur 333er-Ware (und asiatische Kaufhausware aus dem Katalog!) – wenn überhaupt, sollten Sie nur 585er-Gold kaufen. Bei Teppichen muss man lange und zäh handeln (s. S. 75). **Achtung:** Alte Teppiche und Antiquitäten dürfen nicht ausgeführt werden; es drohen hohe Strafen (s. S. 21).

Handwerksprodukte zu günstigen Preisen sind Strickwaren mit Nomadenmustern, Gegenstände aus Onyx oder Alabaster, Pfeifen aus dem bei Eskişehir gewonnenen Meerschaum sowie Gewürze, Honig und orientalische Konfitüren, z. B. aus Rosen.

Telefonieren

Internationale Vorwahlnummer
Deutschland: 00 49; **Österreich:** 00 43
Schweiz: 00 41; **Türkei:** 00 90
Auf die Landesvorwahl folgt die Ortsnetz- bzw. Provinzvorwahl ohne 0, danach die Rufnummer. In der Türkei gelten die Vorwahlen für ganze Provinzen: für die Provinz Antalya (von Kalkan bis Alanya) etwa 0242, für die Provinz Muğla (Fethiye, Marmaris)

Farbenfrohe Reiseerinnerungen: bestickte Pantoffeln

0252. Beim Anruf von Side nach Antalya ist daher keine Vorwahl erforderlich.

Bei Post und Telekom telefoniert man in Telefonzellen; Magnetkarten (zu 30, 70 oder 100 Einheiten) erhält man in Supermärkten oder Kiosken.

Handys
Mobiltelefone funktionieren unproblematisch im GSM-Roaming (man zahlt auch für eingehende Anrufe!), allerdings ist dies teurer als innerhalb der EU. Wer ein griechisches Netz findet (in Datça, Kaş), spart daher erheblich. Unnötige Kosten verursacht auch die Mailbox: besser abschalten!

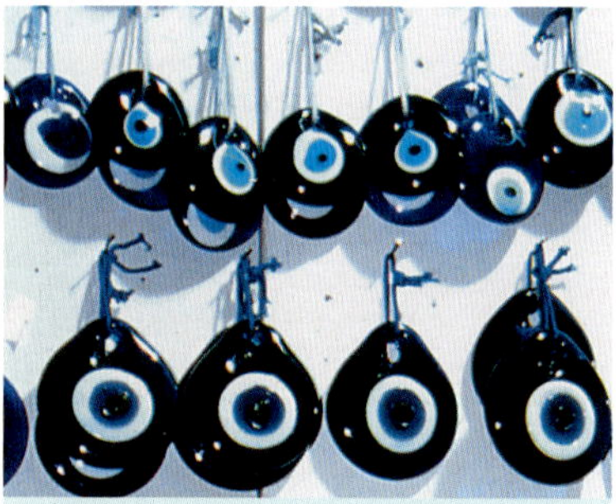

Blaue Augen
Aus Glas gegossene blaue Augen, auf Türkisch: *nazar boncuğu,* gibt es in jedem Basar zu kaufen. Nach dem Volksglauben schützen sie gegen Neid und bösen Blick. In dieser Sitte lebt der vorislamische Schamanismus der Turkvölker weiter. Überhaupt bringt die Farbe Blau Glück, da schadet es nicht, wenn man auch das Wort *masallah* (Gott möge schützen) in Blau schreibt. Wer das Schicksal um etwas bittet, knotet einen Streifen Stoff, Plastik oder Papier als *adak* (Bitte) an Sträucher bei heiligen Orten wie Begräbnistürben lokaler Heiliger oder mystischen Plätzen.

Toiletten

Die traditionellen Steh- oder besser Hocktoiletten findet man an der touristischen Südküste nur noch selten. Pensionen und Hotels sind mit Sitz-WCs ausgestattet; dort wirft man das Papier nicht in die Spülung, sondern wegen der Verstopfungsgefahr in den Abfalleimer. In jedem Ort findet man meist bei der Moschee eine öffentliche Toilette (*bay* = Herren; *bayan* = Damen).

Trinkgeld

Normalerweise lässt man im Restaurant – wenn man mit dem Service zufrieden war – nach dem Zahlen einfach 3–5 Lira bzw. 1–2 € auf dem Tisch liegen. In besseren Hotels gibt man dem Zimmermädchen 15 Lira, am besten zu Beginn des Aufenthalts – vielleicht stehen dann sogar Blumen auf dem Zimmer. Auch Taxifahrer freuen sich über ein Trinkgeld.

Türkische Adressen

In Großstädten wird neben Straße und Hausnummer immer das Stadtviertel (XY Mahalle), oft auch Gebäude oder Stockwerk angegeben. In kleineren Orten gibt es meist keine Straßenangaben. Dort schreibt man, wenn überhaupt, einfach PTT yanı = nahe der Post oder XY Yolu = Straße nach XY. Übliche Abkürzungen sind Bulv. = Bulvarı (Boulevard), Cad. = Caddesi (Avenue), Sok. = Sokak (Straße), Mah. = Mahalle (Stadtviertel), Site/-si = Zentrum/Anlage, Blok = Block/Gebäude, Yapı/-sı = Gebäude, Kat. = Stockwerk.

Umgangsformen

Wer im Land reist, merkt es schnell: In der Türkei prallen traditionelle und moderne Welt hart aufeinander, ebenso westliche Kultur und islamische Sittenstrenge. In den Ferienzentren kann sich ein jeder noch benehmen, wie er will, spätestens bei der Fahrt ins Binnenland beginnt eine andere Welt. Die türkischen Menschen sind in aller Regel sehr aufgeschlossen, hilfsbereit und gastfreundlich – sie lieben es, ein Gespräch zu beginnen oder den Besucher einzuladen. Die herzliche Atmosphäre kann jedoch schnell kippen, wenn man die Normen der türkischen Kultur nicht respektiert.

Begrüßung

Auf eine persönliche Begrüßung legt man viel Wert: Küsschen wie im westlichen Mittelmeer sind zwar nur unter Freunden üblich, doch gibt man sich unter Bekannten und Geschäftspartnern stets die Hand. Angesehen ist, wer auf die Begrüßungsformel *hoş geldiniz* (sprich *hosch geldinis)* die richtige Antwort weiß: *hoş bulduk* antwortet der, der zu Besuch kommt!

Frauen

Türkischen Frauen sollte man mit Zurückhaltung begegnen. Wer sich als Mann im Bus neben eine unbegleitete Frau setzt, muss z. B. um Erlaubnis fragen. Selbst wenn eine Frau modern gekleidet ist, heißt das nicht, dass sie sich nicht an die alten Regeln hält! In traditionellen Situationen (Ausflüge aufs Land, Dorfbesuch) sind Frauen mit langen Kleidern gut beraten. Ein größeres Tuch ist nützlich, um in den entsprechenden Situationen Arme und Schultern bedecken zu können (s. auch S. 79).

Linke Hand

Die linke Hand gilt als unrein, da man sie in der Türkei traditionell zur Reinigung auf der Toilette verwendet. Speisen oder auch den Nachbarn fasst man damit nicht an. Insgesamt achten Türken sehr auf Hygiene: Vor dem Essen wäscht man sich die Hände, und auch Naseputzen bei Tisch gilt als ausgesprochen unfein.

Moschee

Die Moscheen stehen auch Ungläubigen offen, doch sind die Gebetszeiten zu meiden. Auf jeden Fall muss man immer die Schuhe am Eingang ausziehen.

Politik

Viele politische Fragen werden in der Türkei, vor allem unter AKP-Wählern, anders beurteilt als in westlichen Medien. Da Diskussionen schnell in unangenehme, auch aggressive Konflikte umschlagen können, sollte man ›kritische‹ Äußerungen zu Themen wie Islam, Erdoğan, Gezi-Proteste, IS oder Kurden strikt vermeiden!

Delfinarien boykottieren!

Überall in der Türkei werden seit einiger Zeit Delfinarien betrieben, wo man nicht nur ›Shows‹ zeigt, sondern zahlende Gäste auch mit den Tieren schwimmen lässt. Tierschützer kritisieren diese Delfinshows wegen der Lebensbedingungen der Tiere vehement, viele der Tiere sollen aus japanischen Raubzügen stammen. Über den Schutz der Tiere, für die Meeresforscher erst 2012 eine Anerkennung als Persönlichkeit gefordert haben, informiert www.delphinschutz.org.

Zeitunterschied

Die Türkei liegt in der osteuropäischen Zeitzone (OEZ). Man stellt die Uhr eine Stunde vor, auch in der Sommerzeit, auf die die Türkei gleichzeitig mit der EU wechselt.

Panorama – Daten, Essays, Hintergründe

Lykien im Frühling – im Hintergrund die Grabanlagen von Tlos

Steckbrief Türkische Südküste

Lage: Die Mittelmeerküste der Türkei nehmen die Provinzen Muğla, Antalya, Mersin, Adana, Hatay mit ca. 72 662 km^2 ein, wobei Adana und Hatay im Osten touristisch keine größere Rolle spielen.
Größte Städte: Adana (ca. 1,6 Mio. Einw.), Antalya (1,3 Mio. Einw.), Mersin (ca. 850 000 Einw.)
Einwohner: 8,4 Mio., das sind ca. 11 % der türkischen Gesamtbevölkerung mit 76,5 Mio. (Stand 2013)
Religion: 99 % Muslime, ca. 70 % Sunniten, ca. 30 % Aleviten, dazu kleine christliche Minderheiten im Südosten
Amtssprache: Türkisch
Zeitzone: MEZ +1 ganzjährig
Vorwahl: 00 (oder+) 90

Landschaftsstruktur

Die südliche Mittelmeerküste der Türkei erstreckt sich über eine Länge von etwa 800 km entlang dem 36. nördlichen Breitengrad, also etwa auf gleicher Höhe wie Malta und Gibraltar. Am ›Weißen Meer‹ (Ak Deniz), wie es die Türken im Gegensatz zum nördlichen Schwarzen Meer (Kara Deniz) nennen, liegt ein fruchtbares Küstenland, das die alpine, von West nach Ost streichende Taurus-Gebirgskette vom Hochland Anatoliens abgrenzt. Während der Taurus bei Anamur bis zur Küste vorstößt, springt er bei Antalya im Westen um bis zu 50 km, bei Adana im Osten um bis zu 200 km zurück und umgürtet jeweils höchst fruchtbare Schwemmlandebenen.

Bevölkerung

Die Einwohnerzahl der gesamten Türkei beträgt ca. 76,5 Mio. (2014), bei einem jährlichen Wachstum von knapp 1,2 %. Statistisch ist das Land bei einer Bevölkerungsdichte von 98 Einw./km^2 zwar noch relativ locker besiedelt, doch konzentrieren sich die Einwohner auf wenige Ballungszentren. Der Urbanisierungsgrad ist aufgrund ausgeprägter Landflucht mit über 85 % städtischer Bevölkerung sehr hoch. Neben den Mega-Städten Istanbul, Ankara und İzmir verzeichnen vor allem die Südprovinzen Antalya, İçel und Adana trotz großer, weitgehend unbewohnbarer Gebirgsregionen eine hohe Siedlungsdichte. Allein die Einwohnerzahl der Provinz Antalya ist in den letzten 50 Jahren von 120 000 auf knapp über 2 Mio. gestiegen.

Staat und Politik

Die Türkei ist eine parlamentarische Republik, das Parlament, *Türkiye Büyük Millet Meclisi* (Große Türkische Nationalversammlung) mit 550 Abgeordneten, wird für fünf Jahre gewählt. Der langjährige Ministerpräsident Recep Tayyip Erdoğan (AKP, seit 2003) wurde 2014 in erster Direktwahl durch das Volk zum Staatspräsidenten gewählt. Durch Verfassungsänderungen sind die Macht der säkularen Armeeführung und die Unabhängigkeit der Justiz deutlich eingeschränkt worden.

Politisch führt die islamisch-konservative AKP *(Adalet ve Kalkınma*

Partisi, Partei für Wohlstand und Entwicklung) die Regierung mit absoluter Mehrheit. Die Linke und auch die bürgerlichen Parteien spielen keine Rolle mehr, einzig die einst von Atatürk gegründete CHP *(Cumhuriyet Halkçı Partisi,* Republikanische Volkspartei) sowie die rechtsnationale MHP *(Milliyetçi Hareket Partisi*, Partei der Nationalistischen Bewegung) ist noch als Opposition im Parlament vertreten.

Verwaltung: An der Spitze der 81 Provinzen *(il)* steht jeweils ein vom Innenminister ernannter Gouverneur *(vali),* der dem Provinzparlament vorsitzt; ihm untersteht auch die *jandarma* (Gendarmerie), die die Polizeigewalt auf dem Land ausübt. Die Provinzen sind in Kreise *(ilçe)* untergliedert. Provinz- und Kreisstädte besitzen eine eigene Verwaltung *(belediye),* während die Dörfer der Kreisverwaltung unterstehen. Nur die Belediye unterhalten eigene Polizeieinheiten.

Wirtschaft

Während die Landwirtschaft weiterhin rückständig und arbeitsintensiv produziert, verbuchte die gesamte Wirtschaft in der letzten Dekade trotz Finanz- und Eurokrise überproportionale Wachstumsraten (bis zu 12 %, Anfang 2014 4,3 %). Große Bedeutung hat die Elektroindustrie, ebenso die Automobilindustrie, die beide in die EU exportieren.

Die Steigerung des Bruttoinlandprodukts führte zu einer deutlichen Verbesserung des Pro-Kopf-Einkommens, das sich zwischen 2003 und 2013 mehr als verdoppelt hat. Die Türkei wird inzwischen als »anatolischer Tiger« bezeichnet. Allerdings haben sich auch die Staatsschulden mehr als verdreifacht, die Türkische Lira musste seit 2012 um ein Drittel abgewertet werden. Daher droht eine schwere Rezession, vor allem wenn die kreditfinanzierte private Immobilienblase platzen sollte. Den Hauptanteil des Imports machen Erdölkraftstoffe, Konsum- und Hightech-Güter aus, Haupthandelspartner sind Deutschland und die EU, Russland, Irak und auch China.

Landwirtschaft

Auf die südlichen Küstenprovinzen entfällt allein fast ein Viertel der Gesamterzeugung der Türkei. Im wasserreichen Taurus-Vorland dominieren Anbauformen mit künstlicher Bewässerung. Die Produktpalette der Landwirtschaft umfasst vor allem Gemüse (bes. Tomaten) in Gewächshäusern, Tabak und Bananen, dazu Zitrusfrüchte und Granatäpfel. Dazu kommt Baumwollanbau als Grundlage einer florierenden Textilindustrie: Bis zur Öffnung des EU-Markts für chinesische Waren war die Türkei Hauptlieferant für Textilien nach Europa, seit 2005 konzentriert sie sich auf den hochwertigen Modesektor. Dazu kommt ein großer Anteil an Direktverkäufen an die Touristen, wobei die Türkei in Kauf nimmt, dass die praktizierte Markenfälschung ihr gegenüber der EU erhebliche Probleme einbringt.

Bevölkerungsentwicklung seit 1970

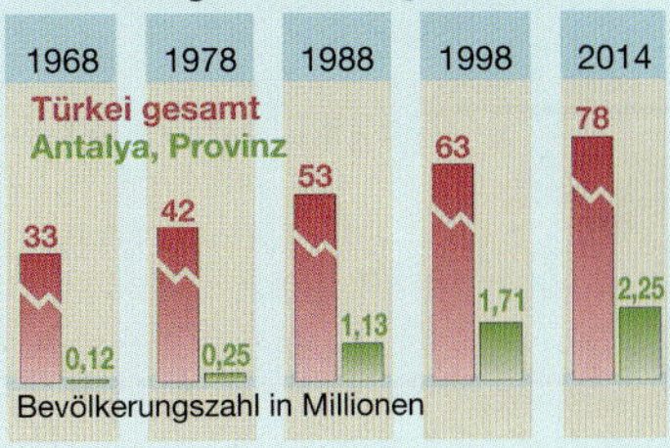

Geschichte im Überblick

Frühgeschichte

80 000 v. Chr. Seit der Altsteinzeit ist Kleinasien von Jägerkulturen besiedelt. Ein wichtiger Fundort ist die Karain-Höhle (s. S. 208) bei Antalya.

6000–3000 Seit dem 7. Jt. aus Lehm gebaute Städte (z. B. Çatal Hüyük bei Konya).

3000–2600 Indoeuropäische Einwanderer überformen die frühe Bauernkultur; als neue Technologie verbreitet sich die Metallverarbeitung.

2600–1800 Bronzezeit: Troia wird gegründet; in Ostanatolien entstehen assyrische Handelskolonien, auf Kreta die minoische Kultur.

1800–1300 Das östliche Kleinasien wird durch das Hethiter-Reich beherrscht, in Griechenland setzt sich ab 1600 v. Chr. die mykenische Kultur durch, die auf das westliche Kleinasien ausstrahlt.

12./11. Jh. Die mykenische Kultur wie auch das hethitische Großreich zerbrechen unter der Wanderung der Seevölker aus dem Norden. Während der Dorischen Wanderung besiedeln mykenische Flüchtlinge die Südküste (Perge, Sillyon, Aspendos). In Kilikien herrschen späthethitische Kleinreiche.

Griechische Zeit

8./7. Jh. Griechische Kolonisation; in Kleinasien werden gegründet: Phaselis und Side in Pamphylien, Kelendris und Nagidos im ›rauen‹ Kilikien.

Um 650 Die Lyder steigen zur Großmacht in Westkleinasien auf; erstmalig geprägte Münzen im Handelsverkehr mit den Griechenstädten an der kleinasiatischen Westküste.

546 Die Perser unter Kyros II. erobern Kleinasien und unterwerfen die griechischen Städte an der Küste sowie Lykien.

499–494 Aufstand der Griechen gegen die Perser unter Führung der Stadt Milet. Damit beginnen die Perserkriege, in denen die Griechen unter Führung Athens die Großmacht aus dem Osten abwehren können.

465 Zerstörung der persischen Flotte am Fluss Eurymedon bei Aspendos durch die Verbände des delisch-attischen Seebundes unter Kimon. Der Sieg markiert die weiteste Ausdehnung der Athener Machtsphäre. Doch im Kallias-Frieden (448) fällt Kleinasien wieder an die Perser.

336 Alexander der Große unterwirft Kleinasien und befreit die Griechenstädte an den Küsten; Beginn der hellenistischen Epoche.

323 Nach Alexanders Tod zerfällt das Reich in den Kämpfen um die Nachfolge (Diadochenkriege). In Kleinasien entstehen neue, halbwegs unabhängige Reiche: Armenien, Bithynien und Pergamon (Westküste).

188 Mit dem Vertrag von Apameia setzen sich die Römer gegen den Seleukiden Antiochos III., der 197 die Südküste eroberte, als Ordnungsmacht in Kleinasien durch. Pamphylien fällt an Pergamon; die lykischen Städte, zunächst unter der Herrschaft von Rhodos, schließen sich 167 zu einem unabhängigen Bund zusammen.

Römische Zeit

133 Nach dem Tod des Pergamon-Königs Attalos II. fällt sein Reich mitsamt Pamphylien testamentarisch an die Römer. Unter schwacher römischer Präsenz setzen sich in den Hafenstädten Piraten fest, die von Olympos, Side und Alanya aus die römischen Handelsinteressen gefährden.

67 Pompeius, später im Triumvirat mit Caesar verbündet, vernichtet die kilikische Piratenflotte bei Alanya und stellt Pamphylien, Pisidien und Kilikien unter römisches Provinzregiment.

42 Im Bürgerkrieg nach der Ermordung Caesars (44) fällt der Osten des Imperiums an Marcus Antonius, der die Südküste Kleinasiens der ägyptischen Königin Kleopatra, seiner Geliebten, schenkt.

31 v. Chr. Octavianus besiegt Antonius und Kleopatra und wird als Augustus Herrscher des Reiches: Ende des Bürgerkriegs, Proklamation des Weltfriedens. Romanisierung Kleinasiens während der Pax Romana.

46 n. Chr. Erste Missionsreise des Apostels Paulus; Beginn der Christianisierung Kleinasiens, die rasch alle größeren Städte erfasst.

130 Kaiser Hadrianus besucht die Städte der Südküste. Diese erreichen im 2./3. Jh. n. Chr. den höchsten Wohlstand ihrer Geschichte.

330 Konstantinus der Große, der die diokletianische Christenverfolgung 313 beendete, erhebt Byzanz am Bosporus, das spätere Konstantinopel, zur neuen Hauptstadt des Reiches.

392 Mit der Tempelschließung durch den ›Christenkaiser‹ Theodosius I. hat sich das Christentum als Staatsreligion endgültig durchgesetzt.

476 Während das Weströmische Reich in der germanischen Völkerwanderung erlischt, lebt die römisch-griechische Kultur im byzantinischen Reich der Rhomäer (= Römer) fort.

Byzantinische Zeit

474 Der Isaurier Zenon (Tarasikondo) wird Kaiser (bis 491); er stiftet zahlreiche Bauwerke in seiner kilikischen Heimat. Die Isaurier aus dem ›rauen‹ Kilikien waren unter Leon I. in die kaiserliche Garde berufen worden, um den Einfluss der Germanen zurückzudrängen.

627 Kaiser Heraklios (610–641) schlägt die persischen Sassaniden zurück, die zuvor die Christenmetropole Antiochia geplündert hatten.

638 Antiochia fällt an die Araber. In der arabischen Expansion gehen dem Byzantinischen Reich die kilikischen Gebiete bis zum Taurus verloren, die Küstenstädte sind durch die Flotten der Sarazenen bedroht.

964 Kaiser Nikephoros II. Phokas gelingt es, Kilikien zurückzugewinnen.

1025 Nach dem Tod Kaiser Basileios' Niedergang von Byzanz , das unter den Druck der aus Asien vorrückenden islamischen Türkenstämme gerät.

Seldschukische Zeit

1071 Die türkischen Seldschuken, die unter dem Abbasiden-Kalifat ein Reich in Persien schufen, schlagen die Byzantiner und überrennen Kleinasien. Bald darauf gründet sich das unabhängige Sultanat von Rûm (Ostrom), ab 1134 mit der Hauptstadt in Konya. Aus dem Osten verdrängte Armenier siedeln sich in Kilikien an.

1096 Nach einem Hilfsgesuch der Byzantiner ruft Papst Urban den 1. Kreuzzug aus, in dessen Verlauf die Kreuzritter 1099 Jerusalem erstürmen. Neben dem fränkischen Königreich Jerusalem bilden sich kleinere Herrschaften christlicher Ritter entlang der kleinasiatischen Küste.

1189 Nach der Eroberung Jerusalems durch Sultan Saladin stellt sich der deutsche Kaiser Friedrich I. Barbarossa an die Spitze des 3. Kreuzzugs – doch ertrinkt er am 10. Juni 1190 im Kalykadnos kurz vor Silifke.

1198–1204 Das Byzantinische Reich zerbricht: In Kilikien erreicht das Königreich Kleinarmenien unter der Lehnsherrschaft des deutschen Kaisers seine Unabhängigkeit. Der 4. Kreuzzug richtet sich direkt gegen Konstantinopel. Das Zentrum der orthodoxen Christen wird 1204 geplündert. Die römischen Christen errichten das Lateinische Kaiserreich.

1226 Begünstigt durch die Schwäche der Byzantiner, erobern die Seldschuken unter Sultan Alaeddin Keykubat (1220–36) ganz Pamphylien bis Alanya. Venezianer und Genuesen errichten unter dem Schutz der Sultane Niederlassungen entlang der Südküste.

Eine beeindruckende Ingenieursleistung – der Aquädukt von Aspendos

1243 Die Seldschuken werden den Il-Chanen, den mongolischen Herrschern von Persien, tributpflichtig. Die turkmenischen Stämme, die im 12. Jh. unter den Seldschuken in das anatolische Hochland einwanderten, bilden unabhängige Emirate *(beylikler)*.

1277 Anti-seldschukischer Aufstand der anatolischen Turkmenen unter Führung der Karamanen-Dynastie; Konya wird besetzt, die persisch orientierte Verwaltung zerschlagen, das Türkische neue Amtssprache.

Osmanische Zeit

1299 Osman Gazi, Führer eines Turkmenen-Stammes aus der Gegend von Eskişehir, legt den Grundstein des Osmanischen Reiches; sein Sohn Orhan nimmt 1326 den Sultanstitel an.

1326 Die Osmanen erobern Edirne (Adrianopel) auf europäischem Boden; in Anatolien herrschen weiterhin unabhängige Emire.

1375 Verbündet mit den turkmenischen Emiren zerschlagen die ägyptischen Mamluken das kleinarmenische Königreich. Sie setzen die Karamanen im Westen und die Ramazanen im Osten Kilikiens (Adana) als tribut-pflichtige Oberherren ein. Um Antalya entsteht das Emirat des Teke Bey.

1399 Der Osmane Beyazıd I. unterwirft die anatolischen Emirate und wird von den Mamluken als Sultan des Römerlandes anerkannt.

1402 Sieg des Tataren-Chans Timur Lenk (Tamerlan); Konsolidierung nach dessen Abzug und Tod; 1415 erobert Mehmet I. Antalya zurück.

1453 Fatih Mehmet II. nimmt Konstantinopel ein; unter dem ›Eroberer‹ setzen sich die Osmanen in ganz Kleinasien durch.

1522 Unter Süleyman I., der das Reich zur größten Ausdehnung (Balkan, Ägypten, Persien) führt, wird der Ritterorden der Johanniter, die späteren Malteser, auf Rhodos zur Kapitulation gezwungen. Die Türken kontrollieren nun das gesamte östliche Mittelmeer; die Küsten Kleinasiens verlieren ihre Bedeutung für den Fernhandel.

17./18. Jh. Während die Sultane zum Spielball von Haremsintrigen werden, fällt die Macht mehr und mehr an die Hohe Pforte, die Residenz der Großwesire. Die unterworfene nichtmuslimische Bevölkerung unterliegt keiner Zwangsbekehrung, muss aber hohe Kopfsteuern zahlen. Während Slawen und Albaner in höhere Verwaltungsämter aufsteigen, Griechen und Armenier den Handel kontrollieren, bleiben die Turkmenen des anatolischen Berglands in ihrer Rückständigkeit gefangen.

1839 Mit den Tanzimat-Reformen sucht Sultan Abdülmecit I. das Reich zu modernisieren; der Turban wird abgeschafft.

1889 Die Türkeireise des deutschen Kaisers Wilhelm II. festigt das Bündnis mit dem Deutschen Reich, das 1902 zum Bau der Bagdadbahn, einer Eisenbahnverbindung zum Persischen Golf, führt.

1908 Die jungtürkische Revolution erzwingt die Annahme einer Verfassung, doch der Zerfall des Reiches ist nicht zu verhindern. Im Balkankrieg 1912/1913 gehen fast alle europäischen Gebiete verloren.

1918 Der Erste Weltkrieg endet mit der totalen Niederlage; 1919 wird Kleinasien von Alliierten und Griechen besetzt: Der Südwesten soll an Italien fallen, der Südosten an Frankreich.

Türkische Republik

1920 Mustafa Kemal, seit 1934 Atatürk (Vater der Türken) genannt, ruft in Ankara zum Befreiungskrieg auf.

1921/1922 Der Griechisch-türkische Krieg endet mit dem Sieg der ›Nationalen Regierung‹ unter Atatürk. Abschaffung des Sultanats.

1923 Im Vertrag von Lausanne wird ein Bevölkerungsaustausch zwischen Griechenland und der Türkei vereinbart, 1,3 Mio. Griechen werden aus ihrer alten Heimat vertrieben. Am 29. Oktober proklamiert Atatürk die Türkische Republik und wird zum Staatspräsidenten ernannt.

1924–1928 Im März 1924 beendet Atatürk das osmanische Kalifat; die Türkei wird ein laizistischer Staat. Es folgen zivilrechtliche Reformen (s. S. 69).

1940 Im Zweiten Weltkrieg bleibt die Türkei neutral.

1960 Erster Militärputsch kemalistischer Offiziere gegen eine konservative, prowestliche Restaurationsregierung.

1971 Zweiter Militärputsch; die Regierung Demirel wird zum Rücktritt gezwungen. In den 1970er-Jahren wachsende wirtschaftliche Probleme.

1974 Invasion auf Nordzypern, als die griechische Obristenjunta versucht, die Insel zu annektieren.

1980 Dritter Militärputsch nach bürgerkriegsähnlichen Konflikten zwischen Rechts- und Linksparteien.

1983 Die wirtschaftsliberale Regierung unter Turgut Özal (AnaP) leitet die Modernisierung der Türkei ein und fördert den Tourismus.

1996 Die islamistische Refah Partisi wird stärkste Partei und stellt den Ministerpräsidenten; 1998 wird die Partei jedoch verboten.

2001 Drohender Staatsbankrott durch eine Finanzkrise; die Verarmungstendenzen im ländlich-agrarischen Bereich verschärfen sich.

2002 Die islamisch-konservative AK-Partei übernimmt mit absoluter Mehrheit die Regierung. Ab 2003 bringt sie Verfassungsänderungen durch, die den Einfluss der westlich orientierten Militärs zurückdrängen.

2007 Die AKP gewinnt Neuwahlen mit absoluter Mehrheit.

2010 Ergenekon-Affäre – wegen Planung eines Putsches im Jahr 2007 werden hochrangige Militärs verhaftet. Die Armee hat damit endgültig ihre Gestaltungsmacht in der Türkei verloren.

2011 Bei Neuwahlen verpasst die Regierung Erdoğan nur knapp eine Zwei-Drittel-Mehrheit, die AKP kontrolliert das Justizsystem.

2014 Trotz der Gezi-Park-Proteste 2013 und zunehmender Internetzensur wird Erdoğan zum Staatspräsidenten gewählt.

Abenteuer in den Taurus-Bergen

Wo immer man an der türkischen Mittelmeerküste auch ist, stets sind die hellen Gipfel des mächtigen Taurus-Gebirges zu sehen.

Bis vor einigen Jahren waren diese Berge noch fast unzugänglich, und selbst heute kommt man dort in eine sehr traditionelle und auch rückständige Welt. Vom Mittelmeer, das die Türken im Gegensatz zum nördlichen Schwarzen Meer *Ak Deniz,* Weißes Meer, nennen, steigt dieser lange Gebirgszug sehr rasch auf Höhen um 2000 m an, teilweise sogar auf einer Strecke von nur 20 km landeinwärts. Ganz nah sind die Berge daher in Kemer, an der lykischen Küste und bei Alanya – in der Region Antalya/Side lassen sie eine fruchtbare Schwemmlandebene frei, aber auch dort ist das Taurusvorland nie weit.

Der Taurus – ein Verwandter der Alpen

Das Taurus-Gebirge *(Toros Dağları)* entstand zur selben Zeit wie die Alpen, tatsächlich ist der Taurus eine Verlängerung dieses europäischen Gebirges. Im Westen erreicht er in den Beydağları bis über 3000 m Höhe. Die Bergspitzen hier sind noch bis spät in den Mai mit Schnee bedeckt; bei Saklıkent, nahe Antalya, gibt es sogar ein Wintersportgebiet. Der Mitteltaurus ist etwas flacher. Er speist die vielen Flüsse der pamphylischen Ebene bei Antalya, u. a. den Manavgat-Fluss

bei Side mit den wasserreichsten Fällen der Türkei.

Der gesamte Gebirgszug erhebt sich als fast undurchdringliche Mauer vor dem anatolischen Kernland – auf einer Strecke von nahezu 600 km kann der Taurus zwischen Antalya und Adana nur auf drei beschwerlich zu bereisenden Passstraßen überwunden werden.

Diese menschenleeren Regionen sind zugleich die letzten Refugien für die verbliebenen Wildtiere, die ansonsten durch das Stadtwachstum und vor allem durch eine unkontrollierte Jagd immer mehr zurückgedrängt wurden. Großwild ist bereits fast gänzlich verschwunden, mit viel Glück sieht man noch wilde Bezoar-Ziegen oder Mufflons (Wildschafe). Dazu kommen Ziesel – eine Murmeltierart –, Fuchs, Wolf, Wildschwein, Rotwild sowie der Dachs. Ornithologen sichten Adler, Geier, Milan, Bussard sowie Falken.

Waldschutz

Während man auf den Vorlandhügeln auch ausgedehnte Olivenhaine findet, sind die Bergflanken bis ca. 1800 m Höhe mit Kiefern, Zedern und Föhren bewachsen. Diese gewaltigen Wälder stehen unter besonderem staatlichen Schutz. Da durch die globale Erwärmung die Waldbrandgefahr steigt, ist hier wie überall am Mittelmeer besondere Vorsicht geboten. Ein eigenes Ministerium für Umwelt und Wälder investiert Millionen in Aufklärungskampagnen und Wald-

Schützen Sie die Umwelt
Ob beim Picknick, beim Autofahren oder beim Besuch archäologischer Stätten, folgende Grundregeln sollten Sie beachten:
Keine Glas- oder Plastikflaschen liegen lassen, denn sie wirken wie Brennspiegel, keine brennenden Zigaretten wegwerfen!
Offene Feuer sind streng verboten, die Verbotsschilder sind auch ohne Sprachkenntnis unproblematisch zu verstehen. Im Brandfall kann man vom Handy die Notrufnummer 112 anrufen!

brandschutz. Schon in der Grundschule wird den Kindern die Waldpflege nahegebracht, und landesweit ist die 177 als Notrufnummer bei Waldbrand geschaltet. »Wir gehören zu den Besten in Europa, was die Bekämpfung von Waldbränden angeht«, erklärte der zuständige Minister Osman Pepe 2007, »und das wollen wir bleiben.«

Die Yayla: Bergalmen im Taurus

»Bloß weg hier« – das scheinen im Sommer die gedacht zu haben, die es wissen müssten. Während heute die Urlauber zu Millionen an die türkischen Strände jetten, packten noch vor 50 Jahren die Bauern aus den Dörfern in den Ebenen zu dieser Zeit ihre Siebensachen und zogen auf die Hochebenen im Taurus. Dort auf den Almen *(yayla)* herrrscht im Hochsommer, wenn die Temperaturen an der Südküste bis 45 °C steigen, ein angenehmes Klima mit Temperaturen um 20 °C.

Während die Vegetation in der Ebene unter der Sonne verbrannte, fand das Vieh auf 1000 m Höhe noch fruchtbare Weiden, auch konnte man noch eine zweite Ernte einbringen. Inzwischen gehört der Pendelnomadismus längst der Vergangenheit an, heute arbeiten die Bauern mit künstlicher Bewässerung und Gewächshäusern. Doch die Türken von heute besuchen die Yaylas mit ihren Picknickplätzen immer noch gern, und auch zum Wandern, Moutainbiken und Reiten sind die Hochebenen gut geeignet.

Wandern und Trekking

Für Abenteurer ist der Taurus ein Trekking-Paradies. Die beste Zeit für Wanderungen in den tieferen Lagen sind die Monate März bis Mai, für Hochgebirgstouren Juli und August. Allerdings darf man keine alpinen Verhältnisse erwarten: Es gibt so gut wie keine Infrastruktur (Berghütten, markierte Wanderwege), nicht einmal exakte Wanderkarten liegen vor. Am besten schließt man sich geführten Wandertouren an (s. S. 35).

Feste Wanderschuhe, Kompass, ausreichender Trinkwasservorrat und für den Notfall Trockenproviant sind unerlässlich. Auch bei einfachen Wanderungen sollte man im Hotel Ziel und geplante Route hinterlassen, um eventuelle Suchaktionen zu erleichtern.

Als eine der schönsten Wanderstrecken der Welt hat die britische Sunday Times den **Lykischen Weg** zwischen Fethiye und Kaş bezeichnet. Er führt von Fethiye-Ölüdeniz durch die Küstenberge bis nach Kemer und streift dabei viele Ruinenstätten der Lykier. Der erste Streckenführer dazu stammt von Cate Clow (The Lycian Way, Upcountry Ltd.), aber auch auf Deutsch sind Führer erschienen (Michael Hennemann, Welver 2014, 4. Auflage).

Eine neue, erst 2005 eröffnete Wanderstrecke ist der **St. Paul Trail,** der auf den Spuren des Apostels Paulus über die alte Römerstraße von Perge in die Berge nach Antiochia Pisidiam verläuft. Ein Steckenführer ist nur auf Englisch zu beziehen (Cate Glow, Upcountry Ltd.), geführte Wanderungen bietet z. B. Dardanos Travel (s. S. 35) mit deutschsprachiger Leitung an.

Nationalparks

Obwohl Kritiker gern über die zunehmende Verstädterung der türkischen Küsten, vor allem rund um Antalya und Mersin klagen, empfinden über 70 % aller Türkeireisenden das Gebiet als intakte Naturlandschaft. In der Tat sind riesige Waldareale als Nationalpark *(milli parkı)* unter Schutz gestellt.

Der **Güllük-Dağı-Nationalpark** nördlich von Antalya umfasst den Gebirgswald rund um das antike Termessos (s. S. 208) mit einem wilden Canyon. In diesem Gebiet gibt es auch noch eine größere Population der seltenen Bezoar-Wildziege.

Der **Olimpos-Beydağları-Nationalpark** umfasst die Ostflanken des Beydağları-Gebirges südlich von Antalya an der Kemerküste (s. S. 168). Mit seinen Fast-3000er-Gipfeln ist das Gebiet ein beliebtes Trekking-Revier.

Der **Köprülü-Kanyon-Nationalpark** nördlich von Side umfasst das Gebiet des Köprülü-Flusses (s. S. 226), bizarr ausgewaschene Felsenhöhen, einen der größten Wälder der mediterranen Zypresse; beliebt ist er vor allem für Jeep-Safaris und Rafting-Abfahrten.

Im Landesinneren gibt es darüber hinaus den **Beyşehir-Gölü-Nationalpark** sowie den **Kovada-Gölü-Nationalpark** bei Eğirdir. Die Nutzung steckt hier noch sehr in den Kinderschuhen, doch dürfte in der Zukunft eine sprunghafte Entwicklung zu erwarten sein.

Ein wichtiges Küstenschutzgebiet ist das **Göksu-Delta** bei Silifke, das eine große Bedeutung als Vogelrastplatz besitzt, aber durch ein geplantes AKW gefährdet ist. Zu den ebenfalls strenger geschützten Naturparks *(Tabiat Parkı)* gehören das **Kekova-Gebiet** bei Kaş und das **Dalyan-Delta** am Köyçeğiz-See.

Wanderung auf dem Lykischen Weg

Die Blaue Reise

Ein gut Teil des Tourismus an der türkischen Küste spielt sich auf dem Wasser ab: Sogar Segeltörns – wer träumte nicht davon – werden überall angeboten. Hier nennt man so etwas mavi yolculuk, die Blaue Reise.

Der Begriff kommt aus dem Englischen, wobei Blue Tour auf Grand Tour anspielt, die Bildungsreise der britischen Aristokraten des 18. Jh., aber ihre Bohème-Variante war. In den 1950er-Jahren tauchten in Bodrum die ersten Jachten auf. Leute, die noch nicht wussten, was ein Aussteiger ist, kreuzten monatelang entlang dem unzugänglichen Küstenparadies der Südwesttürkei. Damals war Marmaris noch ein Fischerdorf und Kaş nur auf einem Maulesel oder per Boot zu erreichen.

Heute ist vieles anders, die Faszination jedoch ungebrochen. Die türkische Küste zwischen Marmaris und Alanya bietet Ankerplätze in modernen Marinas für über 5000 Jachten, und die Blaue Reise lässt sich inzwischen pauschal buchen; alle großen Veranstalter haben Sonderseiten dazu in den Katalogen.

Schwimmende Hotels

Da an Bord nur sehr wenig Platz zur Verfügung steht, ist das für Leute, die zum Lagerkoller neigen, gewiss ein Wagnis. Angenehmer und günstiger kann es sein, wenn man als Gruppe von sechs bis zehn Personen vor Ort ein Boot mitsamt Kapitän chartert.

Die Boote sind speziell für diesen Zweck gebaute Motorsegler aus Holz mit zwei Masten und werden *gulet* genannt. Im Gegensatz zu Jachten können sie nicht kreuzen, also nur vor dem Wind segeln (es fehlt nämlich ein Kiel). Sie sind ca. 18–25 m lang und bieten Platz für 10–24 Personen.

Die Kabinen (immer für zwei Personen) sind mit Hotelzimmern nicht zu vergleichen, manche haben aber sogar eine eigene Nasszelle mit Dusche und WC. Am Oberdeck befinden sich die Sonnenliegeplätze, ins Wasser gelangt man über Leitern. Am Heck liegt ein überdachter Schattenplatz, wo auch gegessen wird. Nur eines ist schade: Trotz voller Besegelung wird per Motorkraft gefahren und nicht am Wind.

Bei Buchung vor Ort schwanken die Preise je nach Saison, Anbieter und Boot zwischen 1800 und 400 € pro Person/Woche. Die Route steht meist fest und schließt in der Regel den Besuch der nahen antiken Stätten mit ein. Je nach Windsituation fährt der Kapitän die vorteilhaftesten Buchten an.

Daneben werden Tagestouren (ca. 30 €) angeboten, doch fährt man dabei meist in Gruppen zu 30 Personen; nicht selten entpuppen sich diese Ausflüge als laute Disco-Fahrten, bei denen der Alkohol in Strömen fließt. Also vorher nachfragen!

Mit eigener oder Charter-Jacht zahlt man ca. 50 € für ein Transitlog, mit dem man ein Jahr in türkischen Gewässern kreuzen kann. Mit dem B-Segelschein kann man für 1500–4000 € pro Woche Jachten ohne Kapitän chartern. Eine gute Website für alle Fragen ist www.insidersegeln.de.

Gute Jacht-Charter-Agenturen
Pupa Yachting: Marmaris, www.pupa.com.tr
Light Tours: Fethiye, www.lighttours.com
Blue Cruise Bodrum, www.bluecruise.org

Die Routen

Die schönsten Routen liegen nicht an der schnurgeraden türkischen Riviera, sondern dort, wo es viele Buchten gibt, also an der lykischen Küste, bei Fethiye und bei Marmaris. Eine der schönsten Routen ist die Tour von Marmaris entlang der wild-einsamen Bozburun-Halbinsel nach Süden. Hier gibt es viele Buchten, zu denen man bis heute nicht mit dem Auto kommt.

Beliebt ist darüber hinaus die Strecke zwischen Marmaris und Fethiye. Dabei besucht man Dalyan und das antike Kaunos, im inselreichen Golf von Fethiye stehen viele Buchten zur Auswahl. Empfehlenswert ist ferner eine längere Tour von Fethiye nach Antalya. Man sollte dann nur genügend Zeit für Landausflüge einplanen. Man kann aber auch von Side und Alanya aus schöne Tagesausflüge per Boot unternehmen.

Jenseits von Sonne und Pool darf man die antiken Stätten der Türkei nicht verpassen – sie zählen zum Besten, was es am Mittelmeer zu sehen gibt.

Die große Zeit Kleinasiens – dies dokumentieren die Anlagen deutlich – war die hellenistisch-römische Antike, die Blütezeit des Römischen Reiches. Untergegangen im Arabersturm und bei der türkischen Landnahme, blieben die Ruinen, anders als in Europa, sich selbst und dem Verfall überlassen, wurden nicht modern überbaut. So reist man an der türkischen Südküste durch eine doppelte Kulturlandschaft, eine abendländisch-antike unter oder neben einer türkisch-modernen. Oft vermischen sie sich sogar, wenn sich die Holzkaten von Bauernweilern zwischen die Trümmer einstiger Großstädte schmiegen.

Unter dem Strand liegt die Stadt

Hellenismus und Römerzeit

Die frühesten erhaltenen Bauten an der Südküste stammen aus der Mitte des 1. Jt. v. Chr., es sind die geheimnisvollen Gräber der Lykier (s. S. 142).

Aus der folgenden Epoche des Hellenismus nach dem Alexanderzug (ca. 330 v. Chr. bis zur Zeitenwende) blieb nur wenig erhalten, obwohl dies eine erste Blütezeit der griechischen Koloniestädte (Perge, Aspendos, Side) an der pamphylischen Küste war. Die griechische Plastik erreichte hier einen ihrer Höhepunkte, obwohl die bedeutenden Zentren und Königssitze weiter westlich an der Ägäis lagen (Pergamon, Milet, Rhodos).

Der Baubestand des Hellenismus wurde in römischer Zeit, mit Beginn des von Kaiser Augustus proklamierten Weltfriedens, großenteils umgestaltet: Die meisten der heute sichtbaren antiken Gebäude entstanden erst in der römischen Kaiserzeit im 1. und 2. Jh. n. Chr. Theater wurden durch ein Bühnenhaus geschlossen, Agoren mit säulengesäumten Kolonnaden umgeben.

Genuin römische Neuerungen waren die Erfindung des Ziegelmauerwerks, mit dem gigantische Gewölbesubstruktionen aufgemauert wurden, die Technik seiner Verkleidung mit teurerem Stein oder Marmor, die Beheizung durch das Hypokaustensystems – erhitzte Luft zirkulierte unter Böden und hinter Wänden – und die Aquädukte, die Wasser aus großen Entfernungen in die Städte leiteten.

Stadtmauern schienen nun überflüssig, die Städte breiteten sich in die Ebenen unterhalb der griechischen Burgsiedlungen aus. Das Ende der Friedenszeit mit den Einfällen von

Der Apollon-Tempel in Side

Die wichtigsten Stätten
Die bedeutendsten antiken Orte in Lykien sind Xanthos und Patara, in Pamphylien Perge und Aspendos. In Kilikien zeigt das Bergdorf Uzuncaburç mit den Ruinen von Olba/Diocaesarea den schönsten ungestörten Ruinenbestand.

Goten und Herulern im Jahr 253, Vorboten der Völkerwanderung, war ein Schock: Hilflos sahen sich die Städte den Plünderungen der Barbaren ausgesetzt. Seit dem 4. Jh., dem Höhepunkt der spätantiken Wirtschaftskrise, baute man wieder Mauern, um die Stadtzentren zu schützen.

Historische Namen

Die Küste Anatoliens (vom Griechischen *anatole* für Osten) war seit der großen Wanderungsbewegung des 12. Jh. v. Chr. von Griechen besiedelt. Seit 545 v. Chr. herrschten über sie zwar die Perser, doch ihre Kultur blieb. Sie überstanden auch die Römer (die den Begriff Asia Minor, Kleinasien prägten), und später die Türken.

Erst nach dem Ersten Weltkrieg wurden alle Griechen von der Küste vertrieben. Die griechischen Namen des Altertums, also Lykien (zwischen Marmaris und Kemer), Pamphylien (zwischen Antalya und Side) oder Kilikien (östlich von Alanya), werden aber im Westen auch heute noch verwendet.

Architekturelemente der antiken Stadt

Wenn man sich ein wenig mit den Städten der Antike beschäftigen will, ist es hilfreich, die Begriffe für die verschiedenen Bauten zu kennen – sonst sieht man nur öde Trümmerfelder …

Agora
Der zentrale Platz der Stadt, umgeben von öffentlichen Bauten und Tempeln, wird oft auch als Marktplatz bezeichnet. Es handelte sich aber eher um einen Versammlungsplatz, auf dem sich die freien Bürger zu politischer Diskussion trafen. In römischer Zeit wurde die Agora mit Toren geschlossen und war nur noch für die wirtschaftliche und politische Elite zugänglich.

Akropolis
Die ›Hochburg‹ der Städte war zumeist jener Platz, an dem die ersten griechischen Kolonisten die Siedlung gegründet hatten. Sie diente teils als Schutzburg, war oft aber der Verehrung der Stadtgötter und der mythischen Helden der Vorzeit geweiht und mit einer Tempelanlage überbaut.

Basilika
Für das Christentum bildeten nicht die alten Tempel, sondern die profane römische Basilika das Vorbild der neuen heiligen Stätten. Das war ein oft mehrschiffiger Hallenbau, in dem man den Markt abhielt oder zu Gericht saß.

Bouleuterion und Prytaneion
Der Rat der Stadt (300–1500 Personen) versammelte sich im Bouleuterion, einem meist quadratischen, überdachten Hallenbau mit ansteigenden Sitzreihen. Die städtischen Beamten, die Prytanen, waren im Prytaneion zu finden, wo gleichzeitig die ewige Flamme des heiligen Herdes brannte.

Kolonnadenstraße
Monumentalisierung war ein prägender Zug des römischen Städtebaus. Die

alten hellenistischen Städte erhielten nun als Hauptachse eine säulengerahmte Kolonnadenstraße, die beidseitig von überdachten Wandelgängen begleitet wurde. Beherrschendes städtebauliches Prinzip wurde die Ausrichtung dieser Achse auf repräsentative Fassadenbauten wie Nymphäen (Brunnenhäuser) oder Triumphbögen.

Nekropolen

Die Friedhöfe (Nekropole = Totenstadt) lagen außerhalb der Stadt, oft an den Zufahrtsstraßen. Wohlhabende Familien bauten aufwendige Grabhäuser. Meistens bestattete man die Toten in steinernen Sarkophagen (›Fleischfresser‹). Eine Sonderform nehmen die lykischen Grabbauten ein (s. S. 142).

Odeion

Als überdachtes, kleineres Theater diente dieser Bau für Musik- und andere, eher feingeistige Aufführungen.

Stoa

Auch die Plätze wurden zum Schutz vor der Sonne von Säulenhallen gerahmt, in denen sich die Bürger zu Gespräch und Diskussion trafen. Vor allem im 2. Jh., verbunden mit Kaisernamen wie Traianus, Hadrianus, Marcus Aurelius, Septimius Severus, stifteten wohlhabende Provinzbeamte öffentliche Bauten, Theater und Stoen.

Tempel

Die Verquickung aller gesellschaftlichen Aspekte mit religiösen ist ein typischer Zug antiken Städtelebens. Auf der Agora wurde die oberste Gottheit der Stadt (meist Zeus, Athene oder Apollon), aber auch Tyche, die Göttin des Schicksals, verehrt. Brunnenhäuser waren mit dem Kult der Quellnymphen oder des Flussgottes verbunden. Unter den Römern hielten neue Religionen Einzug, etwa der Mithras-Kult aus Persien, der Serapis-Kult aus Ägypten und nicht zuletzt der Kaiserkult.

Theater

Die ersten, aus dem Dionysos-Kult hervorgegangenen Aufführungen fanden auf einem runden Tanzplatz, der Orchestra, statt. Im Hellenismus erhielten die ersten steinernen Theater eine an Berghänge gelehnte Cavea mit den Zuschauerrängen, die Orchestra blieb kreisförmig. Erst nach 150 v. Chr. wurde ein erhöhtes Proskenion vor die Skene, die Bühnenwand, gesetzt – damit war die erhöhte Bühne geboren. In der römischen Kaiserzeit, als Gladiatorenkämpfe stattfanden, wurden die seitlichen Parodoi (Eingänge) überwölbt und das Theater zu einem allseitig geschlossenen Bau. Besondere Pracht entfaltete sich an der Skene, die zum monumentalen, mit Ziergiebeln gegliederten Bühnengebäude erweitert wurde. An Masten befestigte Segel schützten die Schaulustigen vor Sonne und Hitze.

Thermen

Reichtum und Luxus der römischen Zeit zeigten sich in großzügigen Badehäusern, den Thermen, die mit Mosaikfußböden ausgestaltet wurden.

Besucherhinweise

Für alle antiken Stätten sind Eintrittsgebühren zu zahlen, trotz seltener Beschilderungen und nicht immer perfekter Sicherheitseinrichtungen. Meist zahlt man 2,50 €, für berühmte Städte wie Perge oder Aspendos ca. 7 €. Da fährt man mit organisierten Touren meist günstiger. Vorteilhaft sind feste Schuhe, ausreichend Sonnenschutz und Trinkwasser.

Moschee und Karawanserei

Seldschuken und Osmanen, die beiden großen Herrscherdynastien nach dem Fall der Byzantiner, hinterließen auch an der Südküste bemerkenswerte Bauten.

Die erste türkische Epoche Kleinasiens war von der persisch beeinflussten Seldschuken-Dynastie geprägt. Gemeinsames Merkmal aller Gebäude ist ein strenger, rechteckiger Baukörper und ein aufwendig mit Steinschneidearbeit verzierter Portalbereich.

Stätte des Gebets

Beim Bau von Moscheen *(cami)* wurde der offene Innenhof überdacht, das flache Holzdach von aus Holz angefertigten oder wiederverwendeten antiken Säulen getragen. Der *mihrab* ist von der Gebetshalle abgetrennt und mit einer Kuppel in Form einer achteckigen Pyramide bedeckt.

Unter den Osmanen erlebte die islamische Baukunst im 16. Jh. ihre goldene Zeit, die fast gänzlich im Werk des genialen Architekten Mimar Sinan (1497–1588) verkörpert ist. Dieser entwickelte im Rückgriff auf die großen basilikalen Kirchen wie die Hagia Sofia den charakteristischen Typus der von schlanken Minaretten flankierten Kuppelmoschee, der bis heute in Stahlbeton nachgebaut wird.

Herausragende historische Moschee-Beispiele sind an der Südküste nicht zu sehen, doch vermittelt die im 17. Jh. entstandene Murat-Paşa-Moschee in Antalya eine Vorstellung von ihrer Bauweise. In Adana an der östli-

Rechts das ›gerillte‹ Yivli Minare in Antalya – das berühmteste Minarett der Türkei

chen Südküste entstand 1998 zudem die größte Kuppelmoschee der Welt nach dem Sinan'schen Modell.

Moscheebesuch
Fünfmal am Tag singt der Muezzin und ruft damit zum Gebet. Auch wenn die Moscheen in jüngster Zeit deutlich mehr Zulauf verzeichnen, gehen viele Türken nur am Freitag zum Mittagsgebet. Vorher wäscht man Füße, Hände und Gesicht; am Eingang lässt man die Schuhe stehen. Touristen sollten die Gebetszeit unbedingt meiden. Auf jeden Fall muss man die Schuhe ausziehen, auch ist eine angemessene Kleidung erforderlich: keine Shorts, keine Trägertops, Frauen müssen ein Tuch ums Haar legen.

Herberge für Händler und Pilger

Einen Eindruck von der untergegangenen Palastarchitektur bieten die Karawansereien, die die Seldschuken entlang der großen Handelsstraßen bauen ließen. Jeweils stark bewehrt und mit dem typischen Portalschmuck ausgestattet, bot so ein *han* den Händlern und Reisenden (zu denen übrigens auch Marco Polo auf seinem Weg nach China gehörte) Unterkunft und Schutz vor Räubern sowie Bad, Moschee und Küche.

Türkische Grabbauten

Als Grabbau der Seldschuken wie der Osmanen wurde der Typus der einzeln stehenden *türbe* entwickelt, die entweder zylindrisch mit Kegelkuppel oder achteckig mit konischer Bedachung sein kann. Im Inneren stehen meist mehrere hölzerne Sarkophage.

Türbe beim Mevlevihane in Antalya

Begriffe zur türkischen Architektur
Bedesten – abschließbare Markthalle im Basar, in der kostbare Güter verkauft wurden
Cami – Moschee, in der das Freitagsgebet stattfindet
Hamam – türkisches Bad nach dem Vorbild antiker Thermen
Han – Herberge, Karawanserei
İmaret – Armenküche bei Moscheen
Konak – Haus eines Würdenträgers, Regierungsgebäude
Külliye – Stiftungskomplex mit Moschee, Medrese, İmaret, Hospital
Medrese – islamische Hochschule
Mescit – kleineres islamisches Bethaus (im Gegensatz zur Cami)
Mihrab – nach Mekka gerichtete Nische in der Moschee
Minarett – Turm der Moschee
Minbar – Predigtkanzel
Mukarnas – wabenartiges Dekor als gestufte Nischenausfüllung
Tekke – Derwischkloster
Türbe – runder oder oktogoner Grabbau mit spitzkegeligem Dach

Atatürk – ein ›Revolutionär‹ macht die moderne Türkei

Kein Büro ohne Atatürk-Bild, keine Stadt ohne Monument zu Ehren des ›Vaters der Türken‹ – selten hat ein Politiker ein Land so geprägt wie Mustafa Kemal Atatürk, von 1923 bis 1938 Präsident der Türkischen Republik.

1881 in Saloniki (heute Thessaloniki) geboren, begann Mustafa Kemal seine Karriere beim Militär und schloss sich dort der modernistisch und pan-türkisch orientierten Bewegung gegen Sultan Abdülhamit II. an, deren Führer nach der Jungtürkischen Revolution 1909 die Regierung übernahmen.

1915 gelang ihm durch eine ebenso glänzende wie brutale Strategie, die etwa 250 000 türkischen Soldaten den Tod brachte, die Verteidigung der Gallipoli-Höhen gegen die Invasion der Alliierten. Er wurde General, doch seine große Stunde kam erst, als das Osmanische Reich nach dem Ersten Weltkrieg unter den Siegermächten und Griechenland aufgeteilt werden sollte.

1919 rief Mustafa Kemal, der seinen Beinamen Atatürk erst 1934 erhielt, auf den Kongressen von Erzurum und Sivas zur Verteidigung des Landes gegen das Siegerdiktat auf; 1920 wählte ihn die erste Nationalversammlung in Ankara zu ihrem Präsidenten. Mit einer Armee aus anatolischen Bauern schlug er bis 1922 die griechischen Invasionstruppen zurück. Der Friedensvertrag von Lausanne dokumentierte 1923 den Sieg des nationalen Freiheitskampfes und am 28. Oktober 1923 proklamierte Mustafa Kemal die Türkische Republik. Als Retter des Vaterlands konnte er seine Aktivitäten nun auf die Innenpolitik konzentrieren. Unter seiner Führung wurden die alten Strukturen des feudalistisch-islamischen Osmanenreichs revolutioniert.

Atatürks Kemalismus

Um die Türkei zu einem modernen Staat umzubauen, entwickelte er sechs zentrale Prinzipien des Kemalismus: Neben Republikanismus, Nationalismus, Populismus (Volksverbundenheit) und Reformismus (Anschluss an die europäische Zivilisation) hatten vor allem die Grundsätze des Etatismus (staatliche Wirtschaftslenkung) und des Laizismus (Trennung von Staat und Religion) weitreichende Konsequenzen.

Die Abschaffung des Kalifats 1924, mit der die islamische Welt ihres geistigen Führers beraubt wurde, löste viele, vor allem von Kurden getragene Aufstände in Ostanatolien aus. Deren Niederschlagung legte den Grundstein für den bis heute andauernden Konflikt.

Mit der Übernahme des Bürgerlichen Gesetzbuches der Schweiz (1926) anstelle der Sharia-Gesetze endete das Recht zur Mehrehe; *fez*, die alttürkische Kopfbedeckung, und Harem wurden verboten. Den erstmals als Rechtspersönlichkeit anerkannten Frauen empfahl Atatürk wiederholt, den Schleier, Symbol der alten Ordnung, abzulegen.

Mit der Einführung des gregorianischen Kalenders und der Verlegung des Ruhetags von Freitag auf Sonntag wurden alle islamischen Elemente im öffentlichen Leben ausgelöscht. Auch die osmanische Schrift wurde zugunsten lateinischer Schriftzeichen abgeschafft.

Außenpolitisch verfolgte Kemal zunächst eine Anlehnung an die UdSSR. 1936 erreichte er, dass die Türkei die Kontrolle über die Dardanellen zurückerlangte. Ein weiterer Erfolg der Annäherung an den Westen war die Rückgabe der Provinz Hatay durch die Franzosen 1938; zugleich nahm die Türkei in den 1930er-Jahren jüdische Emigranten aus Nazi-Deutschland auf.

Als Atatürk am 10. November 1938 an einer durch Alkohol zerstörten Leber starb, hatte er einen verlorenen Weltkrieg doch noch gewonnen und einen Nationalstaat begründet.

Kemalismus heute

Inzwischen ist das ideologische Konzept Atatürks ausgehöhlt, auch wenn die Verfassung den Kemalismus noch schützt. Der Staat hat sich fast ganz aus der Wirtschaft zurückgezogen, der Islam erhält als ›Rettungsbewegung‹ wachsenden Zulauf. Geblieben ist ein ausgeprägter Nationalismus: Atatürks Diktum *Ne mutlu Türküm diyene* (Glücklich ist, wer sich Türke nennt) skandieren die Schulkinder vor jeder Unterrichtsstunde. Atatürks Vermächtnis wiegt schwer. Wer den Modernisierer der Türkei modernisieren könnte, ist leider nicht erkennbar.

Atatürks Credo
»Jeder hat das Recht zu denken, wie er möchte, zu glauben, was er will, seine politische Meinung zu äußern und jede Art von Religion zu praktizieren oder auch nicht. Aufgabe des Staates ist es, die Grenzen der Freiheit zu definieren. Er übernimmt diese Verantwortlichkeit mit dem einen Ziel: private Aktivitäten so zu bündeln, dass sie den gemeinsamen Zielen der Nation dienen.«

Die Türkei in der Globalisierung

Der Anbau von Baumwolle ist ein wichtiger Wirtschaftszweig an der Südküste

Als typisches Schwellenland hat die Türkei seit 1990 eine stürmische Entwicklung erlebt, die westliche Konsummuster ins Land, aber auch viel sozialen Zündstoff in die Politik brachte.

Ökonomisch sind die letzten Dekaden der Türkei von einer starken Industrialisierung und Modernisierung geprägt. Vor allem in den 2000er-Jahren mauserte sich der kleinasiatische Staat zu einem erfolgreichen Schwellenland mit enormen Wachstumsraten. Verwundert und neidisch betrachten die von der Eurokrise an den Abgrund gedrängten EU-Länder den neuen ›Anatolischen Tiger‹.

Zwar können die ländlichen Regionen im Osten an dem Boom nur in geringem Maß teilhaben – dort ist noch immer einfache agrarische Produktion mit zum Teil großer Armut und Rückständigkeit vorherrschend. In den westlichen Landesteilen, vor allem in den schnell wachsenden Metropolen hat das starke Wachstum der Bevölkerung und die, damit verbunden, gestiegene Nachfrage nach Wohnraum und Konsumgütern zu Wachstum auf Rekordniveau geführt. Das wiederum steigert die durch keinerlei Bankenkrise gehinderte Investitionslust und schafft Arbeitsplätze – die sogar junge Deutschtürken zu Tausenden zurück in die Heimat locken.

Diesen ökonomischen Boom verkauft die islamistische Regierung Erdoğan als eigenen politischen Erfolg und kann sich so eine enorme politische Zustimmung sichern. Allerdings sinken seit fünf Jahren auch in der Türkei die Neugeborenenzahlen, droht also eine ›demografische Lücke‹ wie in Europa.

Aufbruch in die Globalisierung

Erst vor gut 30 Jahren begann die Türkei, sich mit gewaltigen Investitionsprogrammen geradezu in die Moderne zu katapultieren. Hunderttausende Kilometer neu asphaltierte Straßen, dazu Wohnungen für 30 Mio. neue Staatsbürger und Landflüchtlinge – ein schlicht unglaublicher Bauboom. Damals begann sich auch der Türkeitourismus zu entwickeln, der heute mit über 20 Mio. Besuchern pro Jahr die wichtigste Devisenquelle des Landes bildet. Gleichzeitig ließ jedoch eine immense Inflation das Einkommen der Bevölkerung zusammenschmelzen. So begann bereits in den 1990er-Jahren der Aufstieg islamisch orientierter Parteien, deren Namen (Wohlfahrtspartei, Tugendpartei, Glückseligkeitspartei etc.) schon andeuteten, worum es den Menschen ging.

2001 erlebte die Türkei eine dramatische Finanzkrise, ein Staatsbankrott drohte. Dies legte den Grundstein für den überwältigenden Wahlerfolg der islamistischen AKP (Partei für Wohlstand und Entwicklung), durch den erstmals seit den 1950er-Jahren wieder eine absolute Parlamentsmehrheit entstand; alle Regierungsparteien der 1990er-Jahre scheiterten an der 10-Prozent-Hürde. Nach dem islamistischen Programm der ›gerechten Ordnung‹ wurde die Ökonomie danach grundlegend reformiert. Inzwischen boomt die Industrie, etwa die Textilproduktion und die Elektroindustrie – 45 % aller in der EU verkauften Farbfernseher werden in der Türkei gefertigt. Große Bedeutung hat auch die Automobilindustrie, die ebenfalls in die EU liefert.

EU oder Nation?

So war es kein Wunder, dass die EU Ende 2004 der Türkei schließlich doch Beitrittsverhandlungen anbot. Die freilich schleppen sich seither wegen verschiedener Querelen eher mühsam dahin. Anfangs stand die AKP für eine Öffnung zur EU, dagegen lehnten die Republikaner jeden Kompromiss ab, und beharrten zudem auf einem strikten Verbot islamischer Symbole im öffentlichen Leben.

Was böse Zungen behauptet hatten, nämlich die AKP benutze EU-Orientierung und Demokratieprinzipien lediglich dazu, die Macht der Generäle zu beschneiden und wolle letztlich einen demokratisch legitimierten Sharia-Staat, scheint nach mittlerweile zehn Jahren AKP-Regierung erreicht: Der alte, kemalistische Staats- und Militärapparat ist nahezu ausgetauscht.

Islamische Demokratie?

In diesen 12 Jahren seit dem Beginn der Regierung Erdoğan im Jahr 2002 ist der Kemalismus, Atatürks Staatsideologie (s. S. 68), immer weiter zurückgedrängt worden – und das mit überwältigender Mehrheit demokratisch legitiert. Dass Atatürk als Freigeist den Islam strikt ablehnte, darf man heute nicht einmal mehr sagen. Geblieben ist nur der türkische Nationalismus der Atatürk'schen Ideologie, der von Erdoğan zu einem Hegemonieanspruch für die Region zwischen Balkan und Zentralasien umgeformt wurde.

Bis zum erzwungenen Sturz der ersten islamistischen Regierung unter Necmettin Erbakan 1997 hat die türkische Armee immer wieder die laizistische, demokratische Staatsordnung gegen Linke, Faschisten und Religiöse geschützt. Dreimal haben die Generäle seit Atatürks Tod offen geputscht – und noch bis 2003 konnten die Militärs über den Nationalen Sicherheitsrat die Richtung der Politik bestimmen. Es war eine der ersten Maßnahmen der AKP, die Verfassung entsprechend zu ändern. Inzwischen ist Armee nach der Ergenekon-Affäre endgültig abserviert: Pläne für einen Putsch gegen die AKP tauchten auf, über 400 hochrangige Militärs kamen in Gewahrsam und vor Gericht, zum Schluss trat der gesamte Generalstab zurück.

Die Europäische Union tut sich mit dieser Entwicklung sehr schwer: Einerseits wollen viele Politiker die Türkei nicht in der EU, dennoch verlangte man als Voraussetzung eines Beitritts die Entmachtung der pro-westlichen militärischen Führungsebene: Angesichts der inzwischen dramatisch zugespitzten Krise im Mittleren Osten (Srien/Irak) war das wohl ein gewaltiger strategischer Fehler.

Ministerpräsident Erdoğan hingegen stilisiert sich zunehmend als Staatschef mit stark autoritären Zügen, als eine Art neuer Atatürk. Er verspricht seinen Anhängern, die Türkei in den nächsten 10 Jahren zu einer der stärksten Wirtschaftsnationen der Welt zu machen. Kritische Journalisten bezeichnen sein Regime schon als ›Neo-Osmanismus‹: autoritär nach innen, neoliberal in Wirtschaftsfragen, hegemonial in der Außenpolitik Richtung Balkan, Mittelost und Zentralasien.

Parteien in der Türkei

Die Regierung stellt die konservativ-islamische AKP (*Adalet ve Kalkınma Partisi*, Partei für Wohlstand und Entwicklung), die bereits 2002 die absolute Mehrheit im Parlament errang. 2011 konnte sie ihre Position mit 49,9 % noch festigen und auch in der Provinz Antalya die Republikaner erneut hinter sich lassen.
Gegen die schleichende Islamisierung der Türkei steht die CHP (*Cumhuriyet Halkçı Partisi*, Republikanische Volkspartei) unter Kemal Kiliçdaroğlu. Sie konnte aber nur die drei Westküstenprovinzen, Thrakien und die Aleviten-Provinz Tunceli im zentralen Osten erobern.
Seit 2007 ist als einzige weitere Partei die ultra-nationalistische MHP (*Milliyetçi Hareket Partisi*, Partei der Nationalistischen Bewegung) im Parlament vertreten.

Beim Teppichhändler

Teppichhändler Atilla Eçe ist ein schlauer Fuchs. »Kommen Sie aus Deutschland? Aus welcher Stadt? Trinken Sie doch einen Tee mit mir!«

Wortgewandt begrüßt der charmante Schnurrbartträger, aufgewachsen in Köln, die deutschen Touristen, die er auf den ersten Blick zu erkennen scheint. Nimmt man die Einladung an und tritt in den mit Teppichen vollgestopften Verkaufsraum ein, hat man sein Souvenirstück schon so gut wie im Gepäck. Nicht dass er ohne Weiteres mit der Tür ins Haus fallen würde! Nein, da wird zuerst über Urlaubserlebnisse in der Türkei parliert, über den Beruf, die Kinder ... Doch ganz unverfänglich kommt er immer zum Thema.

Er weist auf seine Ausstellungsstücke, erzählt eher beiläufig, wie er seine Ware im Winter von den Halbnomaden Ostanatoliens einkauft, und erläutert die seit ältester Zeit überlieferte Bedeutung der Muster und Farben.

Mehr als ein Gebrauchsgegenstand

Denn der Teppich ist keineswegs ein profaner Gebrauchsgegenstand, sondern transportiert durch seine Zeichnung und besonders seine Farben einen magischen Schutz vor Unheil sowie Wünsche für die Zukunft. Rot bedeutet etwa Reichtum, Indigoblau Gesundheit, Schwarz bittet um Schutz vor übler Nachrede, Olivgrün um die Fruchtbarkeit der Felder.

»Schauen Sie, was für eine Farbe gefällt Ihnen denn am besten?« Hat man derart überrumpelt seine Vorliebe preisgegeben, schickt Atilla seine Ge-

Teppich-Ökonomie

Die Herstellung echter Teppiche oder Kelims ist reine Handarbeit und wird von Frauen übernommen. Vor allem landlosen Familien dient sie als wichtige Einkommensquelle. Alle weiblichen Mitglieder der Sippe arbeiten im Winter in Wechselschichten an den früher ausschließlich zum privaten Gebrauch produzierten Stücken. Im Frühjahr werden sie heute von den Händlern der großen Teppichmagnaten des Istanbuler Basars aufgekauft, die inzwischen auch Sommer-Dependancen an der Südküste führen. Ihr Preisdiktat ist knallhart – für ein Stück, das später 1500 € bringen soll, zahlt man tief im Osten vielleicht 500 Lira, also etwas über 150 € – man kann sich kaum vorstellen, wie viel Spielraum es beim Handeln geben könnte.

hilfen ins Halbdunkel des Lagerraums – bald wird Teppich auf Teppich ausgerollt. Der Arglose mag sich immer noch bei einer spannenden Lektion über das türkische Knüpfhandwerk wähnen:

Der Teppich, so erklärt Atilla, wird geknüpft, und zwar bei guter Qualität mit 6 x 7 Knoten/cm^2, also 42 000 Knoten/m^2 – typisch für den türkischen Teppich ist der symmetrische Görges-Knoten, wobei ein Wollfaden mit je einer Schlinge um zwei Spanngarne geknüpft wird. Das Ergebnis ist dann eine feste, hochflorige Ware mit deutlich gröberen Mustern als beim feineren persischen Sineh-Knoten.

Je nach Bestimmungszweck unterscheidet man den Gebetsteppich mit einer Mihrab-Nische und den meist größeren Bodenteppich mit geometrischem oder floralem Musterwerk. Ganz anders wiederum die flachen Kelims, z. B. die dichteren, ebenfalls geknüpften Sumak-Kelims und die gewebten Barak-Kelims. Sie dienten als Gebrauchsstücke und sind in ihrer Musterung nicht so festgelegt.

Alte Stammestraditionen

Je nach lokaler Herkunft, Stammestradition und Zweck fallen die Muster sehr unterschiedlich aus. Zumeist sind es aber symbolisch abstrahierte Motive, deren Bedeutung in uralte Zeiten verweist wie Doppelaxt, Baum, Sterne, stilisierte Zelte, Fischreusen, Tiere und das *eli belinde*: Das bedeutet übersetzt ›Hände auf den Hüften‹ und stellt eine Frau dar. Die Produktion für die Touristen hat jedoch zu einem gewissen Verfall der alten, meist innerhalb der Familien überlieferten Muster geführt. Heute findet man sogar schon Teppiche im Pop-Art-Stil.

Als Qualitätsmerkmale aller Teppiche gelten die Verwendung der harmonischeren Pflanzenfarben (statt Anilinfarben), die Verwendung von Spanngarnen aus Wolle (statt aus Baumwolle), was die Haltbarkeit erhöht, und natürlich das Alter der Stücke. Doch Vorsicht mit windigen Händlern, warnt Atilla: Teppiche, die älter als 100 Jahre sind, dürfen nicht ins Ausland verkauft werden. Er selbst, versichert er treuherzig, stehe mit seinem Wort für die Qualität der Stücke ein. Seine Ware besorge er in der Osttürkei, aber auch in den Teppichdörfern des Westens, etwa aus dem Döşemealtı-Kreis nordöstlich von Antalya. Sicherlich ist es vielfach Auftragsarbeit, und so mancher Teppich wird inzwischen nach dem Geschmack der Touristen produziert, doch er, Atilla

Eçe, biete auch alte, traditionelle Stücke an, die bei ihm gereinigt, wenn es sein muss, auch ausgebessert werden. Das sind die Kostbarkeiten seines Lagers.

Welcher ist der Schönste?

Irgendwann ist aber auch sein Magazin erschöpft, Dutzende von Teppichen liegen ausgebreitet zu Ihren Füßen. Wenn dann seine Frage »Welcher hat Ihnen denn am besten gefallen?« in die etwas unschlüssige Stille fällt, dann seien Sie sicher: Einer hat Ihnen garantiert gefallen! Damit beginnt jetzt das Handeln – ein Spiel, in dem es nicht nur um den Preis, sondern auch um die Ehre geht.

Der gewiefte Teppichkäufer lobt in diesen in der Regel stundenlangen Gesprächen mal die Ware, mal den Händler, zeigt jedoch immer ein gewisses Desinteresse und nennt nie selbst einen Preis, denn damit hätte er sich verpflichtet zu kaufen. Führt er das Palaver hingegen ungerührt fort, ist der Verkäufer gezwungen, bessere Angebote zu machen.

Aber, wie gesagt, Atilla ist ein schlauer Fuchs. Ihm gelingt es (fast) immer, sein Opfer einzuwickeln. Da lässt er den Teppich zur Anlage für ein ganzes Leben werden, zu einer Erinnerung an eine schöne Urlaubszeit, einen Besitz, der mit Geld nicht aufzuwiegen sei. »Geld ist wie Wasser«, sagt er, »dem Geld werden Sie nicht nachtrauern.« Da flirtet er mit den Frauen, bringt schließlich sogar die Kinder ins Spiel, die das gute Stück einmal erben. »Die Teppiche halten mindestens 150 Jahre«, erklärt Atilla voller Stolz. Nun, irgendwann bleibt dann doch nur die Kapitulation …

Grundkurs Feilschen

Ein Teppichkauf ohne zu handeln ist völlig verrückt, doch dafür muss man an mehreren Tagen wiederkommen und ein längeres Palaver durchstehen. Wenn der Reisebus wartet, braucht man es eigentlich gar nicht erst zu versuchen. Man sollte aber nur feilschen, wenn man auch kaufen möchte. Wenn der Händler ein Preisgebot akzeptiert, verlangen die Regeln, dass der Kauf auch zustande kommt.

Am besten nennen Sie also zunächst keinen Preis, sondern ziehen sich mit Sätzen wie »Sehr schön, doch zu teuer« *(Çok güzel, çok pahalı* – gespr. *tschok güsel, tschok pahale)* aus der Affäre. Wenn der Preis fällt, sollte Ihr Angebot mindestens ein Drittel unter dem Einstiegspreis liegen. Ein Viertel Abschlag sollte man nach längerem Hin und Her schaffen – dabei hilft es enorm, wenn man sich nach einiger Zeit tatsächlich verabschiedet und zum Gehen abwendet, dann fällt der Preis plötzlich doch.

Auch auf dem Basar, bei Straßenhändlern und bei Souvenirläden ist es üblich, um den Preis zu feilschen, ebenso in Hotels aller Kategorien, wenn man auf eigene Faust eine Unterkunft sucht, oder bei Autoverleihern. In Supermärkten und Lebensmittelgeschäften gelten dagegen feste Preise, die regulär ausgezeichnet sind. Allerdings kann es vorkommen, dass ein höherer Preis abkassiert wird, als an der Ware steht – da muss man ein bisschen aufpassen!

Im türkischen Hamam

Ein wenig mulmig ist mir ja schon, aber dann wage ich mich doch, Beauty Case und Handtücher unter dem Arm, hinein – ins Hamam.

Heute Vormittag ist Frauenbad. Im Eingangsraum dudelt der CD-Player, ein Tee-Samowar dampft. Die resolute ältere Frau, die auf mich zutritt, trägt als Einzige das Kopftuch: wohl die Bademeisterin. Sie spricht zwar kein Wort Englisch, hat die Situation aber sicher im Griff. Zeigt mir ein Schließfach, in dem ich meine Wertsachen verstaue, fragt: »*Masaj*?«, worauf ich zögernd nicke, und schiebt mich Richtung Umkleidekabinen. Dort stehe ich dann vor der großen Entscheidung: Mit oder ohne Slip? Ich wähle also die goldene Mitte und trete, Handtuch um die Hüften geschlungen, wieder hinaus. Die Madame vom Dienst ist zufrieden, ich schlüpfe in die Badelatschen und schlurfe hinter ihr her in den Schwitzraum.

Baden wie die Römer

Das Hamam, das Türkische Bad, hat, so lese ich später, eine lange, bis auf die große römische Bäderkultur und ihre Thermen zurückgehende Tradition. Gerade die religiösen Reinigungsvorschriften des Islam führten im Orient zu einer allgemein weiten Verbreitung öffentlicher Bäder. Doch der Besuch im Hamam bereitet die Muslime nicht nur auf das Gebet vor, das Bad ist auch ein Ort der Kommunikation, vor allem für die Frauen. Hier können sie sich unbeobachtet bewegen, können tratschen, hier bietet sich den Müttern aber auch Gelegenheit, im Schwitzraum nach einer passenden Partie für den Sohn Ausschau zu halten.

Den Begriff Schwitzraum verdient der zentrale Baderaum des Hamams jedoch nur mit Abstrichen. Meist hält sich die Temperatur im Gegensatz zur Feuchtigkeit in Grenzen. Dampfende Schwaden schlagen mir entgegen. Im Dunst erkenne ich den großen, marmornen *göbek taşı*, ein beheiztes Podest, auf dem mehrere Frauen sitzen, die sich gegenseitig mit einem Hanfhandschuh massieren. Darüber wölbt sich eine hohe Kuppel mit kaum handgroßen, sternförmigen Durchbrüchen, die Licht einfallen lassen.

Auf dem Göbek Taşı

Kaltes und heißes Wasser läuft aus zwei Hähnen in Marmorbecken, aus denen ich mit dem flachen Schöpfteller das Nass über mich gieße. Etwas umständlich, aber stilecht, diese Prozedur. Denn die Dusche kannte man in den alten Zeiten noch nicht, und ein Bad in stehendem Wasser ist bei den Türken traditionell verpönt. Nach einer ersten Säuberung begebe ich

Entspannende Reinigung im Hamam

mich auf den *göbek taşı* und harre der Dinge. Längst habe ich das Handtuch fallen lassen, denn auch die meisten anderen Frauen sind im Evakostüm. So darauf bedacht, mit dem Hüfttuch die Lenden zu bedecken, wie das dem Vernehmen nach bei den Herren Usus scheint, ist hier keine.

Schließlich kommt eine zweite Badefrau, beeindruckend in ihrer Üppigkeit, und beginnt, mich mit dem erwähnten Hanfhandschuh, dem *kese*, zu massieren. Wörtlich bedeutet der Begriff Kratzer, und das durchaus zu Recht. Puterrot läuft die Haut an, und bald bilden sich dunkle Krümel – kein Grund zur Peinlichkeit, denn es ist nur die oberste Hautschicht, die sich löst ... Meine Patronin aber lässt nicht ab und schabt, reibt, scheuert und schrubbt und vergisst nicht einen Quadratzentimeter meiner Körperoberfläche. Im Stillen gestehe ich mir ein: So sauber bist du noch nie gewesen.

Wichtig zu wissen
Hamams sind in allen Urlaubszentren zu finden, teils in historischen Gebäuden, teils als Neubauten, teils integriert in die Wellness-Anlagen der Luxushotels (dort ist die Massage ebenso wie die Kese-Waschung viel sanfter). Traditionell baden Frauen meist vormittags an einzelnen Wochentagen, für Männer ist danach bis gegen 21 Uhr geöffnet. In touristischen Hamams dürfen gemischte Gruppen baden – allerdings mit Badekleidung. Die Gebühren sind dort deutlich höher. Unter türkischen Männern ist es (auch beim Waschen) üblich, ein Handtuch um die Hüften zu tragen. Andernfalls kann es zu sexuellen Missverständnissen kommen!

Dann beginnt sie mit der eigentlichen Massage, mit Seifenschaum und Kraft. Falls ich gedacht hatte, das Schlimmste sei überstanden – ein Irrtum. Stahlhart ist der Griff, mit dem die Badefrau meine Arme knetet, die Beine walkt; sie lässt mich zwischen ihren Beinen kauern, dass ihre schweren Brüste auf meinen Schultern liegen, wühlt mir in den Haaren, pult in den Ohren, fährt kraftvoll durch mein Gesicht. Dann wieder in die Bauchlage: Sie zieht die Schultern, bis es knackt, und als ihre Knöchel über meine Wirbelsäule gleiten, schreit jede Bandscheibe um Erbarmen. Doch nach erneutem Abspülen, heiß und kalt, fühle ich mich wie neugeboren. Die folgende Ölmassage ist so etwas wie eine Abbitte, Labsal für die gepeinigte Haut.

Alles überlebt ...

Tulay und Yasemin, zwei jüngere Türkinnen, nickten mir anerkennend zu, als hätte ich die Prozedur besonders tapfer ertragen. Wild gestikulierend verständigten wir uns, über die Kinder, den Mann, den Beruf. Das Wichtigste aber war das Lachen, eine Brücke über alle Sprachschwierigkeiten hinweg. Abgetrocknet und unendlich sauber genoss ich meinen Tee. Tulay drehte den CD-Player auf volle Lautstärke und fing an zu tanzen – so selbstvergessen und selbstbewusst hatte ich eine Türkin in der Öffentlichkeit noch nie erlebt.

Als ich viel später aus dem Hamam trat, hatte ich nicht nur die Schrittfolge eines türkischen Tanzes gelernt, sondern auch etwas Wichtiges erfahren: Jenseits aller öffentlichen Zwänge kennen Türkinnen in den der Männerwelt verschlossenen Räumen eine erstaunliche Offenheit.

von Petra Penke

Eine Frage der Ehre – Frauen in der Türkei

Für die türkischen Frauen war 2002 ein bedeutendes Jahr, denn da trat die Zivilrechtsänderung in Kraft, nach der die Aufnahme von Arbeitsverhältnissen nicht mehr von der Erlaubnis des Ehegatten abhängig ist.

Zuvor konnte er ihr selbstständige Arbeit und Einkommen verbieten und hatte dabei Staat und Polizei auf seiner Seite. Wenn man die offenen, unverschleierten, lebensfrohen Frauen in den modernen Zentren an den Küsten sieht, will man kaum glauben, dass manches Frauenleben in der Türkei ganz anders ausschaut. Wie das von Ayşe zum Beispiel, die, im siebten Monat schwanger, noch auf dem Feld arbeitet, aber glücklich ist, weil sie hofft, als fünftes Kind endlich einen Jungen zu bekommen. Oder von Emine, die das Haus allein höchstens zu Besuchen bei den Frauen der Nachbarschaft verlassen kann, auf den Markt oder zum Arzt jedoch nur in Begleitung ihres Mannes oder zumindest ihres siebenjährigen Sohnes gehen darf.

Vom Koran zum Ehrenmord

»Und wenn Ihr fürchtet, dass sie sich auflehnen, dann vermahnet sie, scheidet Euch von ihrem Lager und schlaget sie« (Sure 4,38) – so steht es im Koran, und das ist für den Muslimen nicht nur Gesetz, sondern wahr und richtig, auch in der Türkei. Schließlich spielen zivilrechtliche Vorschriften kaum eine Rolle, denn solche Probleme werden zumeist in der Grauzone häuslicher Gewalt ›gelöst‹. Verhüllt, gehorsam und immer drei Schritte hintendrein, so müssen bis heute viele Frauen ihrem Mann folgen. Erst als Großmutter wird sie sehr verehrt, dann küsst man ihr sogar die Hand.

Zwar wurden die Frauen durch die Reformen Atatürks als Rechtspersönlichkeit anerkannt und erhielten 1934 das allgemeine Wahlrecht. Doch in den ländlichen Gebieten standen diese Rechte nur auf dem Papier. Mädchen wurden früh mit der Feldarbeit betraut und mussten deshalb auf den Schulbesuch verzichten. Trotz aller Reformen gilt das bei gut 60 % der Bevölkerung immer noch. Als höchstes Gut gilt ihre Ehre – zuallererst die Jungfräulichkeit, die schon durch eine Geste gegenüber einem fremden Mann in Gefahr gerät. Die Heirat wird vom Vater möglichst früh arrangiert und gleicht häufig heute noch einem Geschäft, bei dem ein möglichst hoher Preis für die Arbeitskraft der Braut herausspringen soll. Mittlerweile wurde zwar das Mindestalter zur Heirat auf 18 Jahre hochgesetzt, das Prinzip der arrangierten Ehen ist damit aber noch lange nicht beendet, wie die vielen Fälle entführter junger Türkinnen aus Deutschland zeigen.

Brautpreis und Kızkaçırma

Vor noch nicht allzu langer Zeit war es üblich, dass der Bräutigam der Familie seiner Braut einen Brautpreis zahlen musste: Das sind die berühmten fünf Kamele, die heute scherzhaft für blonde Touristinnen geboten werden. Konnte man sich nicht auf einen Preis einigen, gab es das probate Mittel des *kızkaçırma,* der ›Jungfrauentführung‹. Dabei wurde die Braut in spe entführt und ihrer Jungfräulichkeit beraubt – danach tendierte der Brautpreis natürlich gen null. Oft (wenn auch nicht immer) geschah dies mit Einverständnis der Frau; oft auch, um den Vater überhaupt zur Einwilligung zu zwingen. Das Kızkaçırma ist also einer der Gründe, warum man in der Türkei so sehr auf die Töchter aufpasst.

Frauen an die Macht

Freilich wäre es falsch, alle türkischen Frauen auf dieses Bild zu reduzieren. Frauen der Oberschicht sind im öffentlichen Leben überraschend stark vertreten. Innerhalb der republikanischen Elite vor der Regierungsübernahme der islamischen AKP konnten auch Frauen in höchste Ämter aufsteigen. 1993 wurde eine Frau sogar Ministerpräsidentin der Türkei. Solche Ausnahmefrauen sind in Europa ausgebildet, fast immer stammen sie aus superreichen Familien der kemalistischen Staatselite.

Die jungen Frauen der Mittelschicht jedoch sind in einer schwierigen Situation. Sie sind bis zum 16. Lebensjahr schulpflichtig und erhalten eine Ausbildung. In westlich orientierten Familien ist es durchaus üblich, die Töchter danach in Jobs bei Banken, Versicherungen oder Behörden unterzubringen. Diese Frauen bzw. ihre Familien entsprechen – jung, modern und europäisch – dem Bild der Werbespots im türkischen Fernsehen, das mit der gesamttürkischen Realität jedoch wenig zu tun hat. Heute zieht es die Wählerschaft der AKP zunehmend vor, ihre Kinder, Mädchen mehr noch als Jungen, auf Schulen zu schicken, die den Islam zum Wertmaßstab ethischen Handelns machen. Was für Frauen zuallererst bedeutet, das zu tun, was der Vater oder der Ehemann sagt.

Ehre durch Autorität

Damit kommt nun die Ehre der Männer ins Spiel: Wenn die Frau macht, was sie will, verliert er seine Ehre, weil er seine Autorität nicht beweisen kann. Denn nicht die Frauenfrage, sondern die Frage der Ehre ist das entscheidende Problem: Männer haben Ehre, solange sie sie verteidigen können. Männer, die die Ehre ihrer Frauen nicht verteidigen können, verlieren ihre eigene. Frauen, die von Männern abhängig sind, gefährden deren Ehre durch unehrbares Verhalten. Frauen, die reich sind oder aus anderen Gründen unabhängig, haben eigene Ehre – und können tun, was sie wollen.

Daher ist das Leben der meisten türkischen Frauen einer rigiden sozialen Kontrolle durch die Männerwelt unterworfen. Der Vater, die Brüder und später der Ehemann, sie alle suchen ihre Ehre zu bewahren, wobei manches Mädchen zur Rettung der Familienehre sogar vom eigenen Vater oder den Brüdern umgebracht wird – heute, wo die Popkultur auch in der Türkei ganz andere Maßstäbe setzt, eher häufiger als früher.

Fremde Männer üben eine kaum weniger starke Kontrolle aus. In ihrem Verhalten gegenüber Frauen klingt unterschwellig immer der Versuch durch, herauszufinden, ob es sich um eine ›ehrbare‹ Frau handelt oder nicht – wobei eine Frau, die sich nicht in jeder Situation korrekt verhält, insgeheim verachtet wird. Diese Verhaltensmuster sind überall in der Türkei noch lebendig. Modische Kleidung, greller Nagellack oder Berufstätigkeit – hinter der Fassade sieht es oft ganz anders aus …

Vorsicht: Urlaubsliebe

In den Touristenhotels werden westliche Frauen oft gleich von einem ganzen Dutzend Gigolos umworben. In der häufig lästigen Anmache sehen sich die türkischen Kellner und Sportbetreuer durch zahlreiche Erfolge bestärkt. Abseits der Touristenorte sind die Männer zurückhaltender, aber auch hier ist man vor unliebsamen Überraschungen nicht geschützt – blonde europäische Frauen tauchen schließlich in allen türkischen Boulevardblättern zumeist spärlich bekleidet und als Inbegriff der stets bereiten Sexbestie auf.

Im Fall eines Falles erreicht man die besten Erfolge, wenn man sich laut schimpfend zur Wehr setzt und die Öffentlichkeit einbezieht (rufen Sie: »*Ayıp!*«, ›Schande‹). Belästigungen bleiben aus, wenn ein Mann sich nicht – z. B. durch Blickkontakt oder freizügige Kleidung – aufgefordert fühlen kann. Ein offener Flirt hingegen gibt ihm den sogar richterlich bestätigten Freibrief zur Vergewaltigung.

Wenn hingegen aus einem Urlaubsflirt plötzlich die große Liebe wird, ist Vorsicht angebracht. Dass europäische Frauen wissen, was sie wollen, ist für Türken außerordentlich faszinierend, entspricht aber absolut nicht ihrem verinnerlichten Bild von einer ›anständigen‹ Frau. Missverständnisse sind vorprogrammiert, wie man z. B. im Forum www.urlaubsliebe-tuerkei.de verfolgen kann. Tatsächlich betrachten viele Männer eine Beziehung als Eintrittskarte in ein besseres Leben, da eine Heirat die Aufenthaltserlaubnis im Paradies Deutschland bedeutet. Doch auch hier gilt, dass alles, was man sagen kann, letztlich nur die halbe Wahrheit ist. Es gibt ja nicht nur Berufsgigolos in den Ferienzentren – aber eben sehr viele ...

Flucht ins Teehaus

Vor allem in kleineren Dörfern lässt sich die strikte Trennung von Frauen- und Männerräumen beobachten. Die Männer sind auf Straßen und Plätzen und vor allem im Teehaus präsent. Das *çayhanesi* bildet den Mittelpunkt der Männerwelt; dort spielt man Karten oder *okey*, eine Art Ablegespiel mit Zahlensteinen, man redet über Geschäfte, darf Zoten erzählen und rauchen. Eine Frau würde eine solche Teestube nie betreten.

Andererseits haben die Männer tagsüber in den privaten Räumen des Hauses nichts zu suchen. Dort treffen sich die Nachbarinnen, um bei einem Schwatz gemeinsam zu arbeiten. In dieser weiblichen Welt sind die Beziehungen meist persönlicher, solidarischer, liebevoller als unter den Männern, die stets und ständig ihre Ehre beweisen müssen.

Beschneidungshochzeit

Den Höhepunkt und gleichzeitig das Ende des Knabenlebens bildet die *sünnet düğünü,* wörtlich Beschneidungshochzeit, im Alter von etwa sechs oder sieben Jahren. Der angehende Mann wird wie ein Prinz gekleidet und wie bei einer Hochzeit durch den Ort gefahren. Der *hoca,* der Dorfgeistliche, nimmt die durchaus schmerzhafte Operation vor, als Lohn der Tapferkeit wird der Knabe dann reich beschenkt.

Mit diesem Tage ist er aufgenommen in die Welt der Männergesellschaft. Einen solchen klar markierten Übergang in den Erwachsenenstatus erleben Mädchen nicht. Sie müssen sich ihren Zugang zur Öffentlichkeit selbst erkämpfen und werden im Gegenteil eher misstrauisch dabei beobachtet.

Zwei Welten: Stadt und Land

Die Unterschiede zwischen dem Leben in den Städten und in den Dörfern wirken für viele Besucher oft wie ein Schock. In den Taurus-Bergen, kaum eine Autostunde von den komfortablen Hotelburgen entfernt, findet man sich zwischen Holzhäusern wieder, vor denen die Frauen auf offenem Feuer das *sac böreği* (sprich *sadsch böreji),* das hauchdünne Fladenbrot der Nomaden, backen.

Doch auch die innertürkische Migration führt dazu, dass unterschiedliche Lebensstile aufeinanderprallen: Die Baumwollindustrie und die aufstrebenden Städte an der Südküste bieten Arbeitsplätze für viele Einwohner Anatoliens und der östlichen Landesteile, vor allem Kurden. Dies zwingt das Land zu einer ungeheuren Dynamik, die man sich in Deutschland kaum vorstellen kann.

Vor allem in Antalya, Serik, Manavgat und Alanya wuchsen in den letzten Jahren gewaltige Vorstädte aus monotonen Apartmentblocks aus dem Boden. Diese Städte verdoppeln ihre Einwohnerzahl in kaum zehn Jahren, überall wird gebaut, nichts bleibt, wie es war. Inzwischen sind knapp die Hälfte aller Türken unter 25 Jahre alt, 25 % unter 15 – für sie alle müssen Wohnungen, Schulen und Jobs geschaffen werden.

Auf dem Land: Frauen backen gemeinsam Sac Böreği

Kopftuch oder Mini?

Neben den bunten weiten Pumphosen der Frauen auf dem Land fällt besonders das Kopftuch auf, das in den Dörfern jedoch weniger einen islamischen Hintergrund hat als eher eine praktische Funktion und durch Muster und Farbe darüber Auskunft gibt, ob eine Frau verheiratet ist, Kinder hat etc., ob sie kurdischer Abstammung ist oder zu den Yörüken (türkische Nomaden) zählt. Es wird auf dem Land auch ganz anders gebunden als die Kopftücher der Religiösen in der Stadt.

Die moderne Bevölkerung in den Städten hingegen sucht sich nach westlichen Mustern elegant zu kleiden. Gerade in den Mittelschichten wird die Fähigkeit, in der Öffentlichkeit elegante Kleidung und andere Symbole von Reichtum zu präsentieren, als Zeichen von sozialem Aufstieg gehandelt – und das auch in religiösen Kreisen. Versteckt unter einem bodenlangen Mantel und einem Seidenkopftuch, ist dem Verhüllungsgebot des Koran Genüge getan.

Die westlich orientierten, republikanisch Gesinnten, türkeiweit immerhin noch 40 % der Bevölkerung, sehen darin, vor allem im Kopftuch, ein Symbol für Rückständigkeit und lehnen es vehement ab. Auch in diesen Kreisen ist aber Eleganz angesagt (und kein Surfer-Look). Inzwischen gibt es eine ganze Reihe von türkischen Mode-Labeln, die mit italienischem Chic und französischem Sexappeal Furore machen (und das zu günstigen Preisen!). Doch auch im religiösen Bereich ist man kreativ, so gibt es mittlerweile Ganzkörperbadeanzüge und Blusen mit eingearbeitetem Kopfschleier.

Die süßen Wonnen des Orients

Wenn schon, denn schon, dachten die Sultane vermutlich, und wenn man schon im Harem aus dem Vollen schöpfen kann, dann muss man sich auch bei der Nachspeise keinen Zwang antun. Vielleicht ist das ja der Grund, warum viele türkische Süßigkeiten mit Namen daherkommen, die mindestens so verführerisch klingen, wie sie schmecken: Hanım Göbeği, ›Frauennabel‹ oder Dilber Dudağı, ›Schöne Lippen‹ – da beginnt man doch zu träumen …

Alle diese Köstlichkeiten sind – wie fast alle bekannten Gerichte der türkischen Küche – entstanden in der Palastküche des Topkapı Sarayı von Istanbul. Dort brachten die besten Köche aller unterworfenen Völker ihre Traditionen ein: Griechen, Slawen, Bulgaren, Tscherkessen, Araber, Ägypter … Soweit die berühmten *mezeler* (ähnlich den spanischen Tapas) zumeist Kreationen von Griechen und Schwarzmeeranrainern waren, so sind die *şekerpare,* ›Zuckerstückchen‹, bestimmt zumeist arabisch-ägyptischen Ursprungs.

Keine Scheu vor klebrigen Fingern

Das, was man in den Auslagen der Konditoreien als triefend-klebrige Masse sieht, ist zumeist ein Brandteig, der in eine bestimmte Form gebracht wird: Röllchen für Tulumba Tatlısı, ›Spritzgebäck‹, Bällchen für Lokma, ›Häppchen‹, eingedellte Plätzchen für Hanım Göbeği. Nach dem Ausbacken gibt man das Gebäck in einen Sirup aus Zucker und Rosenwasser, bis es sich ganz vollgesaugt hat. Und das schmilzt nur so auf der Zunge!

Andere Sorten sind z. B. Tel Kadayıf oder Baklava, wobei Fadenteig oder Blätterteig (beim türkischen Lebensmittelhandel als Yufka erhältlich) mit Walnüssen oder Haselnüssen geschichtet, gebacken und dann mit dem unvermeidlichen Sirup durchtränkt werden, zum Schluss streut man grüne gemahlene Pistazien darüber.

Auch bei diesen Sorten gibt oft die Form den Namen: Bülbül Yuvası, ›Nachtigallennest‹, Vezir Parmağı, ›Wesirfinger‹ … der Fantasie der türkischen Bäcker sind offenbar keine Grenzen gesetzt.

Auf ins Pastahane

So wie es – zumindest in der traditionellen Türkei – für jede Speise bestimmte Läden gibt (z. B. den Kebap Salonu, ›Grillfleisch-Salon‹), bekommt man auch die süßen Sachen nur in bestimmten Läden: Das Pastahane entspricht der französischen Pâtisserie und ist eine Art Feinbäcker, das Wort Tatlıçı, »Süßwaren-Mann«, kann man am besten als Konditor übersetzen.

Ein Pastahane hat meist auch salziges Käsegebäck wie Kaşarlı Tuzlular im Angebot, ein Tatlıçı auch exotische Konfitüren wie Feigenmarmelade (İncir Reçeli) oder Rosenmarmelade (Gül Reçeli).

In größeren türkischen Städten des Inlands sind ein Pastahane oder ein Tatlıçı stets eine gute Adresse für eine Besichtigungspause. Diese Läden sind meist sehr gepflegt, es gibt in der Regel auch einige Tische – und wer nichts Süßes essen will, erhält dort oft auch salzige gefüllte Teigtaschen oder andere kleine Snacks.

Mit Noah fing es an

Die Tradition will es, dass das Aşure auf Noahs Arche erfunden wurde, als man die letzten Reste zusammensuchte: Es besteht aus Trockenobst, Nüssen, Bohnen und Kichererbsen in einer sämigen Zuckercreme. Rosenwasser, Zimt und Granatapfelkerne geben den gewissen Pfiff. Eine sehr beliebte Allzweckwaffe gegen Kindergeschrei ist das Sütlaç, ein süßer cremiger Pudding aus Milch, Reismehl und Kokosraspel.

Die berühmteste türkische Nachspeise ist schließlich das Istanbuler Tavuk Göğsü, was türkische Männer als ›Mädchenbusen‹ verstehen (wörtl. Hühnchen-Brust). Das ist ein feiner Reispudding mit zerriebener Hühnerbrust, bestreut mit Zimt.

Weingummi alla turca

Eine echte Köstlichkeit ist das Lokum, das meist als »Turkish Delight« vermarktet wird (und kein türkischer Honig ist). Es handelt sich um eine zähe Masse aus Zucker und Reismehl, die mit allen erdenklichen Aromen, Farben und Nüssen angereichert werden kann und dann gewürfelt und dick in Puderzucker gewälzt verkauft wird. Jedoch sollte man von der Ware, die zu sündhaft teuren Preisen auf den Flughäfen erhältlich ist, die Finger lassen. Viel besser schmeckt das Lokum von den Wochenmärkten im Land.

Als türkischen Honig bezeichnet man hingegen das Helva, eine leicht bröselige hellgelbe Masse, die gerne mit Pistazien versetzt wird. Helva wird aus gemahlenen Sesamsamen und Zucker gekocht – und ist damit wohl die schlimmste aller Kalorienbomben.

Bei türkischen Süßspeisen wird man gerne schwach

Von Arabesk zu Türkpop

Die Instrumente dudeln in orientalischen Halbtonschritten, die Stimmen klagen – Herzschmerz, Liebe, Leid, die wesentlichen Themen hört man sofort heraus. Doch hat das, was man als ›türkische‹ Musik allüberall hört, einen langen Weg hinter sich ...

Arabesk

Es begann mit der verordneten Verwestlichung in kemalistischen Zeiten, als die staatlichen Radiosender nur europäische Musik spielen durften. Das Volk hörte daraufhin arabische Sender, und bald entstand eine subproletarische Musikrichtung: Arabesk. Seit den 1960er-Jahren wurde diese um Elemente der Popmusik, etwa Harmonie und Instrumentalisierung, bereichert.

Der 1996 verstorbene Zeki Müren war in den 1970er-Jahren der bekannteste Vertreter des Arabesk und der berühmteste Transvestit der İstanbuler Schwulenszene. In seine Fußstapfen tritt nun Ersoy, früher ein Er, heute eine Sie. Daneben verkörpert vor allem İbrahim Tatlises, der 2002 auf großer Deutschland-Tournee war, das ursprüngliche Arabesk.

Volksmusik

Die traditionellen *bozlak* (Liebeslieder) oder *ağıt* (Totenklagen), früher zumeist das Metier wandernder Zigeunermusiker, fristen ein Schattendasein. Selbst für Touristenaufführungen hält man diese Musik mit ihren für europäische Ohren ungewohnten

Tarkan, erfolgreichster Popkünstler der Türkei in Aktion

Halb- und Vierteltonschritten und untemperierten Harmonien kaum geeignet. Ein Beispiel ist übrigens der *ezan*, der Gebetsruf des Müezzin.

Die beiden typischen Instrumente der türkischen Volksmusik sind die *davul*, eine große Pauke, und die *zurna*, eine Kegeloboe, die mit ihrem schrillen Klang eine erstaunliche Lautstärke erreicht. Man hört sie oft bei Paraden und beim Umzug zur Beschneidung der Jungen. Ein weiteres charakteristisches Instrument ist die *kaval*, eine einfache Flöte ohne Mundstück, die quer geblasen wird und bei den Yörük-Nomaden im Taurus verbreitet ist.

Die *saz* (eigentlich *baglama),* eine Langhalslaute, ist das häufigste Begleitinstrument der Tanzmusiker. Sie besitzt einen kleinen, bauchigen Korpus, einen schmalen, sehr langen Hals mit sieben hölzernen Wirbeln und wird heute nicht selten sogar elektrisch verstärkt. Es gibt sie in sechs Größen, wobei die *çura* das kleinste Instrument mit den höchsten Tönen, die *divan saz* das größte und tiefste darstellt. Traditionell fertigt man den Korpus aus Maulbeerholz, die Decke aus Fichte und den Hals aus Wacholder. Die *saz* wurde von den Turkvölkern schon in vorchristlichen Zeiten in Zentralasien gespielt.

Musik als Politik

Durch sein İstanbul-Konzert 1986 mit Mikis Theodorakis wurde Zülfü Livaneli, der wie Cem Karaca für die sozialkritische Musik steht, international bekannt. Eine Nachfolge haben sie in der Songschreiberin Sezen Aksu gefunden. Sie gab 2002 aufsehenerregende Konzerte in Ephesus und Aspendos: Sie trat mit armenischen, griechischen und kurdischen Gruppen auf und warb für Völkerverständigung.

Türkpop

Seit Anfang der 1990er-Jahre zählt die türkische Popmusikszene zu den produktivsten der Welt – heute durch die Mischung von westlichen Strömungen wie Techno, Rap und Ethno-Pop mit türkischen Texten und Melodien. Eine bedeutende Rolle spielen dabei die *almancı*, die Deutschtürken der zweiten

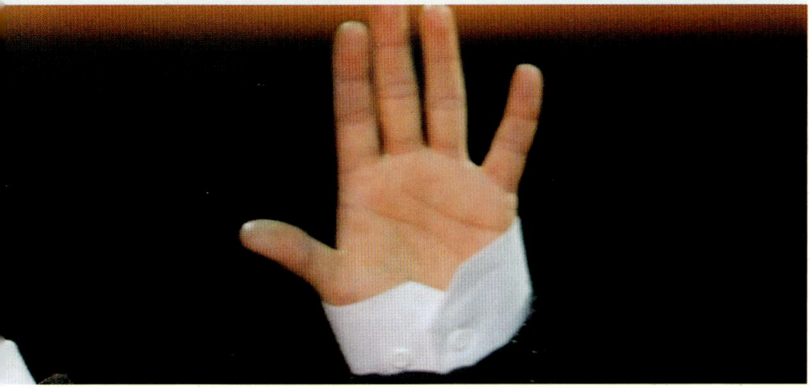

oder dritten Generation, die in Deutschland musikalisch geprägt wurden.

In Deutschland bekannt sind vor allem Tarkan und Mustafa Sandal, beide hatten auch schon Nummer-1-Hits in Deutschland. Auch Sertab Erener, die 2003 für die Türkei den Eurovision Song Contest gewann, rückte mit »Everyway That I Can« (»En üzülme diye«) in die deutschen Charts ein. Sie hat übrigens eine klassisch ausgebildete Stimme, die von Sezen Aksu gefördert wurde und auch Versöhnungsprojekte wie eine gemeinsame Einspielung mit der griechischen Sängerin Mando (»Aşk«, 1999) unternommen hat. Auch der vierte Platz beim Eurovision Song Contest von 2007, gesungen von Kenan Doğulu, kam aus der Hitfabrik von Sezen Aksu.

Tarkan Superstar

Tarkan, geboren 1972 in Alzey, Deutschland, ist der erfolgreichste türkische Popmusiker. Seit seinem Debütalbum 1991 hat er etwa 15 Mio. Alben verkauft. Die Washington Post verglich seine Wirkung auf die Türkei mit der von Elvis Presley auf den Westen in den späten 1950er-Jahren. Was die Wirkung seines Hüftschwungs angeht, ist dies wahrscheinlich noch untertrieben (s. im Internet YouTube, Hüp Remix).

1999 veröffentlichte der Mädchenschwarm mit dem schönsten Lachen der Türkei seinen Hit »Şımarık« (Verwöhnte) – eine Art Epochenbruch in der Popgeschichte. Das auf Türkisch gesungene Lied stürmte die Charts in Europa, Russland, Lateinamerika sowie Nordafrika und öffnete den Mainstream für Elemente der World-Musik.

Da die Zusammenarbeit mit Sezen Aksu, die auch für Tarkan die großen Hits geschrieben hatte, über Copyrightstreitigkeiten zerbrach, wurde »Karma« (2001) ganz anders und dabei sein bisher meistverkauftes Album: »Kuzu Kuzu«, »Hüp« und »Verme« erhielten als Hits eigene Videos. Karma bedeutet ›gemischt‹ auf Türkisch. Die Kritik bezeichnete das in New York, Los Angeles, İstanbul, Ägypten und Frankreich eingespielte Album als erstes echtes World-Music-Projekt. Die Scheibe brachte Techno-Sound ins türkische Fernsehen und machte lange Haare bei Männern auch in der Türkei populär.

Konservative Kreise lehnten Tarkan vehement als Jugendverderber ab, vorgeworfen werden ihm die sexualisierten Texte und androgynen Bühnenshows. Zudem gab es Ärger, weil er nicht zum Militär wollte, und Gerüchte über seine Homosexualität machten die Runde. Letzteres kommentierte er lapidar, er wäre vielleicht einmal verwirrt gewesen, aber nie schwul. Zwischendurch sang Tarkan auch Hip-Hop auf Englisch, doch bis heute ist er für alle republikanisch orientierten Jugendlichen der Türkei ein Idol. Seine letzte Hit-Auskopplung war »Öp« vom Album »Adımı Kalbine Yaz« (2010).

Türkpop live

In Marmaris, Alanya und Antalya treten in der Saison oft berühmte türkische Popmusiker auf. Das ist eine gute Chance, Tarkan oder Mustafa Sandal live zu erleben; aber auch die anderen türkischen Stars sind kaum schlechter. Auftritte finden in Marmaris im Openair-Theater an der Umgehungsstraße nach Datça statt, in Antalya im Openair-Theater des Beachpark am Konyaaltı-Strand, teils auch in den antiken Theatern von Aspendos oder Side, in Alanya geht es auf dem Platz vor dem Rathaus ab. Nach Tickets und Terminen kann man in allen Reisebüros fragen.

CD-Tipps

Da CDs in der Türkei recht preiswert sind (nach Inlandkurs umgerechnet ca. 5 €), ist es nicht schwer, neue Entdeckungen zu machen. In den Ferienorten gibt es gut sortierte CD-Läden.

Murat Dalkılıç: *Bir Güzellik Yap* (Tu mir einen Gefallen), 2012. Der charmante Frauenschwarm hatte 2008 mit »Kasaba« seinen ersten Hit und ist seinem durchaus tanzbaren Stil bis heute treu geblieben. Aus diesem Album schafften es drei Singles in die türkischen Charts; hübsch etwa das Video zu »Bir Hayli« (Sehr viel).

Hande Yener: *Nasıl Delirdim?* (Wie verrückt bin ich?), 2007. Die Queen of Pop der Türkei – Markenzeichen: knappe Shorts – bringt hier eine Türk-Hip-Hop-Fusion, die für mich die beste CD des Jahres war. Die Titel »Kibir« (Arroganz) und »Romeo« stiegen direkt als Nummer 1 in die türkischen Charts ein.

Mustafa Sandal: *Devamı Var* (Fortsetzung folgt), 2007. Kommerziell übertraf ›Musti‹ den Erfolg von Tarkan im Westen mit »İşyankar« (Rebellisch, 2005) deutlich. Die CD bringt etliche musikalisch perfekte Songs, teils Arabesk, teils Hip-Hop. Als Sommerhit 2007 war »İndir« (Download) erfolgreich.

Sandal ft. Natalia: *Moonlight,* 2003. Maxi mit dem Top-Hit »Aşka Yürek Gerek/Anaveis Foties« (Liebe braucht ein Herz/Du entzündest Feuer), gesungen von Mustafa Sandal im Duett mit der Griechin Natalia Doussopoulos, die danach in einer türkischen TV-Soap reüssierte. Der Song, der in dieser Fassung drei Wochen auf Platz 1 in der Türkei stand, stammt ursprünglich von der Griechin Despina Vandi und wurde von Fadel Shaker auch auf Arabisch eingespielt (»Dehket Al-Donya«).

İsmail YK: *bombaboma.com,* 2006. İsmail Yurtseven Kardeşler ist in Deutschland geboren. Er stammt aus einer Familie aus Sivas, deren fünf Kinder unter dem Namen Yurtseven Kardeşler seit 35 Jahren im Musikgeschäft sind. İsmail, der jüngste, ist ein beliebter Mädchenschwarm. Sein sehr gut verkauftes Album vereint türkische Melodien und tanzbare Hip-Hop-Rhythmen.

Izel: *Bebek,* 2001. Izel ist eine der bekanntesten Popsängerinnen. Die CD wurde wegen des Videos zum Titelsong »Bebek« (Baby) berühmt. In ihm geht es darum, ob ›er‹ ein Baby machen will oder nicht.

Kenan Doğulu: *Festival,* 2006. Auf der CD befindet sich der Eurovision-Song der Türkei für 2007 in der türkischen Version (»Çakkıdı«), die deutlich besser ausfällt als die recht flache englische (4. Platz). Die CD enthält weitere Hip-Hop-Tracks, aber auch nette Liebeslieder. Kenan, übrigens ebenfalls ein Zögling von Sezen Aksu, kann auch Trance, ein beliebter Disco-Hit ist z. B. »Sorma« vom Album »Kenan Doğulu 6.5«.

İbrahim Tatlıses: *Ayağında Kundura,* 1978. Mit dieser Scheibe begann die Karriere von ›Ibo‹ – vom kurdischen Nomadenkind zum Fernsehstar, Regisseur und erfolgreichen Unternehmer. Berühmt ist sein Gesang für das *Uzun Hava,* (›lange Melodie‹), eine traditionelle Vortragsweise, bei der die Töne lange gehalten und dabei in Vierteltonschritten moduliert werden. Das ist die typische Taximusik der Türkei!

Bauchtanz & Co. – Verführung pur unterm Sternenhimmel

Der berühmteste Tanz der Türkei ist natürlich der Bauchtanz – der wird heute in den Nachtanimationen der Hotels vorgeführt von Mädchen, die den Damen den Atem stocken lassen und den Herren … na, für die wurde die älteste aller Verführungskünste ja erfunden.

Die Hüften kreisen

Zur traditionellen türkischen Volkskultur gehört der Bauchtanz jedoch nicht, der Ursprung liegt im pharaonischen Ägypten, wie jahrtausendealte Grabgemälde belegen. In die Türkei kam er mit den Sklavinnen, die türkische Sultane und Paschas aus Ägypten in ihre Harems holten. Seit der frühen Republikzeit führte der *oryantal* (oft auch engl. *belly dance* genannt) in zwielichtigen Nachtclubs ein schillerndes Eigenleben. Den echten türkischen Bauchtanz erlebt man auch heute noch am besten im Rotlichtmilieu Istanbuls – anders als im heutigen Ägypten, wo dieser Tanz als besondere Kunstform gilt.

Auch tanztechnisch gibt es erhebliche Unterschiede. Die ägyptische Technik des *shimmy*, das langdauernde rhythmische Wippen des Beckens, beruht auf einer Isolationstechnik und

Nicht türkischen Ursprungs, aber fester Bestandteil des Nachtlebens – der Bauchtanz

ist sehr schwer zu erlernen. In der Türkei wird eher in fließenderen Bewegungen getanzt, wie es z. B. Shakira in ihren Videoclips auf die Bühne bringt.

An der türkischen Südküste finden in allen großen Hotels bei den regelmäßigen ›Türkischen Nächten‹ Vorstellungen mit einem etwas ›entschärften‹ Programm statt, bei dem man sich dennoch ordentlich verrucht fühlen kann, wenn man den Tänzerinnen das Trinkgeld in BH oder Slip steckt. Ursprünglich waren die Mädchen oft Zigeunerinnen, denn für eine ›ehrbare‹ türkische Frau ist so etwas gänzlich undenkbar – sie darf lediglich privat für ihren Mann so tanzen.

Kostüme und Workshops

www.1000and1.de: Große Adressensammlung rund um das Thema Bauchtanz, Workshops, Tanzgruppen, Musik und Kostüme online bestellen.

www.orientaldancing.com: Website von Alev Fatma Hawes, einer Türkin aus einer Istanbuler Zigeunerfamilie, mit gutem Überblick über den orientalischen Tanz.

Volkstänze

Echte türkische Volkstänze und Volksmusik kann man kaum mehr erleben. An der Südküste sind vor allem die Oyun-Tänze verbreitet. Das Wort bedeutet Spiel; bei solchen Vorstellungen werden meist kriegerische Szenen dargestellt, etwa im martialischen *Kılıç Kalkan Oyunu,* dem Säbel-und-Schild-Spiel. Zu diesen Gruppentänzen gehören auch die *Kaşık Oyunları,* die Löffelspiele, bei denen die Tänzer den Rhythmus mit Holzlöffeln schlagen. Sie werden am Tag der Kinder (23. April) häufig von Kindergruppen aufgeführt. Die beste Gelegenheit, die Tänze kennenzulernen, bietet das Volkstanzfestival in Silifke an der Südküste, das Ende Mai stattfindet.

Nur selten sieht man heute noch den *Zeybek,* einen Solotanz der Männer, wenn überhaupt in der Kneipe nach einem langen Rakı-Abend. Nicht zufällig erinnern die Tanzschritte an den Sirtaki aus Griechenland – dieser Tanz stammt tatsächlich von der Ägäisküste und ist erst bei dem großen Bevölkerungsaustausch (s. S. 120) nach Griechenland gekommen.

Türkische Nächte

Die meisten besseren Hotels veranstalten mindestens einmal die Woche, oft aber auch täglich, Abendshows, die ›Türkischen Nächte‹. Das Programm umfasst selbstverständlich den orientalischen Bauchtanz, dazu Folklore-Elemente wie eine türkische Hochzeit, Varieté und Comedy. Das ist natürlich wenig authentisch – zumal die Tänzerinnen heute meist aus Bulgarien oder Rumänien kommen. Oft finden diese Shows am Pool statt. Wer auf frühe Nachtruhe Wert legt, sollte beim Einchecken zusehen, möglichst weit entfernt ein Zimmer zu bekommen (vorsichtshalber Ohrstöpsel mitnehmen).

Unterwegs an der Türkischen Südküste

Per Boot entlang der türkischen Südküste – bei Dalyan

Das Beste auf einen Blick

Marmaris und Umgebung

Highlight !

Marmaris: Marmaris ist umstritten. Überfüllt, laut, britisch, ordinär sagen die einen. Andere können sich damit arrangieren. Es gibt viele Fluchtecken, wo es nicht nur ruhig, sondern auch sehr idyllisch ist. Und wer sich mal traut, wird die berüchtigte Partymeile vielleicht gar nicht so schlimm finden. Die Krönung aber: ein Abend in den Restaurants am Kordon, vor sich die Masten der Jachten und Ausflugsboote, samtweiche Luft, ein Glas Rakı eventuell. Da kann keiner mehr meckern. S. 96

Auf Entdeckungstour

Die Bozburun-Halbinsel südlich von Marmaris: Auf der Bozburun-Halbinsel ist bis heute die Zeit stehengeblieben. Kleine Weiler sehen noch aus wie vor 30 Jahren, die Straßen sind schmal und kurvig, und man schafft die Tour gerade an einem Tag. Besser quartiert man sich irgendwo ein und bleibt eine Weile. Das beruhigt ungemein. S. 108

Kultur & Sehenswertes

Marmara Kalesi: Die Burg von Marmaris über dem Hafen wurde renoviert und beherbergt nun ein kleines Stadtmuseum. S. 97

Knidos: Eine lange Anfahrt zwar, aber zu einer kulturhistorisch bedeutsamen antiken Ruinenstadt. S. 111

Aktiv unterwegs

Saklıgöl: In der idyllischen Deltalandschaft nördlich von Marmaris kann man wandern, Pferdesafaris unternehmen oder Kajak fahren. S. 101

Bootstouren: Die Blaue Reise entlang der Küste der Bozburun-Halbinsel ist in verschiedenen Varianten zu buchen, von der Tagestour zur Çiftlik-Bucht bis zu einer ganzen Woche nach Bozburun. Am schönsten ist es mit Freunden für eine Woche. S. 103

Genießen & Atmosphäre

Hillside Restoran: In prominenter Lage über dem Jachthafen von Marmaris serviert man verfeinerte türkische Küche. S. 101

Am Kai in Bozburun: Abends treffen sich in den Fischrestaurants von Bozburun hauptsächlich Jachties und genießen die romantische Hafenstimmung. Aber auch Autofahrer sind willkommen. S. 107

Hafen von Datça: Schläfrige Hafenidylle, am Kai knarzen die Jachten. Abends locken etliche richtig nette Restaurants und später einige Bars, in denen die Jachties über die nächste Route diskutieren. S. 110

Abends & Nachts

Bar Street in Marmaris: Die wildeste Halligalli-Meile der Türkei mit Music-Bars und gigantischen Tanztempeln. S. 103

An der Türkis-Küste

Mit der Region Marmaris endet die Ägäisküste der Türkei und beginnt die Mittelmeerküste. Im Jargon der Tourismusindustrie wird dieser Landstrich gern die Türkisküste genannt: Kaum besiedelt und über Quadratkilometer mit Kiefernwald bedeckt, an der Küste reihen sich türkisblaue Buchten. Segler haben dieses kleine Paradies schon länger entdeckt, aber auch Normalsterbliche sind hier auf einer Blauen Reise (s. S. 61) gern per Boot unterwegs.

Das urbane Zentrum ist Marmaris mit seinen Vororten Siteler (wörtlich: ›Die Hotelanlagen‹) und Armutalan. Entlang der Uzunyalı (›Lange Küste‹) erstreckt sich das neue Marmaris am Strand entlang bis İçmeler. All die Bauten, die sich 10 km nach Westen und 5 km nach Norden ziehen, entstanden seit den 1980er-Jahren – als eine Art Kunstprodukt der staatlichen Tourismusförderung. Wer hier einbucht, hat mit Ausnahme der wirklichen Türkei alles nah beieinander – Strand, Clubs, Restaurants. Vornehmlich Briten, Holländer, Deutsche und zunehmend auch Türken logieren hier – das wilde Nachtleben in der Bar Street (s. S. 103) von Marmaris zieht vor allem junge Leute an.

Beschauliche Ferienorte findet man in Turunç auf der Bozburun-Halbinsel (s. S. 108) und in Datça auf der Reşadiye-Halbinsel – aber auch an vielen Buchten kann man einfache Pensionen entdecken.

Sehenswürdigkeiten oder antike Stätten sind rar bzw. ohne größere Bedeutung. Per Tagesausflug kann man aber nach Kaunos oder nach Knidos auf der Spitze der Reşadiye-Halbinsel fahren. Auch die Provinzhauptstadt Muğla ist einen Tagesausflug, die Bozburun-Halbinsel vielleicht auch einen längeren Aufenthalt wert.

Infobox

Infos

Tourist Information für die Region: Marmaris, İskele Meydanı 2, Tel. 0252 412 10 35, Fax 0252 412 72 77

www.marmaris-travel.com: deutsch, als Einstieg okay

www.marmarisinfo.com: englisch, Hotels, Blaue Reise, Fähren

www.marmaris.gen.tr: türkisch, englisch

Anreise und Weiterkommen

Vom Flughafen Dalaman fährt man ca. 2 Std. nach Marmaris, ca. 2,5 Std. bis Turunç, ca. 3 Std. bis Datça. Alle Hotelorte sind durch ein gutes Minibus-System erschlossen, noch schneller kommt man mit dem Wassertaxi von İçmeler nach Marmaris-Zentrum.

Marmaris ! ▸ D 6

Marmaris hat ein besonderes Flair: Im Rücken die Kulisse dunkelgrüner Kiefernwälder, vorn die Netsel Marina, einer der größten Jachthäfen am Mittelmeer, dazwischen eine Hotelstadt, in der sich alles um Urlaubsspaß dreht. Dass Marmaris einmal ein winziges Fischerdorf war, mag man erst im alten Viertel zu Füßen der kleinen Burg glauben. Doch die Gassen hier bieten Idylle nur noch als Kulisse für 1001 Kneipen.

Der Lage an einer durch Inseln fast völlig gegen das offene Meer abgeschlossenen Bucht verdanken Marmaris

Durchaus schick geht es an der Hafenpromenade von Marmaris zu

und seine Nachbarstadt İçmeler ein sehr mildes Klima, sodass nachts nicht nur bei den Ravern der Schweiß fließt. Mehr noch als Bodrum oder Kemer ist Marmaris ein Tummelplatz der türkischen Upper Class – beim Marmaris-Festival im Mai treffen sich Politiker und Wirtschaftsbosse wie Sabancı, der Marmaris eine Schule stiftete, in den großen Luxushotels am Ende des Siteler-Strandes.

Marmara Kalesi 1

Tgl. außer Mo 8–12, 13–17 Uhr, 8 TL
Die kleine Burg über der Altstadt wurde 1522 von den Osmanen bei ihrem Angriff auf die Ritter von Rhodos erbaut und im Ersten Weltkrieg durch ein französisches Kanonenboot schwer beschädigt. Heute birgt sie ein Museum mit archäologischen Funden aus Knidos und einer ethnografischen Sammlung alter türkischer Kultur.

Unterhalb der Burg sind im **Kayalıkları Archeological Park** Überreste der hellenistischen Siedlung der Antike freigelegt worden. Nicht sehr spektakulär, lohnt aber bei Interesse.

Die Altstadt

Die engen, weißen Gassen am Burghügel sind der idyllischste Teil der Stadt – hier kann man die Atmosphäre des einstigen Fischerdorfs Marmaris noch erahnen. Auf der Seite des Burghügels Richtung Basar stehen am sog. **Çeşme Meydanı** etliche alte Bauten aus osmanischer Zeit: Hinter der **Eski Cami** 2 (Alte Moschee) das **Hamam** 4, etwas weiter Richtung Kordon der **Hafza Sultan Han** 3, gebaut 1545 zum Schutz der Handelswaren (nicht zugängl.). Die Stiftungsinschrift über dem Eingang sagt: »Errichtet unter Sultan Selims Sohn, dem großen Sultan Süleyman, dem Eroberer der Kontinente und Ozeane und Herrscher der arabischen und persischen Königreiche«. Schön für eine Rast ist der **Yeni Bedesten** 4.

Marmaris

Sehenswert
1 Marmara Kalesi
2 Eski Cami
3 Hafza Sultan Han
4 Yeni Bedesten
5 Netsel Marina

Übernachten
1 Hotel Candan Beach
2 Hotel Halıcı

Essen & Trinken
1 Hillside Restaurant
2 Dede Restaurant
3 Basarlokale

Einkaufen
1 Basar
2 Megapool
3 Bath & Beyond
4 Migros
5 Tansaş
6 Markthalle (Wochenmarkt)

Aktiv
1 Rhodos-Fähren
2 Amazon Boat
3 Atlantis Waterpark
4 Eski Hamam
5 Tauchboote

Abends & Nachts
1 Green House
2 Crazy Daisy
3 Areena
4 Netsel Cinema
5 Castle Bar

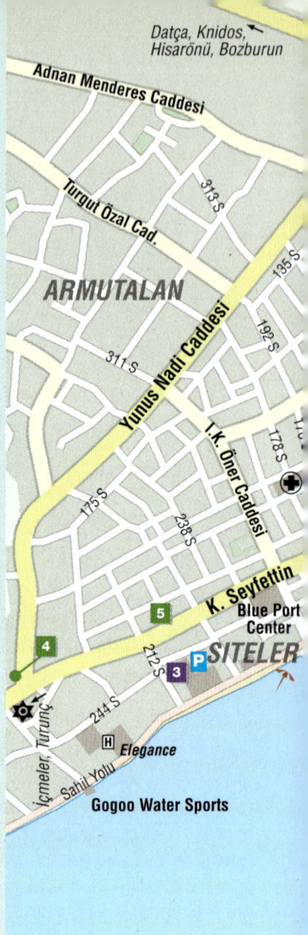

Im Hof dieses ehemaligen Marktgebäudes befindet sich ein abends effektvoll ausgeleuchtetes Café, wo man ruhig und angenehm beim Plätschern eines Brunnens sitzt.

Netsel Marina 5

Über die berüchtigte **Bar Street** 1 (s. S. 103) oder am Kordon entlang kommt man zum **Jachthafen**, der selbst für Nicht-Segler einen Ausflug lohnt: Hier liegen auch die Superjachten der reichsten Industriellen der Türkei. Man findet einige gute Restaurants und kleine, aber feine Boutiquen mit den Tops der modernen Sportmode (im Gegensatz zum Basar aber echt und nicht billig, sondern höchstens günstig!).

Basar 1

Der riesige **Basar** in der Altstadt wurde mit einer aufwendigen Bedachung versehen, deren Gewölbe an den großen Istanbuler Basar erinnern. Neben Souvenirs, Gewürzen, Schmuck und Schwimm-Mode wird viel Lederkleidung verkauft, bis hin zu Pelzmänteln. Den überwiegenden Teil des Angebots machen jedoch Textilien aus. Die

Waren der angesagten Marken sind zumeist gefälscht – eine echte Herausforderung für gnadenloses Feilschen!

Strände

Der **Stadtstrand** vor der Atatürk Caddesi und beim Siteler-Viertel ist natürlich sehr voll. Aber dafür wird der Sand jeden Morgen geharkt, für Liegen, Schirme und Wassersportangebote (Wasserski, Parasailing, Banana, Ringos etc.) ist gesorgt und an Kneipen herrscht kein Mangel.

Wer mehr Ruhe will, fährt per Boot (Abfahrt ca. 10.30 Uhr) zu Buchten in der Umgebung, z. B. entlang der **Bozburun-Halbinsel** von Nord nach Süd: Turunç, Kumlubük, Çiftlik, Kilise Bay/Kriek İnce. Aber aufpassen, dass man nicht auf einem Disco-Boot landet! Einsame Minibuchten, die nur per Boot oder Surfbrett erreichbar sind, bietet auch **Cennet Adası**, die Halbinsel, die die Marmaris-Bucht zum Meer hin absperrt.

Kedreai/Sedir Adası ▶ D 6

Ein schönes Ausflugsziel auch zum Baden ist Sedir Adası, die ›Zederninsel‹ (Eintritt 15 TL, Bootsüberfahrt 15 TL).

Die Insel liegt etwa 20 km entfernt am Gökova-Golf, Boote fahren ab Camlıköy ca. alle 20 Min. (Abzweig an der Straße Richtung Muğla). Auf Bohlenwegen erreicht man die großteils überwachsenen Ruinen der karischen Stadt **Kedreai,** die in hellenistischer Zeit zur Großmacht Rhodos gehörte und als Umschlagplatz für kleinasiatische Produkte zu Wohlstand kam. Neben dem kleinen Theater sind die Trümmer eines Apollon-Tempels bemerkenswert, wo Reiseleiter gern ›herzförmige‹ Säulentrommeln zeigen, wobei es sich aber nur um rückwärtig verblendete Doppelsäulen handelte. Ein kleiner Strand ist für seinen feinen Sand berühmt, den soll Marcus Antonius für Kleopatra vom Roten Meer hierhergebracht haben. Der Strand ist inzwischen zwar gesperrt, man kann aber noch in der wunderbar türkisen Bucht baden.

Ausflug nach Muğla ▸ D 6

Im Inland, ca. 50 km von der Küste entfernt, liegt die Provinzhauptstadt **Muğla** (ca. 65 000 Einw., sprich *muhla)*, die für die Verwaltung der beiden ›Sommergroßstädte‹ Bodrum und Marmaris zuständig ist. Durch den Aufbau einer Universität erlebte sie in den letzten Jahren große Wachstumsimpulse. Es ist ein liebenswerter Ort mit einer traditionellen Altstadt und einem quirligen **Wochenmarkt**, der am Donnerstagvormittag am Südrand der Altstadt stattfindet. Der Ort geht auf die antike Stadt Mobella zurück, wurde im 13. Jh. Residenzstadt des Fürstengeschlechts der Menteşe und war ab 1867 Sitz eines osmanischen Gouverneurs.

Aus dem 15. Jh. stammt der **Yağcılar Hanı**, die Karawanserei der Ölhändler, der heute neben Souvenirshops ein Teehaus beherbergt. Unter den Menteşe-Fürsten entstand auch der marmorne **Wasserbrunnen** an der Straße vor dem Eingang und die nahe **Kurşunlu Cami** von 1493, die um 1900 durch eine elegante Glas-Holz-Galerie ergänzt wurde. Das **Muğla Müzesi,** untergebracht in einem osmanischen Verwaltungsbau, zeigt antike, ethnologische und geologische Funde (Di–So 8–12, 13–17 Uhr, 5 TL). Nördlich erstreckt sich am Hügelfuß die osmanische Altstadt mit ihren historischen Holzhäusern.

Spaziergang durch Muğla

Übernachten

Die großen Marmaris-Hotels bucht man besser pauschal. Siteler, das Strandviertel, ist fest in britischer Hand, Armutalan hat neuere Hotels, liegt allerdings nicht am Meer. Zwei gute Hotels in Altstadtnähe sind:

Am Stadtstrand – **Candan Beach** **1**: Atatürk Cad. 44, Tel. 0252 412 93 02, www.hotelscandan.com, DZ/F 120–150 TL. Zentrumsnah gelegenes Stadthotel direkt vor dem Strand. Moderne Zimmer mit TV, AC und Teppichboden.

Historisch und ruhig – **Halıcı** **2**: M. Muğlalı Cad., Tel. 252 412 16 83, DZ/F

120–150 TL. Das ältere Hotel wird noch vom 15. Mai bis 15. Okt. geöffnet und ist die beste stadtnahe Unterkunft. Viele türkische Gäste, aber sehr ruhig. Einfache, doch akzeptable Zimmer, großer Pool, hübscher Garten, viele historische Sammlerstücke als Deko.

Essen & Trinken

Die Restaurants am Kordon unterhalb der Burg sind die erste Ausgehmeile: wunderschönes Flair, teils recht überteuert und sehr ›internationale‹ Küche. Günstiger, oft sogar besser kann man in den einfachen Lokalen der Basargassen essen. Am Siteler-Strand wird sehr britisch gekocht, Pizza, Ham & Eggs oder Steak sind die Favoriten.

Mit Aussicht – **Hillside Restaurant 1**: Kale Yolu, 23 Sok. 28 (Aufgang zur Burg), Tel. 0252 413 15 28. Das Lokal liegt erhöht am Hang in einem großen Altstadthaus. Netter Service und ein unvergleichbarer Blick über den Hafen – für die Dachterrasse besser reservieren! Große Vorspeisenauswahl (ab 8 TL), sonst meist Grillgerichte und Fisch (ab 25 TL).

Top-Lage – **Dede Restaurant 2**: Kordon, Barbaros Cad. 15, kurz hinter der Tourist Information, Tel. 0252 413 17 11. Das Lokal wurde bereits vom Großvater *(dede)* der heutigen Besitzer als Hafentaverne gegründet. Heute ist das alte Haus schick renoviert. Vorspeisen ab 10 TL, Hauptgerichte ab 29 TL, Fisch ist teurer (Preis erfragen!).

Einfach lecker – **Basarlokale 3**: 51 Sok. In der versteckten Sackgasse bei der PTT gibt es fünf einfache Lokale mit Döner Kebab und vielen Schmorgerichten, die in Stahlwannen präsentiert werden. Im Vergleich zu den Adressen am Kordon spottbillig, das Essen aber sehr lecker. İzmir Köfte mit Reis 11 TL.

Mein Tipp

Ausflug zum ›Versteckten See‹

Marmaris ist zu busy? Entflieht man der Stadt Richtung Muğla, kommt man schon bald in Waldeseinsamkeit. Nach ca. 13 km biegt man nach Camlıköy (▶ D 6), Sedir Adası (s. S. 99) und **Saklıgöl** ab. Der Name bedeutet ›Versteckter See‹ – dort im Delta eines Gebirgsflusses findet man Idylle pur. Der Saklıgöl Nature Club (www.sakligol.net) betreibt ein lauschiges Restaurant am Wasser, es gibt einen kleinen Wanderweg, Kinderspielplatz, Reitgelegenheit, man kann baden, Kajak fahren oder auch per Bootshuttle an den Strand. Da es in Camlıköy inzwischen auch einige gute Hotels gibt (z.B. www.cinarmuglaevleri.com oder www.defnebutikotel.com), bietet sich das Dorf auch für einen naturnahen Urlaub an.

Einkaufen

Erste Shopping-Adresse ist der **Basar 1** (s. S. 98), gerade bei den gefälschten Textilien Schmuck und Lederjacken ist zähes Feilschen fast Pflicht. Und es lohnt sich, nach besonderen Angeboten Ausschau zu halten, z. B. altem Edelsteinschmuck, der türkischen Iznik-Keramik oder Süßigkeiten.

Discomode – **Megapool 2**: 38. Sok, Ostseite des Basars. Der Laden in der modernen Einkaufsstraße von Marmaris bietet schrille, ausgefallene Mode für Feste und Disco, echte Hingucker!

Badekultur – **Bath & Beyond 3**: 39. Sok. Utensilien der türkischen Badekultur vom Peelinghandschuh *(kese)* über Badetücher bis zu Badeöl.

Lieblingsort

Castle Bar 5

Ein Fluchtpunkt im turbulenten Marmaris ist die Castle Bar (Tepe Mah., Tel. 0252 412 75 28). Hinter der Eski Cami geht es hinauf zu dem alten *konak*, dessen Etagen und Zimmer viele stille Plätze bieten. Die Bar ist nachts bei türkischen Teenies beliebt, nachmittags aber eher leer. Auf der Dachterrasse ist man dann oft allein und genießt die Weite – den Blick über den Mastenwald der Marina, das Häusermeer des Basarviertels, die glitzernde Bucht mit ihren weißen Segeljachten. Traumhaft.

Alles fürs moderne Leben – **Supermärkte:** Große, vollklimatisierte Einkaufsmärkte, wo man von Babywindeln bis zur Tütensuppe alles bekommt, sind **Migros** 4, K. Evren Bulv. (Siteler) mit McDonald's und **Tansaş** 5, etwas zentrumsnäher.
Wochenmarkt in Marmaris – **Markthalle** *(Pazar Yeri)* 6, Fr-Vormittag.

Aktiv

Ausflug nach Griechenland – **Rhodosfähren** 1: rhodes.marmarisinfo.com, in der Saison per Katamaran tgl. 9.15 Uhr ab Ferry Harbour (über M. M. Elgin Cad. zu erreichen), retour 17 Uhr ab Rhodos, 60 Min. Fahrt, ca. 50 € (150 TL), Personalausweis genügt.
Badeausflüge – **Amazon Boat** 2: Liegt abends am Kordon gegenüber Ziraat Bank, Mobil 0542 252 90 88. Schöne Tagestouren ohne Discomusik, die Frau des Kapitäns ist Deutsche.
Spaßbad – **Atlantis Waterpark** 3: Siteler, 244. Sok., www.marmariswaterpark.com, 15. Mai bis Ende Sept., tgl. 10–17.30 Uhr, Eintritt 40 TL, 6–12 Jahre 24 TL. Spaßbad mit vielen Rutschen, einem Kinderbecken mit Spielgeräten im Wasser, dazu Bowling-Bahn, Beach Club und Internet Café.
Türkisches Bad – **Eski Hamam** 4: Eski Çarşı Sokak, hinter der Eski Cami (Old Mosque), tgl. 8–24 Uhr, ca. 50 TL. Eine ganz besondere Erfahrung: ein schönes türkisches Bad mit der typischen Seifenmassage. Aber Achtung: Badeanzüge mitbringen!
Tauchen – **Tauchboote** 5: Verschiedene Anbieter, abends liegen die Boote am Yeni Kordon vor der Ziraat Bank, PADI-Grundkurs viertägig ca. 370 €, nach deutschsprachigen Tauchlehrern fragen!
Jacht-Charter – **Marmaris Sailing:** Mobil 0532 520 11 20, www.marmaris-sailing.com. Jacht-Charter, auch Gulet-Reisen für Gruppen (mit Mannschaft) und Blaue Reisen mit einer Gulet (Kabinen-Charter, ab 400 €).

Rafting, Canyoning, Wandern

Die Agentur Alternatif Outdoor bietet verschiedene Adventure-Touren, auch mehrtägig, zwischen Marmaris und Fethiye an, z. B.
– Rafting-Tour auf dem Dalaman-Fluss, Schwierigkeitsgrad 4+, übernachtet wird im Zeltcamp
– Sea Kayaking auf dem Meer, in Dalyan, Selimiye und bei Göcek
– Canyoning im Toparlar-Canyon
– Wandern auf dem Lykischen Weg
– MTB-Touren am Yurvalak Çay bei Köyceğiz oder am Gökova-Golf
Alternatif Outdoor: Marmaris, Tel. 0252 417 27 20, www.alternatifraft.com

Abends & Nachts

Marmaris ist berüchtigt für das wilde Nachtleben. Die parallel zur Marina verlaufende Altstadtgasse hinter der Burg heißt im Jargon nur noch **Bar Street** – hier ist bis frühmorgens etwas los. Eine zweite Halligalli-Meile mit vielen Karaoke-Bars liegt am **Uzunyalı-Strand** in Siteler. Auf jeden Fall sollten Mädels immer den Bikini mitnehmen – Water Shows und Foam Partys sind an der Tagesordnung.
Abtanzen – **Green House** 1: Bar Street 87, www.greenhouse.com.tr, in der Saison tgl. ab 22 Uhr. Ein Urgestein an der Bar Street. Auch wenn der Laden mit den grünen Türen innen eher an eine einsturzgefährdete Scheune erinnert, ist der Sound brutal gut, oft legen DJs aus Holland oder UK auf.
Verrückt im Schaum – **Crazy Daisy** 2: Bar Street 121, www.crazydaisybar.com, in der Saison tgl. ab 22 Uhr. Begann am Uzunyalı-Strand, jetzt ins

Zentrum gezogen. Berühmt für seine Foam Partys und Water Shows, gespielt wird House und Elektro.

Techno rules – **Areena** 3: Bar Street 129, www.clubareena.com.tr, in der Saison tgl. ab 22 Uhr, sonst nur Fr/Sa. Derzeit der angesagteste Club, mit Go-go-Girls, viel Elektro, extrem gute Tanzstimmung.

Kino – **Netsel Cinema** 4: Marinagelände, ab 21.30 Uhr, aktuelle Streifen in O-Ton mit türkischen Untertiteln.

Lieblingsort – **Castle Bar** 5: s. S. 102

Infos & Termine

Verkehr

Busse: Ab Dolmuş-Station (U. Egemenlik Cad.) Minibusse z. B. nach Turunç, Datça und zur Intercity-Busstation (Yeni Garaj, M. M. Elgin Cad.). Ab dort Reisebusse Richtung Fethiye und Muğla/Bodrum. Zentralstopp für die Minibusse nach Siteler, İçmeler und Armutalan ist vor der Sabancı-Schule (Atatürk Cad.).

Fähren: Etwa alle 30 Min. Dolmuş-Boote Richtung İçmeler, Abfahrt von der Atatürk-Statue mit Stopps an mehreren Anlegern in Siteler.

Termine

Festivals: Anfang Mai gibt es das **Maritime Festival** mit Sport (z. B. Beach Volleyball), Konzerten, Jachtparaden und Partys. Im Juli und August treten bei den **Marmaris Concerts** internationale und türkische Pop- und Jazzgruppen auf.

İçmeler ▸ D 6

Vor 40 Jahren schliefen die Rucksacktouristen in der Bucht von İçmeler (sprich *itschmeller)* noch am Strand; Olivenbäume und Felder bedeckten die von grünen Hügeln eingefasste

Ebene. Die Hügel sind noch immer grün, aber sonst hat sich alles verändert: Eine sehr moderne Urlaubsurbanisation ist entstanden.

Kein Wunder also, dass İçmeler sehr beliebt ist – und dabei verglichen mit dem Hotelviertel Siteler von Marmaris auch regelrecht ruhig, großzügig und aufgeräumt wirkt. Auch hier dreht sich alles um Urlaubsfreuden und Sun & Fun: tagsüber am langen Strand, abends an der Strandpromenade, wo sich im Sommer viele Kleinkünstler und fliegende Händler einfinden, die eine Art Nachtmarkt-Atmosphäre schaffen.

Übernachten

Die Topadressen direkt am Strand sind **Fantasia** (Ex-Laguna, www.fantasia.com.tr), **Martı** (www.marti.com.tr) und **Aqua** (www.hotelaqua.com).

Hotelanlagen vor grandioser Kulisse – am Strand von İçmeler

Essen & Trinken

Die Auswahl ist riesig, Pizza, Steaks, Chinesisch, alles sehr international bzw. britisch geprägt. Am nettesten ist es am Strand; hier gibt es abends oft Livemusik oder Tanzshows.

Überall sind die Kellner sehr rührig und kümmern sich, wenn man noch auf der Straße steht – sobald man sich setzt, gibt sich das freilich schnell. Läuft auf den TV-Schirmen kein Sport, gibt's Comics für die Kleinen.

Die Preise sind im türkischen Vergleich etwas überhöht, Vorspeisen kosten ab 12 TL, Oktopus-Salat um 25 TL, Hauptgerichte ab 35 TL.

Aktiv

Wassersport – Am Strand gibt es mehrere Anbieter für **Banana**, **Ringos**, **Parasailing** und **Wasserski**. Tgl. fahren von hier auch **Badeboote** zu einsameren Buchten.

Tauchen – **Divers Delight:** Kayabal Cad. 63, Tel. 0252 455 38 85, www.diversdelight.com. Renommierte Tauchschule, Tauchkurse aller Niveaus (PADI und CMAS) in Englisch.

Einkaufen

Es lohnt ein Ausflug zum großen Basarviertel von Marmaris (s. S. 98). Mo ist Wochenmarkt in Turunç, dann fahren Shuttle-Boote alle 30 Min.

Abends & Nachts

Obwohl abends auch in İçmeler viele Neonlichter flackern, hält sich das Nachtleben – verglichen mit dem von Marmaris-Siteler oder der Bar Street –

noch in Grenzen. Ein bisschen wilder geht es inzwischen an der Kayabal Caddesi Richtung Busstation zu, wo eine Art Little England mit britischen Pubs entstanden ist.

Nach Mitternacht – **Ambiance Night Club:** Kayabal Cad., 68 Sok., in der Saison tgl. ab 23 Uhr. Großdisco mit Lasershow (ab 24 Uhr) und leicht bekleideten Show-Tänzerinnen.

Infos

Marmaris-Shuttle: Alle 15 Min. nach Marmaris-Siteler und City Center (Şehir Merkezi); die Minibusse fahren über Kayabal Caddesi und Cumhuriyet Caddesi und halten auf Handzeichen.
Bus: Ab Minibus-Station an der Kayabal Caddesi Dolmuş-Busse nach Turunç und Datça; andere Ziele ab der Intercity-Busstation in Marmaris.
Fähre: Etwa alle 30 Min. ein Boot-Taxi von den drei Anlegern nach Marmaris

Turunç ▸ D 7

Zuerst kamen nur die Badeboote von Marmaris zum Strand von Turunç (sprich *turuntsch)*, doch inzwischen ist das Örtchen mit zunehmend mehr Hotels auch eine ruhige, noch ziemlich idyllische Alternative zur nahen Touristenhochburg. In fast atemberaubenden Steilkurven fährt man vom Hochplateau hinunter zur Strandebene mit dem langen Sandstrand. Der kieseldurchsetzte Ortsstrand ist im nördlichen Bereich gut, idyllischer sind aber die einsamen Badestrände weiter südlich an der Küste der Bozburun-Halbinsel (s. S. 108). Vor allem zu den Buchten von **Amos und Kumlubük** fahren vom Hafen bis zu 3 x tgl. Badeboote.

Die antike Stadt **Amos,** etwa 45 Min. zu Fuß an der Küste im Süden, war ein Außenposten von Rhodos, das seit dem 3. Jh. v. Chr. ein größeres Reich in Kleinasien, Peraia genannt, beherrschte. Eindrucksvoll sind noch die Reste der Stadtmauer, die die Halbinsel absperrte, auch ein Theater und Trümmer eines Tempels des Apollon Samnaios kann man im Pinienwald entdecken.

Übernachten

In der Strandebene liegen viele einfache Pensionen, wo man immer ein Zimmer finden kann. Anstrengend wird der Urlaub aber, wenn man in den Hotels am Steilhang unterkommt, denn da lernt man das Klettern wirklich.

Strandferien – **Diplomat Hotel:** Anfang der Hauptstraße am Strand, Tel. 0252 476 71 45, www.diplomathotel.com.tr., DZ/F 195–250 TL, Apt./4 Pers. um 150 TL. Mittelklassehotel mit Zimmern im Stammhaus am Strand und Apartments mit Pool im Neubau gegenüber. Die Anlage steht direkt am schönsten Abschnitt des Ortsstrandes.

In Kumlubük – **Maris Beach Hotel:** Kumlubük, Tel. 0252 476 71 30, www.kumlubukmarishotel.com, DZ/F um 250 TL. Ganz einsam gelegenes, aufmerksam geführtes Strandhotel mit geschmackvollen Zimmern und sehr gutem Restaurant. Zu Fuß ca. 60 Min. nach Turunç, Bootsservice vorhanden.

Essen & Trinken

Am Strand zahlreiche Restaurants, beim Jachtanleger das **Çardak,** alle mit britisch-türkischer Küche.

Infos

Bus: ab/zum Flughafen Dalaman ca. 2,5 Std. von/nach Marmaris, İçmeler 5 x tgl., von/nach Bayır 2 x tgl.

Boot-Dolmuş: täglich stündlich nach İçmeler/Marmaris

Bozburun ▸ C/D 7

Die **Bozburun Yarımadası**, die südliche der beiden lang gestreckten Halbinseln im Westen von Marmaris, zählt zu den einsamsten Ecken der Südwesttürkei (s. S. 108). Pensionen und Hotels in idyllischer Umgebung findet man in Hisarönü, Selimiye, Bozburun und Süğütköy.

Übernachten

Idyllisch am Meer – **Aphrodite Hotel:** Bozburun, Adatepe Mevkii, Tel. 0252 456 22 68, www.hotelaphrodite.net, DZ/F ab 320 TL. Direkt am Meeresufer gelegenes Hotel mit romantischen Himmelbetten. Rami, der Wirt, gibt Tipps und organisiert Ausflüge (von Loryma bis Muğla). Nach dem superromantischen Sonnenuntergang (!) gibt es jedoch wenig mehr, als den Wellen zu lauschen.

Teures Paradies – **Sabrina's Haus:** Bozburun, Adatepe Mevkii, südlich von Bozburun an der Küste, Tel. 0252 456 20 45, www.sabrinashaus.com, DZ/HP 250–890 €. Ganz versteckt ein hübsches Edelrefugium für Leute mit genügend Geld und Sinn für Edel-Romantik. Mit Privatjacht.

Surfer-Style – **Hisarönü Hotel:** Hisarönü, direkt am Strand, Tel. 0252 466 63 32, www.hotelhisaronu.com. DZ/HP ca. 280 TL, Katamaran 75 TL/4 Std., Surfboard 30 TL/Std. Ein Sporthotel (spezialisiert auf Surfen und Katamaran-Segeln); viele Franzosen als Gäste. Sehr nette, sehr jugendliche Atmosphäre.

Toller Ausblick – **Flora Saadet Apart Hotel:** Selimiye, Tel. 0532 681 59 68, www.saadetapart.net, DZ/F 150 TL, Apt. 130 TL. Großzügige Apartments und Zimmer etwas erhöht am Hang, mit Pool. Am besten fragt man bei der Flora Beach Bar am Ortseingang nach freien Zimmern.

Gartenparadies – **Doğan Pansiyon:** Sögütköy, hinter Yakamoz Restaurant am Strand, Tel. 0252 496 51 93, DZ/F 130 TL. Große, wenn auch etwas einfache Zimmer in einer sehr schönen, von Palmen beschatteten Gartenanlage am Strand mit Restaurant, man spricht nur Türkisch.

Essen & Trinken

Türkçe Vita – **Kandil Restaurant:** Bozburun, am Kai auf Höhe der Moschee. Beliebtes Lokanta mit einem vorzüglichen Oktopussalat, reicher Vorspeisenauswahl und frischem Fisch. Es gibt aber auch Grillgerichte *(izgaralar)*. Snacks ab 12 TL, Hauptgerichte um 35 TL.

Schöner Sonnenuntergang – **Bozburun Restaurant:** Bozburun, am Kai südlich der Moschee. Fischrestaurant mit Tischen direkt am Meer, günstige Menüs, der Wirt spricht gut Deutsch. Hauptgerichte 32–39 TL, Wein 50–130 TL.

Top-Küche – **Aurora:** Selimiye, am Kai. An Tischen am Meer und im grünen Gastraum wird die schlicht beste Küche der Marmaris-Region serviert, kreiert von der Britin Suzan. Co-Chef Hüzeyin kommt aus Berlin. Filetspieß mit Mozzarella 39 TL, Lammhaxe 44 TL.

Hafenhotel – **Octopus Restaurant:** Kızılyer İskele Mahallesi, Sögüt-Hafen, Tel. 0252 496 50 47, www.sogutoctopusrestaurant.com, DZ/F um 160 TL. Das Restaurant mit Hotel liegt direkt am Hafen und ist bei Jachties beliebt. Spezialität sind Octopus und Calamari, gegrillt, als Salat oder geschmort. Hauptgerichte ab 25 TL.

Bei der Meerjungfrau – **Denizkızı:** Söğütköy, links der Straße am Strand, www.sogutdenizkizi.com. ▷ S. 110

Auf Entdeckungstour: Die Bozburun-Halbinsel

Die Bozburun Yarımadası ist eine ländliche, unterentwickelte Ecke der Türkei. Die meisten Dörfer erreicht man über kurvige Asphaltstraßen, viele Strände jedoch nur über staubige Pisten oder mit dem Boot.

Reisekarte: ▶ C/D 7

Planung und Anreise: Fahrt mit eigenem Pkw möglich, benötigte Zeit mindestens ein Tag. Dauer von Jeep-Safaris (inkl. Mittagessen) meist 10–18 Uhr, ca. 100 TL/Person.
Essen & Trinken: Gute Restaurants in Çiftlik, Bozburun, Selimiye und Söğütköy, s. S. 107
Übernachten: s. S. 107

Von den glitzernden Luxushotels ist es nur ein kleiner Sprung in eine andere Welt: Immer noch leben die meisten Menschen auf der Bozburun-Halbinsel von dem, was sie selbst erzeugen, manche Bauern sind noch auf den Esel als Tragtier angewiesen. Erst in den letzten Jahren ist langsam der Tourismus in diese ›Idylle‹ vorgedrungen, die für die, die hier leben, vor allem Entbehrung und Not bedeutet hatte. Die Buchten waren zuerst bei Seglern beliebt, so haben viele Restaurants ihre Werbung zum Meer und nicht zum Binnenland ausgerichtet. Inzwischen folgen den Seglern auch Pensionsgäste, die Idylle, Ruhe, sauberes Wasser und gute Küche suchen.

Im Land der Imker

Hauptort im Inneren ist **Bayır**, ein 200-Seelen-Dorf im Zentrum der Halbinsel, das als Imkerdorf berühmt ist. Und natürlich wegen seiner angeblich 2000-jährigen Platane, die das gesamte Dorf zu überspannen scheint. Im Platan Lokanta mit Aussichtsbalkon lässt sich gut rasten, Vorsicht aber mit Kindern: Überall schwirren Bienen herum.

Çiftlik an der Ostküste ist die schönste Sandbadebucht der Bozburun-Halbinsel, die man per Auto erreichen kann. Zu den Buchten weiter im Süden geht's nur per Boot. Das gilt auch für **Loryma**, die hellenistische Festung der Rhodier auf der Spitze der Halbinsel. Das Ende des 3. Jh. v. Chr. entstandene Kastell, dessen Wallmauer mehrere Meter hoch erhalten blieb, nennen die Türken Bozukkale (Kaputte Burg). Die Festung liegt nur 20 km Seestrecke von Rhodos entfernt und war in hellenistischer Zeit ein Wachtposten dieser Seemacht, die große Gebiete zwischen Bodrum und Fethiye beherrschte.

Segler unter sich

An der Westküste ist **Bozburun** der Hauptort und eine Hauptstation der Blauen Reise (s. S. 61). Tagsüber eine schläfrige Idylle, erwacht es abends, wenn sich die Kais mit den Jachten füllen, zum Leben. Da die Segler meist nur für eine Nacht bleiben, ist Bozburun nicht allzu touristisch. Fischerlokale reihen sich um den Hafen – am schönsten ist es hier abends.

Die **Orhaniye-Bucht** ist bekannt geworden, weil man über eine Kizkumu genannte Sandbank quer hindurchspazieren kann wie weiland Jesus: Maximal knöcheltief ist das Wasser im Sommer (viele Steine, Badeschuhe!).

Das winzige **Selimiye** in einer geschützten Ankerbucht ist immer noch bei Seglern beliebt, doch sind inzwischen direkt am Meer und ebenso im Hinterland zahlreiche hübsche Pensionen aufgemacht worden. Vor allem bessergestellte Türken verbringen hier einen ruhigen Urlaub, am Kai reihen sich gute Restaurants und Konditorei-Cafés.

Baden im Wasserfall

Das Dorf **Turgutköy** ist durch seinen Wasserfall, **Turgut Şelalesi,** bekannt. Der bewässert ein schattiges, grünes Tal und speist Teiche, in denen Mutige auch baden. An der Hauptstraße liegt

die **Muğla Halıcılık**, eine Teppichkooperative mit großer Auswahl.

Sehr ländlich geht es auch noch in **Söğütköy** zu, dessen altes Dorf im Inland auf einem Bergsattel zwischen der geschützten Hafenbucht und einer zweiten kieseligen Strandbucht im Süden liegt.

Auch das alte Bauerndorf **Hisarönü** versteckt sich landeinwärts hinter den ersten Hügeln, am Strand stehen die Hotels. Ein langer Sand-Kies-Streifen säumt die Küste, und im Vergleich zur geschlossenen Bucht von Marmaris ist das Wasser noch paradiesisch sauber.

Fisch und Grillgerichte (um 30 TL) und große Vorspeisenauswahl (um 10 TL) auf einer Terrasse am Meer mit tollem Sonnenuntergang.

Datça und Knidos

Datça ▸ C 7

Ein wenig im Abseits lag **Datça** (sprich *datscha)* schon immer, von Marmaris braucht man auch nach dem Straßenausbau fast 1 Std. mit dem Auto. Das Hafenstädtchen liegt auf halber Strecke auf der schmalen, gut 100 km langen Reşadiye-Halbinsel. Einen gewissen Aufschwung erlebte der Ort als Seglerhafen auf der Blauen Reise, inzwischen folgen auch einige Pauschaltouristen. Noch heute ist das Örtchen mit ca. 10 000 Einwohnern eine Art Geheimtipp, ein schlichtes Hafenidyll zwischen den Meeren.

Etwa 3 km landeinwärts liegt das Mutterdorf, heute **Eski** (Altes) **Datça** genannt, dessen schöne alte Häuser bei Künstlern und Intellektuellen aus Ankara als Sommerwohnsitz beliebt sind. Im stattlichen Konak eines osmanischen Gutsbesitzers ist ein historisches Hotel mit sehenswertem Restaurant (s. u.) eingerichtet.

Der **Oststrand** von Datça ist relativ schmal und von Restaurants gesäumt, der **Weststrand** idyllischer, hier gibt es eine leicht schwefelhaltige Quelle, die einen direkt hinter dem Strand gelegenen See speist. 4 km westlich liegt die ruhige **Kargı-Bucht,** ein Kieselstrand mit kleinem Flüsschen und dem Beach Restaurant Nesim.

Ruhigere, einsamere Strände gibt es in **Mesudiye** und **Palamutbükü,** zwei ländlichen Siedlungen Richtung Knidos (20 km bzw. 27 km). Auch dort sind in den letzten Jahren etliche Pensionen und Hotels gebaut worden. Dort kann man auch gut eine Bade- und Restaurantpause nach dem Knidos-Besuch einlegen.

Übernachten

Zahlreiche eher einfache Hotels liegen in Datça meerseitig an der Hauptstraße zum Hafen. Günstige Pensionen findet man vor allem im Altstadtviertel kurz vor dem Hafen, modernere Familienapartments im Hotelviertel östlich der Stadt. Das absolute Top-Hotel der Region ist das wunderbare **Mehmet Ali Ağa Mansion** in Eski Datça (www.kocaev.com, DZ/F ab 400 €).

Zentral am Hafen – **Dorya Motel:** Auf der Halbinsel beim Jachthafen, Tel. 0252 712 36 14, DZ/F 200 TL. Ruhige Parklage, mit Pool, jedoch nicht ganz taufrisch – es war einst das erste Mittelklassehotel am Ort. Zufahrt mit Pkw in der Saison nur bis 19 Uhr.

Kleines Liebesnest – **Villa Aşina:** 3 km westlich des Hafens Richtung Kargı, Tel. 0252 712 04 43, www.villaasina.com, DZ/F um 300 TL. Neue Pension, ruhig auf der Steilküste gelegen. Vornehmlich in Weiß eingerichtete Zimmer, nette, aufmerksame Führung, kleiner Pool an der Klippe, tolles Frühstück. Ein Moped oder Auto sollte man aber mieten.

Strandidylle – **Mavi Beyaz:** Palamutbükü, Tel. 0252 725 55 55, www.otelmavibeyaz.com, DZ/F ab 350 TL. Hübsches Hotel im blau-weißen Griechenstil an der Ostseite der Bucht. Geschmackvolle Zimmer, gepflegter Strand direkt vorm Haus, Massageangebote. Weitere Adressen: www.datca.com.tr/neredekalinir.htm

Bukolisch – **Gülcan Pansiyon:** Mesudiye, Ovabükü, Tel. 0252 728 01 72, DZ/F ab 120 TL. Ebenfalls direkt am Strand, rechts der Zufahrtsstraße. Einfache Zimmer mit AC, aber schönes Strandlokal mit Traditionsküche.

Essen & Trinken

Die Restaurants am Hafen sind besonders bei Seglern und Knidos-Besuchern beliebt, doch gibt es auch nette Lokale am Oststrand. Türkische Hausmachergerichte *(ev yemekleri)* zu günstigen Preisen findet man in den kleinen Lokalen an der Hauptstraße zum Hafen (Atatürk Cad.).

Beim Käpt'n – **Emek Restoran Kaptan'ın Yeri:** Yalı Cad., am Hafen, Tel. 0252 712 33 75. Beliebtes, von der australischen Frau eines ehemaligen Fischers geführtes Fischrestaurant über dem Hafen (guter Windschutz). Es gibt aber auch Lahmacun sowie Schmor- und Grillgerichte. Die Atmosphäre ist urig und nett. Vorspeisen ab 8 TL, Hauptgerichte ab 22 TL.

Infos

Internet: www.datcainfo.com
Infokiosk: Cumhuriyet Meyd., am Platz vor dem Hafenviertel. In praktischen Fragen wenden Sie sich besser an den Bootstourveranstalter **Seher Tour:** Uslu Pasajı, Tel. 0252 712 24 73, Mobil 0532 364 51 78, www.sehertour.com.

Verkehr

Bus: Intercity-Busstation außerhalb beim neuen Rathaus, ins Zentrum fahren Zubringerbusse. Von der Dolmuş-Station am Cumhuriyet Meydanı fahren Minibusse nach Mesudiye/Palamutbükü und Richtung Marmaris, keine reguläre Verbindung nach Knidos.
Fähre: Nach Bodrum tgl. 9, 17 Uhr ab Körmen İskelesi ca. 5 km nördlich von Datça; dorthin Buszubringer ab Büro der Bodrum Ferry Association (Cumhuriyet Meyd., Tel. 0252 712 21 43). Fahrtdauer ca. 2 Std., Rückfahrt 17 Uhr bzw. 9 Uhr anderntags. Für Autotransport spätestens am Vorabend reservieren.

Knidos ▸ B 7

Tgl. bis Sonnenuntergang, 10 TL
Am Ende der Reşadiye-Halbinsel, schon ganz dem griechischen Inselmeer zugewandt, lag in der Antike die dorische Stadt **Knidos**, berühmt für ihre Architekten und für die erste ganz nackte Statue der Göttin Aphrodite. Heute ziehen Ziegenherden durch die überwachsenen Grundmauern, Jachten ankern im einstigen Handelshafen.

Die im 10. Jh. v. Chr. gegründete Stadt gehörte nicht zur einheimischen karischen Kultur, sondern zu der der dorischen Griechen, die über Kreta einwanderten. Gleichzeitig war sie der Mittelpunkt des Städtebundes der Hexapolis, die auch Rhodos, Kos und Halikarnassos (Bodrum) umfasste.

Die Ruinen von Knidos erheben sich über zwei Buchten – im Norden der antike **Kriegshafen**, im Süden der **Handelshafen**, auf dem ›Fast-Inselchen‹ nach Westen staffelte sich die Wohnbebauung. Hinter dem **Theater** liegt das flache Areal der teils noch schön gepflasterten **Agora**. Von deren Nordostecke steigt man über zwei Terrassen zu den Fundamenten eines **Tholos-Tempels** empor. In diesem Rundtempel mit 18 Säulen in einem Kreis von 17 m Durchmesser stand wohl die berühmte Aphrodite. Der Terrasse nach Osten folgend, erreicht man einen **korinthischen Tempel**, in dem Apollon als zweiter Stadtgott verehrt wurde, dahinter eine **Sonnenuhr**, die von Eudoxos, einem der großen knidischen Mathematiker, konstruiert worden sein soll.

Infos

Eine Tagestour von Marmaris aus ist möglich, aber ca. 100 km, mind. 2,5 Std. Fahrt je Strecke. Besser in Datça übernachten.

Das Beste auf einen Blick

Fethiye und Umgebung

Highlight !

Ölüdeniz/Blaue Lagune: Die Landzunge ist tatsächlich der schönste Strand der Türkei – allerdings nur in der Nebensaison! Wer es richtig genießen will, kommt im Mai oder im Oktober. Im Sommer ist es sehr voll – aber auch sonst kommen immer noch viele andere. S. 123

Auf Entdeckungstour

Ausflug zur Geisterstadt Kayaköy: Einst war dies die größte Stadt der Südägäis-Region – als Fethiye oder Muğla noch Dörfer waren, wurde hier die erste Zeitung des Südwestens gedruckt. Die Griechen, die hier einmal lebten, mussten nach dem Ersten Weltkrieg fliehen. Ihre bis heute verlassene Stadt Livissi ist ein Mahnmal bröckelnder Mauern. S. 120

Kultur & Sehenswertes

Amyntas-Grab: Das Tempelgrab in der Felswand über Fethiye erinnert an einen lykischen Fürsten aus der Zeit des Peloponnesischen Krieges. S. 116

Fethiye Museum: Eine einzigartige Sammlung zur lykischen Kultur dieser Region. S. 116

Aktiv unterwegs

Blaue Reise: Nirgendwo ist die Blaue Reise schöner als im Fethiye-Golf mit seinen einsamen Inselchen – z. B. bei der 12 Islands Tour. S. 118

Wanderung zur Kabak-Bucht: Mit dem ersten Abschnitt des berühmten Lykian Trail (Lykischer Weg) kommt man durch dramatische Bergszenerie zu einer einsamen Bucht. S. 126

Wanderung nach Kaunos: Eine leichte Wanderung mit Bootsfahrt erschließt die Ruinen der antiken Stadt im Dalyan-Delta. S. 130

Genießen & Atmosphäre

Baden im Hamam: Der Hamam in der Altstadt von Fethiye ist eine altehrwürdige historische Institution, die sich inzwischen ganz auf Touristengruppen spezialisiert hat. Wellness einmal anders. S. 119

The Oyster Hotel: Das Hotel liegt nicht nur direkt am Strand von Ölüdeniz, sondern überzeugt auch durch eine sehr stilechte Einrichtung im britischen Country Style. S. 125

Paragliding in Ölüdeniz: Der Ort zählt zu den berühmtesten Spots der Paraglider weltweit – mit einzigartigem Panorama. Mit einem Tandemflug vom Berg Baba Dağ kann jeder es einmal ausprobieren. S. 126

Abends & Nachts

Altstadt von Fethiye: Nach dem Essen shoppen und dann in eine Music Bar – stilvoll mit Wasserpfeife oder Technobeat, alles ist drin. S. 123

Traumstrand Ölüdeniz

Umgeben von einsamen Kiefernwäldern liegt die Urlaubsregion Fethiye an einem weiten Golf mit vielen Inselchen. Hier findet sich der Traumstrand Ölüdeniz, hier vereinen sich überall die Farben der Türkisküste – Meerblau, Piniengrün, Hotelweiß – zu einem harmonischen Dreiklang: Da möchte man gar nicht mehr wegfahren.

Schon früh wurde Fethiye vom Tourismus entdeckt – noch in den 1980er-Jahren war es das einzige Standquartier zur Erkundung Lykiens. Heute werden unter dem Namen die neuen Hotelzonen an der berühmten Landzunge Ölüdeniz, in Hisarönü und Ovacık (beide im Süden der Stadt), am Çalış-Strand und an den Küsten im Norden des Golfs vermarktet. Dabei hat sich Fethiye selbst den Charakter einer türkischen Mittelstadt bewahren können – noch dreht sich hier nicht alles um Sun & Fun. Vor allem am Abend, wenn der lange Sonnenuntergang die Stadt und den östlich aufragenden Ak Dağ (Weißer Berg) in ein warmes Licht taucht, zeigt sich Fethiye von der schönsten Seite.

Infobox

Infos
www.fethiye.net
Tourist Information: İskele Meydanı 1, Tel./Fax 0252 614 15 27

Anreise und Weiterkommen
Transfer vom Flughafen Dalaman ca. 60–90 Min. je nach Lage des Hotels. Alle Urlaubsorte sind über ein gutes Minibussystem mit den Zentralbusstationen in Fethiye verbunden.

Am See von Köyceğiz westlich von Fethiye ist die Landschaft noch ganz agrarisch geprägt; große Hotels stehen nur am wunderbaren Sandstrand von Sarıgerme. In Dalyan fahren Boote durch das Schilfdelta am Ausfluss des Sees hinüber zum antiken Kaunos und zum İztuzu-Strand, bekannt als Turtle Beach, der Schildkrötenstrand.

Fethiye ▸ E 7

Fethiye (ca. 82 000 Einw.) ist die größte Stadt zwischen Antalya und İzmir und das urbane Zentrum der Südwesttürkei. Bis in die 1980er-Jahre besaß sie als Ausfuhrhafen große Bedeutung für die gesamte Region. In der Antike hieß die Stadt griechisch Telmessos; ein eigener lykischer Name ist nicht bekannt. Im 5. Jh. v. Chr. gehörte die Stadt zum Seebund der Athener, doch spätestens seit Anfang des 4. Jh. hatten sich die Lykier wieder aus der griechischen Machtsphäre gelöst. Telmessos stand dann mit Xanthos, Pinara und Tlos unter der Herrschaft des Dynasten Arbinas; doch um 370 verlor sein Nachfolger Arrtumpara die Unabhängigkeit an Perikles, den Fürsten von Limyra (s. S. 164). Endgültig griechisch wurde Telmessos erst nach der Eroberung durch Alexander den Großen, ab dem 2. Jh. v. Chr. stand es in engen Beziehungen zu Rhodos. Die Johanniterritter von Rhodos befestigten den Hafenort, jetzt Makri genannt, mit einer Burg, im Osmanischen Reich wurde der Name zu Meğri. Erst seit dem Sieg Atatürks über die Griechen, die auch hier vor 1923 die Bevölkerungsmehrheit stellten, aber alle aussiedeln mussten, heißt der Ort Fethiye (sprich *fätje*).

Blick von den lykischen Felsgräbern auf Fethiye

Ein schwerer Schlag war das Erdbeben von 1958, das große Teile der Stadt zerstörte – aus den Trümmern schüttete man dann die Hafenpromenade vor der Atatürk Caddesi auf.

Der Altstadtkern

Am schönsten ist Fethiye im Altstadtkern, der zwischen der Anhöhe der antiken Akropolis im Süden und dem Jachthafen im Osten liegt. Hier, im Bereich zwischen dem alten **Hamam** 5 und der **Eski Cami** 1, wurde wenig neu gebaut; manche Restaurants behelfen sich bis heute in alten Ruinen. Dazwischen reihen sich die Souvenirgeschäfte, die Teppiche, Leder, Kunstgewerbe und Goldschmuck verkaufen.

Antike Reste sind aufgrund des Erdbebens rar. Seit 2013 wird das antike **Theater** 2 am Hafenplatz quasi neu gebaut, wie das in Kaş entspricht es ganz dem hellenistischen Bautypus ohne Bühnenhaus. Zwischen Rathaus (Belediye) und Postamt steht der bedeutendste der **altlykischen Sarkophage** 3, die auf das 4. Jh. v. Chr. zurückgehen. Der Fries am Deckelfirst zeigt kämpfende Krieger (um 370 v. Chr.), kann heute aber als Negativbeispiel für Kunstzerstörung durch Abgase gelten: In den letzten 20 Jahren ist das Relief fast völlig verwittert.

Weitere Sarkophage sind in dem noch fast dörflichen Stadtteil unterhalb des Steilfelsens zu finden, teils in Gärten, teils mitten auf der Straße

Fethiye und Umgebung

Sehenswert
- 1 Eski Cami
- 2 Antikes Theater
- 3 Altlykische Sarkophage
- 4 Ahmet-Gazi-Friedhof
- 5 Amyntas-Grab
- 6 Akropolis-Plateau mit Johanniterburg
- 7 Fethiye-Museum

Übernachten
- 1 Dedeoğlu Hotel
- 2 Villa Daffodil

Essen & Trinken
- 1 Meğri
- 2 Hilmi
- 3 Saray Lokantası

Einkaufen
- 1 Balık Pazarı
- 2 Arıcılar
- 3 Wochenmarkt

Aktiv
- 1 Boote nach Rhodos
- 2 Ausflugsboote
- 3 Light Tours
- 4 Divers Delight
- 5 Eski Hamam

Abends & Nachts
- 1 Club MakaRa
- 2 Car Cemetery Bar
- 3 Istanbul Club
- 4 Fora Café-Restaurant

stehend. Einen ganz verwunschenen Eindruck macht der osmanische **Ahmet-Gazi-Friedhof** 4 mit kalligrafisch beschrifteten Grabsteinen, die sich halb umgesunken unter Olivenbäumen verstecken.

Einen Besuch lohnt der große Komplex des **Balık Pazarı** 1 (s. S. 119). Am Dienstag sollte man den **Wochenmarkt** 3 hinter dem Fethiye-Museum nicht verpassen. Schön ist der Spaziergang zum **Hafenkai** mit den Ausflugsbooten, wo die Cafés jede Sekunde des Sonnenuntergangs ausnutzen, bis die Dämmerung den Reisenden schließlich zurück in die Altstadt mit ihren Bars, Restaurants und Souvenirläden lockt.

Amyntas-Grab 5

Tgl. 9–17.30 Uhr, 10 TL

In der Felswand über der Altstadt sind schon von Weitem die berühmten Felsgräber von Fethiye zu sehen, als prächtigstes das **Amyntas-Grab** mit imposanter, aus dem Fels geschnittener Fassade in Form einer ionischen Tempelfront. Gut zu erkennen ist das in Stein nachgeahmte Holzportal mit Bronzebeschlägen; im Innern waren früher die Namenszüge der ersten Europäer zu sehen, darunter der Franzose Charles Texier, der 1836 als Erster die antiken Ruinen von Telmessos beschrieb. Moderne Ritzungen und Farbschmierereien haben die Anlage jedoch schwer verunstaltet. Weitere Tempelgräber, darunter ein unvollendetes, sowie frei stehende Hausgräber schließen an den Felshängen im Osten und Westen an.

Akropolis-Plateau 6

Auf dem Akropolis-Plateau weiter westlich jenseits der Kaya Caddesi blieben nur die Außenmauern der **Johanniterburg** erhalten. Von dort bietet sich jedoch ein schöner Blick über Fethiye, über seine abgeschirmte Bucht mit dem Çalış-Strand bis hin zum weißen Gipfel des Ak Dağ.

Fethiye-Museum 7

505. Sok., Di–So 9–17.30 Uhr, 5 TL

Das kleine Regionalmuseum von Fethiye zeigt durchaus bedeutende archäologische Grabungsfunde aus der gesamten Umgebung: Keramik, Statuen, hellenistische Vasen, Glaswaren und auch skulptierte Marmorteile vom 8. Jh. v. Chr. bis 2. Jh. n. Chr.

Das bedeutendste Stück ist die **Letoon-Stele**: Hierbei handelt es sich um eine Trilingue – sie trägt also eine Inschrift in drei Sprachen –, die den einzigen Schlüssel zur Entzifferung des Lykischen darstellt. Die Schriftzeichen ähneln den spätminoischen, die Wort-

bildungsmuster zeigen eine Verwandtschaft mit der hethitischen Sprache. Auf der rechten Seite ist der griechische, auf der linken Seite der lykische Text zu sehen, die mittlere Hauptseite der Trilingue nimmt die Fassung in Aramäisch, der Lingua franca des Perserreichs, ein. Der Text gibt einen Erlass des persischen Satrapen Pixodaros wieder und nennt als Datierung das erste Jahr des Königs Artaxerxes (358 v. Chr.). Die ethnologische Abteilung dokumentiert Webwaren und Handwerk der Yörük-Nomaden.

12 Islands Tour im Golf von Fethiye

Strände bei Fethiye

Fethiye-Zentrum hat keine schönen Badeplätze, man muss auf jeden Fall eine Weile fahren. **Çalış** im Norden (s. S. 127), **Ölüdeniz** im Süden (s. S. 123) sind die beliebtesten Strände, beide mit großen Hotelsiedlungen (s. Cityplan S. 116).

Günlüklü und Katrancı

Wer es gern einsamer hätte, fährt zur Badebucht von **Katrancı** (14 km nördlich, Eintritt 5 TL), mit Campingareal unter Pinien). Noch etwas weiter Richtung Göcek liegt die Bucht **Günlüklü** mit dem schönen Hotel The Bay Beach Club (www.thebaybeachclub.com). An beiden Stränden (s. Karte oben) ist nur an Wochenenden und im Sommer viel los.

Bootstouren

Die **12 Islands Tour** durch den Golf von Fethiye ist die beliebteste Bootstour. Sie führt zu den kleinen Inseln im Golf von Fethiye und bietet meist sechs Badestopps an unbewohnten Küsten – etwa in **Göbün Bay** mit kristallklarem Wasser und einem kleinen Familienrestaurant oder bei den antiken Ruinen des **Kleopatra Hamam** (Hamam Bay), wo eine untermeerische warme Quelle entspringt. Auf **Tersane Adası** (Dockyard Island) badet man bei den Resten einer osmanischen Werft, auf **Yassıca Adası** (Flat Island) an einer flachen Sandbank, die am Südende einen Brackwassertümpel umschließt. Im Hinterland von **Taşkaya Koyu** (Bedri Rahmi Bay) kann man sogar einige lykische Sarkophaggräber entdecken.

Reizvoll sind auch Bootstouren entlang der auf dem Landweg fast unzugänglichen Festlandküste, etwa zur **Akvaryum Bay** (Samanlık Koyu) mit besonders klarem Wasser, zum **Turunç-Strand** oder zum **Strand von Gemiler** mit Taverne und den Ruinen des byzantinischen Klosters St. Nicolas (gr. Áyios Nikólaos) auf der vorgelagerten Insel (s. Entdeckungstour S. 122).

Übernachten

Im Stadtzentrum findet man Hotels und Pensionen im Karagözler Mahalle westlich des Hafens. Die Hotels aus den Katalogen liegen meist in den Hotelstädten über Ölüdeniz oder am Çalış-Strand, die stadtnächste Luxusanlage ist **Letoonia Club & Hotel** (www.letoonia.com).

Blick aufs Meer – **Dedeoğlu Hotel** 1: İskele Meydanı 1, Tel. 0252 614 40 10, DZ/F 120–160 TL. Gut renoviertes Stadthotel am Hafen mit Blick auf die Boote, viele Geschäftsleute, aber vorteilhaft nah zur Stadt.

Gartenparadies – **Villa Daffodil** 2: Fevzi Çakmak Cad. 115, Tel. 0252 614 95 95, www.villadaffodil.com. DZ/F 130–180 TL. Kleineres, überschaubares Hotel hinter dem Hafen mit schönem Terrassengarten, Pool, Sauna. Freundliche Zimmer mit AC und TV, relativ ruhig gelegen.

Übernachten in Ölüdeniz: s. S. 125

Essen & Trinken

Biergartenatmo – **Meğri** 1: Likya Sok., Tel. 0252 614 40 46, tgl. 11–15, 18–24 Uhr. Das bekannteste Lokal in der Altstadt, das sich über den gesamten Platz vor der Eski Cami ausgebreitet hat. Türkische Küche in großer Auswahl, die vielen *mezeler* kann selbst ein ganzer Kegelverein nicht durchprobieren. Sehr beliebt! Vorspeisen ab 9 TL, Pizza um 15 TL, Hauptgerichte ab 25–40 TL.

Fisch und mehr – **Hilmi** 2: Balık Pazarı, im Fischmarkt. Das Lokal verfolgt wie inzwischen viele andere dort ein einfaches Konzept: Man kauft sich selbst einen Fisch, für 8 Lira wird er zubereitet. Dazu gibt's viele Mezeler und eine umfangreiche Weinauswahl. Wer keinen Fisch mag, kann sich auch Fleisch braten lassen. Vorspeisen ab 10 TL.

Lecker und günstig – **Saray Lokantası** 3: Atatürk Cad. 114. Einfaches Lokal mit guten Schmorgerichten und Döner. Sogar mit WiFi.

Mein Tipp

Besuch im türkischen Bad

Das Hamam von Fethiye stammt aus dem 16. Jh. Sultan Selim I. soll den Auftrag zum Bau von Badehaus und Moschee gegeben haben. Das Hamam ist inzwischen auf Touristen eingestellt und auch für gemischte Gruppen zugänglich (in Badekleidung). Allerdings muss man sich bewusst machen, dass die Anlage wirklich 400 Jahre alt ist. Doch dafür ist alles echt und wie zu den Zeiten, als man sich in Europa nur zweimal im Jahr gewaschen hat.

Eski Hamam 5: Tel. 0252 614 93 18, www.oldturkishbath.com, 30 TL/Person, darin eingeschlossen sind die Tücher, Pantinen, eine Waschung mit der *Kese* (Kratzschwamm) und eine Massage mit Schaum.

Einkaufen

Fischmarkt – **Balık Pazarı** 1: Belediye Cad., zwischen Çarşı Cad. und Atatürk Cad. Markthalle mit Fisch, Gewürzen und Gemüse. Im Innenhof auch zahlreiche Restaurants, preiswerter als in der Altstadt.

Honig aus Fethiye – **Arıcılar** 2: Cumhuriyet Cad. Berühmt ist der Honig aus den einsamen Wäldern rund um Fethiye. Die Imkerkooperative Arıcılar verkauft in der Altstadt ▷ S. 123

Auf Entdeckungstour: Ausflug zur Geisterstadt Kayaköy

Der alte Griechenort Livissi ist eine Geisterstadt. Jedes Stück Holz und anderes Verwertbare wurde geplündert, nur Steinmauern stehen noch aufrecht.

Reisekarte: ▶ E 7

Anreise: Mit eigenem Fahrzeug oder organisierter Tour
Infos: Eintritt Kayaköy 5 TL; Gemiler Adası 8 TL; Zeit: Kurzbesuch 1–2 Std., mit Cold Water Bay braucht man mindestens einen Tag.
Essen: Livissi Garden. An der Zufahrtsstraße neben dem Kassenhäuschen, ca. 9.30–21 Uhr. Große Weinauswahl, meist Grillgerichte

Ein Dorf zieht sich an einem sanft abfallenden Hang entlang. Idyllisch, so scheint es von ferne. Doch nähert man sich, gähnen plötzlich leere Fensterhöhlen, verwandeln sich die Häuser in Ruinen ohne Dächer, ohne Türen: Kayaköy ist eine Geisterstadt. Alle Ruinen sind ohne jedes Stückchen Holz, denn das wurde von den Türken geplündert. Über gepflasterte Gassen kann man in die am Berghang gelegene Stadt hineinwandern, etwa bis zur großen Kirche Panayia Pyrgiotissa (Katopanayia), in der noch Fresken zu erkennen sind. Ein stiller Spaziergang – bedenkt man, wie viele Menschen, Familien, Kinder hier einst lebten.

Der Untergang von Livissi

Bis 1923 noch war das Städtchen Livissi, das heutige Kayaköy, das auf die antike Stadt Karmylassos zurückgeht, bewohnt. Wie in vielen anderen Siedlungen der Küste Kleinasiens lebten hier Griechen, die auch unter der langen Herrschaft der türkischen Sultane an ihrer Kultur und am orthodoxen Glauben festgehalten hatten. Bis zu seinem Untergang war Livissi der größte Ort der ganzen Region.

Als das Osmanische Reich im Ersten Weltkrieg zusammenbrach, schien auch für die griechische Volksgruppe die Unabhängigkeit zum Greifen nah: Die Siegermächte hatten die Zerstückelung des Reiches geplant, und im Mai 1919 landete ein griechisches Expeditionsheer in Smyrna. Doch es endete in einem Fiasko. Die Großmächte zogen sich aus Anatolien zurück, Atatürk verteidigte Ankara in der Schlacht an der Sakarya und eroberte Smyrna, heute İzmir, mitsamt der Westtürkei zurück.

Die ›kleinasiatische Katastrophe‹

Im Friedensvertrag von Lausanne wurde ganz Kleinasien als türkisches Nationalgebiet anerkannt und zudem ein gewaltiger Bevölkerungsaustausch vereinbart. Das bedeutete die Umsiedlung, also Vertreibung, von ca. 1,3 Mio. Griechen aus der Türkei. Die Leute von Livissi z. B. zogen nach Attika, wo sie die Orte Nea Makri und Neo Livissio nördlich von Athen gründeten.

Danach wurden die alten griechischen Städte türkisiert und umbenannt. Viele kleine Dörfer mit großen griechischen Bevölkerungsanteilen waren plötzlich nahezu entvölkert. Nicht nur, dass ganze Orte und Stadtteile dem Verfall preisgegeben waren, in vielen Berufen fehlten nun die Spezialisten. Wo es nicht gelang, diese Verluste auszugleichen, mussten die Dörfer aufgegeben werden.

Der alte Konflikt zwischen Griechen und Türken, der 1070 mit der Eroberung Kleinasiens begann und 1453 zum Fall Konstantinopels führte, schwelt bis heute weiter. Immer wieder brechen Konflikte zwischen den beiden NATO-Partnern auf. Doch seit der griechischen Zustimmung zur Aufnahme von EU-Beitrittsverhandlungen (1999) finden die beiden Völker

immer näher zueinander – eher privat und unspektakulär gab es viele Begegnungen zwischen den Nachfahren der kleinasiatischen Griechen und den Türken, die heute in den Orten leben. Auch wenn viele wohl nur einmal sehen wollten, wo die Uroma lebte. Eine bedeutende Sache war hingegen 2008 der Besuch des griechischen Regierungschefs Karamanlis in der Türkei, der erste seit 1959. Die Türkei wollte sich die Hilfe der Griechen für den EU-Beitritt sichern, während diese eine eindeutige Verbesserung der Rechte religiöser Minderheiten fordern.

Neues Leben in Kayaköy

Der Tourismus hat neues Leben nach Kayaköy gebracht – auch hier waren bereits einige Urenkel der Vertriebenen zu Besuch. Wer durch das alte

Byzantinische Ruinen auf der Insel St. Nicholas, im Hintergrund die Gemiler-Bucht

Livissi spaziert, erkennt neben den prachtvoll mit Marmor und Fresken ausgeschmückten Kirchen große steinerne Herrenhäuser an gepflasterten Straßen, das Rathaus, Schulen, die Bücherei, Werkstätten … Mit 6500 Einwohnern zählte der Ort einst zu den bedeutendsten Städten des ägäischen Raumes; hier wurde sogar die erste Zeitung des türkischen Südwestens gedruckt.

Auf der anderen Straßenseite ist in der Ebene das neue, türkische Dorf **Keçiler** entstanden. Hier kann man sich in kleinen Pensionen in ländlicher Idylle einquartieren. Südlich hinter der Stadt erreicht man über einen Geröllpfad (1 km) **Soğuksu Limanı (Cold Water Bay)**, eine schmale Bucht, wo eine kalte Süßwasserquelle ins Meer fließt und das Restaurant Ali Tunas liegt, das bei Seglern beliebt ist. In Kayaköy werden zudem Pferderitte zum **Afkule Manasteri** angeboten, einer Eremitenklause an der Steilküste im Westen mit tollem Blick auf Felshänge und Meer.

Von Kayaköy fährt man 14 km hinab zur **Gemiler-Bucht** mit Campingplatz und einfachen Strandtavernen. Auf der vorgelagerten Insel **Gemiler Adası** kann man die Ruinen des Klosters **Ayios Nikolaos** (St. Nicholas) entdecken: auf dem Hügel eine Kirche des 6. Jh. mit Bodenmosaiken, Wohntrakten und einem erhaltenen Tunnel zum Meer hinunter. Im Spätmittelalter führten die Johanniterritter von Rhodos hier einen Stützpunkt.

Für Wanderer schließlich ist der alte, gepflasterte **Maultierpfad** interessant, der von der Livissi-Ebene hinunter nach Megri, das heutige Fethiye, führte. Wenn man die Ebene nach Norden durchquert, wo die Straße nach Fethiye hinunterführt, verläuft der Pfad rechts am Berghang unter den Pinienbäumen.

eine große Auswahl, darunter Thymianhonig *(kekik balı)* und Pinienhonig *(çam balı).*
Markt – **Wochenmarkt 3**: Hinter dem Museum, Di Vormittag. Gemüse und Bauernprodukte, aber auch Kleidung, Spielzeug, Haushaltswaren. Am Fluss zahlreiche improvisierte Lokale.

Aktiv

Nach Griechenland – **Boote nach Rhodos 1**: In der Saison fahren von Fethiye-Hafen tgl. schnelle Tragflügelboote (Hydrofoils) zur griechischen Insel Rhodos. Abfahrt gegen 9.30 Uhr, Rückkehr ca. 18 Uhr, 90 Min. Fahrzeit, Personalausweis reicht aus.
Küste und Inseln – **Ausflugsboote 2**: Abfahrt am Kordon Boyu, der Seepromenade. Tagestouren nach **Ölüdeniz**, **Dalyan** (s. S. 129) sowie nach **Kekova** (s. S. 156). Man kann hier auch ein Boot für die **12 Islands Tour** besteigen (s. S. 118), Abfahrt gegen 10 Uhr, Rückkehr gegen 18 Uhr, Kosten inkl. Mittagessen ca. 50 TL.
Blaue Reisen – **Light Tours 3**: Atatürk Cad. 104, Tel. 0252 614 47 57, www.lighttours.com. Blaue Reisen mit Gulet-Jacht (6–11 Kabinen für 12–22 Pers.). Trips nach Kekova pro Pers. ca. 400 €, nach Bodrum, Kos, Rhodos ca. 500 €. Man kann komplette Jachten mieten.
Tauchen – **Divers Delight 4**: Boot am Hafen, Mobil 0532 427 00 26, www.diversdelight.com. Tauchkurse und Tagesausfahrten; Grundkurs ca. 350 € (auch deutschsprachige Tauchlehrer. Weitere Anbieter in allen Hotelurbanisationen rund um Fethiye.
Wandern: s. Lykischer Weg, S. 137
Bad – **Eski Hamam 5**: s. Tipp S. 119

Abends & Nachts

Abhotten – **Club MakaRa 1**: 47 Sok., gegenüber dem alten Hamam, tgl. bis 4 Uhr, Happy Hour 22–24 Uhr. Der Club in der Altstadt bringt DJ-Auftritte (meist Techno), aber oft auch türkische Livemusik.
Music Bars – **Bar Street:** Gasse hinter dem Hamam, z. B. **Car Cemetery Bar 2** mit Oldies ab den 70ern (tgl. ab 10 Uhr) oder **Istanbul Club 3** am Ende der Gasse, wo House und Türkpop gespielt wird, aber auch eine *nargile* (Wasserpfeife) geraucht werden kann (tgl. ab 18 Uhr).
Hafenromantik – **Fora 4**: Kordon Boyu. Ruhig und lauschig kann man auch ein Bier am Hafenkai mit Blick auf die Boote trinken. Das Fora ist auch Restaurant (Hauptgerichte 25–45 TL) und hat zudem eine stylishe Dachterrasse mit tollem Buchtblick.

Infos

Bus: Fernbusstation außerhalb am S. Demirel Bulvarı; etwa alle 2 Std. Richtung Kaş, Antalya und İzmir
Minibus: Zu den Orten und Stränden der Umgebung fahren Minibusse ab Busstation an der Çarşı Caddesi, nach Ölüdeniz und Çalış alle 20 Min.
Schiff: Nach Çalış und zur Insel Şövalye Boote ab Kordon Boyu (Uferkai)

Ölüdeniz ! ▸ E 7

Das berühmteste Fleckchen Erde der Türkei ist die in jedem Katalog abgebildete Lagune von **Ölüdeniz,** dem ›Toten Meer‹. So wurde die Bucht genannt, weil kein Wellenschlag die südseehafte Idylle stört, heute nennt man sie meist die **Blaue Lagune.** In der Saison ist es dort leider sehr überlaufen. Für die Landzunge, ausgebaut mit Umkleidekabinen und Grillrestaurant, wird Eintritt verlangt (15 TL); der feinkieselige Strand musste jedoch teilweise mit ordinärem Kies auf-

Ölüdeniz – Traumstrand der Türkei

geschüttet werden. Mit Tretbooten kann man die Lagune erkunden und Richtung offenes Meer fahren, wo die Jachten ankern.

In der Strandebene ist das Hotelstädtchen **Belçeğiz** (sprich *beltsche'is)* entstanden, ebensolche in **Hisarönü** und **Ovacık** *(owa'dschek),* den Dörfern auf der Hochebene vor der Steilabfahrt zum Traumstrand. In diesen Feriensiedlungen mitten im Bauernland kommt es nicht selten zu überraschenden Begegnungen: Die Bäuerin mit Kopftuch und Pluderhose auf ihrem Eselchen beäugt misstrauisch die barbusige Touristin am Pool; der Gatte äugt auch, aber eher begeistert!

Am Lagunenstrand trifft sich jetzt die Jugend der Welt, vor der Küste ankern die Ausflugsjachten. Derweil schweben vom 2000 m hohen **Babadağ** in dichter Folge die Paraglider (Gleitschirmflieger) ein. Für diesen Sport ist Ölüdeniz derzeit die Topadresse südlich der Alpen. Der Babadağ ist auch ohne Gleitschirm ein schönes Ausflugsziel: Der Blick über die Küste ist schlicht atemberaubend.

Per Boot kann man das **Kelebekler Vadısı** (Butterfly Valley) mit einem noch gänzlich unbebauten Kiesstrand besuchen. Im Inland des engen Tales liegt ein kleiner Wasserfall, wo man im Sommer Tausende Schmet-

terlinge sehen kann. Mit dem Auto oder zu Fuß über den Lykischen Weg (s. S. 137) kommt man nach **Kabak Koyu,** eine einsame Bucht mit etlichen Camps und Baumhauspensionen, wo gern junge Türken Urlaub machen.

Übernachten

Unter den Luxusanlagen in Ölüdeniz besticht das **Hillside Su** (www.hillside.com.tr) durch sein elegantes Design, während das **Lykia World** (www.lykiaworld.de) das wahrscheinlich beste Sporthotel der Türkei ist.

Holz pur – **Oba Motel:** Ölüdeniz, Tel. 0252 617 01 58, www.obamotel.com.tr. Holzvilla 250 TL, Holzhütten 120 TL. Idyllisch in einem Garten mit Bananenpflanzen gelegene Villen, 100 m vom Strand. Sie sind ganz aus Holz gebaut, mit Wohn-Schlafzimmer, Bad und einer abgetrennten weiteren Schlafempore. Daneben gibt es auch einfache Holzhütten (DZ/Bad). Netter Service, gutes, ruhiges Restaurant.

Britischer Schick – **The Oyster Hotel:** Belceğiz Mah., Denizpark Cad., www. oysterresidences.com, Tel. 0252 617 07 65, DZ/F 250–450 TL. Schickes Boutique-Hotel direkt am Strand mit großem Garten und Pool unter Olivenbäumen. Zimmer im Country-Stil, erinnert ein wenig an eine kenianische Lodge. Mit gutem Restaurant!

Ganz weit weg – **Sea Valley Bungalows:** Kabak Koyu, Tel. 0252 642 12 36, www.seavalleybungalows.com, DZ/F 200–320 TL. Zimmer in Holzhütten, gut ausgestattet, dazu Pool, Restaurant und hippe Musik. Viele jüngere Leute. Per Dolmuş kommt man nach Ölüdeniz, ca. 30 Min.

Essen & Trinken

An der Fußgängerzone der Strandsiedlung reihen sich die Restaurants. Von englischem Frühstück bis Diana Steak ist alles zu bekommen.

Strandblick – **Harry's Restaurant:** Denizpark Cad., Belceğiz, Tel. 0252 617 07 08, www.theharrysrestaurant.com. Schickes, ganz in Weiß gehaltenes Lounge-Restaurant an der Meerpromenade. Internationale und türkische Grillküche, gute Musik und toller Blick auf den Strand, wo die Paraglider landen. Hauptgerichte ab 25 TL.

Hip – **Cloud 9:** Ölüdeniz, direkt am Paraglider-Landeplatz, tgl. 8–2 Uhr. Bar mit Restaurant, hier trifft sich die hippe Fliegerszene. Von der Terrasse schöner Blick zum Strand. Efes-Bier 10 TL, Cocktail 22 TL.

Wanderung zur Kabak-Bucht

Aktiv

Paragliding – Am Ölüdeniz-Strand gibt es mehrere Anbieter für Paragliding. 30 Min. Tandemflug kosten ca. 100 €. Info z. B. bei www.hectorparagliding.com; www.focusparagliding.com.

Wanderung zur Kabak-Bucht

Direkte Straßenstrecke 16 km, Wanderroute bis Kelebekler ca. 15 km, bis Kabak ca. 22 km, rot-weiße Markierung, feste Schuhe, viel Wasser, Sonnenschutz!

Eine anspruchsvolle, aber grandiose Wanderung führt von Ölüdeniz zur Kabak-Bucht südlich an der Küste. Es handelt sich um den ersten Abschnitt des Lykia Trail; in Kabak kann man in Hüttencamps übernachten oder mit dem Dolmuş zurückfahren.

Von der Küstenstraße am Ostrand von **Ölüdeniz** steigt ein steiler Pfad hoch bis zu einer Forstpiste, dort nach rechts, bald beginnt der enge alte **Maultierpfad** (weniger steil ist der Beginn, wenn man den Abzweig von der Straße nach Hisarönü zum Hotel Montana Pine nimmt). Man folgt dem Steinpfad mit tollen Blicken auf die Blaue Lagune bis zu einer Ansammlung von Neubauten, rechts bricht der Taleinschnitt zum Hotel Lykia World steil ab, dahinter folgen wir einer **Forstpiste** nach rechts. Diese umrundet das Tal, steigt dann ab in den Weiler **Kirme,** dort biegt man nach rechts ab und folgt dem Hang, links steigen die Steilhänge des Küstengebirges empor. Bald kommt das **Kelebekler-Tal** in den Blick. Trittsichere Wanderer können durch einen Gerölleinschnitt abkürzen, wenn die Küste

Die feinen Strände rund um Fethiye locken Baderatten und Sonnenanbeter ...

in Sicht kommt, und erreichen so die Asphaltstraße von Ölüdeniz her.

Die Straße umrundet jetzt das Kelebekler-Tal, nach insgesamt ca. 15 km führt ein Pfad durch die Klamm hinunter zum Strand mit einem Restaurant (ca. 1,5 km ein Weg). Zum Kabak-Tal geht es auf der Asphaltstraße weiter, durch die Streusiedlung **Uzunyurt,** man überwindet einen niedrigen Sattel; kurz danach zweigt die Piste zum **Kabak-Strand** ab. In den hübsch-ländlichen Camp-Hotels aus einfachen Holzhütten kann man gut eine Nacht unterkommen.

Rund um den Golf von Fethiye

Çalış-Strand ▸ E 7

Im Norden von Fethiye bildet der Çalış-Strand (sprich *tschallesch)* die bedeutendste Alternative zur Ölüdeniz-Region. Die dortige weitläufige Hotelsiedlung wird heute auch Foça Mahalle genannt. Landschaftlich kann die flache, argarisch genutzte Ebene von Çalış zwar kaum mithalten, doch ist es längst nicht so überlaufen – am langen Strand findet man immer ein stilles Plätzchen. Besonders schön: Çalış genießt einen ewig langen Sonnenuntergang – bis die Sonne schließlich im Meer versinkt.

Cadianda ▸ F 7

Tgl. bis Sonnenuntergang, 8 TL

Neben den antiken Stätten im Tal des Eşen Çayı (s. S. 142) lohnt auch die lykische Bergstadt **Cadianda** (griechisch **Kadyanda)** nordöstlich von Fethiye einen Ausflug. Nach ca. 22 km erreicht man das Dorf **Yeşilüzümlü**, eine dörfliche Idylle, in der man aber schon auf Besucher eingerichtet ist: Die Frauen verkaufen *ayran*, *gözleme* und handgewebte Dastar-Schals. Mit dem Auto geht's noch 9 km durch den Wald bis zu den Cadianda-Ruinen, zu Fuß sind es 3 km vom südlichen Ortsrand.

Beim Rundgang mit dem *bekçi* (Wächter, an ein Trinkgeld denken!) kann man lykische Felsgräber sowie Reste der Stadtmauer, einer Agora und eines nicht allzu großen Theaters, alle mit Kiefernwald überwachsen, entdecken. Allerdings hat das Fethiye-Museum dort bereits mit Grabungen begonnen.

Göcek ▸ E 7

Ein schönes Ausflugsziel ist das Hafenstädtchen **Göcek** (sprich *gö'dschek)*, das einen Jachthafen mit ca. 1200 Liegeplätzen und großzügiger Meerpromenade sein Eigen nennt. Mitte Mai findet hier die Port Göcek Regatta im Fethiye-Golf statt.

Aufgrund der Nähe zum Flughafen Dalaman und dem beschaulichen Ortsflair ist die Marina sehr beliebt – an der östlichen Buchtseite sind für besonders wohlhabende Segler hübsche Villen an einem Kanalnetz gebaut worden. So kann man mit dem Schlauchboot direkt vom Garten zum Boot fahren. Am Hafenkai gibt es einige vielversprechende Lokale, ansonsten träumt man – als Autofahrer – vom Segeln ...

Übernachten

Neben dem **Swissôtel Marina Resort** (www.swissotel.com) gibt es auch einfache Unterkünfte.

Mediterranes Idyll – **A & B Hotel:** Turgut Özal Cad., Tel. 0252 645 18 20, www.abhomehotel.com. DZ mit Frühstück (Buffet) ab 150 TL. Zweistöckiges Haus an der Hauptstraße mit kleinem Pool. Die Zimmer sind geschmackvoll eingerichtet mit schmiedeeisernem Mobiliar, schönen Accessoires à la turca, angenehm in hellem Gelb gestrichen.

Essen & Trinken

Beim Springbrunnen – **Mosaic:** İskele Meyd., tgl. 10–23 Uhr. Modernes Restaurant an der Promenade, man kann schön im Baumschatten sitzen. Frühstück, Eis, gute Grillgerichte. Vorspeisen ab 10 TL, Hauptgerichte um 30 TL.

Sarıgerme ▸ F 7

Nur 15 km vom Flughafen Dalaman entfernt liegt das Hotelgebiet **Sarıgerme** mit einem der schönsten Feinsandstrände der Türkei. Luxushotels wie Magic Life, Iberotel oder Club Robinson sind in unberührte Landschaft eingebettet, das Dörfchen Sarıgerme und die Kleinstadt Ortaca bieten Einblicke ins türkische Alltagsleben.

Sarıgerme ist für die Erkundung der Sehenswürdigkeiten im Raum Fethiye und Marmaris ein sehr gutes Standquartier, da man ruhig, luxuriös und vor allem naturnah wohnen kann und zahlreiche Bus- und Bootsausflüge angeboten werden: neben den Zielen rund um Kaunos/Dalyan auch Fahrten nach Xanthos und Patara, eine Einkaufstour nach Marmaris, und auch Bootsausflüge im Golf von Fethiye oder Raftingfahrten auf dem Dalaman und Canyoning-Wanderungen in den Bergen im Inland.

Essen & Trinken

Im Ort Sarıgerme gibt es einige Lokale, wo man mit den Einheimischen ins Gespräch kommen kann. Auf jeden Fall lohnt auch einmal der Ausflug

Die Felsgräber von Kaunos bei Dalyan

nach **Ortaca** (sprich *ortadscha),* um dort in einfachen Volksrestaurants die schmackhafte Hausmannskost zu probieren.

Infos

Der **Flughafen Dalaman** ist nur 18 km entfernt, Transferzeit ca. 30 Min. Taxis sind ziemlich teuer, ab Sarıgerme fährt man preiswerter per Minibus.

Köyceğiz ▸ E 6

Nordwestlich des Fethiye-Golfs liegt mit dem **Köyceğiz Gölü** eine der schönsten Naturlandschaften der Türkei. Zum Meer hin ist der von Industrie und Touristenrummel fast unberührte See durch eine Lagune mit dichten Schilfdickichten abgeschlossen, in dem zahlreiche Tier- und Vogelarten ihre Rückzugsquartiere gefunden haben. **Köyceğiz** ist ein liebenswert einfaches Dörfchen geblieben, da es hier keine Großhotels gibt.

Fast noch als Geheimtipp wird **Ekincik** gehandelt, westlich des Sees am Meer gelegen. Die idyllische, von Kiefern gerahmte Bucht ist eine türkische Sommerfrische mit wenigen Restaurants und Hotelpensionen, die aber auch gern von Seglern besucht wird.

Dalyan ▸ E 6

In **Dalyan**, das an der Ostseite gegenüber den Ruinen des antiken Kaunos liegt, konnten Umweltschützer in den 1980er-Jahren ein großes Hotelprojekt verhindern, um die dortigen Eiablagestrände der vom Aussterben bedrohten Meeresschildkröte *Caretta caretta* zu retten. Der Ostteil des **İztuzu-Strandes** (Turtle Beach) steht nun unter Naturschutz, und alle Einheimischen versuchen die bis 1 m großen urtümlichen Tiere zu schützen. Inzwischen wird sogar daran gearbeitet, die mehr als 300 Boote von Dalyan auf Elektromotoren umzurüsten: Kardak Tourism ist der Vorreiter (nördlich des Hauptplatzes).

Bis 19 Uhr dürfen sich die Ausflügler am Strand tummeln, dann ist der Turtle Beach gesperrt. Bei der Anfahrt werden in der Saison kurz vor dem Strand Karettschildkröten mit Blauen Krebsen, ihrer Lieblingsspeise, angelockt. An den Strand kommen die Tiere nur nachts zur Eiablage – ein Weibchen auch nur alle 2–3 Jahre einmal an genau den Strand, an dem sie selbst geschlüpft sind. Die Jungtiere graben sich ebenfalls nachts aus dem Sand. Bei ihrem Wettlauf mit dem Tod zum Meer orientieren sie sich an der Reflexion des Mondlichts; stört man sie durch künstliche Lichtquellen, kann die ganze Population ausgelöscht werden.

Ein beliebtes Ausflugsziel sind die **Schlammbäder** bei Horozlar (Mud Baths, 7 TL), wo man sich in warmem Schwefelschlamm suhlt und selbst damit einschmiert – ob sie auch verjüngen, wie versprochen wird, muss man selbst ausprobieren.

Essen & Trinken

In Dalyan reihen sich die Restaurants am Fluss entlang Richtung Meer.

Am Fluss – **Aktaş Restoran:** Maraş Mah. Tel. 0252 284 20 42. Das Restaurant in einem hübschen Garten mit Orangenbäumen genießt einen guten Ruf als Fischrestaurant. Mittags super, abends gibt es leider ungebetene Begleiter: Moskitos!

Wanderung durch Kaunos ▸ E 6/7

Ca. 5 km, einfache Piste und Geröllpfade, Gräberfelsen noch frei, antike Stadt 10 TL, tgl. 9–18.30 in der Saison

Die Einwohner der antiken Stadt **Kaunos** am Ausfluss des Köyceğiz-Sees wurden in der Antike wegen ihrer grünlichen Gesichtsfarbe verspottet, wahrscheinlich weil Malaria hier eine Alltagskrankheit war. Die Besichtigung kann man mit einer kleinen Wanderung verbinden.

Mit einem Ruderboot am Südende des Kais (5 TL) setzt man zu den weithin sichtbaren Felsgräbern über. Vor den schönsten soll in Kürze ein Aussichtsweg hinter dem Friedhof gebaut werden. Sie entstanden im 4. Jh. v. Chr. und zeigen eine imposante Reihe von Tempelfassaden. Am größten, unvollendeten Grab erkennt man, dass sie von oben nach unten aus dem Fels gemeißelt wurden; die Steinmetze mussten sich an der Steilwand abseilen.

Von dort geht es auf einem Pflasterweg am Fluss entlang zur eigentlichen **antiken Stadt.** Umfassende Grabungen und Rekonstruktionen der letzten Jahre haben zahlreiche Monumente zugänglich gemacht. Auf dem Sattel hinter der Kasse stehen römische **Thermen,** eine frühchristliche **Basilika** mit schön mosaiziertem Baptisterium und das runde Podest eines römischen **Tholos-Tempels.** Unterhalb des steilen Akropolis-Hügels liegt das gut erhaltene **Theater** mit einer kleinen Dokumentation zu den Grabungen.

Von der Kirche überblickt man den heute vom Meer abgeschnittenen

Hafen der antiken Stadt, seine Verlandung brachte in spätrömischer Zeit das Ende von Kaunos. Eine freigelegte antike Rampe, später eine Holztreppe führen hinunter zur **Tempelterrasse.** An der Bergseite des einst von Säulen eingefassten Hofes stand ein **Zeus-Tempel,** der später mit einer Kirche überbaut wurde. Der Säulenkranz an der Südseite umschließt ein Heiligtum für den Stadtheroen. Unter dem Altar wurde der mythische Baitylos gefunden, der heilige Stein, den Kaunos auch auf seinen Münzen zeigte.

Darunter liegt die **Agora** mit der **Hafenstraße,** die von Statuen verdienter Bürger gesäumt war – zahlreiche Basen blieben erhalten. Am Anfang wurde die Frontfassade eines **Nymphaions** komplett rekonstruiert. Gegenüber zeigt eine ca. 3 m hohe quadratische **Stele** eine lange Inschrift in Griechisch.

Einen noch besseren Blick über das ehemalige Hafenbecken hat man vom Südhügel, auf dem die Ruinen eines **Demeter-Heiligtums** zu finden sind.

Der etwas anstrengendere Aufstieg zur **Akropolis** (steiler Felspfad vom Theater aus) lohnt unbedingt. Von dort oben hat man einen wirklich wunderbaren Blick über die Stadtruinen und vor allem das von silberglitzernden Wasserstraßen zerteilte Flussdelta. Um zurück oder zum İztuzu-Strand zu fahren, muss man am südlichen Kaunos-Anleger auf ein Boot warten, Preis ist Verhandlungssache.

Infos

Boot-Taxi: Shuttle-Boote fahren ab 9 Uhr alle 30 Min. (ca. 10 TL) zum İztuzu-Strand; ein Privatboot für den ganzen Tag kostet um 150 TL.

Wanderung durch Kaunos

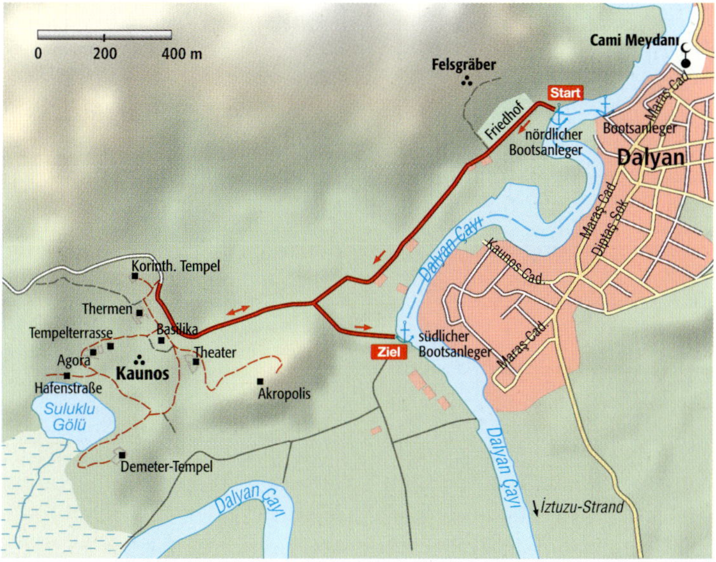

Das Beste auf einen Blick

Die lykische Küste

Highlights !

Saklıkent-Schlucht: Am Hügelfuß des lykischen Taurus eine versteckte Klamm – man watet durch das Flussbett und kehrt in improvisierten Lokalen im und auf dem Wasser ein. S. 134

Xanthos: Die einstige Hauptstadt Lykiens ist eine der bedeutendsten Ruinenstätten der Türkei. S. 140

Auf Entdeckungstour

Lykien – im Reich der Gräber: Unter persischem Einfluss schufen die Lykier in der Mitte des 1. Jt. v. Chr. außergewöhnliche Felsgräber, teils in Form von Häusern, teils als Tempelfronten oder Turmbauten. Auf einer Tagestour kann man die schönsten Stätten besuchen. S. 142

Bootstour zur Insel Kekova: Entlang der wild-romantischen Felsküste geht die Fahrt ins noch kaum von der Moderne berührte Dörfchen Kaleköy, das von der Kekova-Insel zum Meer hin abgeschirmt wird. Ein wunderbarer Tag auf dem Wasser. S. 156

Kultur & Sehenswertes

Antike Städte: Die Ruinen der untergegangenen Städte Lykiens gewinnen ihre Fazination in der Kombination mit unberührter Natur. Die schönsten: Tlos, Xanthos, Patara, Myra. S. 134, 140, 147, 160

Aya Nicola Kilisesi in Demre: Das Städtchen Demre ist stolz auf die Basilika, in der seit über 1000 Jahren Bischof Nikolaus verehrt wird. S. 160

Zu Fuß unterwegs

Lykischer Weg: Für Outdoor-Freaks ein Muss, der Wanderpfad durch die einsame lykische Bergwelt. S. 137

Von Xanthos nach Patara: Wanderung durch Bauernland und am Meer entlang zum schönsten Strand der Türkei. S. 145

Wanderung nach Rhodiapolis: Durch die Macchia zu einer jüngst erst ausgegrabenen antiken Stadt. S. 167

Genießen & Atmosphäre

KuluBe, Kalkan: Etwas außerhalb des einstigen Fischerorts liegt an einer kleinen Felsbucht ein tolles kleines Ferienrefugium im Stil des griechischen Inselklassizimus. S. 150

Restaurants am Hafen von Kaş: Ob im Mercan Restaurant oder anderen – in den warmen Nächten am Hafen von Kaş erlebt man jene Glücksmomente, von denen man an kalten Novembertagen träumt. S. 154

Abends & Nachts

Kalkan und Kaş: Die beiden Urlaubsörtchen haben ein eher ruhiges Nachtleben. Noch am meisten ist in Kaş los: Im Ort gibt es Music Bars, in denen man auch tanzen kann. S. 155

Im Reich der Lykier

Zwischen Fethiye und der Urlaubsregion Kemer erstreckt sich die Küste des antiken Lykien, die bis heute noch sehr traditionell ist. Viele antike Ruinenstätten im Tal des Eşen Çayı, lebendiges bäuerliches Leben und nur kleinere Hotelörtchen machen den eigenwilligen Charme dieser Region aus. Da es fast keine Luxusanlagen gibt, fühlen sich an diesem Küstenabschnitt ohne lange Strände vor allem Individualisten, Aussteiger, Taucher und archäologisch interessierte Urlauber wohl.

Saklıkent ! ▸ F 7

Tgl. bis Sonnenuntergang, 10 TL
Die **Schlucht von Saklıkent** ist heute eines der beliebtesten Ausflugsziele der Fethiye-Region – und in der Tat kann sie sich (wenn auch nicht an Länge, so doch an Imposanz) fast mit der Samaria-Schlucht auf Kreta messen. Im Sommer, wenn es selbst am Meer unerträglich heiß wird, findet man hier ein angenehm kühles Plätzchen. Saklıkent bedeutet verborgene Stadt, und eine versteckte Festung könnte man sich in dieser engen Schlucht wirklich gut vorstellen.

Über einen Bretterpfad über dem eiskalten Gebirgsbach geht man in die Klamm bis zu einem improvisierten Teehaus, dahinter kann man zu Fuß in die Schlucht waten (Gummischuhe werden verliehen).

Essen & Trinken

Vor der Schlucht gibt es inzwischen ein ganzes ›Restaurantdorf‹ mit Lokalen am, im und über dem Wasser.
Paradiesisch – **Kayıp Cennet Restoran:** Am Parkplatz auf der Südseite des Flusses (Straße von Xanthos her), Tel. 0252 659 00 76, tgl. 10–19 Uhr. Osmanische Sitzkissen und Hängematten laden zum gemütlichen Chill-out am Wasser. Türkische Spezialitäten, z. B. Forelle mit Beilagen 18 TL.

Tlos ▸ F 7

Tgl. bis Sonnenuntergang, 10 TL
Die antike Ruinenstadt **Tlos** kann auf eine mehrtausendjährige Geschichte zurückblicken, denn der Ort, lykisch Tlawa, wird in hethitischen Inschriften des 14. Jh. v. Chr. erwähnt – als Dlawa im Land der Lukki. Bei Ausgrabungen fand man ein Bronzebeil aus dem 2. Jt. v. Chr. Später gehörte Tlos zum Lykischen Bund, im Reich von Byzanz war es noch Bischofssitz. Aus dem 19. Jh. ist die Herrschaft des Kanlı Ali Ağa überliefert, des ›blutigen Ali Ağa‹: Der Fürst und Landrichter hauste in der Burg auf dem Akropolis-Hügel und führte in der Gegend ein Schreckensregiment; die antiken Theater von Patara und Xanthos wurden umgebaut,

Infobox

Internet
www.tuerkei-einmal-anders.de: Tourtipps und Hotelempfehlungen

Infrastruktur
Auf der Küstenstraße fahren häufig Busse. Wer individuelle Touren unternehmen will, benötigt einen Mietwagen. Touristische Infrastruktur gibt es nur in Patara, Kalkan, Kaş und Finike.

In der Schlucht von Saklıkent

um dort Verurteilte seinem Haustier, einem Löwen, vorzuwerfen.

Vom **Teehaus** im Dorf, wo man auch den Wärter (*bekçi*) als Führer findet, geht es zunächst zur Akropolis: Vorbei an **Sarkophagen** 1 und einem **Heroon** 2 mit dem Felsrelief eines Reiters wird der **Akropolis-Hügel**, den eine **römische Mauer** umgibt, umrundet und über eine gemeißelte Treppe erklommen. Oben erreicht man die **osmanische Festung** 3, die wie die Mauer aus antiken Marmorblöcken errichtet ist, und überblickt gut das Tal des Eşen Çayı und die Stadtanlage mit den kaiserzeitlichen Monumentalbauten.

Die **lykische Nekropole** 4 in den Felsen unterhalb der Akropolis beeindruckt durch ihre Grabreliefs, die aber schon sehr gelitten haben. Das berühmte Bellerophontes-Relief in einem imposanten Tempelgrab zeigt den Helden auf seinem Flügelpferd Pegasos, wie er gegen die löwenköpfige Chimaira kämpft (s. S. 187).

Die Stadt selbst lag unterhalb der Akropolis-Mauer, an der durch Ackerflächen Restteile des **Stadions** 5 verlaufen. Daran schließt ein **Gymnasion** 6 mit bogenüberwölbten Eingängen an, das in einer **Palästra** 7 mündet. Schließlich erreicht man ein **Thermengebäude** 8 mit einem dreibogigen, aus der Renaissance-Architektur bekannten ›Thermenfenster‹, von dem sich eine schöne Aussicht über das Tal öffnet. Auf der Wiese nördlich des

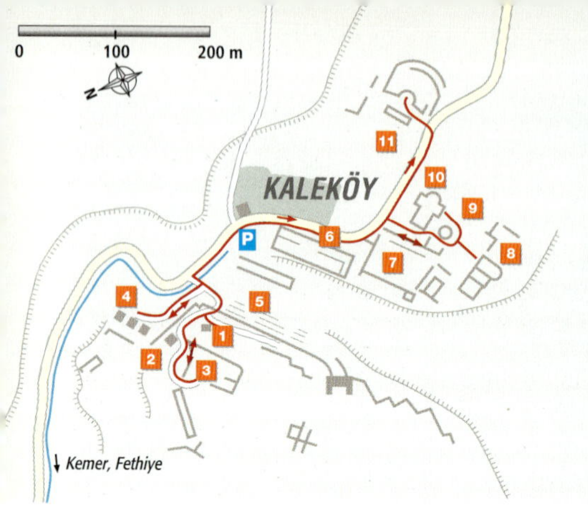

Tlos

Sehenswert

1 Sarkophage (Lykischer Sarkophag)
2 Heroon
3 Osmanische Festung
4 Lykische Nekropole
5 Stadion
6 Gymnasion
7 Palästra
8 Thermen
9 Korinthischer Rundtempel (Tholos)
10 Basilika
11 Römisches Theater

Pfades markieren die überwachsenen Trümmer eines **korinthischen Rundtempels** 9 das Zentrum der Agora. In der Spätantike entstand am Westrand dieser Agora eine **frühchristliche Basilika** 10. Mit der Fahrstraße erreicht man dann etwas höher am Hang das **römische Theater** 11 mit einer gut erhaltenen Cavea mit den Zuschauerrängen.

Übernachten

Very British – **Mountain Lodge:** Tlos Yolu, Tel. 0252 638 25 15, www.tlos-mountain-lodge.info. DZ/F 240–360 TL, HP + 60 TL. Die hübsche Pension aus Bruchsteinhäusern im Palmengarten liegt in der Einsamkeit an der Tlos-Zufahrt und ist bei britischen Gästen beliebt. Geleitet wird sie von einer türkischen Heimkehrerin aus England. Angeboten werden auch Yoga-/Wanderwochen.

Essen & Trinken

Forellenfarm – **Yakapark** 1: In der Waldeinsamkeit über Tlos (einfach der Straße folgen), tgl. 10 bis ca. 19 Uhr. Große Forellenfarm mit Restaurant (Forelle mit Beilagen 15 TL), die gern von Tourbussen angefahren wird. Am rauschenden Gebirgsbach mit Wasserfällen und riesigen Fischtrögen kann man wunderbar rasten.

Pinara ▸ F 7

Tgl. bis Sonnenuntergang, 8 TL

Das Tal des Eşen Çayı schlängelt sich Richtung Xanthos durch die bis heute schlecht erschlossenen lykischen Berge – nördlich überragt vom fahlen Gipfel des 3024 m hohen Ak Dağ, des Weißen Berges.

Ein Abstecher nach **Pinara**, in einer grandiosen Felslandschaft einsam über dem Dorf Minareköy gelegen, gehört zu den schönsten Ausflügen zwischen Fethiye und Kaş. 4 km nordwestlich von Eşen zweigt eine Asphaltstraße nach Minareköy ab, kurz vor dem Dorf eine steile Piste zum Parkplatz am Bachtal. Mit Besuch der Süd-Nekropole benötigt man zur Erkundung der Stätte knapp 2 Std.

Verlässliche Daten zur Geschichte gibt es kaum. Nach Homer soll ein Held aus Pinara im Krieg um Troia gekämpft haben. Bis 370 gehörte Pinara zum Reich des Arrtumpara von Telmessos (s. S. 114); 334 unterwarf die Stadt sich Alexander. Strabon zählt Pinara zu den sechs einflussreichsten Städten des Lykischen Bundes, doch hatte die Siedlung in den Bergen schon im 1. Jh. v. Chr. an Bedeutung verloren. In der späten Kaiserzeit wurden die Gebäude noch einmal instand gesetzt, und bis zum 9. Jh. besaß der Ort den Status eines Bischofssitzes.

Die Stadt liegt auf einem nach drei Seiten durch Steilabfälle geschützten Plateau, an das sich im Westen der markante, gut 300 m höhere Felsen mit der Akropolis-Festung anschließt. Schon bei der Anfahrt fällt die Felswand auf – durchsiebt mit Hunderten von Felsgräbern, die nur mit hängenden Plattformen in das Gestein geschlagen worden sein können.

Besichtigung

Vom Parkplatz folgt man am besten zunächst dem Bachtal zur unteren Nekropole mit dem **Königsgrab** (rechts am Hang). Dieses Tempelgrab, ausgestattet mit prachtvollen Löwenkopfplastiken am Giebel und gut erhaltenen Reliefs an den Seitenwänden des Vorraums, galt als kunsthistorisches Kleinod, doch moderne Grabräuber haben die Plastiken und Inschriften abgeschlagen und die Reliefs mit Graffiti überzogen. Mit einiger Mühe kann man jedoch die Darstellungen von (eroberten?) Städten und Kriegern (4. Jh. v. Chr.) noch erkennen.

Vorbei an einem **Felsgrab** mit Stierhörnern als Firstabschluss erreicht man weiter oberhalb die **Stadtmauer.** Dahinter beeindrucken die mächtigen Seitensteine des **lykischen Tores.** Das Stadtgebiet selbst macht einen sehr unübersichtlichen Eindruck. Gleich links schließt an das Tor ein **Odeion** (überdachtes Theater) mit völlig durcheinandergewürfelten Sitzreihen an, ihm folgt die künstlich planierte **Agora** zu Füßen der **Unterburg.**

Gegenüber stand ein weiteres **öffentliches Gebäude** aus römischer Zeit. Von dem Felsabsturz dort öffnet sich eine schöne Aussicht zur **Süd-Nekropole** mit lykischen Tempel- und Hausgräbern. Zurück beim Haupttor erreicht man im Norden die Ruine eines **Podium-Tempels** aus dem 2. Jh. und kann einen tollen Blick auf das **Theater,** ein-

Mein Tipp

Likya Yolu – der Lykische Weg ▸ E–H 7/8

Entlang der lykischen Küste ist ein Wanderweg ausgewiesen, der von Fethiye bis nach Kemer führt (www.lycianway.com). Die Sunday Times aus London zählte den Likya Yolu zu den schönsten Fernwanderwegen der Welt. Da es auf dem Weg nur einige Bauerndörfer und nur ganz wenige Dolmuş-Busverbindungen gibt, sind Tagestouren nur mit Führung empfehlenswert, zu buchen z. B. über www.seb-tours.de oder www.dardanostravel.com.

Wer den Weg allein machen will, braucht etwas Trekking-Erfahrung und Campingausrüstung für den Notfall; ansonsten sind an der Strecke inzwischen genügend Unterkünfte und Restaurants entstanden. Wegbeschreibungen mit Kartenskizzen liefert das Buch »The Lycian Way« von Kate Clow (letzte Auflage Cordee 2014, im deutschen Buchhandel erhältlich), auch auf Deutsch gibt es verschiedene Führer.

Lieblingsort

Pinara ▶ F 7
Sie bietet schon einen eigenartigen Anblick, diese monumentale Steinwand des antiken Theaters von Pinara mitten in der Waldeinsamkeit. Wo sind all diese Menschen – gut 5000 werden auf die 27 Sitzreihen gepasst haben – hin? Wie sah es vor 2000 Jahren hier aus? An der lykischen Küste gibt es kaum einen zweiten so schönen Picknickplatz wie die von Pinien beschattete Anhöhe beim Podium-Tempel mit dem tollen Ausblick zum Theater. Wer nach Pinara fährt, bringt also am besten einen kleinen Picknick-Korb mit und plant einen etwas längeren Aufenthalt ein.

gebaut in den Hang der Kuppe auf der anderen Talseite, genießen (s. S. 138).

Xanthos ! ▸ F 8

Tgl. bis Sonnenuntergang, 15 TL

Xanthos, einst mächtigste Stadt Lykiens, liegt auf einer Anhöhe oberhalb des Dorfes Kınık. Der Hügel beherrscht die weite Ebene im Osten, wo heute Baumwolle, Tabak und Gemüse angebaut werden. Im Westen stürzt er steil zum Eşen Çayı ab, dem antiken Xanthos-Fluss.

Zwar wird die Stadt schon in Homers Darstellung des Troianischen Krieges (s. S. 142) erwähnt, doch können erste Siedlungsspuren bislang nur bis ins 7. Jh. v. Chr. sicher verfolgt werden. Während der Eroberung Lykiens durch den persischen Feldherrn Harpagos (545 v. Chr.) verschanzten sich die Lykier nach verlorener Feldschlacht in der Stadt und leisteten einen wahrhaft ›heroischen‹ Widerstand. Als es keine Hoffnung mehr gab, zündeten die Krieger die Häuser an und verbrannten ihren Besitz, töteten ihre Sklaven, ihre Frauen und ihre Kinder, wagten dann einen verzweifelten Ausfall und wurden bis auf den letzten Mann niedergemacht. Keine 100 Jahre später war Xanthos unter persischer Oberhoheit wieder aufgeblüht.

Alexander dem Großen unterwarf sich Xanthos wohl kampflos, gehörte zeitweilig zu Rhodos, wurde dann aber als Mitglied des Lykischen Bundes unabhängig. Im römischen Bürgerkrieg nach der Ermordung Caesars suchte die Stadt erneut ihr Heil in einem fürchterlichen Massensuizid. 42 v. Chr., kurz vor der Entscheidungsschlacht gegen Octavian und Antonius, zog Brutus, einer der Caesar-Mörder, durch Kleinasien, um den dortigen Städten Geld und Söldner abzupressen. Auch er belagerte Xanthos, auch diesmal verbrannten die Einwohner am Ende die Häuser. Mit Unterstützung von Antonius (dem Sieger über Brutus) wurde Xanthos wenig später wieder aufgebaut und blühte unter den Kaisern erneut auf.

In byzantinischer Zeit Bischofssitz, büßte die Stadt während der arabischen Einfälle des 7. Jh. ihre Bedeutung ein und verfiel. 1838 entdeckte der englische Reisende Sir Charles Fellows die damals noch weit eindrucksvolleren Bauten. Der Hobbyforscher löste durch seine Berichte von den prächtigen Marmorfriesen eine ziemliche Begeisterung – und folgenreiche diplomatische Anfragen aus. 1842 schließlich wurden alle Reliefplatten mit Erlaubnis des Sultans von einer englischen Expedition abgetragen und ins Britische Museum verbracht. Das berühmte Nereïden-Monument, ein ionischer Peripteral-Tempel (um 390 v. Chr.) wurde bei diesem Kunstraub, der wohl zu den größten legalen Diebstählen der Welt zählen darf, fast komplett nach London abtransportiert.

Die lykische Akropolis

Die heutige Zufahrtsstraße passiert links das **Stadttor** 1 aus hellenistischer Zeit; dahinter ein **Triumphbogen** 2 zu Ehren Kaiser Vespasians (1. Jh. n. Chr.). Auf der anderen Seite stand einst der berühmte **Nereïden-Tempel** 3.

Vom Parkplatz wendet man sich am besten zunächst zum **Theater** 4. Der in römischer Zeit erneuerte Bau besaß schöne Skulpturfragmente und Granitsäulen, die die eingetiefte Orchestra schmückten. Das Bühnengebäude steht noch bis zum ersten Stock.

Besonders interessant ist der westliche Orchestra-Zugang, der nur der architektonischen Wirkung wegen angelegt wurde – als Scheinkonstruktion. Über dieser Seite erheben sich zwei

Xanthos

Sehenswert

1 Hellenistisches Stadttor
2 Vespasianus-Bogen
3 Nereïden-Tempel
4 Theater
5 Harpyien-Monument
6 Byzantinische Wehrmauer
7 Römische Agora
8 Inschriftenpfeiler
9 Basilika
10 Sarkophag der Tänzerinnen
11 Löwenpfeilergrab
12 Sarkophag des Payava
13 Pfeilergrab

Pfeilergräber: ganz rechts und mit 8,80 m das höhere **Harpyien-Monument** 5, das wohl um 480 v. Chr. entstand. Die Relieffriese der Grabkammer, heute durch Gipsabgüsse ersetzt, stellen Opferszenen dar, flankiert von mystischen Wesen, halb Vogel, halb Frau. Fellows hielt sie für Harpyien, doch dürften sie eher Sirenen darstellen, die nach lykischer Vorstellung die Seelen der Verstorbenen ins Jenseits trugen. Das **Hyposorion-Grab** daneben, ein Sarkophag auf einem Plattenschrein, wurde im 3. Jh. v. Chr. aus altlykischen Bauteilen zusammengesetzt. Der flache Grabbau dagegen stammt aus der Kaiserzeit.

Oberhalb der Sitzreihen des Theaters verläuft die **byzantinische Wehrmauer** 6, die man in der Spätantike aus teils mit Inschriften verzierten Spolien errichtete. Damals war die Anhöhe, ursprünglich die lykische Akropolis, mit einer frühchristlichen Klosteranlage überbaut.

Vom Steilabfall hinter dem Harpyien-Monument bietet sich ein schöner Blick über die »wirbelnden Fluten des Xanthos« (Homer) und man mag sich mit etwas Fantasie die Belagerung durch Brutus vorstellen, als die Römer den Fluss an dieser Stelle mit Netzen versperrten, um einen Ausfall der Xanthier zu verhindern.

Zur römischen Akropolis

Im Norden des Theaters schließt die **Agora** 7 mit dem **Inschriftenpfeiler** 8 an, einem Obelisken, der früher ebenfalls eine Grabkammer trug und mit Texten in griechischer und lykischer Sprache verziert ist. Die Inschrift erzählt von dem Dynasten Kherei und dessen Kampf gegen die Athener im Peloponnesischen Krieg.

Östlich des Parkplatzes erreicht man das Areal der hellenistisch-römischen Wohnbebauung mit einer großen **Basilika** 9, in der Fußbodenmosaiken freigelegt wurden. Beachtung verdient auch der **Sarkophag der Tänzerinnen** 10 mit ausdrucksstarken Reliefs (Jagd, Kampf und die namensgebenden Tänzerinnen) etwas höher am Hang. Die weit prachtvolleren Reliefs am **Löwenpfeilergrab** 11 und der berühmte **Sarkophag des Payava** 12 wurden jedoch ebenfalls durch Fellows abtransportiert. Steigt man die Anhöhe zur römischen Akropolis hinauf, ▷ S. 145

Auf Entdeckungstour: Lykien – im Reich der Gräber

Man muss kein Archäologe sein, um von den Grabbauten der Lykier fasziniert zu sein. Per Tagestour kann man von Fethiye oder Kaş aus die schönsten Stätten besuchen.

Reisekarte: ▶ F–H 7/8

Anfahrt: Nur mit eigenem Fahrzeug – und ausreichend gefülltem Tank! Etwas Pistenerfahrung wäre wünschenswert, nicht abrupt bremsen, sonst rutscht man; möglichst nicht durch Schlaglöcher oder Spurrinnen fahren, sonst reißt die Ölwanne.
Öffnungszeiten & Eintritt: Die Stätten sind nicht umzäunt, Eintritt 5–15 TL.
Essen & Trinken: In den *lokantalar* an der D400. Nette Leute, einfaches Essen – ein ländliches Paradies.

Geheimnisse der Lykier

»Und Sarpedon führte die Lykier und der Held Glaukos, fern aus Lykien und von den wirbelnden Fluten des Xanthos«, so schildert Homer den Auftritt der Lykier während der Belagerung von Troia. Dies ist der erste literarische Hinweis auf ein bis heute mysteriöses Volk, das in der wilden, dünn besiedelten Bergwelt des westlichen Taurus eine eigenständige Kultur hervorgebracht hat.

Nach Herodot soll Lykien im 15. Jh. v. Chr. von dem Bruder des sagenhaften kretischen Königs Minos besiedelt worden sein, allerdings ist die Sprache eher dem Luwischen der indogermanischen Hethiter aus dem Osten Anatoliens ähnlich. Aus dem 13. Jh. v. Chr. berichten hethitische Quellen von den Kriegszügen des Königs Tutchalijas IV. gegen die Lukki, ein Volk im Westen seines Reiches, bei dem es sich um die Lykier gehandelt haben mag.

Gegen jede Art der Unterwerfung, das mussten schon die Hethiter feststellen, setzten sich diese Bergbewohner während ihrer gesamten Geschichte entschieden zur Wehr. So ist ihr überlieferter Einsatz vor Troia, nach der antiken Historiografie um 1208 v. Chr. anzusetzen, vielleicht als Abwehrschlacht der minoisch-hethitisch beeinflussten Bewohner des Südens Kleinasiens gegen die durch die Seevölkerwanderung des späten 13. Jh. ausgelösten Bevölkerungsverschiebungen zu deuten. Nach Homer spielten sie dabei keine entscheidende Rolle: »Und da hätte der Lykier mehr erlegt der Odysseus, hätt' es Hektor nicht scharf bemerkt mit funkelndem Helme.«

Archäologische Funde aus dieser frühen Zeit hat man zwar nicht entdecken können, doch besonders faszinierend erschienen schon den frühen Entdeckungsreisenden des 19. Jh. jene seltsamen Gräber, die wohl zwischen dem 6. und 4. Jh. v. Chr. entstanden und damit sehr viel älter sind als die hellenistischen und römischen Prachtbauten an der Südküste.

Die ersten dieser Gräber wurden aus der Hafenstadt Megri, heute Fethiye, bekannt, die aber mittlerweile zwischen modernen Bauten untergehen; ihre Reliefs sind durch Autoabgase schon fast zerstört. Im lykischen Kernland sind sie viel schöner in unberührter Natur zu entdecken.

Von Tlos nach Xanthos

Erste Station ist **Tlos**, hier ist unterhalb der Akropolisburg eine Nekropole aus Hausgräbern angelegt, bei denen eine aus dem Fels gemeißelte Zierwand auf die Grabkammer hinweist. Dabei wird eine Holzkonstruktion mit Balkengerüsten und lehmverschmierten Wandkassetten nachgeahmt; teils mit einer Front von bis zu drei Stockwerken, teils auch verziert mit Zahnschnittfriesen und figürlichen Hochreliefs. Man nimmt an, dass so auch die Holzkonstruktionen der lykischen Wohnbauten aussahen.

Bei der Anfahrt auf **Pinara** ist dann der früheste Gräbertyp sehr beeindruckend zu sehen: Die wohl 80 m hohe Felswand der Akropolis ist mit Grabhöhlen wie durchlöchert; nur mit hängenden Arbeitsplattformen können die Lykier diese Höhlen in den Felsen getrieben haben. Entstanden sind sie wohl in der lykischen Frühphase vor der Eroberung durch die Perser.

Pinara weist in seiner selten besuchten **Südnekropole** einige schöne Tempelgräber, quasi die späteste Form, auf: Hier ziert eine aus dem Felsen gemeißelte griechische Tempelfront die Grabkammer – so wie auch beim bekannten Amyntas-Grab in Fethiye, dem lykischen Telmessos. Hinter der Scheinfassade mit ionischen Säulen und einem Spitzdachgiebel öffnet sich eine häufig reliefverzierte und einst bemalte Vorhalle. Beeindruckend sind die Details: Sogar die Bronzebeschläge der Türen und die Klammern für die Marmorblöcke wurden simuliert.

In der **Nordnekropole von Pinara**, aber auch in Xanthos, der nächsten Station, gibt es zahlreiche Sarkophaggräber. Hierbei handelt es sich um Sarkophage mit einem Spitzbogendeckel, die einem mannshohen Hyposorion, einer zweiten Grabkammer für

Sklaven oder Frauen, aufsitzen. Man nennt sie nach der Deckelform auch Schiffskielgräber; in der Regel waren sie für verdiente Krieger bestimmt.

Einzigartig in **Xanthos** sind die berühmten Pfeilergräber: Auf einem gut 4 m hohen, viereckigen Schaft ruht die mit einer flachen Dachplatte geschlossene Grabkammer. Das berühmteste ist das Harpyienmonument am Theater (s. Abb. S. 142), aber auch der sogenannte Inschriftenpfeiler war ein ähnliches Grab. Oben auf der römischen Akropolis ist ein drittes Pfeilergrab zu finden.

Kriegergräber und Himmelsglaube

Tempelgräber und die an exponierter Stelle, etwa der Agora, errichteten **Pfeilergräber** standen natürlich den führenden Männern oder erfolgreichen Feldherren zu. In dieser Typologie spiegelt sich also die politische Verfassung der lykischen Kleinstaaten. Anders als die demokratisch verfassten Griechenstädte besaßen diese eine oligarchische Struktur, wurden beherscht von wenigen mächtigen Adelsfamilien. So sind die **Pfeiler- und Sarkophaggräber** wahrscheinlich eine Entwicklung der feudalen Hochphase der lykischen Kultur im 5. Jh., als mächtige Dynasten das Land regierten, die nach ihrem Tod als Heroen verehrt wurden.

Ein weiteres Merkmal aller Gräber ist, dass sie immer – je nach topografischer Lage der Siedlung – möglichst hoch angelegt wurden. Der lykische Totenkult kannte, so scheint es, nicht die griechische Vorstellung von der Unterwelt, dem Reich des furchtbaren Hades, in das die Toten über den Fluss Styx fahren müssen. Die Quellen weisen vielmehr auf einen Entrückungsglauben hin, sodass man eine lykische Jenseitsvorstellung annimmt, nach der die Seelen der Verstorbenen von Vogeldämonen, den Sirenen, in ein lichtes Zwischenreich neben dem der Menschen und dem der Götter getragen werden.

Da die aufwendigeren Gräber wohl alle in der relativ kurzen Zeitspanne der persischen Besetzung Lykiens entstanden sind, liegt der Gedanke an persisch-orientalische Einflüsse nahe. Nach dem Alexanderzug 334 v. Chr. und der Hellenisierung unter den griechisch-makedonischen Diadochen erstarb die eigenständige lykische Kultur jedenfalls rasch. Zu Zeiten des Lykischen Bundes von Roms Gnaden orientierte man sich bereits eher an den Bauformen der italischen Großmacht.

stößt man auf ein gut erhaltenes **Pfeilergrab** 13, das aus einer Gruppe von Hausgräbern aufragt – so scharen sich noch im Tode die Gefolgsleute um den Anführer.

Infos

Bus: Alle Buslinien auf der Küstenstraße fahren durch Kınık; von der Ortsmitte ca. 2 km zu Fuß

Wanderung von Xanthos nach Patara

Ca. 12 km, davon über 4 km am Strand, rund 4 Std. mit Besichtigung, ohne längeres Baden. Zurück nach Kınık per Minibus

Eine schöne Strandwanderung verbindet das antike Xanthos (s. S. 140) mit dem Patara-Strand. Von **Kınık** geht man auf der Hauptstraße über den Fluss und folgt ihm auf der Cumhuriyet Caddesi immer am Ufer entlang. Gewächshäuser begleiten den Weg, dann ist das **Letoon** (s. u.) erreicht.

Von dort geht es mit der Straße weiter, einer Rechtskurve folgt ein Abzweig nach links, bei der nächsten Querstraße macht die Route einen kleinen Versatz nach rechts. Bald beginnt die Dünenmacchia, schnurgerade führt die Straße zum **Strand.** Dort links und durch die **Flussmündung** waten (Tiefe variabel, je nach Saison), hier haben wir die Grenze der Provinz Muğla zur Provinz Antalya überschritten. Nun immer am Meer entlang. Wenn der **Strandkiosk** und der Badebetrieb näher kommen, liegt Patara (s. S. 147) im Inland. Jetzt links in die Dünen zum **Leuchtturm,** bald dahinter steht das **Granarium.** Die Geröllpiste beim Leuchtturm führt zum Parkplatz beim Theater, aber am Strand lohnt noch eine Pause zur Erfrischung. Nach Gelemiş zur Minibusstation (im Ort links halten) sind es noch 30 Minuten.

Das Letoon ▸ F 8

Tgl. bis Sonnenuntergang, 10 TL

Zum Xanthos-Programm gehört noch der Abstecher zum **Letoon** (5 km; der Straße westlich des Flusses folgen), dem Hauptheiligtum der Lykier. Dies war eine kleine Tempelstadt, wo seit der Bronzezeit die kleinasiatische Fruchtbarkeitsgöttin Leto und später auch ihre ›griechischen‹ Kinder Apollon und Artemis verehrt wurden.

Wanderung nach Patara

Ausritt in der Abendsonne in den Dünen von Patara

Die Figur der Leto in der griechischen Mythologie geht zurück auf eine kleinasiatische Fruchtbarkeitsgöttin, etymologisch wohl auf das lykische Wort *lada* für Frau. Mit Zeus zeugte sie das Zwillingspaar Apollon und Artemis, ebenfalls aus kleinasiatischen Kulttraditionen stammende Gottheiten der Fruchtbarkeit und des Todes. Hera, die eifersüchtige Gattin des Zeus, ließ Leto von der Schlange Python verfolgen, damit sie keinen Platz zum Gebären fände. Erst auf Delos, den Blicken Heras durch eine Palme verborgen, brachte Leto die Kinder zur Welt. Zurück in Lykien, soll ein Wolf (griech. *lykos)* sie zum Fluss Xanthos geführt haben, wo sie ihren Durst löschen konnte. Ovid berichtet in seinen »Metamorphosen«, die Göttin habe die Bauern, die ihr einen Trank verwehrten, in Frösche verwandelt – und die gibt es im Frühjahr an dieser Stätte reichlich.

Besichtigung

Die drei Tempel, die 2005 archäologisch geklärt und neu aufgenommen wurden, liegen südlich eines Theaters und einer Stoa aus hellenistischer Zeit. Der rechte ist das **Heiligtum der Leto**, ein ionischer Peripteros mit einer Ringhalle von sechs mal elf Säulen aus dem 2. Jh. v. Chr. Von gleichem Typ, aber etwas kleiner und im dorischen Stil gehalten war der linke **Apollon-Tempel**. Das Bodenmosaik unter einer Abdeckung in der Cella zeigt einen Bogen, Köcher und eine

erhaltene kleine **Theater** im Norden des Geländes wird durch einen überwölbten Gang betreten, dessen gegenüberliegendes Pendant außen mit einem Maskenfries dekoriert ist.

Ans Meer

Vom Letoon kann man über das Dorf Karadere zum **Letoon Beach** fahren. Dies ist das westliche Ende des Strandes, der bei Patara beginnt. Hier hat man das Meer und den Sandstrand noch ganz für sich allein, sollte allerdings Trinkwasser mitnehmen, da es nur im Hochsommer einen Kiosk gibt.

Patara ▸ F 8

Tgl. 9–18 Uhr, Eintritt 10 TL, Pkw 15 TL, zahlbar am Schlagbaum vor der Nekropole, auch für Strandgäste

Hinter Xanthos weitet sich das Tal des Eşen Çayı und läuft im Sandstrand von **Patara** aus. Die Ruinen der einst wichtigsten Hafenstadt Lykiens liegen beim Dorf Gelemiş, das sich zu einer kleinen Feriensiedlung entwickelt hat. Wer Sandstrände mag, findet hier den besten der lykischen Küste.

Patara (lyk. Pttara) trieb schon seit dem 6. Jh. v. Chr. Handel mit den griechischen Städten. Im Altertum war es berühmt für sein Apollon-Orakel. Nach Herodot soll der griechische Gott den Sommer auf der heiligen Ägäisinsel Delos, den Winter aber in Patara verbracht haben, was nicht nur auf einen gemeinsamen Kultzusammenhang verweist, sondern auch für die hohe Bedeutung dieses Heiligtums spricht. Mit der Kultstätte wird wahrscheinlich das nahe Letoon (s. S. 145) gemeint sein, das die Griechen unzweifelhaft über den Hafen von Patara besuchten.

Bis 334 v. Chr., als Alexander der Große die Hafenstadt kampflos über-

Lyra, die Attribute des Apollon. Beide größeren Tempel stammen vom Ende des 2. Jh. v. Chr. Der mittlere **Tempel** ist älter und wurde wohl Anfang des 5. Jh. v. Chr. von dem Fürsten Arbinas aus Xanthos, dem Bauherrn des Nereïden-Monuments, gestiftet.

Alle drei Kultstätten blicken mit ihren Fronten auf einen Mauerkomplex im Süden: östlich die Fundamente einer frühchristlichen **Basilika**, die im 7. Jh. zerstört wurde, im Westen ein **Nymphaion** mit halbrundem Wasserbecken aus der römischen Kaiserzeit. Die Fundamente der hellenistischen Bauten liegen heute unter dem Wasserspiegel. Sie wurden wahrscheinlich während des Plünderungszugs des Brutus (s. S. 140) zerstört. Das gut

nahm, diente sie den Persern als Seestützpunkt. In den Diadochenkämpfen fiel sie an das ägyptische Reich der Ptolemäer, wurde dann aber von den Römern nach 188 zur Hauptstadt des Lykischen Städtebundes bestimmt. Nachdem Patara 42 v. Chr. im römischen Bürgerkrieg zwar geplündert, nicht aber wie Xanthos zerstört worden war (s. S. 140), wurde es in der Kaiserzeit Sitz des römischen Provinzstatthalters und war im 4. Jh. die bedeutendste christliche Stadt Lykiens; der hl. Nikolaus von Myra (s. S. 160) wird um 280 hier geboren worden sein.

Der Hafen ist inzwischen versumpft und zu einem riesigen Schilfgebiet vor dem kilometerlangen Strand mit seinen weiten Dünenfeldern geworden. Grund ist eine ökologische Katastrophe mit gewaltigen Ausmaßen: Durch die fortschreitende Abholzung der Wälder seit der Antike transportierte der Eşen Çayı immer mehr Erosionsmaterial ins Meer, das von den Wellen entlang der Küste abgelagert wurde. Etwa im 14. Jh. schnitten die Sanddünen die Stadt endgültig vom Meer ab und versetzten ihr damit den Todesstoß.

Besichtigung

Hinter Gelemiş erreicht man zunächst den dreitorigen **Modestus-Triumphbogen**, vom römischen Statthalter Mettius Modestus im 1. Jh. n. Chr. gestiftet. Hier lohnt ein erster Stopp, denn ringsum sind zahlreiche **Gräber** der Nekropole zu sehen. Interessant ist auch die **römische Basilika** etwas weiter westlich in den Feldern, wo einige Abschnitte des **antiken Straßensystems** ca. 1,50 m unter heutigem Niveau freigelegt sind.

Kurz vor dem Strand erreicht man dann über einen Pfad nach rechts das **Theater** (Mitte 2. Jh. n. Chr.), das durch die neueren Grabungen freigelegt wurde. Die unbeholfen aufgeschichteten Mauern rund um die Orchestra stammen aus der Zeit des Kanlı Ali Ağa, der hier Verurteilte von seinem Löwen zerreißen ließ (s. S. 134).

Weiter nördlich steht das **Bouleuterium** (Rathaus), das ebenso wie das Theater in spätantiker Zeit zu einer Festungsanlage umgebaut wurde. Als Versammlungshalle des Lykischen Bundes in der römischen Kaiserzeit wurde es durch eine Millionenspende der Türkischen Nationalversammlung bis 2011 fast vollständig wiederaufgebaut.

Nach Norden passiert man eine **Kolonnadenstraße**, einen imposanten **Thermenkomplex**, der zur Zeit Kaiser Vespasians entstand, und kommt schließlich zu einem **korinthischen Tempel** mit 6 m hoher, prächtig verzierter Cella-Tür.

Westlich erstreckt sich der **Hafen**, den man durch die Sanddünen umrunden kann. Auf einem vom Sand begrabenen Felskap konnten die Ausgräber 2005 die Basis eines antiken **Leuchtturms** freilegen. Auf der Westseite steht an der antiken Kaimauer das **Granarium**, ein Kornspeicher, der bis auf das Dach vollständig erhalten blieb. Imposant auch der große **Grabbau** aus römischer Zeit dahinter. Westlich des Granariums lag die **Agora**, der Mittelpunkt dieser Handelsstadt.

Ein Erlebnis ist auch die Fahrt zum Patara-Aquädukt **Delik Kemer**, das man Richtung Kalkan am Ortseingang von Yeşilköy nach Süden abbiegend erreicht. Die unter Mettius Modestus errichtete Wasserleitung zählt zu den am besten erhaltenen der Türkei.

Übernachten

Es gibt eine ganze Reihe Hotelpensionen in **Gelemiş,** daher kann man immer vor Ort ein Zimmer mieten. Ach-

tung: Stets auf gute Moskitonetze in den Zimmern achten, die Mücken hier können sehr lästig werden! Die beste Adresse ist das **Hotel Xanthos** (zu buchen über www.patara.de).
Romantisch – **St. Nicholas Pension:** Tel. 0242 843 51 54, www.stnicholaspensionpatara.com. DZ/F 100–130 TL. Einfache Gartenpension an der östlichen Talseite. 13 kleine Zimmer, mit Moskitonetzen, ein pastorales ländliches Paradies ohne Luxus. Nahebei führt die Familie das (bessere) Hotel Delfin (www.pataradelfinhotel.com), dessen Pool man benutzen kann.

Essen & Trinken

Liebevoll – **Golden Terrace Restaurant:** An der Strandzufahrt, Tel. 0242 843 51 62, www.pataragoldenpension.com. Das älteste Restaurant am Platz, auf der lauschigen Hotelterrasse, Hausmacherküche mit *karidesli börek* (Garnelenbörek) oder *susamlı tavuk* (Sesamhuhn). Hauptgerichte 16–36 TL.
Kunstvoll – **Tlos Restoran Bolulu Osman Ustu:** Beim Dorfplatz. Wirt Osman ist aus Bolu, von wo die besten Köche der Türkei kommen sollen. Die Küche ist bodenständig türkisch (auch Pide), auffällig an der Bolu-Küche ist aber die verspielte Verzierung. Alkoholische Getränke werden nicht serviert, man kann sie aber mitbringen. Hauptgerichte 16–36 TL.

Aktiv

Aktiv-Touren – **Dardanos Travel:** Tel. 0242 43 51 51, www.dardanostravel.com. Cezmi Belik, der gut Deutsch spricht, betreibt ein kleines, einfaches Hotel und veranstaltet Ausflüge in die Berge, Kanuwandern auf dem Eşen Çay und Wanderungen auf dem Lykischen Weg – er kann auch Ausritte zu Pferd organisieren.

Infos

Bus: Von Antalya oder Fethiye per Bus bis zum Patara-Abzweig von der D400, ab dort fahren Minibusse; von Patara tgl. sechs Minibusse Richtung Kaş oder Fethiye.

Kalkan ▸ F 8

Die Entwicklung des Fischerdorfs Kalkan ist erstaunlich: Seitdem man den Hafen für den Jachtverkehr ausgebaut hat, ist hier eine Art Sylt der Türkei entstanden. Bodrum ist längst überfüllt – und heute handelt die große Tageszeitung Hürriyet Kalkan als Geheimtipp für die türkische High Society. Am meisten finden aber Briten Gefallen an dem Ort. Sie haben sich hier seit 2004 in erheblichem Umfang neu gebaute Ferienhäuser gekauft. Inzwischen sind die Olivenhaine rings um den Ort fast vollständig durch Apartmentanlagen ersetzt. Im alten Ortskern, der sich über mehrere Terrassen zum Hafen zieht, hat eine durchaus gehobene Gastronomie Einzug gehalten.

Wie Kaş war der Flecken bis Anfang der 1920er-Jahre von Griechen bewohnt – doch anders als dort wurde der Charakter der inzwischen schön renovierten Häuser im Zentrum kaum durch Neubauten zerstört. So blieb eine fast dörfliche Atmosphäre erhalten, die den besonderen Reiz von Kalkan ausmacht. Mittelpunkt ist der zentrale **Altstadtplatz,** heute die erste Anlaufstelle für das abendliche Ausgehen, wo man auch einige gute Antiquitätenläden findet (s. aber S. 21).

Strände

Östlich des Hafens besitzt Kalkan einen kleinen **Feinkieselstrand,** wo es aber in der Saison ziemlich voll wer-

Strandidylle zwischen Steilfelsen – die Kaputaş-Bucht

den kann. Als Alternative gibt es den **Club Ebo Beach**, ein Lido mit Bar auf der Mole des Jachthafens. 4 km westlich, am Ende des Neubauviertels, liegt der **Kalmar Beach Club**, ein schöner Lido mit Badeplateaus vor kristallklarem Wasser und Wassersport wie Jet-Skis und Bananas.

Der **Kaputaş-Strand** (sprich *kaputasch)* 4 km östlich ist ein herrlich einsamer Sand-Kies-Strand unterhalb der Straße nach Kaş. In der Saison werden Sonnenschirme vermietet (ansonsten ist er schattenlos), an der Straße steht dann ein Kiosk. Etwas weiter fährt man zum berühmten Sanddünen-Strand von **Patara** (s. S. 147).

Übernachten

Honeymoon-Paradies – **KuluBe:** Kalamar Koyu, Funda Sok. 13, Tel. 0242

844 24 45, www.kulubehotel.com, Studio für 2 Personen mit Frühstück ab 240 TL. Traumhafte kleine Anlage im klassizistischen Inselstil der Griechen am Ende des Neubauviertels (zu Fuß ca. 30 Min. ins Dorf). Es gibt einen kleinen Pool, aber auch eine eigene Minibucht, zu der man über eine Treppe hinuntersteigt. Die Zimmer (mit Klimaanlage) sind alle klassisch-schlicht in hellen Gelbtönen, es gibt auch Suiten mit Wohnbereich und Apartments mit extra Schlafraum. Angeschlossen ist auch ein Spa für Wellness- und Beauty-Anwendungen.

Elternparadies – **Pirat:** Direkt am Hafen, eigene Zufahrt vom Busplatz, Tel. 0242 844 31 78, www.hotelpirat.net, DZ/F 180–320 TL. Das einzige Großhotel im Dorf selbst. Zahlreiche Apartments für Familien (günstig in vielen Pauschalkatalogen). Gute Mittelklasse, kleiner Pool, auch Kinderanimation.

Kleines Paradies – **Türk Evi:** Links an der Zufahrtsstraße, Tel. 0242 844 31 29, www.kalkanturkevi.com, DZ/F 120–160 TL. Eine schöne Pension in einem alten Griechenhaus. Türkische Teppiche und bäuerliche Gerätschaft verschönern die Rezeption, gepflegte, geschmackvolle Zimmer sogar mit Moskitonetzen, aufmerksamer Service der Familie Elitez.

Essen & Trinken

Am Hafen – **Korsan Meze:** Auf der ersten Terasse über dem Hafen, Tel. 0242 844 36 22, www.korsankalkan.com. Korsan verkauft Villen, vermietet Apartments und führt zwei gute Restaurants. Das Meze ist spezialisiert auf türkische Küche nach internationalem Standard mit Lammgerichten und großer Vorspeisenauswahl. Hauptgerichte ab 28 TL.

Italienisch inspiriert – **La Terraza:** Mustafa Kocakaya Cad., gegenüber Hotel Zinbad, Tel. 0242 844 38 84. Im ehemaligen Zeki's, an der Hauptgasse zum Hafen, bietet der gelernte Hotelkoch Metin jetzt mit seiner deutschen Frau Paula auch italienische Küche. Hauptgerichte ab 26 TL.

Modern mit Aussicht – **Cafe Zula:** 2. Sok 8, Tel. 0242 844 15 20. Ein hübsches Altstadthaus umgebaut zu einer modernen Location mit Bar und internationalem Restaurant. Wie bei vielen Häusern diniert man jetzt auch auf der Dachterrasse mit tollem Buchtblick. Hauptgerichte ab 24 TL.

›Home cooking‹ – **Ali Baba:** Nahe dem Busplatz, tgl. 7–23 Uhr. Einfaches, aber sehr günstiges *lokanta* mit traditioneller türkischer Hausmacherküche. Gute Gelegenheit, um originale Gerichte zu probieren! *Salçalı köfte* 9 TL, *tavuk şiş* 12 TL, gemischte Platte mit etwas von allem 24 TL.

Aktiv

Ausflüge – **Define Tours:** Büro am Hafen, Tel. 0242 844 39 44, www.definetours.com, tgl. bis 22 Uhr. Exkursionen nach Xanthos, Saklıkent, Myra sowie Kekova, Sea Kayaking und Wandern.

Tauchen – **Dolphin Scuba Team:** Am Hafen, Mobil 0542 627 97 57, www.dolphinscubateam.com. PADI-Open-Water-Kurs um 315 €, Tagesfahrten um 55 €, auch Wracktauchen.

Abends & Nachts

Das Nachtleben ist in Kalkan eher gediegen und beschaulich. Man trifft sich im Zentrum am Altstadtplatz oder am Hafen, wo es zahlreiche Bars gibt.

Beliebt und gemütlich – **Yalı Bar:** Am Altstadtplatz. Man sitzt in Korbstühlen bei ruhiger Oldie-Musik, oben auf der Dachterrasse kann man sogar tanzen.

Schickes Ambiente – **Kalamaki Lounge:** Hasan Altan Cad. 43. Lounge

Bar (auch Dachrestaurant) am Ende der oberen Dorfstraße. Coole Location für einen Drink nach dem Essen.
Soul & Show – **No Name Bar:** Unterhalb des Taxi-Standes über Hotel Pirat. Bei jüngeren Leuten beliebte Openair-Bar mit Feuerzauber und zumeist R&B-Musik.

Infos

www.kalkan.org.tr: Kommerzielle Site mit vielen Hotels (mit Buchungsmöglichkeit) und Restaurant-Info
Vor Ort: Nur bei den Tourveranstaltern, z. B. Define Tours, s. S. 151
Bus: In Kalkan halten alle Busse zwischen Antalya und Fethiye. Busstation vor der Einfahrsperre zur Altstadt; dort häufig Minibusse nach Kaş, Patara oder Kınık/Xanthos.

Kaş ▸ F 8

Vor allem am neu ausgebauten Jachthafen von **Kaş** (sprich *kasch)* haben sich die alten Straßenzeilen mit ihren schindelgedeckten griechischen Häusern erhalten. Bis zum Unabhängigkeitskrieg wohnten hier überwiegend Griechen (s. S. 120). Mit dem Tourismus wurde Kaş zu einem Geheimtipp unter deutschen Rucksackurlaubern, Tauchsportlern und Jachtseglern. In den 1990er-Jahren war das Hafenstädtchen Kaş der beliebteste Urlaubsort an diesem Abschnitt der Südküste. Wohl unvermeidlich war damit ein rasanter Bauboom verbunden, der auch vor den Hängen im Osten und den lykischen Felsgräbern im Westen nicht Halt machte: So hat sich die bebaute Fläche vervierfacht, die Bevölkerung verdoppelt. Doch insgesamt ist Kaş noch nicht so überlaufen wie Kalkan, bis heute geben vor allem Taucher den Ton an.

Grandios ist der Blick bei der Anfahrt immer noch: Kaş schmiegt sich in eine von zwei Halbinseln gebildete Bucht, die wie Arme weit in das tiefblau strahlende Meer zu fassen scheinen – hin zur nahen Insel Kastellórizo, die immer noch zu Griechenland gehört.

Ortsrundgang

Vor dem Hafen biegt rechts die Straße zum inzwischen komplett rekonstruierten **antiken Theater** am Ansatz der Çukurbağ-Halbinsel ab. Rund um die kleine Anhöhe dort lag das alte Antiphellos, das als Hafen der lykischen Stadt Vehinda (griech. Phellos) hoch

Stimmungsvoller Winkel in Kaş: die Souvenirgasse Uzunçarşı Sokak

in den Bergen gegründet wurde. Das recht gut erhaltene Theater besaß nie eine Bühnenwand – vielleicht wollte man den schönen Ausblick über die Küstenlandschaft nicht verbauen.

Vom Hafen führt eine malerische Gasse, **Uzunçarşı Sokak**, hinauf durch den alten griechischen Ortsteil. Dort haben sich in romantischen Häuschen mit hölzernen geschlossenen Balkonen etliche Künstler, Antiquitätenhändler, Souvenirläden und Teppichgeschäfte angesiedelt. Die Gasse – zugleich Zentrum des Nachtlebens von Kaş – endet bei einem gut erhaltenen lykischen Sarkophaggrab, dem sogenannten **Lion Tomb**.

An der östlichen Hafenseite beginnt der Weg in das **Hotelviertel** oberhalb des Küçük Çakıl Plaji (Little Pebble Beach). Die Promenade am Hafenende passiert ebenfalls ein **Sarkophaggrab** und ein **Felsgrab** im lykischen Stil. An der meist felsigen Küste dahinter reihen sich die **Lidos** (Strandbars mit hölzernen Badeplateaus und Sonnenliegen), darüber staffeln sich die Hotels.

Strände

Kaş selbst besitzt nur wenig schöne Strände. Man badet in den Lidos (Beach Bars) am **Küçük Çakıl Plajı** oder beim **Sardunya Lido** kurz vor dem Theater, dort geht's über Leitern ins Meer. 1,5 km außerhalb Richtung Südosten liegt der **Büyük Çakıl Plajı**, ein Kieselstrand mit einfachen Restaurants. Auf der Straße Richtung Kalkan kommt man nach 3,5 km zum Akçagerme Plaj an der Küstenstraße mit Kieselstrand, Restaurant, Pool und Wasserrutschen.

Die besten Strände der Umgebung sind der Sand-Kiesel-Strand **Kaputaş Plaj** (20 km, s. S. 150) und der **Sandstrand von Patara** (ca. 29 km, s. S. 147), Anfahrt per Minibus.

Übernachten

Die meisten Luxus- und Pauschalhotels wie z. B. Club Aqua Park mit guter Pool-Landschaft liegen weit außerhalb auf der Çukurbağ-Halbinsel. Älter, aber stadtnah ist der **Club Phellos** mit Indoor-Pool und einer Kinderwasserrutsche, der direkt oberhalb der Bade-Lidos an der Ostküste liegt; das hoteleigene Hamam können übrigens auch Nicht-Gäste gegen Gebühr nutzen (www.hotelclubphellos.com.tr).

Viele **einfache Pensionen** findet man im Viertel rechts der Straße zum Hafen, rund um die Kale-Moschee (DZ/F um 80 TL). Bessere **Mittelklassehäuser** mit persönlicher Betreuung und großem Angebot an Thementouren bietet Brigitte Krickl Reisen (www.brigitte-krickl-reisen.de).

Schick & modern – **Narr Hotel:** Küçük-Çakıl, Hükümet Cad. Tel. 0242 836 20 24, www.narrhotel.com, DZ/F 190–320 TL. Neueres, schick und modern eingerichtetes Hotel an der Lido-Küste, ca. 5 Gehminuten in den Ort. Toller Meerblick, die Zimmer nach hinten sind jedoch kühler.

Mit Tauchschule – **Likya:** Im östlichen Hotelviertel, Küçükçakıl Sok., Tel./Fax 0242 836 13 70, www.likyadiving.de, DZ/F ca. 90–180 TL. Beliebtes Taucherhotel, in dem man auch Deutsch spricht. Die Zimmer sind zwar eher einfach, aber gepflegt; meist trifft man hier eine etwas flippige Taucherszene. Ein Tauchgang kostet 33 €. Kurse bis PADI Divemaster (Anfängerkurs 300 €).

Mit Küche – **Kaş'im Beach Apart:** Küçükçakıl, Koza Sok., Tel. 0242 836 16 96. Apt./4 Pers. 150–250 TL. Hübsch eingerichtete Apartments (1 Schlafzimmer, 2 Liegen im Wohnbereich), modern mit großem Balkon, gute Küche mit Mikrowelle.

Günstiger telefonieren

Achtung Handybesitzer: In Kaş kann man manuell zu griechischen Netzbetreibern (Sendemast auf Kastellórizo) wechseln. Die sind deutlich günstiger als türkische Netze!

Essen & Trinken

Am Hafen von Kaş reihen sich die **Fischrestaurants** aneinander, darunter als bestes das Mercan. Hier sitzt man sehr lauschig, genießt die leichte Seebrise – und zahlt dafür auch ein wenig mehr. Fischgerichte kosten um 40 TL, Hummer um 120 TL, Flasche Wein ab 60 TL.

Meer-Spot – **Leymona:** Hastane Cad. (am Meer an der Straße zum Theater), Tel. 0242 836 26 47, www.leymona.com, tgl. 9–1 Uhr. Das Restaurant ist mit dem Kale Hotel verbunden und kredenzt eine edel aufbereitete türkische Küche, die vielfach gelobt wurde, u. a. von Geo Saison. Schön ist die Lage direkt am Meer und das geschmackvolle Ambiente. Hauptgerichte ab 35 TL, Candle Light Dinner 150 TL.

Lover-Spot – **Sumanu Şarapevi:** S. Sandıkçı Cad. 10 (Straße zw. Lion Tomb und Deja Vue Bar), Tel. 0242 836 31 38. Auf der schattigen Gartenterrasse wird eine tadellose Küche im Crossover-Stil serviert. Zum offenen Wein kann man leckere *mezeler* (Vorspeisen), teils auch eher außergewöhnliche, bestellen. Hauptgerichte ab 29 TL.

Taucher-Spot – **Cınarlar Garden:** İbrahim Serin Sok., tgl. ab 18.30 Uhr. Türkische Küche und gute Pizza aus dem Holzkohleofen (ab 15 TL). Man sitzt in einem ruhigen Gartenhof an der Gasse, die vom Atatürk-Denkmal zur Post hochführt. Beliebt bei der internationalen Tauchergemeinde.

Gartenparadies – **Bahce Restaurant:** Uzun Carsı Cad., Ilkokul Sok. 31, Tel. 0242 836 23 70. Direkt oberhalb des Löwengrabs, lauschiges Lokal in schönem Garten. Große Auswahl an Vorspeisen und außergewöhnliche Hauptgerichte wie Calamari gefüllt mit Spinat oder gegrilltes Lamm auf Auberginenpüree. Hauptgerichte ab 24 TL.

Schmorgerichte – **Yalı Restoran:** Bahçe Sok., Meydan. Das traditionelle Lokanta am Hauptplatz serviert leckere Schmorgerichte, wie man sie sonst selten in Kaş bekommt, z. B. im Emre Lokanta am Busbahnhof. Ab 12 TL.

Abends & Nachts

Eine große Auswahl an Bars findet man rund um den Hafen und im Viertel bei der Antiquitätengasse.

Sundowner – **Deja Vue Bar:** Über dem Fischrestaurant Mercan am Hafen. Hier hört man oft Oldies. Besonders nett zum Sonnenuntergang.

Rockin' all over – **Mavi Bar:** Am Kai. Die Bar mit den knallbunten Stühlen ist eine Art Rückzugsbiotop für Grunge-Fans und sonstige Emos – hier trifft sich gern die flippige Taucherszene.

Zum Chillen – **Hideaway Bar:** Cumhuriyet Meyd. 16/A. Versteckt in einem lauschigen Gartenhof am Hafenplatz, eine coole Bar mit Musik aus fünf Jahrzehnten, viel 70er. Es gibt Cocktails, Mojitos, Margeritas etc. und auch einige Snacks.

Dancefloor – **Club Kybele:** Am Hafen vor der Atatürk-Statue. Eine beliebte Music Bar mit Tanzfläche, ab 12 Uhr nachts sammeln sich hier die Nachtschwärmer.

Aktiv

Wandern – **Bougainville Turizm:** Çukurbağli Cad. 10, Tel. 0242 836 37 37, www.bt-turkey.com. Die Outdoor-Agentur bietet u. a. MTB- und Trekking-Tagestouren auf dem Lykischen Weg (s. S. 137), dazu auch Canyoning oder Sea Kayaking.

Paragliding – **Bougainville Turizm** hat jetzt auch das Fliegerteam von Kaş übernommen. Tickets werden abends am Hafenkai verkauft. Man springt von ca. 1000 m Höhe und fliegt 30 Min. mit tollem Panoramablick auf die Küste von Kaş. Tandemsprünge für Anfänger kosten ca. 100 €.

Paddeln – **www.dragoman-turkey.com:** Uzunçarsı Cad. 15, Tel. 0242 836 36 14 oder am Boot im Hafen. Paddeltouren mit Kajaks durch das ›Binnenmeer‹ bei Kekova. Dabei sieht man die ›versunkene Stadt‹ in aller Ruhe und vermeidet die Stoßzeiten der Ausflugsboote. Ab 150 TL mit Lunch.

Tauchen

Kaş ist das wichtigste Tauchzentrum der Türkei, denn an den Steilküsten ringsum gibt es zahlreiche Gelegenheiten für spannende Tauchgänge, inklusive verschiedener Wracks von Schiffen und Flugzeugen aus dem Zweiten Weltkrieg. Seit 2006 ist auch ein Nachbau des 1306 v. Chr. gesunkenen Uluburun-Wracks zu betauchen. Dieses 1984–1994 ausgegrabene Wrack war das Renom- ▷ S. 158

Auf Entdeckungstour: Bootstour zur Insel Kekova

Bis heute ist Kaleköy am Binnenmeer von Kekova nicht per Auto zu erreichen. So blieb hier alles pittoresk. Die Bootstour nach Kekova ist der beliebteste Ausflug in der Kaş-Region.

Reisekarte: ▶ G 8

Anreise: Boote tgl. ca. 9.30 Uhr ab Kaş-Hafen (ca. 70 TL/Person), teils per Bus nach/von Üçağiz (preisgünstiger). Rückkehr ca. 17 Uhr. Alternative sind Seekajak-Touren (s. S. 155).
Essen & Übernachten: Mittagessen gibt's an Bord bzw. in Kaleköy, Getränke gehen extra. Meist kann man (vorher fragen!) in Kaleköy übernachten und am Folgetag zurückfahren.
Ankh Pension, Tel. 0242 874 21 71, www.ankhpansion.com, DZ/F 100–150 TL. Einfache Zimmer, aber tolle Aussicht – handeln!

Kastenförmige Kähne dümpeln am östlichen Hafenkai von Kaş. Fast scheint es, als hätten Fischer ihre Boote um ein Stockwerk erhöht, um sich heute, bei steigenden Touristenzahlen, einem einträglicheren Geschäft zu widmen. Doch diese doppelstöckigen Ausflugsboote, die zur Insel Kekova auslaufen, sind eine Spezialkonstruktion – ein Sonnendeck oben, geschützte Tischreihen unten.

Morgens geht es los, und schon der Blick zurück auf Kaş unterhalb der braun-grauen Felslandschaft bleibt unvergesslich. Und dann zieht fast endlos eine zerklüftete, menschenleere Küstenlandschaft am Boot vorbei.

Die versunkene Stadt

Nach zwei Stunden der erste Stopp bei der Bucht **Tersane** (Werft), wo Gelegenheit zu einem Bad besteht. Die Stätte liegt auf dem Westzipfel der Insel Kekova, die sich hier wie ein Riegel zwischen Landküste und offenes Meer schiebt und so einen ruhigen, fast einem Binnengewässer gleichenden Ankerplatz abtrennt. Seit lykischer Zeit diente dieser Meeresarm daher als Schiffsreede; vor allem die Nordseite von Kekova war dicht besiedelt. Das Boot macht vor einer Kiesbucht mit heute überfluteten **Kai- und Werftanlagen** fest. Wer will, schwimmt zum Strand, wo sich am Wasser die freistehende Apsis einer Kirche erhebt. Von hier steigt man zu den Ruinen hoch und genießt die Aussicht über Meer- und Landseite der Insel.

Bei der Weiterfahrt passiert man die überfluteten Reste weiterer **Werften**. Zwar erzählen die Reiseführer recht überzeugend, einst sei der Binnensee eine große Stadt gewesen, die aufgrund von Erdbeben versunken sei ... – das aber ist nur eine Legende, ein zweites Atlantis gab es hier nicht!

Hoch zur Ritterburg

Der nächste Stopp ist **Kaleköy** (Burgdorf), wo ein längerer Aufenthalt folgt. Dort erwarten den über schaukelnde Anlegerstege balancierenden Reisenden nicht nur einige romantische Restaurants, sondern auch ganze Scharen von Frauen, die aus großen Körben bestickte Kopftücher verkaufen. Sie bringen ihre in Handarbeit verzierten Tücher mit zäher Geduld an den Mann bzw. die Frau. Kaum an Land, wird man von den Händlerinnen regelrecht umzingelt; die meisten kennen nur ein deutsches Wort: »später« – einen Ausdruck, den sie wohl von Tausenden früherer Besucher gehört haben. Aber mit Beharrlichkeit und kleinen Geschenken, etwa einem Minzestrauß als Freundschaftsgeste, kommen sie dann doch ans Ziel.

Statt gleich eines der Lokale anzusteuern, steigen wir zunächst zur mittelalterlichen **Burg von Simena** hoch (Eintritt 10 TL). Die Stadt bestand schon seit lykischer Zeit, die Festung

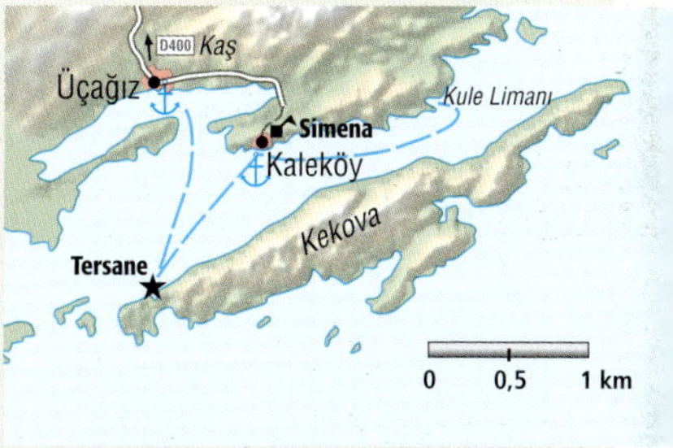

ist jedoch ein Werk des Ritterordens der Johanniter, der bis 1522 auf Rhodos herrschte. Fast die gesamte Wallmauer hat sich mit den Schwalbenschwanz-Zinnen erhalten. In der inneren Burg liegt als Relikt der Antike ein sehr kleines Theater. Von der Zitadelle öffnet sich ein tolles Panorama über das Dorf, die Insel und das Binnenmeer, auf dem weiße Jachten ihre Linien ziehen.

Westlich der Anlegestelle stehen malerisch einige lykische Sarkophage im Wasser, dahinter mag der antike Hafen gelegen haben. Manche Boote fahren auch noch zum **Kule Limanı**, wo unter Wasser kalte Süßwasserquellen sprudeln.

mierstück der Unterwasser-Archäologie, die so den intensiven Seehandel im Mittelmeer bereits zur Bronzezeit beweisen konnte. Gute **Tauchschulen** sind z. B. www.likyadiving.de, www.mavidiving.com, www.barakuda-kas.com, www.kas-diving.com. Alle vermitteln auch Unterkünfte.

Infos

www.kas-tuerkei.de: Portal für Individualreisende, Hotels, Tauchen, Paragliding, Ausflüge. Verbunden mit der Ausflugsagentur Koçlar, in Deutsch
www.xanthostravel.com: Ausflüge, Sea Kayaking, Blaue Reise
Tourist Information: am Hafenplatz.
Bus: Gute Busverbindungen Richtung Fethiye (ca. 2,5 Std.) und Antalya (ca. 4 Std.), seltener nach Elmalı im Inland. Dolmuş-Minibusse fahren nach Kalkan, Patara und Xanthos (auf die Preise achten: Touristenbusse sind oft teurer als die normalen Busse der Einheimischen).
Feste: Lykia Festival im Juni mit Volkstanz und Musik im antiken Theater

Ausflüge in die Umgebung von Kaş

Der beliebteste Ausflug ist die Boottour zur Insel **Kekova** mit den versunkenen Ruinen aus der Antike **(Sunken City)** und dem pittoresken Dörfchen Kaleköy unterhalb der Burg Simena (s. S. 156).

Üçağiz, Apollonia, Aperlai ▶ G 8

Üçağiz 8 TL, Führer zu den anderen Stätten erwarten ein Trinkgeld
Zum Dorf **Üçağiz** (sprich *ütsch'ah'is)* mit den Ruinen des antiken **Teimiussa** biegt 15 km von Kaş, Richtung Finike,

Ausflug nach Griechenland zur Insel Kastellórizo

eine Straße ab (weitere 20 km, Anfahrt auch per Dolmuş ab Kaş). Teimiussa war wohl der Hafen von Kyaneai (s. u.) und besaß nie eigene Stadtrechte. Östlich des heutigen Dorfes haben sich lediglich einige Grabbauten erhalten, vor allem lykische Sarkophage, aber auch zwei Hausgräber und das Relief eines jungen Mannes. Auch von Üçağiz, wo Lokale und kleine, einfache Pensionen auf Ausflügler warten, kann man per Boot nach Kaleköy (s. S. 156) unterhalb der Burg von Simena fahren.

Im antiken **Apollonia** (beim Dorf Kılınçlı am Weg nach Üçağiz) sind neben dem Theater, hellenistischen Bauten und Basiliken etliche Pfeilergräber unterhalb der Akropolis zu sehen, in **Aperlai** an der Küste südlich steht noch die eindrucksvolle Stadtmauer.

Phellos, Kyaneai, Hoiran ▶ F/G 8

Führer erwarten ein Trinkgeld

Im Inland dagegen lohnt die lykische Bergstadt **Phellos** einen Abstecher (Richtung Kale/Myra, dann links abbiegen zum Dorf Çukurbağ und nach Pınarbaşı, von dort zu Fuß). Neben lykischen Sarkophagen beeindruckt vor allem das wunderbare Panorama über die Küstenlandschaft.

Auf halbem Weg von Kaş nach Kale/Myra liegt die lykische Bergstadt **Kyaneai**, die als Stadt der Sarkophage gerühmt wird. Für den knapp einstündigen Aufstieg sollte man sich ruhig den Dorfjungen aus Yavu anvertrauen (ans Bakschisch denken!). Nur so wird man die beiden Nekropolen mit ihren zahlreichen Sarkophaggräbern finden können.

Etwas weiter östlich zweigt beim Dorf Davazlar eine passable Straße nach **Hoiran** ab. Auf ihr gelangt man zu einem freistehenden Hausgrab, das ziemlich exakt der traditionellen Holzarchitektur der Region entspricht. Es ist mit einem Totenmahlfries verziert, der den Verstorbenen liegend beim Abschiedsmahl mit seiner Familie zeigt.

Kastellórizo/Meis ▶ F 8

Überfahrten 3 x/Woche, 10 Uhr, ca. 15 €

Auch die vorgelagerte Insel **Kastellórizo** (trk. Meis), die zu Griechenland gehört, kann man besuchen. Der Hauptort Megisti wurde im Zweiten Weltkrieg bei einem Angriff der Deutschen schwer zerstört und besteht heute fast nur noch aus zwei Häuserzeilen am Hafen. Hier reihen sich nette griechische Tavernen, die bei Jachties beliebt sind. Unterhalb der Burg **Castello Rosso** aus dem 15. Jh. kann man bei einer Moschee baden. Auch das **Inselmuseum** im Kastell lohnt den Besuch (Di–So 9–12, 13.30–17 Uhr, 3 €).

Demre/Myra ▶ G 8

Die Kreisstadt **Demre**, das frühere Kale, ein lebhaftes Agrarstädtchen, liegt in der fruchtbaren Schwemmlandebene des Demre Çayı. Besonders auffällig sind die vielen Gewächshäuser, die fast die ganze Ebene einzunehmen scheinen. Es gibt zwar inzwischen einige Hotels für Durchreisende, doch touristische Bedeutung hat Demre hauptsächlich als Etappenziel zum Besuch des antiken Myra. So hat sich hier eine traditionell-bäuerliche Atmosphäre bewahren können; selbst traditionelle Kleidungsstücke wie die schwarze Pluderhose der Männer sieht man noch.

Für eine Badepause kann man an den flachen, feinsandigen **Andriake-Strand** (mit Restaurants, s. S. 163) fahren oder auch zum einsamen **Sülüklü Plajı** (ausgeschildert von der D400). Ein schöner Abstecher ist auch die zur Fischzucht genutzte **Beymelek-Lagune** (3 km an der Straße nach Finike), wo man in einfachen Lokalen *yengeç* (Krabben) und Fisch serviert.

Das antike Myra ▸ G 8

Am Fuß der Demre überragenden Hügel liegen die wenigen Reste des antiken **Myra**, das als lykische Siedlung im 5. Jh. gegründet wurde, jedoch vor allem als Bischofssitz des hl. Nikolaus in Erinnerung blieb.

Anders als Xanthos stellten die Einwohner 42 v. Chr. ihren Widerstand gegen die Forderungen des Brutus (s. S. 140) ein, nachdem dessen Legionen den Seehafen bei Andriake besetzt hatten. Im frühen 5. Jh. erhob Kaiser Theodosius II. Myra zur Hauptstadt Lykiens. Um 809 n. Chr. wurde das wohlhabende Handelszentrum von den Arabern gebrandschatzt, danach war der Verfall nicht mehr aufzuhalten.

Römisches Theater

Tgl. 9–17.30 Uhr, 15 TL (zusammen mit See-Nekropole)

Heute ist als Einzelbau nur noch das **römische Theater** erhalten, das erst 141 n. Chr. nach einem Erdbeben entstand. Der Rest der antiken Stadt liegt unter den vom Demre Çayı angeschwemmten Geröllmassen begraben. Mit einem eindrucksvoll dekorierten Bühnengebäude (bis zum 2. Stock erhalten) wird das Theater vor allem wegen der mächtigen Quadermauern der Unterbauten mit den Zugängen und seiner imposanten Gesamtanlage in Erinnerung bleiben – es ist dem von Aspendos fast ebenbürtig.

Die schönen Marmorfriese des Bühnengebäudes lagern seit den jüngsten Klärungen teils in der freigeräumten Orchestra, teils vor dem Bau – auch sonst sind fast alle Steine noch vorhanden, um den Bau komplett wieder aufzubauen. Vermutlich ist mit entsprechenden Arbeiten bald zu rechnen.

Die See-Nekropole

s. Römisches Theater

Berühmt sind die prächtigen lykischen Felsgräber in den Hängen westlich und östlich des Theaters, die See-Nekropole. Die Scheinfassaden der lykischen Gräber sind schon von Weitem sichtbar. Über den steilen Hang ziehen sich dicht an dicht Gräber des Haustyps, ganz links außen sogar auch ein freistehendes, an dem die nachgeahmte Holzkonstruktion besonders deutlich wird. Das berühmte Relief mit dem Totenmahl etwas weiter oberhalb ist nicht mehr zugänglich, seit das Erklettern des Hangs aus Sicherheitsgründen untersagt wurde.

Aya Nicola Kilisesi

Tgl. 8–18 Uhr, 20 TL

Die mit einem Schutzdach überdeckte **Basilika des hl. Nikolaus** westlich des Hauptplatzes von Demre war schon im Frühmittelalter ein berühmtes Reise- und Pilgerziel. Die heutige Anlage geht auf verschiedene Baustufen aus mittelbyzantinischer Zeit zurück. In der dreischiffigen Basilika aus dem 8. Jh. verdienen vor allem die **Bodenmosaiken**, das getreppte, an ein kleines Theater erinnernde **Synthronon**, der Platz des Bischofs, sowie uralte **Freskenfragmente** mit Heiligendarstellungen Beachtung.

Im zweiten Seitenschiff rechts wird jetzt wieder die letzte **Ruhestätte des hl. Nikolaus** gezeigt: ein prachtvoll skulptierter Rankensarkophag mit aufgebrochener Seitenwand – ob tatsächlich der heilige Bischof darin lag, ist jedoch unbewiesen.

Ein Bischof von Myra

Der hl. Nikolaus, griech. Nikolaos, wur-

Maskenfries am Theater von Myra

de wohl um 280 in Patara geboren, im frühen 4. Jh. ist er als Bischof von Myra bezeugt. Die Diokletianische Christenverfolgung (303–311) überlebte er trotz mehrmaliger Einkerkerung. Nach Anerkennung des Christentums durch Kaiser Konstantinus nahm er 325 am Konzil von Nikaia teil. Seine frühe Verehrung in der Ostkirche ist durch die Beschreibung einer Wallfahrtsanlage in Myra bereits im 6. Jh. dokumentiert.

Auch wenn die historische Gestalt im Dunkeln bleibt, sind viele Legenden überliefert. Er verkörpert Uneigennutz, Gerechtigkeitssinn und Wohltätigkeit, wobei in der orthodoxen Kirche seine Rolle als Patron der Seeleute im Vordergrund steht. So soll er Schiffer unter Lebensgefahr aus Seenot gerettet und Unschuldige vor dem Henker bewahrt haben. Die bekannteste Legende rankt sich um seine Hilfe für die drei Töchter eines verarmten Mannes, die nicht heiraten konnten, weil ihnen die nötige Mitgift fehlte. Um sie aus der misslichen Lage zu befreien, soll er einen Beutel Gold in ihr Zimmer geworfen haben. Vor diesem Hintergrund entstand im Hochmittelalter der Brauch, am 6. Dezember, seinem Todestag, den Kindern über Nacht aufgestellte Schuhe mit Geschenken zu füllen.

Ein Grieche in Europa

Mitte des 11. Jh. geriet das Wallfahrtszentrum in Myra zwischen die christlich-islamischen Fronten, 1077 besetzten mamlukische Sarazenen die Südküste. Ob es dann Raub war oder Rettung aus der Hand der Ungläubigen, sei dahingestellt, jedenfalls konnten Normannen die Gebeine des Heiligen 1087 ungehindert aus Myra nach Bari überführen. Die italische Hafenstadt entwickelte sich bald zum wichtigsten Pilgerziel nach Rom und Jerusalem, zumal viele Wallfahrer sich dort zur Reise ins Heilige Land einschifften. Mit ihnen verbreitete sich der Nikolaus-Kult über ganz Europa.

Myra wurde zwar 1097 zurückerobert, die Kirche erneut repariert. Ohne die Gebeine des Nikolaos, über die man früher Öl hatte fließen lassen, das dann unter dem Namen Myron als

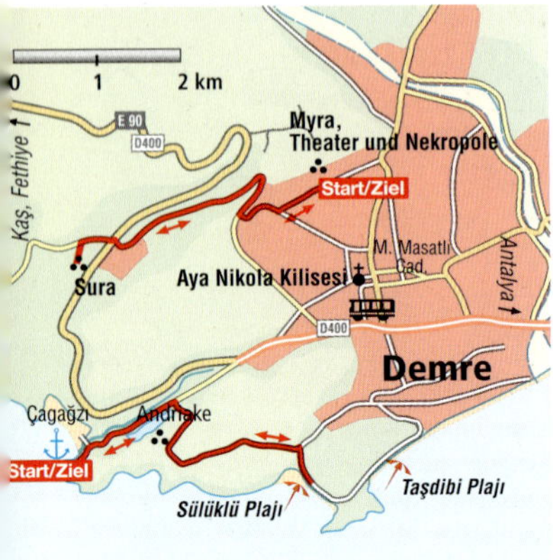

Spaziergänge bei Myra

wundertätiger Balsam verkauft wurde, konnte der Wallfahrtsort seine alte Bedeutung nicht wiedererlangen. Anfang des 14. Jh. besetzten schließlich die Turkmenen die Küste.

Wiedergeburt als Weihnachtsmann

Im Lauf der Zeit bedeckte der Myros-Fluss Ort und Kirche mit Schlamm – bis Zar Alexander II. 1862 das Gelände erwarb und eine erste Renovierung des Baus finanzierte. 1963 begannen türkische Archäologen mit wissenschaftlichen Ausgrabungen. Heute haben auch die Türken den Noelbaba, den Weihnachtsmann, ins Herz geschlossen.

Dessen wahre Karriere begann freilich erst vor etwas mehr als 100 Jahren, als die Figur im angelsächsischen Protestantismus mit seiner strikten Ablehnung des Heiligenkultes kurzerhand verweltlicht und zu einer Art Zaubermeister gemacht wurde, eine Kreuzung zwischen Gartenzwerg und guter Fee. Er bekam eine Zipfelmütze statt der Mitra, einen Rentierschlitten und einen weißen Rauschebart, nur die rote Kutte blieb: Santa Claus war geboren.

Spaziergänge bei Myra

Zwei einfache Routen, Strecke jeweils ca. 4 km, Rückweg auf gleicher Strecke. Wer sie verbinden will, muss an der D400 nach Andriake laufen

Vom **Myra-Theater** folgt man der Straße nach Westen, überquert bei einigen Gewächshäusern die D400 Richtung Kaş und schlägt sich nach ca. 100 m in die niedrig wachsende Macchia. Dort lag einst die antike Siedlung **Sura,** auf dem Felsrücken sind lykische Sarkophaggräber und ein römisches Grabhaus zu entdecken.

Ein zweiter Gang führt vom **Andriake-Strand** zur nächsten Sandbucht im Osten. Man folgt einfach der Straße um den verlandeten Hafen, kann die Ausgrabungen besichtigen und erreicht von dort bald den **Sülüklü-Strand** mit einem einfachen Lokal.

Essen & Trinken

In Demre reißt man sich um die Touristen. Wer die ›Futterstationen‹ für die Busausflügler an der Myra-Nekropole vermeiden will, dem sei empfohlen:

Landestypisch – **İpek Restaurant:** Zwischen Basilika und Zentrumsplatz beim Rathaus, tgl. 7–20 Uhr. Leckere ortstypische Küche; Grillgerichte (um 20 TL), schmackhafte Kale Köfte in Tomatensauce 13 TL, es gibt auch Lahmacun (6 TL).

Schmorgerichte – **Akdeniz Restaurant:** Am Zentrumsplatz. Das einfache Lokal serviert zu günstigen Preisen leckere Schmorgerichte, aber auch Döner und Kebab, um 12 TL.

Am See – **Kaya Restaurant:** Am Ostufer der Beymelek-Lagune. Hübsch ländliches Ausflugslokal an der Straße

Richtung Finike. Spezialität ist Mavi Yengeç, Blaukrabbe, aus dem See, um 15 TL.

Infos

Bus: Mit lokalen Minibussen und den Intercity-Bussen etwa stdl. ab Kaş oder Kemer/Finike, Busstation an der Hauptstraße zum Zentrum von Demre, von dort Minibusse nach Myra oder auch nach Andriake (s. u.).

Andriake ▸ G 8

Eintritt bis Abschluss der Grabungsarbeiten frei

Am langen Sandstrand **Çayağzı**, 5 km südwestlich von Demre, liegt der antike Hafen von Myra, **Andriake**. 59 n. Chr. ging dort vermutlich auch der Apostel Paulus an Land, der auf seiner Fahrt nach Rom im damaligen Myra das Schiff wechselte (Apg. 27,5).

An der Zufahrtsstraße zur antiken Stadt liegen etliche Sarkophage der **Nekropole.** In der Kaiserzeit waren beide Ufer der inzwischen fast komplett versandeten Bucht dicht besiedelt. Die **Nordstadt** ist unter Sand begraben, die **Südstadt** links der Straße (jenseits des versumpften antiken Hafenareals) wird seit einiger Zeit archäologisch untersucht und rekonstruiert.

Entlang den Hügeln auf der linken Buchtseite erreicht man die **Plakoma**, eine breite, von Lagerhäusern gesäumte Uferstraße. Überaus imposant blieb das unter Kaiser Hadrianus (2. Jh. n. Chr.) errichtete **Granarium** (Horrea Hadriani) erhalten, dessen Fassade eine Bauinschrift sowie Büsten des Kaisers und seiner Frau Sabina trug. In dem Kornspeicher wurde das hier angebaute Getreide zum Transport nach Rom gelagert. Unter der Plakoma, die an drei Seiten von Säulenhallen umgeben war, verläuft eine große, begehbare Zisterne. Da Bauteile der Anlage in byzantinischen Kirchen wiederverwendet wurden, ist der Hafen wohl spätestens im 6. Jh. aufgegeben worden, aber bereits im 8. Jh. lebte in Andriake niemand mehr.

Am flachen, daher kinderfreundlichen **Strand** mit einigen Restaurants bieten die Fischer auch **Bootstouren** nach Kekova an (s. S. 156). Ein Abstecher auf der Hauptstraße Richtung Kaş führt zur antiken Siedlung **Sura** (2,5 km) mit lykischen Sarkophaggräbern und einem römischen Grabhaus.

Finike ▸ G 8

Das Hafenstädtchen **Finike** ist in letzter Zeit stark gewachsen, besonders in der Strandebene Richtung Kumluca sind riesige Areale mit Hochhäusern bebaut worden. In Finike machen heute meist türkische Familien Urlaub. Wer hier Station macht, kann daher echtes türkisches Leben kennenlernen. Der Ort ist aber darüber hinaus eine gute Basisstation für Wandertouren in die Berglandschaft des Alaca Dağ und durch den Ausbau des Jachthafens zunehmend ein Stützpunkt für Segeltouren.

Ein 15 km langer Sandstrand zieht sich von Finike nach Osten. Bei starkem Wind toben dort regelrechte Sandstürme. Dann ist der Kiesstrand von Gökliman angenehmer (3 km Richtung Demre, mit Bar), obwohl er leider direkt an der Küstenstraße liegt.

Seit dem 2. Jh. n. Chr. diente Finike unter dem Namen Phoinikos als bedeutender Hafen für die Städte des Lykischen Bundes. Vor der Küste gelang den Arabern 655 n. Chr. der erste Sieg über die byzantinische Flotte.

Übernachten

An der Busstation sind Pensionen ausgeschildert, zumeist relativ einfach.
Am Strand – **Baba Motel:** Kumluca Yolu, 1,5 km vom Zentrum am Hauptstrand, Tel. 0242 855 15 68, www.babamotel.com. DZ/F ca. 90–120 TL. Das Motel mit Restaurant und Pool bietet 45 Bungalows mit Klimaanlage und ist 50 m vom Strand entfernt. Familiäre Atmosphäre.

Essen & Trinken

Frischer Fisch – **Petek:** Am Hafen, Tel. 0242 855 50 29, tgl. 10–24 Uhr. Das Petek gilt als bestes Lokal von Finike. Hier geht es um frischen Fisch, der quasi direkt von Fischerbooten, die ihren Fang hier vor den Tischen anlanden, auf die Teller gelangt. Hauptgerichte ab 15 TL, Fisch ab 25 TL.

Infos

Bus: Von der Busstation am Abzweig nach Elmalı bestehen ca. alle 2 Std. Verbindungen von/nach Antalya oder Fethiye, seltener nach Elmalı.
Minibus: Minibusse verkehren zwischen Demre/Myra und Finike sowie Kumluca und Finike.

Limyra ▸ G 8

Limyra (lykisch Zemuri), einst Sitz des mächtigen lykischen Fürsten Perikles, liegt nordöstlich von Finike beim Dorf Yuvalı (über D635). Die mächtigste Ruine, das um 141 n. Chr. gebaute **Theater** 1, steht am Ortsausgang. Südlich der Straße erstrecken sich die römischen und byzantinischen Bauten.

Am Hang über dem römischen Theater liegen einige Sarkophaggräber, darunter (im Osten) das **Grab des Xiñtaburra** 2, eines Bruders des Perikles. An den Längsseiten ist der Verstorbene beim Totenmahl und auf einem Streitwagen dargestellt, nach Westen tritt er unbekleidet vor Aiakos und Rhadamanthys, die Totenrichter der griechischen Mythologie.

Durch einen Taleinschnitt gelangt man zur **West-Nekropole** 3 mit Felsgräbern im lykischen Stil. Das schönste ist das **Tebursseli-Grab** 4 mit einer Schlachtszene (um 360 v. Chr.).

Zur Akropolis

Beim Taleinschnitt beginnt der **Treppenweg** 5 zur **Akropolis**, der 200 m höher gelegenen Burgfestung, von der aus Fürst Perikles über Lykien herrschte. Perikles (lyk. Pirekli, vor 380 bis ca. 360 v. Chr.) war ein persischer Satrap, der die Städte Lykiens zu einem Königreich vereinen wollte. Ihm gelang es kurzzeitig, die Dynastien von Xanthos und Telmessos (Fethiye) zu unterwerfen. Als die griechischen Städte nach dem Peloponnesischen Krieg ausgeblutet am Boden lagen, verfolgte er in Kleinasien damit schon eine Idee, die sich in griechischen Kulturkreis erst mit dem Hellenismus nach dem Alexanderzug durchsetzen sollte. Beispielhaft für das Selbstbewusstsein des Perikles sind die in Limyra geprägten Münzen mit seinem Abbild: Im panhellenistischen Kulturkreis war er nach dem xanthischen Fürsten Kherei der Zweite, der das wagte. Allerdings währte seine Macht nur kurz, nach der Niederschlagung des Satrapenaufstands 360 v. Chr. durch die Perser wurde Lykien der Dynastie des Satrapen Maussollos unterstellt.

Das nur noch in Fundamenten erkennbare **Heroongrab des Perikles** 6 am Eingang der Unterburg wurde durch seine Relieffriese berühmt, die u. a. Perikles mit einem Streitwagen vor seinem siegreichen Heer zeigen.

Limyra

Sehenswert

1 Theater
2 Grab des Xiñtaburra
3 West-Nekropole
4 Tebursseli-Grab
5 Treppenweg
6 Heroongrab des Perikles
7 Kenotaph für Gaius Caesar
8 Ptolemaion

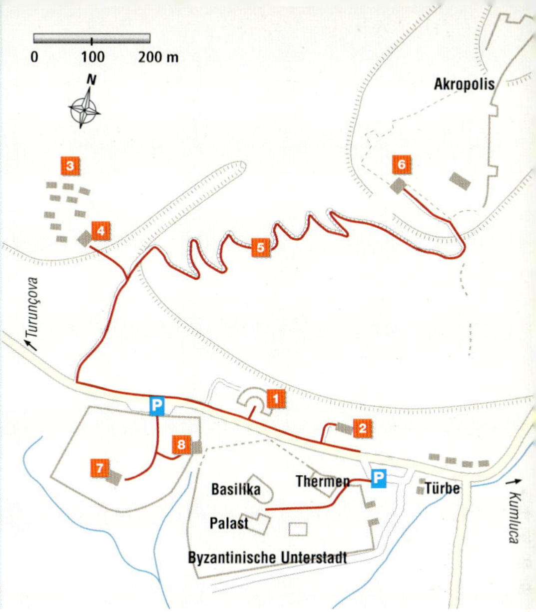

Bis auf wenige Reste sind die Bauteile inzwischen abtransportiert. Die Aussicht von dem Felsen über die Ebene lohnt aber den Aufstieg.

Die Unterstadt

Die römische Stadt in der Ebene am Hügelfuß wurde in byzantinischer Zeit durch Schutzmauern in zwei Stadtviertel unterteilt. In der Weststadt stand das **Kenotaph für Gaius Caesar** 7, einen Enkel und Adoptivsohn Kaiser Augustus', der um 4 n. Chr. in Limyra starb, bevor er als designierter Nachfolger das Purpurgewand der Caesaren übernehmen konnte.

Unter der im 5./6. Jh. errichteten byzantinischen Stadtmauer konnten die österreichischen Archäologen den Unterbau eines **Ptolemaions** 8 freilegen – eines Tempels für die Könige der Ptolemäer-Dynastie, zu deren ägyptischem Reich Limyra im 3. Jh. v. Chr. gehörte. Im Jahr 2000 wurde in diesem Bereich neben anderen Reliefwerken ein (bislang nicht zugeordnetes) Herrscherporträt gefunden. Die 1984 begonnenen Grabungen konzentrierten sich zuletzt auf die Weststadt, die zur Zeit des Perikles mit einer Stadtmauer versehen wurde.

Infos

Vor Ort: Die Ruinen liegen zwischen Gewächshäusern und Granatapfelhainen, als Führer bieten sich gerne Kinder an. Wer auf eigene Faust kommt, vertraut sich ihnen am besten gegen ein Bakschisch an (Kleingeld bereithalten!).
Anreise: Von Finike über die Elmalı-Straße (D635), nach 4,5 km in Yuvalı rechts abbiegen.

Arykanda ▸ G 7

Tgl. 9 bis 18 Uhr, 8 TL
Nach **Arykanda** beim Weiler Arif fährt man auf der D635 Richtung Elmalı über den 1290 m hohen Karamanbeli-

Mein Tipp

Arykandos Mountainlodge ▶ G 7
Die von einem Deutschen und seiner türkischen Frau sehr ökologisch geführte Pension in den lykischen Bergen am Arykandos (Akçay) ist ein Zentrum für Trekker und Mountainbiker. Unter www.lykienbiker.de werden Touren der MTB-Basis vorgestellt. Auch für Nicht-Biker ist die Lodge mit geschmackvollen Zimmern, viel Holz, einem Kaminzimmer als Treffpunkt sowie Dartecke, Boulderwand zum Klettern, Tischtennis und Beach-Volleyball-Feld interessant.
In dieser Lodge, in engem Kontakt zum Aleviten-Dorf Gökbük, erlebt der Reisende eine andere Türkei als in den All-inclusive-Anlagen an der Küste. Speziell lobenswert: Die Familie Brunauer, die die Pension betreibt, hat ihr eigenes Klimaschutzprogramm entwickelt und pflanzt für jeden Gast einen Baum.
Arykandos Mountainlodge: Gökbük, D635 Richtung Arykanda, Tel. 0242 862 30 59, www.greatoutdoorsports.com, 1 Woche inkl. Touren, DZ/VP ab 500 €/ Person ohne Flug, DZ/HP 190 TL/Tag.

Pass. Die historisch eher unbedeutende Stadt staffelt sich über vier Terrassen an den Ausläufern des mit 3070 m höchsten Berges des Gebirgszugs der Beydağları. In der Antike war Arykanda für seine Verschwendungssucht bekannt, antike Quellen berichten von wilden Orgien, die zur völligen Staatsverschuldung geführt hätten. Die Ausgrabungen dauern an, die Gebäude sind ausgeschildert.

Etwa 1 km hinter dem Ortsausgang von Arif passiert man zunächst eine Anhöhe mit der weitgehend zerstörten **Akropolis**. Links vom Parkplatz mit der Kasse liegt eine kleine Kirche mit schönem Bodenmosaik, östlich darüber folgen ein großes **Gymnasion** sowie zweistöckige **Thermen**, deren südwärts gerichtete Apsis wie in Tlos eine schöne Aussicht bietet – offenbar war dies eine oft kopierte Bauform. Östlich darüber schließt sich eine **Nekropole** mit prachtvoll verzierten Tempelgräbern an, einer der Giebel mit einem Medusenkopf wurde wieder zusammengesetzt. Weiter nördlich oben am Hang gelangt man zu einem Bauensemble mit der **Staatsagora** und einem **Odeion**, darüber folgt das **Theater,** noch höher das **Stadion**. Beachtung verdient vor allem das freigelegte Odeion mit einer aufwendigen Marmorverzierung. Im Nordwesten kann man die **Stoa** der Handelsagora mit dem **Bouleuterion** (Rathaus) entdecken.

Infos

Dolmuş-Minibus: ab Finike

Elmalı ▶ G 7

Von Arykanda sind es nur noch 28 km nach **Elmalı**, der größten, auf ca. 1000 m Höhe gelegenen Siedlung im lykischen Taurus. Die Kleinstadt beeindruckt durch alte Fachwerkhäuser und die Ömer Paşa Camii aus der Emiratszeit (15. Jh.).

16 km südlich liegt beim Dorf **Tekke** ein Kloster der Bektaşı-Derwische, das nach der Eroberung des Gebiets durch

türkische Stämme von Abdal Musa gegründet wurde, dessen Türbe heute als heilige Stätte verehrt wird.

Bemerkenswerte antike Relikte sind die mit Motiven aus der griechischen Mythologie verzierten **Tumulus-Gräber von Kızılbel** (um 525 v. Chr.), die aber nur selten zugänglich sind.

Rhodiapolis ▸ H 7

Bei **Kumluca,** dem geschäftigen Zentrum der Schwemmlandebene des Alakır Çayı, liegt etwas im Inland das antike Rhodiapolis. Diese Stadt wurde Mitte des 2. Jh. n. Chr. als Heimat des Opramoas berühmt, der als oberster Beamter des Lykischen Bundes viele lykische Städte mit reichen Stiftungen bedachte. Die Ruinen wurden im letzten Jahrzehnt aufwendig freigelegt und lohnen heute unbedingt einen Besuch.

Wanderung bei Rhodiapolis

Variante 1: ca. 6 km; Variante 2: ca. 11 km, leichte Pistenwege, mäßige Steigungen, Wasser mitnehmen!

Am Knick der D400 in **Kumluca** mit einem skurrilen Gemüsemonument zu Ehren der Hauptprodukte der Region fährt man rechts, nimmt die Sarıcasu Caddesi nach links. Man folgt ihr durch Felder und Gewächshäuser, zweigt nach ca. 2,5 km wieder links ab und erreicht nach weiteren 1,5 km freie Macchia. Hier kann man den Wagen stehen lassen und zu Fuß weitergehen. Nach weiteren 2,5 km ist **Rhodiapolis** mit dem Parkplatz bei der großen Basilika aus dem 5. Jh. erreicht. Sich nach Süden haltend, passiert man das **Stadttor** mit einem großen Vorhof, in dem die Heroen Lykiens und vor allem Opramoas und seine Familie mit Statuen verehrt wurden – allerdings sind nur noch die Podeste vorhanden.

Östlich führt eine schöne Freitreppe hoch zu den Rängen des großen Theaters, wo man eine wunderbare Aussicht über die Stadt und die Gewächshäuser in der Ebene hat. Vor dem Bühnenhaus steht das **Mausoleum** des Opramoas, ein Grabhaus mit einer langen Inschrift am rekonstruierten Giebel, die seine Taten rühmt. Südlich des Theaters kommt man zur **Stoa,** die vom Stadttor zum Tempelbezirk führte, auf der Südseite erkennt man das Podest eines runden Tholos-Tempels.

Wer die gesamte Strecke wandern möchte, kann am Hauptplatz in Kumluca geradeaus fahren, an der Yunus Emre Caddesi parken, von dort nach Rhodiapolis gehen (ca. 4 km) und über die Sarıcasu Caddesi zurückkehren (ca. 6,5 km).

Wanderung nach Rhodiapolis

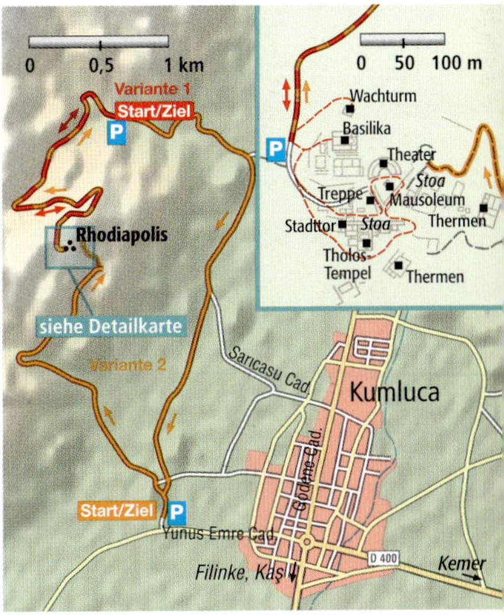

Das Beste auf einen Blick

Die Kemer-Küste

Highlight !

Phaselis: Ein riesiges Aquädukt und ein Theater mitten im idyllischen Kiefernwald. Das besondere Plus: In den drei ehemaligen Häfen der Stadt Phaselis kann man heute schön baden. So macht Antike richtig Spaß. S. 179

Auf Entdeckungstour

Zur Chimaira – Yanartaş: Vom Dorf Çıralı führt ein kleiner Abstecher, zum Schluss 15 Min. den Berg hinauf wandernd, zur mythenumwobenen Stelle der ›brennenden Steine‹. S. 186

Kultur & Sehenswertes

Olympos: Die Ruinen der antiken Stadt sind nicht ganz so grandios, dafür gibt es hier einen schönen Strand. Man kann sogar – auf spartanischem Niveau – in echten Baumhäusern wohnen. S. 184

Zu Fuß unterwegs

Wanderung durch die Sapandere-Schlucht: Eine durchaus anspruchsvolle Trekking-Tour von der Römerbrücke bei Kuzdere in eine wilde Schlucht und auf einem Forstpfad zurück. S. 175

Wanderung bei Phaselis: Auf schmalen Küstenpfaden geht es von Çamyuva am Meer entlang zur antiken Stadt Phaselis und weiter bis Tekirova. S. 181

Göynük-Canyon: Wanderung in eine enge Schlucht mit riesigen Felsblöcken bis zum Wasserfall, wo man baden kann. S. 177

Genießen & Atmosphäre

Forellenrestaurants in Ulupinar: Mitten im Wald an einem plätschernden Gebirgsbach liegen lauschige Restaurants, die gegrillte Forelle servieren. Ein besonderes Erlebnis! S. 184

Urlaub im Dorf: Kleine Pensionen in ländlicher Umgebung, auch das gibt es noch, und zwar in Çıralı und in Adrasan. S. 185, 189

Abends & Nachts

Moonlight Garden: Das Areal in Kemer hinter dem Hafen ist ein guter Anfang für den Abend. Nette Cafés zum Chillen, aber auch ein Club, das Salinas Moonlight. S. 175

Inferno Club: Am Disco Strip, nördlich des Hafens in Kemer, ist das Inferno der heißeste Club, im Sommer mit richtigem Ibiza-Flair. S. 174

Unter dem Beydağları-Gebirge

Die Kemer-Küste war vor 30 Jahren noch ein weltabgeschiedenes Naturparadies, heute liegen im ›Holiday-Land‹ (Eigenwerbung) die besten Hotels der Türkei. Damals konnte man nur per Boot nach Antalya fahren, jetzt nennen Weiler wie Beldibi, Göynük, Çamyuva oder Tekirova stolz bis zu drei Schnellstraßenabfahrten ihr Eigen und erwirtschaften ein größeres Sozialprodukt als Mittelstädte wie Elmalı. Insgesamt ist die Kemer-Region heute eines der besten Feriengebiete der Türkei, das inzwischen viel von Gästen aus den ehemaligen Sowjetrepubliken besucht wird.

Infobox

Infos

www.kemer-tr.info: Infoseite einer Deutschen, die bei Kemer lebt.
www.visitkemer.org: Info-Seite auf Englisch, mit Karten
Tourist Information in Kemer: Liman Cad., Tel. 0242 814 15 37

Anreise und Weiterkommen

Von Antalya fährt man mit dem Bus ca. 45 Min., vom Flughafen etwa 1,5 Std. bis nach Kemer, Taxis brauchen etwas weniger Zeit. Seit die Busstation im Zentrum abgerissen ist, hält der Bus nur an der Schnellstraße, von dort fahren Dolmuş-Minibusse. Mit eigenem Auto parkt man am besten in einer Nebenstraße der Liman Caddesi. Der Verkehr zwischen Kemer und den anderen Orten bzw. Hotels der Kemer-Küste wird von einer ganzen Flotille von Dolmuş-Minibussen übernommen.

Typischerweise ziehen sich hier die Großhotels an Strand und Meer entlang und schirmen es mitsamt den schönsten Buchten fast undurchdringlich ab; gegenüber reihen sich zahlreiche Lädchen, Restaurants und Einkaufszentren. Die früheren Ortszentren von Beldibi oder Çamyuva haben dabei noch erstaunlich viel ursprünglichen Charme bewahrt. Kemer, einst bekannt für seine vielen Mandarinen-Plantagen, ist das moderne Shopping- und Ausgehzentrum der Region. Besonders hoch ist auch der Anteil an Clubs und Großdiscos, denn Kemer versucht als Partystadt vor allem jüngere Leute anzuziehen.

Die Region bietet sich auch als Standquartier für Touren zu den antiken Stätten Pamphyliens und Lykiens an. Sowohl Xanthos als auch Side sind in 2 Std. Fahrt erreicht und auch der Olimpos-Beydağları-Nationalpark bietet lohnende Ziele.

Kemer ▶ H 7

Kemer (ca. 42 000 Einw.) ist heute ein lebhaftes Städtchen mit gut ausgestatteten Jachthafen und zahllosen Restaurants, Modeboutiquen, Souvenirgeschäften, das ganz vom Tourismus lebt. Im Sommer ist das frühere Fischerdorf das Oberzentrum für rund 150 000 Feriengäste. Seit dem Ausbau der Seepromenade und der Anlage des Kuğulu-Parks am Westrand des Ortsstrandes ist Kemer geradezu mondän geworden: Edelboutiquen an der Shoppingmeile der Liman Caddesi und allerorten ein im Türkeivergleich deutlich erhöhtes Preisniveau. Hauptbesucher sind inzwischen Russen, sodass jetzt kyrillische Buchstaben häufiger zu sehen sind.

Die Strandpromenade von Kemer

Der Hauptstrand von Kemer ist gesäumt von Hotels der oberen Mittelklasse und deren Beach Clubs. Natürlich unvermeidlich: Im Rückraum dröhnt die Musik, auf dem Meer heulen Jet-Ski-Boote. Am Ende liegt der Kuğulu-Park, gesäumt vom ›Disco-Strip‹ (s. S. 174). Im Park wurde 2012 der vom MHP-Bürgermeister Gül aus dem Zentrum verbannte Brunnen ›Liebesregen‹ wiederaufgestellt. Er zeigt zwei Bronzegestalten bei dem, was viele Kemergäste am liebsten machen.

Die zum Jachthafen führende **Liman Caddesi** ist die große Flanier- und Geschäftsmeile. Am Ende liegt die **Marina Agora** 1 mit ihrem beeindruckenden Mastenwald, die letzte Station der Blauen Reise von Fethiye her.

Hinter dem Hafen wird es lauschig: Im **Moonlight Garden** 2 vor dem Ayşığı-Strand kann man in einem Wäldchen Schatten finden und sogar Minigolf spielen, dazu gibt es verschiedenene Restaurants. Auch betreibt das Hotel Türkiz hier eine **Delfinshow**, die von Tierschützern allerdings vehement kritisiert wird (s. S. 45).

Der **Ayşığı-Strand** selbst blickt auf eine idyllische kieferngefasste Bucht. Auf der Felszunge der Nordseite hat man den **Yörükü Parkı** 3 mit einer *oba*, einem Zeltlager der Yörük-Nomaden, aufgebaut: Typische Szenen des Nomadenlebens sind mit lebensgroßen Puppen nachgestellt.

Übernachten

Die großen **Luxushotels**, die sich oft auf mehrere Hektar großen Arealen erstrecken, liegen entlang der Küste,

Kemer

Sehenswert

1 Marina Agora
2 Moonlight Garden
3 Yörükü Parkı

Übernachten

1 Tuncer Garden
2 Erendiz Resort Hotel
3 Berke Ranch

Essen & Trinken

1 Sailor's Restaurant
2 Casa de Flor

Abends & Nachts

1 Alibi
2 Axess Bar
3 Disco Strip
4 Salinas Moonlight

vor allem in Göynük, Çamyuva und Tekirova. Auch am Kemer-Ortsstrand gibt es mit den Häusern **Türkiz Hotel & Spa** (www.turkiz.com.tr), **Pegasos Beach** (www.pegasoshotels.com.tr/pegasosbeach), **Fame Residence** (www.famehotels.com) oder **Golden Lotus** (www.goldenlotushotel.com) hochkarätige Adressen. Am preisgünstigsten bucht man pauschal, sollte aber in den Hotelforen (z. B. www.holidaycheck.de) nachlesen, ob das Hotel auch bei Russen beliebt ist. Denn v. a. in Kemer mehren sich die Klagen über schlechtes Benehmen und Alkoholprobleme.

Wer in Kemer in kleineren Häusern unterkommen möchte, findet zwischen der Hauptstraße Atatürk Caddesi und dem Meer eine Vielzahl an **Pensionen und Apartmentanlagen**. Wird nicht so sehr viel Wert auf Nightlife gelegt, sollte man nach Beldibi oder Çamyuva ausweichen – dort ist es deutlich ruhiger.

... direkt in Kemer

Einfach und nett – **Tuncer Garden 1**: Atatürk Bulv.,127. Sok. 4, kurz hinter der Moschee links abbiegen, Tel. 0242 814 57 50, www.booking.com, DZ/F ca. 140–210 TL. Ein kleineres, einfaches Hotel, doch mit einem Pool zur Erfrischung, dazu ein schöner Garten mit Sitzkissen und Hängematte. Die

Zimmer sind klein, aber gefliest und für den Preis okay. Am Pool gibt es Bar- und Restaurantservice.

... außerhalb

Naturnah – **Erendiz Resort Hotel 2:** Aslanbucak Mah., 263 Sok. 5, Tel. 0242 814 25 04, www.erendiz.de, DZ/F um 135 TL. Ländlich gelegenes und gestaltetes Haus in schönem, ruhigem Garten, an der südlichen Kemer-Ausfahrt Richtung Berge. Die Zimmer sind eher rustikal, aber großzügig. Mit Pool, Wellness-Angeboten, Restaurant und Shuttlebus zur Stadt.

(Pferde-)Paradies – **Berke Ranch 3:** Kuzdere Yolu, Richtung Çamyuva, 6 km von Kemer, Tel. 0242 818 03 33, www.hotelberkeranch.com, DZ/F ab 210 TL, Honeymoon Suite um 450 TL. Schönes Boutiquehotel mit Pferdehof! Das von Berke Bozkurt gegründete Hotel liegt inmitten von Obstbaumplantagen, Minibus-Shuttle zum Strand gibt's umsonst. Das Haus ist, auch ohne dass man Pferdenarr ist, ein Paradies. Viel Natur und eine gute Ausstattung mit Pool und Fitnessraum. Angeboten werden Trailritte in Gruppen oder sogar Reitunterricht sowie Trekking- und Mountainbike-Touren.

Essen & Trinken

Kemer-Stadt ist das Nightlife-Zentrum der ganzen Region, entsprechend reihen sich die Restaurants entlang den Hauptstraßen. Insgesamt ist die Gastronomie relativ hochpreisig und international ausgerichtet. Echte türkische Küche findet man selten, wenn, dann vor allem außerhalb, etwa an der Atatürk Caddesi hinter dem Cumhuriyet Meydanı oder an der neuen Busstation an der Schnellstraße.

In den umliegenden Orten wie Göynük, Kiriş, Tekirova haben viele Restaurantbetreiber inzwischen aufgegeben, da aufgrund der ständigen All-inclusive-Buchungen immer weniger Gäste außerhalb essen. Ein Abendausflug nach Kemer lohnt daher in jedem Fall.

Toller Hafenblick – **Sailor's Restaurant 1:** Kemer Marina, Tel. 0242 814 14 90, tgl. 10–23 Uhr. Gepflegtes Restaurant mit ordentlicher internationaler Küche, Schwerpunkt Fischgerichte, aber auch Steak und Pizza, abends oft Livemusik. Aber auch ein schöner Platz auf einen Kaffee an der Marina oder einen Sundowner mit Blick auf die Masten. Hauptgerichte um 26–40 TL, Fisch ab 35 TL.

Italienisch und mehr – **Casa de Flor 2:** Atatürk Cad. 41/B, Tel. 814 29 97. Abseits der Hauptbummelmeile bekommt man hier eine ordentliche italienische Küche, dazu Meeresfrüchte und Steaks zu eher moderaten Preisen. Pasta um 18 TL, Hauptgerichte ab 25 TL.

Aktiv

Ausflüge in die Berge

Zahlreiche Agenturen in Kemer bieten Ausflüge in die Berge an, s. S. 176. Einen guten Ruf als Veranstalter von Aktivreisen an der lykischen und der Kemer-Küste genießen **Seb Tours** in München (www.seb-tours.de, Tel. 089 5429 05 38), die auch Mountainbike-Wochen anbieten.

Bootstouren

Per Boot sind zahlreiche Ausflugsziele wie Phaselis (s. S. 179) und Olympos (s. S. 184) erreichbar, zudem werden Tagestouren zu Inseln wie Üç Adalar (Three Islands) oder Sinçan Adası (Rat Island) und Badebuchten wie den Pirates Coves veranstaltet. Solche Touren können sehr schöne Fahrten nach dem Muster der Blauen Reise sein, es

Mondäne Marina unter Palmen: der Jachthafen von Kemer

kommt dabei natürlich auf die Mitreisenden an …

Tauchen

Viele Luxushotels haben auf ihrem Gelände **Tauchzentren**, die auch Nicht-Gäste mitnehmen, z. B. das Art Corinthia und der Club Alda in Göynük, das Palmariva in Tekirova, der Club Aquamarine in Beldibi, der Robinson Club und das Naturland Aqua Hotel in Çamyuva, Hotel Tekirova Beach, Kiris World Magic Hotel und das Limra Hotel in Kiriş.

Manche Tauchschulen haben auch deutschsprachige Lehrer. Eine Grundausbildung dauert ca. vier Tage und kostet um 350 €. Für Taucher mit Schein gibt es Ausrüstungsverleih und Ausfahrten; interessierte Anfänger können auch Schnuppertauchgänge für einen oder einen halben Tag buchen.

Abends & Nachts

Chillen – **Alibi 1**: Am Hauptstrand von Kemer. Die Strandbar ist ein Szenetreff für Wassersportler, Bodybuilder und Badenixen, ab 9 Uhr morgens gibt es hier die aktuellen Hits, dazu Drinks und Snacks.

Relaxen – **Axess Bar 2**: Im Moonlight Garden vor dem Strand, tgl. 9–1 Uhr. Eine versteckte Bar zum Chill-out. Unter Baumschatten relaxt man in knallbunten Sitzkissen.

Go-go Girls und Foam Parties – **Disco Strip 3**: Am Ende des Stadtstrands nach Norden liegt die Clubmeile von Kemer, tgl. 22–5 Uhr. In der Saison, wenn genug Partyvolk da ist, kommt Ibiza-Flair auf. Allerdings ändern sich die Namen häufig. Zuletzt angesagt waren Aura First (www.auraclub.com) und Inferno (www.infernoclub.net), beide openair, die ganze Tanzfläche wird unter Schaum gesetzt. Nachts fahren Minibusse vom Belediye Meydanı.

Techno-Tempel – **Salinas Moonlight** 4: 177. Sok., hinter Moonlight Park, tgl. 22–5 Uhr, www.salinasclub.com. Tanztempel für 4000 Leute am Ortsstrand. Im Sommer gibt's oft Varieté, Live-Events und Miss-Wahlen. Auch dort sollte man besser nur mit ›schaumfesten‹ Sachen hingehen.

Termine

Der Bürgermeister von Kemer ist sehr rührig und versucht jedes Jahr in der Saison große **Konzerte** türkischer Stars zu organisieren, die im städtischen Stadion (Ahmet Erkal Stadium) stattfinden. Mit Glück kann man dann Tarkan, Mustafa Sandal oder Hande Yener erleben – auf Plakate achten! Auch werden immer wieder **Festivals** veranstaltet, z. B. (ohne langjährige Gewähr):

Mitte Mai: Internationale Kemer-Unterwassertage, www.kemerfest.net

Mitte Juni: Altın Nar Festivalı (Goldener Granatapfel), Kulturevents und Popkonzerte, Wahl der Miss Kemer

Mitte September: Phaselis Art Events mit Konzerten in den antiken Ruinen

Wanderung durch die Sapandere-Schlucht

Ca. 25 km, mindestens 5 Std., Anstieg um 500 m, Geröllpfade, lange Strecken durchs Bachbett. Viel Wasser mitnehmen!

Eine durchaus anspruchsvolle Wanderung führt durch das wild-dramatische Sapandere-Tal ins Kemer-Gebirge hinein. Ab **Kemer Otogar** mit der Cumhuriyet Caddesi zum Kuzdere-Fluss, man folgt dem Fluss bis zur alten **Römerbrücke.** Da hier viele Jeep-Safaris unterwegs sind, ist es auch möglich, mit dem Auto bis zur Brücke zu fahren.

Nach Überqueren der Brücke beginnt der Einstieg ins Sapandere-Tal,

Wanderung in der Sapandere-Schlucht

dem man gut 7 km folgt. Dabei gibt es Bachüberquerungen, Kletterei über Felsblöcke und steile Uferstellen, auch Passagen über abgerutschte Uferhänge und immer Geröll. Lange Hosen und Schuhe, die nass werden können, sind anzuraten.

Bei einem markanten **Felsbuckel** linker Hand ist der Ausstieg aus dem Tal erreicht. Man hält sich wieder links und wandert ca. 10 km über eine **Forstpiste** zurück (immer geradeaus halten), bis schließlich die asphaltierte Kuzdere-Straße erreicht wird. Dort links, nach 1 km kann man in einem Berglokal rasten und zur Römerbrücke zurückkehren.

Ausflüge in die Berge

Das Schönste an Kemer sind die unberührten Naturlandschaften im **Olimpos-Beydağları-Naturpark** (▶ H 7), der das ganze, bis 3000 m hohe Gebirge umfasst. Dieses Bergparadies eignet sich für Wanderungen ebenso wie für Mountainbike-Touren.

Juni bis August ist die beste Zeit für Hochgebirgswanderungen, auf den Tahtalı Dağı oder den Kızlarsivrisi, den mit 3070 m höchsten Gipfel. Solche Touren sollte man aber nur mit Führung durch spezialisierte Veranstalter unternehmen (s. S. 35). Falls Sie doch allein loswandern: Hinterlassen Sie im Hotel Ihre geplante Route und Ihre Handynummer (ein eingeschaltetes Handy erleichtert die Suche im Notfall erheblich). Unterschätzen Sie nicht die Gefahren, leider kommt es jedes Jahr wieder zu Todesfällen aus Leichtsinn.

Mit der Seilbahn auf den Tahtalı-Gipfel ▶ H 7

www.olymposteleferik.com, 75 TL

Ein wunderbarer Ausflug ist die Fahrt mit der 2007 eröffnete Seilbahn auf einen der höchsten Gipfel, den 2365 m hohen Tahtalı Dağı, der in der Antike Olympos hieß. Die beiden Pendelgondeln können 80 Personen transportieren und überwinden 1637 m. Zur 700 m hoch gelegenen Talstation biegt man auf Höhe von Çamyuva (s. S. 178) in die Berge ab, es gibt auch Dolmuş-Busse zur Seilbahn. Oben genießt man ein grandioses Panorama: unten das tiefblaue Meer mit der Metropole Antalya, ringsum die Dreitausender der Gebirgskette. Das Motto ›Sea to Sky‹ trifft hier wirklich.

Gedelme Yayla ▶ H 7

Für Wanderungen ins wild-romantische **Kesme-Tal** und weiter auf die Gedelme-Hochebene fährt man mit dem Dolmuş-Minibus zu den Binnendörfern **Kuzdere** oder **Aslanbucak** (10 km, Asphalt). Für Mountainbiker ist die gesamte 23 km lange Strecke zur alpin anmutenden **Gedelme Yayla** reizvoll, die unterhalb des Tahtalı Dağı liegt. Das **Forellenrestaurant Çınarlıpınar** lohnt dabei als schönes Etappenziel.

Göynük und Beldibi

Göynük und Beldibi, nördlich von Kemer, sind Hotelsiedlungen, die aus alten Dörfern hervorgegangen sind. Am Strand reihen sich die Luxusresorts, die Dörfer wurden inzwischen zu ziemlich protzigen Kleinstädtchen umgebaut.

Göynük ▶ H 7

Das Dorf **Göynük** (7 km von Kemer) mit einem riesigen, überdimensionierten Stadttor liegt bergseitig von der Hauptstraße. In dieser modern ausgebauten Kleinstadt wohnen viele der türkischen Arbeitsmigranten, die in den Hotels der Kemer-Küste ihr

Wanderpause im Göynük Kanyon

Geld verdienen. Das Städtchen lohnt durchaus einen Ausflug, im großzügigen **Teegarten** kann man einen preisgünstigen Abend verbringen.

Die Hotelzone liegt meerseitig, Richtung Strand reihen sich die Luxushotels, landseitig begleitet von Textilien-, Leder- und Teppichläden.

Einkaufen

Obst und Textilien – **Wochenmarkt:** Jeden Freitag im Dorf beim Hauptplatz neben der Moschee. Seit der Textilienverkauf auf den Märkten von Kemer und Çamyuva verboten ist, ist der Markt in Göynük der größte der Region. Von Bauernprodukten, Obst und Gemüse bis hin zu billigen Textilien und Haushaltswaren gibt es fast alles.

›Body-Rafting‹ in der Göynük-Schlucht

Ca. 5 km Straße, 5 km Forstpiste, 5 km durchs Wasser, ca. 5 Std. mit Canyoning. Nach Göynük per Minibus

Vom ersten Göynük-Abzweig von der D400 führt eine Schotterpiste an einem meist ausgetrockneten Flussbett zum **Göynük Kanyonu,** einer engen Klamm mit Wasserfall und Naturpool. Man kann am Abzweig starten, in Göynük-Dorf oder am Ende der befahrbaren Straße. Beim improvisierten Sommerlokal mit einer Zipline-Anlage geht es nur noch zu Fuß weiter, erst auf der Forstpiste bis zum Beginn des Canyons mit der Station von **Lukka Outdoor.** Dort kann man Neoprenanzüge und

Unterwegs in der Göynük-Schlucht

Helme ausleihen. Die nächste Strecke führt durchs Wasser, nicht immer, aber doch manchmal brusttief. 300 m hohe Felswände und riesige Felsblöcke machen den Reiz dieses einzigartigen Naturareals aus. Teils muss man rutschen *(body rafting)*, teils klettern, am Wasserfall wird gesungen …

Am Weg zur Schlucht liegt der Abzweig zum **Yüksek Parkur,** einem Kletterpark mit Wegen verschiedener Schwierigkeitsgerade (bis 11 m Höhe); auch für Kinder ist einer geeignet.

Beldibi ► H 7

Der **Strand von Beldibi** (15 km von Kemer) bietet durch lockeren Kiefernbewuchs viel Schatten. In der Ebene zum Hügelfuß liegen noch einige Orangen- und Mandarinenhaine, die es hier früher überall gab.

Ein schöner, nur an Wochenenden stärker besuchter Strand, der **Çamdağ Plaj** (► Karte 3) liegt etwas außerhalb an der Straße Richtung Antalya.

Übernachten

In den Hotels der oberen Klassen werden in Göynük und Beldibi vor Ort Fantasiepreise verlangt, in die All-inclusive-Anlagen kommt man nur pauschal hinein.

Abends & Nachts

Take it easy – **Fly Dance Club:** Sahil Yolu, Beldibi, nahe Selçukhan Hotel, www.flydanceclub.com, tgl. ab 21 Uhr. Openair-Disco mit Schaummaschine, neben Techno und Türkpop auch Pop, Reggae etc.

Çamyuva und Tekirova

Fährt man von Kemer nach Çamyuva (ca. 8 km südlich), kommt man durch **Kiriş,** eine weitere Hotelsiedlung am Strand beim Kap Kiriş mit seinen drei Buchten, alle innerhalb des Luxushotels Kiriş World gelegen.

Çamyuva ► H 7

Auf der anderen Seite des Agva, der im Sommer austrocknet, im Winter aber zu einem reißenden Strom werden kann, liegt **Çamyuva** (spr. *tschamjuva)* – eine weitläufige Siedlung mit Pensionen, Kleinhotels und einer geschlossenen Reihe von Luxushotels am Strand, alles überragt von der gewaltigen Zacke des Tahtalı Dağı. Trotz einiger großer Shopping-Anlagen geht es eigentlich noch recht dörflich zu.

An der D400 bei Çamyuva beginnt auch die Auffahrt zur Tahtalı-Seilbahn und zur Gedelme Yayla (s. S. 176).

Tekirova ▸ H 7

Alt-Tekirova (20 km von Kemer) liegt eigentlich weiter südlich und auch gar nicht an der Küste – und so ist die **Hotelsiedlung Tekirova** eine moderne Neubau-Agglomeration rund um Großhotels wie Phaselis Princess oder Martı Myra. Allerdings wurde in letzter Zeit viel gebaut, so dass manche Anlage heillos überdimensioniert wirkt. Dafür ist die Landschaft mit wild-romantischem Pinienwald unberührter als in Çamyuva und Kiriş. Tekirova werden die schönsten Strände der Kemer-Küste nachgesagt, doch sind diese zumeist von den Hotels privatisiert.

Übernachten

Ein Kindertraum – **Pirate's Beach Club:** Tekirova 1, Tel. 0242 821 40 01, www.piratesbeach.com.tr, 1 Woche 2 Erw., 2 Ki all-in um 2300 € bei booking.com. Der wohl beste Club für Kinder unter zwölf Jahren in der Türkei (echter Papagei, echtes Holzbein, echte Galeere, echtes Kamel). Das Thema Piraten wird komplett ausgereizt, und hinterher haben die Eltern nicht einmal gemerkt, dass die Kids mit waren! Für die Eltern gibt's ein Wellness-Spa, eine Tauchschule und eine Disco.

Sehr viel Natur – **Sundance Nature Village:** Tel. 0242 821 41 65, www.sundancecamp.com, DZ/HP im Baumhaus 60 €, im Bungalow 80–90 €, für 4 Pers. 130 €. Ganz einsam, naturnah und ruhig gelegenes Camp Richtung Phaselis mit Baumhäusern, Bungalows und offenen Lodges ohne Fenster an einem naturbelassenen Kieselstrand. Angeboten werden Yoga-Workshops, Ausritte, Bootsausflüge, Sea Kayaking, Thai-Massagen und Wanderungen, im Oktober ein Jonglier-Festival.

Phaselis! ▸ H 7

12 km südlich von Kemer, tgl. 9–18 Uhr, 15 TL

Ein Besuch der am Meer gelegenen **Ruinenstadt Phaselis** ist allein schon deshalb empfehlenswert, weil sich hier antike Kultur mit der Gelegenheit zu einem Bad vor idyllischer Kulisse verbindet.

Phaselis soll antiken Autoren zufolge um 690 v. Chr. als Kolonie dorischer Griechen von Rhodos aus gegründet worden sein, doch haben wohl bereits die Phöniker die »Stadt der drei Häfen« (so Strabo) als Handelsstation zwischen Palästina und Griechenland genutzt. Um 100 v. Chr. hielten die Piraten unter Zeniketes (s. S. 184) Phaselis besetzt, dann kam es zur römischen Provinz Pamphylia. Bis in byzantinische Zeit hinein war die Stadt eine Flotten- und Handelsbasis von einigem Wohlstand, doch den Seldschuken diente sie nur als Steinbruch für die Erweiterung der Mauern von Antalya.

Hinter dem Kassenhäuschen liegt ein **Museum**, das Schmuckfriese und Statuen zeigt. Kurz vor der Küste deuten linker Hand einige **Steingräber** im Wald auf die Nekropole von Phaselis hin. Beim **Aquädukt** des 1. Jh. n. Chr., das von Norden zur Stadt führte und die Trinkwasserversorgung sicherte, kann man parken. Die kleine Bucht links, die von einer Felszunge umschlossen und von einer Seemauer geschützt ist, diente einst als **Galeerenhafen**. Von dort führt eine breite, von mosaikgepflasterten ›Bürgersteigen‹ gesäumte **Prachtstraße** zu einem grö-

Blick über die Ruinen von Phaselis zum Olympos-Gipfel

ßeren Platz. Links erhebt sich hinter den **Kleinen Thermen** das Bühnengebäude des **Theaters** (2. Jh. n. Chr.), auf dessen Sitzreihen inzwischen Pinien Platz genommen haben.

Auf der rechten Straßenseite schließen sich direkt hintereinander drei Agoren an. Zunächst die **Tetragonos Agora** (Vierseitige Agora), die kurz vor dem Besuch des Kaisers Hadrianus errichtet wurde. Auf sie folgt ein **Kaiser Domitian** (81–96 n. Chr.) geweihter **Agora-Komplex** mit gut erhaltenen Gebäudemauern und Türen. Zuletzt passiert man eine **byzantinische Gebäudegruppe** und gelangt schließlich zum **Hadrianus-Tor** kurz vor dem Südhafen. Wie in Antalya und Perge wurde es zu Ehren dieses Kaisers errichtet, hier ist es allerdings nur noch ein Trümmerhaufen. Im südlichen **Haupthafen**, wo nun die Ausflugsjachten ankern, dürfte der römische Imperator gelandet und dann durch das Tor in die Stadt gezogen sein.

Steigt man vom Tor nach links den **Akropolis-Hügel** hinauf, kann man erhaltene Teile der **hellenistischen Befestigungsmauer** sowie **Fundamente von Tempelbauten** aufspüren. Von dort oben ergibt sich ein schöner Blick über die gesamte Stadtanlage.

Infos

Minibus: Von Kemer per Minibus Richtung Tekirova (der Fahrer hält nach Aufforderung an der Straße).
Boot: Überall an der Kemer-Küste gibt es Jachttouren inkl. Barbecue und Badevergnügen nach Phaselis.

Wanderung bei Phaselis

Ca. 10 km, etwa 4 Std. mit Besichtigung, teils Geröllpfade, zurück mit dem Minibus ab Tekirova

Den Besuch von Phaselis kann man mit einer kleineren Wanderung von Çamyuva nach Tekirova verbinden.

Man parkt an der Südabfahrt der D400 von **Camyuva,** folgt ein Stück der Schnellstraße und nimmt den Forstweg in Richtung Küste. Beim einsamen Sandstrand mit einem Süßwasserausfluss lohnt schon ein erster Badestopp. Dann geht es auf einem Pfad weiter durch Pinienwald über den Felsriegel im Süden, der Weg ist leicht zu finden.

Danach orientiert man sich an der Felsküste, bis man im Wald auf die ersten Sarkophage der Nekropole stößt, und erreicht schließlich das antike Stadtgebiet von **Phaselis.** Vom Südstrand geht es weiter am Meer entlang über einen Felsriegel zur nächsten Bucht, an deren Ende biegt man beim Sundance Village, einem einsam gelegenen **Holzhütten-Camp,** ins Inland ab. Der Straße folgend wird schließlich der Atatürk Bulvarı von **Tekirova** erreicht, wo man sich in den Lokalen stärken kann.

Wanderung bei Phaselis

Lieblingsort

Olympos ▶ H 8
Unter allen Stränden an der Südküste hat der von Olympos einen Vorteil: Er liegt nicht nur im Beydağları-Nationalpark, sondern ist zudem auch als archäologische Schutzzone ausgewiesen. So fahren zwar täglich die Ausflugsboote an, aber sonst bleibt die Natur bewahrt, wie es sonst sehr selten in der Türkei geworden ist. Am Kieselstrand liegt man ohne Musikbeschallung und hat auch sonst seine Ruhe vor dem Nepperunwesen, mit dem man sich sonst den ganzen Tag herumplagt. Richtung Çıralı findet man ein kleines, einfaches *lokanta*, wo man sich stärken kann. So verbringt man hier einen sehr chilligen Tag!

Mein Tipp

Forellenessen in Ulupınar
Hinter Tekirova erreicht man an der Hauptstraße Richtung Kumluca das Tal von Ulupınar. Dort liegen idyllisch im Wald versteckt zahlreiche Forellenrestaurants – ein guter Zwischenstopp auf dem Weg nach Olympos. Man sollte jedoch besser eines der nicht von Reisebussen angesteuerten Lokale wählen, die das Tal inzwischen auch entdeckt haben. Sehr hübsch ist das **Botanik** mit einer imposanten Zuchtstation, lauschig unter schattigen Bäumen gelegen ist auch das **Havuz Başı.** Grillforelle mit Salat und Brot um 15 TL.

Olympos und Çıralı

Hinter Ulupınar (s. u.) kommt der Abzweig zum kleinen Dorf Çıralı, das in einer langen Küstenebene gleich neben dem Olympos-Strand und den Ruinen der antiken Stadt liegt. Selbst heute ist die Küste bei Olympos noch kaum erschlossen, jedenfalls nicht durch Großhotels. In den Weilern Çıralı, am Olympos-Eingang, und in Çavuş im Süden gibt es aber bereits eine ganze Reihe Pensionen und private Kleinhotels. Eine direkte Straßenverbindung von Çıralı nach Olympos gibt es nicht, man kann aber über den Strand laufen.

Direkt nach Olympos führt ein zweiter Abzweig von der D400 etwas weiter südlich; dieser Weg ist jetzt von sogenannten Baumhauspensionen gesäumt, die an den Erfolg von Kadır's Treehouses (s. S. 188) anknüpfen wollen, aber meist keine echten Baumhäuser anbieten.

Olympos ▸ H 8

Tgl. 9–18 Uhr, 8 TL
Auf der Höhe von Tekirova erhebt sich der bis in den Juni hinein schneebedeckte **Tahtalı Dağı**, der in der Antike Olympos hieß. Dort oben lag für die griechischen Siedler an der Küste der Wohnsitz des Zeus. Nach dem Berg wurde auch die antike Siedlung an der Küste benannt.

Olympos, dessen Burgberg steil abfallend die Küste beherrscht, war seit dem 2. Jh. v. Chr. Mitglied des Lykischen Bundes, gehörte jedoch nicht zur älteren lykischen Kultur. Die Nekropole auf dem Hügel südlich des Flusses weist daher die typischen Grabbauten der Lykier nicht auf. Für die spätere Bedeutung der Stadt spricht aber, dass sie im Rat des Lykischen Bundes ebenso viele Stimmen besaß wie das mächtige Xanthos.

Kurz nach 100 v. Chr. wurde sie von den kilikischen Piraten unter Zeniketes erobert, der den fast uneinnehmbaren Burghügel zu seinem Stützpunkt machte. Schon vor der großen Pompeius-Expedition gegen die Piraten von Alanya (s. S. 256) wurde die Stadt 78 v. Chr. von dem römischen Proconsul Servilius Vatia nach einer Seeschlacht eingenommen. Im byzantinischen Reich war die Stadt Bischofssitz – Ruinen einer Kirche sind am Südufer des Baches auszumachen, der am Strand mündet.

Vom Parkplatz geht es über die antike **Hafenstraße** an den Ruinen alter Lagerhäuser und den Überresten einer antiken **Brücke** vorbei zum Strand. In den letzten Jahren ist das Stadtgebiet großflächig vom Niederwald geräumt worden, sodass jetzt viele Bauten einfacher zu erreichen sind. Links vom Fluss lassen sich eine Straße mit **Wohnbauten,** eine große **Basilika,** das **Anizal-Mausoleum** und ein 5 m hohes **Cella-Tor** als Rest eines Tempels entdecken. Auf der rechten Seite (den Fluss kann man im Sommer auf Trittsteinen leicht überqueren) kommt man zu einem **Theater;** südwestlich davon schließt eine **Nekropole** mit zahlreichen Sarkophaggräbern an. Östlich Richtung Strand folgen eine **gepflasterte Straße** mit Rampe zur Flussbrücke, römische **Thermen** und ein **Tempelbau.**

Zurück auf der nördlichen Flussseite passiert man kurz vor dem Strand die Felshöhe der antiken Akropolis. An ihrem Fuß sind drei skulptierte **Grabstätten** verdienter Bürger von Olympos ausgegraben worden.

Über einen steilen Pfad kann man die **Akropolis** besteigen. Ursprünglich erfolgte der Zugang über eine Rampe von Westen her. Auch das **Haupttor** der Akropolis ist eindrucksvoll: Zwischen den mächtigen Mauern öffnet sich ein schmaler Durchlass, auf beiden Seiten durch vorspringende Bastionen gesichert.

Die **Burgmauern** auf dem Kap jenseits des Flusses stammen dagegen aus dem Mittelalter, als die italienischen Handelsstädte (u. a. Genua) hier einen Seestützpunkt unterhielten – endgültig aufgegeben wurde Olympos erst im 15. Jh.

Çıralı ▸ H 7

Das Dorf **Çıralı** (sprich *tschirale)* hat sich inzwischen zu einem Urlaubsdorf mit zahlreichen kleinen, familiär betriebenen Pensionen entwickelt. In der noch ganz dörflichen Strandebene mit frei laufenden Hühnern und großen Granatapfelhainen liegen teils Neubauten, teils alte Dorfhäuser. Der Strand ist ewig lang, leicht kiesig und weitgehend naturbelassen; im Dorfkern bieten zahlreiche improvisierte Lokale einfache türkische Küche ohne englische Einflüsse an. Und das Nachtleben beschränkt sich auf den Sonnenuntergang und einen Drink nach dem Abendessen.

In der Umgebung beeindruckt ein ganz besonderes Naturschauspiel: die ›brennenden Steine‹ von Yanartaş (s. S. 186).

Infos

www.cirali.org: Allgemeine Informationen und viele Pensionen
www.yehuu-tour.com: Reiseaktivitäten wie Wandern, Jeep-Safari, Ausflüge und Bootstouren

Verkehr

Per Bus: Vom Bus von Antalya oder Kemer nach Fethiye steigt man an der D400 beim Çıralı-Abzweig in den Minibus um (fährt etwa stdl.).
Per Boot: An allen Stränden der Kemer-Küste werden **Bootstouren** nach Olympos angeboten.

Übernachten

Wer übers Internet (s. o.) bucht, kann sich vom Flughafen Antalya abholen lassen, das ist aber recht teuer. Zimmer vor Ort zu suchen ist aber auch hier vorteilhafter, weil man dann besser handeln kann.

A la turca – **Uğur Pansiyon:** Çıralı-Dorf, Tel. 0242 825 70 25, www.ugurpansiyon.com. DZ/HP 180 TL in der Hochsaison. Familiär geführtes Kleinhotel in einem schattigen Maulbeerbaumhain, nur wenige Minuten vom Strand entfernt. Ruhig gelegen, viele Sportmöglichkeiten. ▷ S. 188

Auf Entdeckungstour: Zur Chimaira – Yanartaş

Für die Griechen war es der Schauplatz eines Kampfes gegen ein monströses Mischwesen, Symbol der furchterregenden Naturgewalten. Hier schlagen kleine Flammen aus der Erde – seit Jahrtausenden schon.

Reisekarte: ▶ H 7

Beste Zeit: Tagsüber kann man gut am Olympos-Strand baden. Abends sieht man die Flämmchen besser – für den Rückweg aber unbedingt eine Taschenlampe mitnehmen oder am Eingang ausleihen. Eintritt 6 TL.
Anreise: Mit eigenem Fahrzeug. Organisierte Abendausflüge werden mit Flyern in den Hotels angekündigt!

Die ›brennenden Steine‹ von Yanartaş liegen nördlich des Dorfes Çıralı am Hang. Man fährt auf der Dorfstraße geradewegs durch das Dorf hindurch, dann immer der Straße folgend über die Strandebene bis zum Parkplatz am Hügelfuß. Nach 20 Minuten Aufstieg, zum Schluss auf dem Pflaster des antiken Weges, erreicht man ein schwarzes, vegetationsloses Hangstück.

Und tatsächlich: Dort schlagen überall Flammen – besser gesagt kleine Flämmchen – aus der Erde. Unterhalb liegen die Ruinen eines Gebäudes, das oft als **Hephaistos-Heiligtum** bezeichnet wird, jedoch eher mittelalterlich wirkt. In der Antike wurde als Hauptgott der Stadt Olympos der lahme Schmied Hephaistos verehrt. Auch dieser Dämon des Erdfeuers hatte seine Kultstätte am ewig brennenden Berghang.

Chimaira und Bellorophontes

Die Chimaira war ein feuerspeiendes Ungeheuer, ein dreiköpfiges Mischwesen, zusammengesetzt aus einem Löwen, von dem der Kopf stammte, einer Ziege und einer Schlange, die den Schwanz bildete. Sie stammte aus dem Geschlecht der Gaia (Erde) und des Pontos (Meer), den ersten Naturgöttern in der griechischen Mythologie. Die Chimaira hauste in Lykien und bedrohte Mensch und Nutztiere – quasi ein Symbol für die barbarische Welt Kleinasiens, gegenüber der die Position der griechischen Kolonien an der Küste immer höchst prekär blieb.

König Iobates von Lykien schickte schließlich den Helden Bellerophontes zum Kampf gegen das Ungeheuer. Von diesem Helden erzählt Homer im 6. Gesang der »Ilias«: Er stammte aus dem dorischen Korinth, war dort aber in Ungnade gefallen, weil er die amourösen Avancen der Königin Anteia abgelehnt, dann aber von ihr aus Rache der Vergewaltigung bezichtigt worden war. Der König glaubte seiner Frau, scheute aber vor Mord zurück und schickte ihn stattdessen nach Lykien zu seinem Schwager Iobates – als Bote eines Briefes, der forderte, Bellerophontes in den Tod zu schicken. Der Held kämpfte also gegen die Solymer aus den Taurus-Bergen und auch gegen die Amazonen (die manche Forscher für die langhaarigen Hethiter halten). Auch die Chimaira konnte der Held, der ein geflügeltes Ross namens Pegasos besaß, in einem wilden Kampf besiegen, und dort, wo die Chimaira ihr Leben aushauchte, entzündeten sich immerwährende Flammen – die bis heute nicht verloschen sind.

Berichte und Ursachen

Schon Plinius der Ältere (1. Jh. v. Chr.) berichtet, dass man nur mit einem brennenden Stock die Erde berühren müsse, und schon schieße eine Flamme hervor – das stimmt, wie man ausprobieren kann. 1811, als Kapitän Sir Francis Beaufort mit einem Firman des Sultans die Südküste bereiste, sollen die Flammen einen halben Meter

hoch gewesen sein – er konnte sie nachts schon vom Meer aus sehen. Wissenschaftliche Untersuchungen haben ergeben, dass das Gas durch metamorphische Prozesse entstanden ist (also Erdgas ähnelt) und nicht vulkanischen Ursprungs ist.

Besonders faszinierend ist ein Besuch natürlich nicht tagsüber in heller Sonne, wenn man die Flammen kaum erkennen kann, sondern bei Nacht: Dann tanzen die Flammen geisterhaft auf dem Hang – ein echtes Highlight für Romantiker oder Mystiker. Weiter oben (noch einmal 20 Min. Aufstieg) liegt ein zweites, kleineres Flammenfeld, das nur selten besucht wird.

Kadır's Baumhaus-Lodge in Olympos

Unter Granatäpfeln – **Bellerofon:** Tel. 0242 825 73 36, www.bellerofonholi day.com, DZ/F 150–300 TL. Außerhalb des Dorfes an der Strandstraße nach Norden. Geschmackvolle Holzbungalows im Granatapfelhain in Strandnähe, üppiges Frühstück mit Meerblick und Hühnerbesuch. Sehr ruhig, ins Dorf geht man 1,5 km.

Für Naschkatzen – **Azur Hotel:** 200 m vom Çıralı-Strand, Tel. 0242 825 70 72, www.azurhotelcirali.com. DZ/F 110 € (330 TL), 2 Erw., 1 Ki. mit HP 170 € (500 TL). Gut geführte Anlage mit großzügigen Holzbungalows und Pool unter Leitung eines türkisch-deutschen Paares. Sehr schöner Garten! Spezialität des Hauses: selbstgemachte Marmelade.

... bei Olympos

Auf den Bäumen – **Kadır's Top Treehouses:** Olympos, am Weg von Çavuş her, kurz vor der Zahlstelle, Tel. 0242 892 12 50, Fax 0242 892 11 10, www.olympostreehouses.com. Bungalow mit Klimaanlage ab 60 TL/Pers., Baumhütte 40 TL/Pers., jeweils mit Frühstück und Abendessen. Kein Witz – es sind wirklich Baumhäuser, eine ganze Siedlung, lustig bemalt und fest in US-amerikanischer Hand – natürlich mit Internetzugang. Man fühlt sich wie in Berkeley oder Athens, abends wird am Lagerfeuer Indie-Rock gespielt.

Essen & Trinken

Viele Pensionen in Çıralı haben gleichzeitig ein Restaurant, man ist also auf Halbpension nicht unbedingt angewiesen (obwohl die Paketpreise im Internet diese in der Regel enthalten). Besser man lässt sich die Freiheit, je nach Laune zu entscheiden und verschiedene Restaurants auszuprobieren.

Holzhüttenatmo – **Yörük Restaurant:** Das improvisierte, urige Lokal an der Dorfstraße bei der Flussbrücke serviert Pide und Lahmacun, die türkischen Gözleme-Pfannkuchen, aber auch leckere Schmorgerichte und Fisch. Man sitzt sehr nett in einem lauschigen Garten.

Strandlokal – **Dione Cafe Bar:** Am Strand Richtung Olympos. Das hübsche Gartencafé mit etwas Baumschatten ist eine gute Adresse für einen Mittagssnack.

Çavuş und die Adrasan-Bucht ▸ H 8

Ebenso wenig wie Çıralı mit Großhotels verbaut ist die **Adrasan-Bucht,** die 5 km unterhalb des Dörfchens **Çavuş** ganz im Süden des Nationalparks liegt. Am kieferngerahmten Sandstrand gibt es etliche einfache *lokantalar*, in denen man gute türkische Küche und Fisch essen kann. Der **Strand** fällt kinderfreundlich recht flach ins Wasser ab, auch einige Wassersportanbieter gibt es.

Übernachten

Entlang der Strandstraße reihen sich einfache Unterkünfte, in der Ebene liegen auch Apartmentanlagen für türkische Familien. Noch urlaubt man hier, ohne dass am Nebentisch alle Englisch oder Russisch sprechen.

Unter Türken – **Sözen Motel:** Adrasan, Çavuşköy, Tel. 0242 883 11 17, Fax 0242 883 10 13, DZ/F ca. 130–190 TL. Ein einfaches Hotel, doch mit einem kleinen Pool und einem Restaurant direkt am Strand. Wer hier Quartier nimmt, hat hinterher garantiert türkische Freunde.

Künstlerisch – **Adrasan Hotel:** ganz am Ende des Strandes, Tel. 0242 883 12 83, www.adrasanotel.com, DZ/F ab 150 TL. Hübsche, künstlerisch gestaltete Anlage direkt am Strand mit Zimmern und Bungalows, weiläufig in einem gepflegten Garten, mit Strandrestaurant. Die Wirtsleute sprechen aber nur wenig Englisch.

Gartenpension – **Atici 2 Hotel:** Sahil Cad., Mobil 0532 342 80 32, www.atici2hotel.com, DZ/F 150 TL. Die Betreiber der Tauchbasis Diving Center Adrasan führen eine schöne Gartenpension (10 DZ, 4 Bungalows für 2–3 Personen). Neben Tauchkursen und -ausfahrten werden Freeclimbing und Wanderungen auf dem Lykischen Weg angeboten.

Aktiv

Tauchen – **Diving Center Adrasan:** Sahil Cad., Mobil 0582 320 33 16, Fax 0242 855 23 42, www.diving-adrasan.com. Holger und Mediha, die früher in Hurghada lebten, betreiben seit 1999 eine Tauchschule mit vielen deutschen Stammgästen und vermitteln Pensionszimmer in Adrasan (s. o.). Tauchgang 26 €, PADI OW 310 €.

Paragliding – **Kemer Paragliding:** Tel. 0532 265 15 88, www.kemerparagliding.com. Tandemflüge ab Çavuşköy (ca. 1000 m Höhe) hinunter zur Adrasan-Bucht.

Das Beste auf einen Blick

Antalya und Umgebung

Highlight !

Altstadt und Hafen von Antalya: Das alte Antalya liegt oberhalb einer geschützten Felsbucht, die den besten Naturhafen der Südküste bildet. Es ist ein einzigartiges Ensemble aus osmanischen Holzhäusern und antiken Ruinen, das längst auf der Liste des UNESCO-Welterbes steht. S. 194

Auf Entdeckungstour

Antalya-Museum: Auch für Museumsmuffel ein Erlebnis – mit seinen stimmungsvoll präsentierten Exponaten gehört das Museum zu den drei besten archäologischen Sammlungen der Türkei. S. 198

Ausflug zu den weißen Terrassen von Pamukkale: Pamukkale – das berühmteste Naturschauspiel der Türkei – liegt weit im Hinterland. Wer auf eigene Faust anreist, kann auf der Fahrt die wahre Türkei am Wegesrand entdecken. S. 211

Kultur & Sehenswertes

Yivli Minare: Das Gerillte Minarett ist das Wahrzeichen der Stadt. S. 194

Kaleiçi Museum: Das Museum, untergebracht in einem schön renovierten Holzkonak, zeigt osmanische Lebensart im 18./19. Jh. S. 197

Hadrianus-Tor: Im 2. Jh. wurde dieses römische Triumphtor zu Ehren von Kaiser Hadrianus gebaut. S. 200

Zu Fuß unterwegs

Wandern: Mithra Travel bietet geführte botanische Wanderungen oder MTB-Touren in den Bergen. S. 205

Düden Şelalesi: Der Ausflug zum Wasserfall bietet Gelegenheit zu einem Parkspaziergang. S. 207

Termessos: Die antike Stadt in den Bergen nordwestlich von Antalya ist nur auf einem idyllischen Spaziergang zu erkunden. S. 208

Genießen & Atmosphäre

Kara-Alioğlu-Park: Der Stadtpark im Süden der Altstadt direkt an der Steilküste gelegen, mit Teegärten, Springbrunnen und sogar einem kleinen, einfachen Strandbad. S. 195

Mermerli Restoran: Romantisches Lokal beim kleinen Stadtstrand von Antalya – Essen mit toller Aussicht! S. 202

Dönerciler Çarşısı: ›Fressgasse‹ mit einfachen türkischen Döner-Lokalen, deren Tische zumeist auf der Straße stehen. S. 204

Abends & Nachts

Art Café: In der Hesapçı-Sokağı in Antalyas Altstadt ist abends immer eine Menge los. S. 206

Ally Club: Antalyas Top-Disco über dem Hafen – hier zeigt die türkische Jeunesse dorée, was sie hat. S. 206

Die Perle der Südküste

Antalya, die Hafenstadt mit 2000-jähriger Tradition, ist heute eine moderne Großstadt, die mit Hochhausblocks immer weiter ins Umland wächst. Atatürk und viele andere rühmten sie als ›Perle‹ der türkischen Südküste. Während in den Neubauquartieren davon kaum noch etwas zu spüren ist, hat sich der historische Ortskern über dem alten Hafen, dem heutigen Jachthafen, den idyllischen Charme der Vergangenheit bewahren können.

In der fruchtbaren Ebene um Antalya baut man Zitrusfrüchte, Gemüse in Gewächshäusern und Baumwolle an, die in der Stadt verarbeitet wird. Ein Handelshafen, Zentrum einer Freihandelszone, liegt am Westrand der Bucht. Dahinter steigen die Spitzen des Beydağları auf 3000 m empor; an klaren Tagen bilden die schneebedeckten Gipfel ein beeindruckendes Panorama.

Infobox

www.antalya.de: Umfassende Infos; deutsch
www.antalya-ws.com: Sehenswürdigkeiten, Hotels, Ausflugsziele; deutsch.
www.antalya24.com: Reisebuchungen für die Provinz Antalya; deutsch
Tourist Information: Cumhuriyet Cad., Atatürk Parkı, Tel. 0242 241 17 47

Anreise und Weiterkommen

Transfer vom Flughafen (s. S. 206) ca. 30 Min. Das Bussystem in der Stadt ist kompliziert, die Einheimischen helfen aber gern weiter. Günstig ist die Tram, die die Altstadt umrundet und lange Wege spart. Zum Busbahnhof fährt die neue Metro vom Zentrum aus.

Schöne Ausflugsziele bilden die Fälle des Düden-Flusses und vor allem die antike Bergstadt Termessos, die wie verwunschen unberührt auf gut 1000 m Höhe liegt.

Antalya ▸ H 6

Zinnenbewehrte Stadtmauern umgürten die Altstadt noch heute zur See- wie auch zur Landseite. Sie fassen damit ein architektonisches Ensemble zusammen, das auf Schritt und Tritt Geschichte atmet – angefangen bei den Bauten der Römer, unter denen die Stadt ihre erste Blütezeit erlebte, bis zu den mittelalterlichen Moscheen der türkischen Seldschuken. Das Bild prägen allerdings die vielen traditionellen türkischen Holzhäuser des 18./19. Jh. mit vorspringenden Erkern und Balkonen, die schindelgedeckten Dächer, die Gärten mit Hibiskus und Orangenbäumen, die Werkstätten und Souvenirläden. Seit Beginn des Touristenbooms der frühen 1990er-Jahre wurden sie häufig in hübsche Pensionen oder Restaurants umgewandelt. Doch das unüberschaubare Verkehrsgewühl, vor allem die Verlagerung des Busverkehrs auf neue Stationen weit an den Stadträndern, scheint die Altstadt doch stark von ausländischen Besuchern abzuschotten – so sind es mittlerweile wieder hauptsächlich Individualreisende, die Antalya besuchen.

Gegründet wurde Antalya um 150 v. Chr. von Attalos II., König von Pergamon, der sie nach seinem eigenen Namen Attaleia nannte. 133 v. Chr. vererbte der König sein gesamtes Reich an Rom, sodass Attaleia 67 v. Chr. zum Stützpunkt des römischen Feldherrn Pompeius gegen die Seeräuber von Side und Alanya wurde (s. S. 256).

Der Hafen von Antalya ist der schönste der Türkei

Nach dessen Sieg wurde die Stadt mit der günstigen Lage am Handelsweg ins Innere Kleinasiens bald zur führenden Hafenstadt Pamphyliens.

In byzantinischer Zeit war die Stadt, nunmehr Adalia genannt, Bischofssitz, litt im 8./9. Jh. aber häufig unter den Überfällen arabischer Piraten. Im Februar 1148 machten Ludwig VII. von Frankreich mitsamt seiner Frau Eleonore von Aquitanien und 300 Edelfrauen hier während des Zweiten Kreuzzugs Station. Sie residierten in der Burg, in der heute das Restaurant Hisar für gute Küche sorgt.

1214 wurde die Stadt von den Seldschuken erobert, deren spätere Sultane den Titel Herren über beide Meere, nämlich das Schwarze und das Mittelmeer, führten. Die Stadt blieb aber durch Handelsverträge den christlichen Seefahrern (Venezianern, Genuesen) geöffnet – große jüdische und christliche Bevölkerungsgruppen lebten in jeweils ummauerten Stadtbezirken. Nach dem Niedergang der Seldschuken fiel Adalia im 14. Jh. unter die Herrschaft der Hamidoğuları-Fürsten aus Isparta. 1402 vom Mongolen-Heer des grausamen Herrschers Timur geplündert, das auch hier vor den Toren eine der berüchtigten Schädelpyramiden auftürmte, geriet Adalia 1415 endgültig unter osmanische Herrschaft. Nach dem Ersten Weltkrieg war die Stadt bis 1921 von Italienern besetzt. Nach dem Ende des Griechisch-türkischen Krieges wurden die griechischen Einwohner umgesiedelt (s. S. 120), damals erhielt die Stadt auch den heutigen Namen. 1960 zählte Antalya erst 95 000 Einwohner, heute geschätzt rund 1,3 Mio.

Symbol des modernen Antalya, das auch als herausragendes Architekturwerk der Türkei gilt, ist die Glaspyramide des **Sabancı Congress Centre** am Yüzüncüyil Bulvarı. In dieser Stiftung des schwerreichen Industriemagnaten Hasan Sabancı finden auch die großen Veranstaltungen des Altın-Portakal-Filmfestivals (s. S. 207) statt.

Altstadt und Hafen !

Das touristische Zentrum ist die Altstadt, im Türkischen Kaleiçi genannt. Sie wird eingefasst von der nach Westen Richtung Kemer verlaufenden Cumhuriyet Caddesi und der nach Osten zum Lara-Strand führenden Atatürk Caddesi. Beide Straßen, die belebtesten Flaniermeilen Antalyas, folgen den Resten der alten hellenistischen Stadtmauer, die im 13. Jh. von den Seldschuken und später noch einmal von den Osmanen erneuert worden ist.

Rund ums Yivli Minare

Beim **Saat Kulesi** 1 (Uhrturm) an der Cumhuriyet Caddesi, einem der drei Wehrtürme des mittelalterlichen Haupttores, liegen die wichtigsten Bauten des seldschukischen Antalya. Unübersehbar erhebt sich das bekannteste Wahrzeichen Antalyas, das **Yivli Minare** 2 (Gerilltes Minarett) mit seinem kannelierten Schaft. Der 38 m hohe Ziegelsteinbau wurde um 1220 unter Alaeddin Keykubat errichtet, vermutlich als Siegesturm zu Ehren seines Vaters Izzeddin Keyhüsrev, der Antalya erstmals erobert hatte. Vor dem Yivli Minare haben sich zwei Portale mit arabischen Bauinschriften erhalten. Das kleinere aus Marmor markiert einen **Namazgah,** einen offenen Gebetsplatz, heute ein kleines Café. Das größere gehörte zu einer **seldschukischen Medrese** 3 (Selcuklu Medrese), einer Koranschule in der typischen Zwei-Livan-Form, die heute als Stahlgerüsthalle wiedererrichtet ist.

Die **Ulu Cami** (Große Moschee) hinter dem Minarett ließ der Hamiden-Emir Mehmet Bey 1373 als Hauptmoschee der Stadt erbauen. Der schlichte Bau mit sechs Kuppeln und byzantinischen Säulenkapitellen geht auf eine christliche Basilika zurück. Die kleine **Nigar Hatun Türbesi** hinter der Moschee entstand 1502 als Grabmal für eine Frau des Osmanen-Sultans Beyazıd II., deren Sohn, Prinz Korkud, damals Gouverneur von Antalya war.

Der **Mevlevihane** 4, ein Konvent der Tanzenden Derwische aus dem 15. Jh., wird heute häufig für Ausstellungen genutzt. Gleich daneben steht die große achteckige **Mehmet Bey Türbesi,** zeitgleich mit der Ulu Cami errichtet, als Grabbau für den Emir, der heute noch von der einfachen Bevölkerung als Heiliger verehrt wird.

Am Hafen

Durch die **Tabakhane Sokak**, eine malerische Altstadtgasse mit zahlreichen Souvenirläden, geht es zum Hafen. In einer Seitengasse nach links lohnt ein Blick auf das reich verzierte Portal der **Karatay-Medrese** 5, die ein seldschukischer Wesir 1250 stiftete.

Kurz vor dem Hafen wurde 2000 ein ganzer Häuserblock restauriert, das Areal des **Tekeli Konakları** 6, in osmanischen Zeiten die Residenz der Paschas von Antalya. Die Familie Teke geht zurück auf jenen türkischen Stamm, der sich schon im Gefolge der seldschukischen Landnahme im 11. Jh. hier ansiedelte. Noch heute ist diese Familie einflussreich, sie hält den größten Landbesitz der Provinz und etliche Luxushotels. Bei der Restaurierung entstanden Restaurants, ein Hotel und die Diskothek **Ally** 5 – in dem sehr stilvollen Komplex gibt sich nun die bessere türkische Gesellschaft, die Antalya (als Alternative zu Bodrum) als Urlaubsziel entdeckt hat, ein Stelldichein.

Unten am Hafen prägen Ausflugsboote das Bild. In die alten Hafengebäude sind moderne Music-Bars gezogen – man kann ja mal abends wie-

Altstadtgasse beim Kesik Minare

derkommen. Die kleine **İskele Camii** 7 beim Treppenaufgang zur Altstadt ist auf Säulen über einer Quelle gebaut, dahinter bietet der Fischerhafen viele Fotomotive. Rings um das Hafenareal zieht sich die zinnenbewehrte Seemauer. Schöne Panoramablicke bietet der Teegarten **Tophane Çaybahçesi** 2 oben am Hang unterhalb des Cumhuriyet Meydanı.

Kesik-Minare-Basilika

Steigt man vom Fischerhafen wieder zur Altstadt hinauf, findet man sich im weniger touristischen Bereich wieder. Historische Bauten überall; in vielen Wänden sind Bauteile aus Marmor zu entdecken. In der Hesapçı Sokak markiert das **Kesik Minare** 8 (Abgeschnittenes Minarett) die Ruine einer dreischiffigen, der Panagia (Maria) geweihten Basilika aus dem 5. Jh. n. Chr. (nicht zugänglich, vom Zaun aus kann man aber viel erkennen). Der Kirchenbau wurde unter Şehzade (Prinz) Korkud Bey, einem Sohn von Sultan Beyazıd II. und Nigar Hatun, in eine Moschee (Korkud Camii) umgewandelt und im 19. Jh. durch einen Brand, bei dem auch der obere Teil des Minaretts herabstürzte, zerstört.

Ursprünglich war der Bau ein antiker, dem Serapis geweihter Tempel. Im Langhausbereich kann man noch sehen, wie die antiken Säulen bis zur Arkadenhöhe mit Ziegeln aufgemauert waren. Auch im Mauerwerk sind verbaute antike Skulptursteine zu finden. Im hinteren Bereich sieht man das typische Quadermauerwerk, das wohl von der antiken Cella, dem Allerheiligsten, stammt.

Hıdırlık-Turm und Kara-Alioğlu Parkı

Richtung Meer führt die Straße zum **Hıdırlık Kulesi** 9. Der Turmbau aus dem 2. Jh. n. Chr. besitzt ein viereckiges unteres und ein rundes oberes Stockwerk; er ist mit einem spätrö-

Antalya

Sehenswert
1 Saat Kulesi
2 Yivli Minare
3 Seldschukische Medrese
4 Mevlevihane
5 Karatay-Medrese
6 Tekeli Konakları
7 İskele Camii
8 Kesik Minare
9 Hıdırlık Kulesi
10 Kara-Alioğlu Parkı
11 Alaeddin Camii
12 Kaleiçi Müzesi
13 Hadrianus-Tor
14 Murat Paşa Camii
15 Antalya-Museum
16 Antalya Aquarium

Übernachten
1 Argos
2 Safran Sarı Konak
3 White Garden
4 Munchen Pension

Essen & Trinken
1 Vanilla Lounge
2 Ekici
3 Hisar
4 Sirri
5 Dönerçiler Çarşısı
6 Mermerli Restoran
7 Parlak
8 Bızım Sof676amız

Einkaufen
1 Alter Basar
2 Migros Shopping Center
3 İskele Sokağı
4 Bindallı
5 Yenigün Reçelleri
6 Wochenmarkt Işıklar Caddesi
7 Wochenmarkt Milli Egemenlik Caddesi

Aktiv
1 4x4 Tours
2 Mithra Travel
3 Beach Park
4 Pearl Diving Center
5 Sefa Hamamı
6 Balık Pazarı Hamamı

Abends & Nachts
1 İskele Cafe
2 Tophane Çaybahçesi
3 Art Cafe
4 Meyhaneler Sokağı
5 Ally Club

Karte zu Groß-Antalya s. Faltplan Rückseite

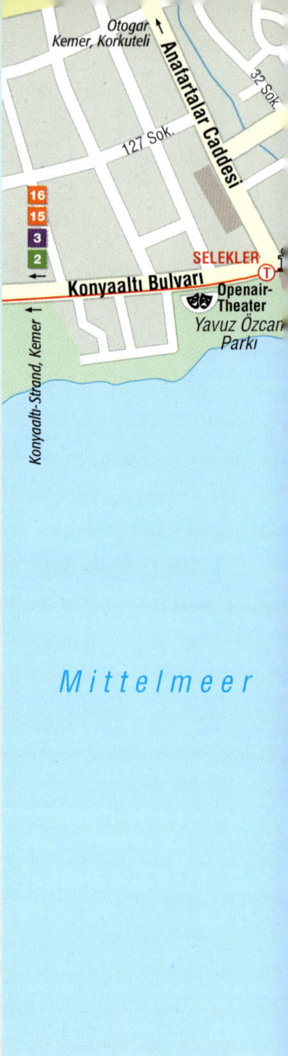

mischen Fries mit Rutenbündeln verziert. Vermutlich diente der Hıdırlık Kulesi als Leuchtturm und dann später als Kanonenplattform zum Schutz des Hafens von Antalya.

Nach Süden schließt sich dem Turmbau der große **Kara-Alioğlu Parkı** 10 mit üppiger subtropischer Vegetation an. Dieses Gartenparadies ist mit seinen verspielten Brunnen, Teehäusern und einem BMX-Parcour der beliebteste Treffpunkt der Einwohner Antalyas. Nicht zuletzt die herrlichen, schattigen Promenaden über der Steilküste des Meeres mit Blick zum Beydağları lohnen einen Spaziergang.

Kaleiçi-Museum

Kocatepe Sokak 25, Do–Di 9–12, 13–18 Uhr, www.kaleicimuzesi.com, Eintritt 10 TL

Zurück in der Altstadt, geht man vorbei an der **Alaeddin Camii** 11, ebenfalls aus einer byzantinischen Kirche hervorgegangen, zum schönen ethnologischen Museum, dem **Kaleiçi Müzesi** 12. Hier wurde mit Mitteln der Industriellenfamilie Koç das Herrenhaus eines reichen Ağa (Grundbesitzers) stilvoll renoviert. Musik vom Band und lebensgroße Puppen verdeutlichen den Lebensstil im 18./19. Jh. Auch ein aufgelassener Kirchenbau ▷ S. 200

Auf Entdeckungstour: Zeitreise in die Geschichte – das Antalya-Museum

Das Museum von Antalya 15 – außerhalb des Zentrums kurz vor dem Konyaaltı-Strand – zählt zu den schönsten und wichtigsten der Türkei. Neben antiken Funden gibt es Exponate zur alten türkischen Volkskultur.

Cityplan: s. S. 196

Infos: www.kultur.gov.tr, www.antalya-ws.com/deutsch/museum
Öffnungszeiten und Eintritt: Di–So 9–17.30, im Sommer bis 19 Uhr, 20 TL
Dauer: mindestens 3 Std.
Anreise: Günstig mit der Tram, ab Kale Kapısı (Uhrturm) kostet die einfache Fahrt 2 TL. Achtung: Die Tram fährt einspurig als Pendellinie!

Die Gründung des Museums geht auf eine Initiative der Italiener zurück, die die Region Antalya 1919 besetzt hatten. Mit den Truppen kamen die ersten Archäologen, die sogleich begannen, die antiken Stätten zu untersuchen und auffällige Skulpturwerke zu sammeln.

Als die Italiener im Juni 1921 abzogen, verhinderte der Lehrer Suleyman Fikri Bey den Abtransport der Kunstwerke. Weitere Grabungen vergrößerten den Bestand, und 1972 erhielt das Museum sein heutiges Gebäude: In 13 Sälen und einer Openair-Galerie zeigt es auf 7000 m² eine ständige

Ausstellung mit 5000 Kunstwerken, 30 000 Artefakte werden gelagert.

Die Sammlungen sind stimmungsvoll mit Lichteffekten präsentiert und decken die Geschichte Anatoliens von der Neandertaler-Epoche bis ins 19. Jh. ab. Ein Saal am Eingang wurde als Kindermuseum gestaltet, das zahlreiche Gegenstände aus der kindlichen Lebenswelt der Antike zeigt, z. B. Hausaufgaben aus einer römischen Schule.

Frühe Kulturen

Chronologisch geordnet sind **prähistorische Funde** aus der Neandertaler-Höhle von Karain (s. S. 208) und dem bronzezeitlichen Pithos-Grabfeld von Semahöyük bei Elmalı (15. Jh. v. Chr.) ausgestellt. Dort wurden die Menschen in Urnen aus rotem Ton beigesetzt, die jetzt mitsamt den Gebeinen in einer Vitrine ausgestellt sind.

Aus der frühen griechischen Epoche stammen **geometrische Keramik** (9.–6. Jh. v. Chr., typisch ist die schwarze Zeichnung auf braunem Grund), archaische Vasen (7.–6. Jh. v. Chr., schwarze Zeichnung auf rotem Grund) sowie klassische Vasen (5. Jh. v. Chr., rote Zeichnung auf schwarzem oder weißem Grund). **Silberschmuck** und **Holzfiguren** zeugen von der Handwerkskunst der Phryger, die im 8. und 7. Jh. v. Chr. das Innere Kleinasiens beherrschten.

Römische Zeit

Besonders beeindrucken die fast vollständige Galerie der marmornen **Götterstatuen von Perge** (s. S. 216) und die **Statuen römischer Kaiser** (2. Jh. n. Chr., u. a. Hadrianus, Trajanus, Septimius Severus), ebenfalls aus Perge. Besondere Beachtung verdienen darunter die lebensgroße Gruppe der drei Grazien sowie seltene antike Bronzestatuen, z. B. Herakles mit Keule. Prunkstücke sind zudem die mit Marmorfriesen geschmückten **Sarkophage** – der des Herakles aus der Ostnekropole von Perge (2. Jh. n. Chr.) zählt zu den besten Werken in Anatolien aus dieser Zeit.

Dazu kommt eine beachtliche **Münzsammlung** vom 6. Jh. v. Chr. bis zur byzantinischen Epoche. Kostbarste Stücke sind die Tetradrachmen von Side und die 1984 bei Elmalı entdeckten Dekadrachmen aus dem beginnenden 5. Jh. v. Chr. Wie das goldene und silberne **Liturgiegerät** des 6. Jh. aus dem Schatz von Kumluca wurden die Münzen zunächst ins Ausland geschmuggelt, später erwarb die Türkei einige Stücke zurück.

Griechen und Seldschuken

Von der byzantinischen Zeit bzw. der Kultur der orthodoxen Griechen, die erst 1923 aus Kleinasien flüchten mussten, zeugen schöne in Tempera gemalte **Ikonen** und **Architekturteile** aus den ehemaligen Kirchen Antalyas.

Die kleinere **ethnografische Abteilung** zeigt seldschukische und osmanische Fayencen, Kalligrafien, alte Nomadenteppiche sowie Interieurs (Nomadenzelt, Werkstatt, *selamlik* – Empfangsraum – eines Herrenhauses).

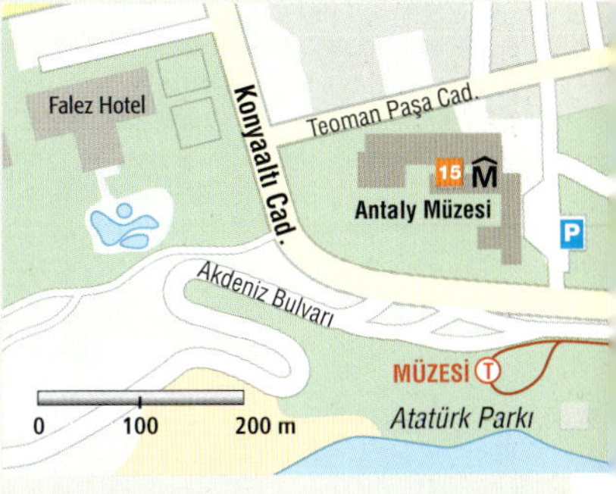

gehört zum Anwesen, dort sind historische Fotos aus dem alten Antalya sowie eine Keramikausstellung zu sehen.

Hadrianus-Tor (Üçkapılar)

Über die Hesapçı Sokak erreicht man ein gut erhaltenes Stück der Stadtmauer mit dem **Hadrianus-Tor** 13 (vor Ort Üçkapılar, ›Dreitore‹ genannt). Das Tor mit drei überwölbten Durchgängen wurde anlässlich des Besuchs von Kaiser Hadrianus 130 n. Chr. als Triumphtor errichtet; großenteils zugemauert überstand es das Mittelalter. An den Bodenplatten, tief unter heutigem Straßenniveau, sind die Spurrillen der römischen Wagen zu erkennen – unschwer lässt sich erahnen, was für antike Bauten noch unter der Altstadt verborgen liegen. Über die Stadtmauern berichtete Evliya Çelebi, der einen berühmten Reisebericht über das osmanische Reich im Jahr 1671 hinterlassen hat, sie habe 80 Türme gehabt und eine Länge von 4400 Schritten.

Die Neustadt

Bereits zu osmanischer Zeit wuchs Antalya über die antiken Mauern hinaus, seit dem 16. Jh. entstanden mehrere Moscheen und ein Basarviertel vor den Toren der Stadt. Das Hadrianus-Tor führt auf die palmengesäumte **Atatürk Caddesi.** Heute zur Hälfte Fußgängerzone, verläuft sie – gesäumt von modernen Läden, Boutiquen und belebten Freiluftlokalen – nach links zum Basarviertel. Dort isst man viel landestypischer als am Hafen, regelrecht sehenswert ist das **Dönerçiler Çarşısı** 5, das Dönermacherviertel (s. S. 204).

Nach Westen verläuft die **Cumhuriyet Caddesi** nun zum Republik-Platz (Cumhuriyet Meydanı) mit einem **Atatürk-Monument;** von dort führen Treppenwege wieder hinunter zum Hafen.

Nördlich des Uhrturms wurde am Beginn der geschäftigen Fußgängerzone mit zahlreichen Kaufhäusern ein Denkmal für den Pergamon-König Attalos II., den Stadtgründer, aufgestellt. An ihrem Ende steht die **Murat Paşa Camii** 14, die 1570 von Kuyucu Murat Paşa, dem Beylerbey des Sancak Antalya aus dem Geschlecht der Karamanoğuları, erbaut wurde.

Antalya-Museum 15

s. Entdeckungstour S. 198

Antalya Aquarium 16

Dumlupınar Bulv, www.antalyaaquarium.com, tgl. 10–20 Uhr, Eintritt 29 US-$, unter 13 Jahren 22 US-$. Bus KC05 ab Cumhuriyet Meydanı

Das neue Aquarium westlich des Konyaaltı Beach Park besitzt laut Prospekt den längsten Unterwasserglastunnel der Welt (131 m) und bietet in thematischen Aquarien Blicke in eine faszinierende Unterwasserwelt. Weitere Attraktionen sind ein Repitilienhaus; man kann auch im 3D-Kino eine Fahrt durch die Weltmeere genießen, mit Haien und Rochen schwimmen und sogar in der Snow World Schneeballschlachten machen.

Antalyas Strände

Das **Mermerli Banyo** am Hafen ist ein kleiner Sandstrand zwischen Felsen (Eintritt ca. 8 TL, Kinder frei, s. S. 202). Einfacher ist das **Adalar Banyo** unterhalb des Kara-Alioğlu Parkı, wo es nur einen Kiosk gibt.

Die großen Sandstrände von Antalya sind der grobkieselige **Konyaaltı Plaj** im Westen sowie der feinkieselige **Lara Plaj** im Osten. Letzterer ist fast gänzlich von großen Hotels zugebaut, am Konyaaltı ist ein moderner Beach Park entstanden (s. S. 206).

Mit Bus oder Moped kann man auch zu den Buchten an der Straße Richtung Kemer fahren, etwa zum **Topçam Plaj** gegenüber der Insel Sinçan Adası (Atteninsel) oder zum **Büyük Çaltıcak Plaj** (15–18 km). Beide liegen schön unter Kiefernwald und sind nur an Wochenenden überlaufen.

Übernachten

Die **Luxushotels** beim Kongresszentrum am Konyaaltı-Strand liegen weit außerhalb und haben meist Geschäftsleute als Kunden. Am Lara-Strand geht es touristischer zu. Als bestes Luxushotel ist das **Divan Antalya** zu empfehlen, das zentral nahe der Altstadt liegt (www.divan.com.tr, wird 2014/15 renoviert).

In der Altstadt (Kaleiçi) gibt es neben vielen günstigen Pensionen auch höchst luxuriöse **Komforthotels** in romantischen osmanischen Holzhäusern, z. B. **Alp Paşa** (www.alppasa.com), **Aspen** (www.aspenhotel.com.tr), **Doğan** (www.doganhotel.com), **Tekeli Konakları** (www.tekeli.com.tr) oder **Mediterra Art** (www.mediterraart.com).

Edel – **Argos** 1: Balık Pazarı Sok., Ortaokulu Karşısı, Tel. 0242 247 20 12, www.argoshotel.com, DZ/F ab 150 TL (NS) bis 220 TL (HS). Über 100 Jahre altes Haus mit eleganten Zimmern und altosmanisch gefliesten Bädern. Die obersten vier ›Luxury Rooms‹ bieten tollen Hafenblick und Jacuzzi statt nur Dusche. Mit Pool im Hof.

Romantisch – **Safran Sarı Konak** 2: Yenikapı Sok. 10, Tel. 0242 247 46 82, www.safranantalya.info, DZ/F 150 TL, Apt. 240 TL. Fein renoviertes Altstadthaus, leicht mit dem Auto zu erreichen. Romantisch mit Antiquitäten eingerichtete Zimmer, hübscher Garten mit Restaurant, vermittelt werden auch Villen und Apartments.

Netter Service – **White Garden** 3: Fırın Sok., Tel. 0242 244 10 60, www.booking.com, DZ/F 180 TL (HS). Schön renoviertes Altstadthaus, hübsche Zimmer im türkischen Stil. Gutes Frühstücksbuffet im Gartenhof, auch ein kleiner Pool. Angeschlossen sind auch die Hotels Hadrianus und Secret Palace, gleich nebenan.

Familiär – **Munchen Pension** 4: Mescit Sok. 39, Tel. 0242 243 37 15, www.booking.com, DZ/F ab 120 TL. Nicht allzu schickes, aber familiäres und von deutschsprachigen Türken sehr nett und hilfsbereit geführtes Altstadthaus. Einfache, aber helle, saubere Zimmer, hübscher Frühstücksgarten.

Essen & Trinken

Für ein lauschiges Abendessen unterm Sternenhimmel mit wunderbarer Aussicht ist der Hafen von Antalya einer der besten Plätze, den man auf der Welt finden kann. Sowohl unten am Kai als auch in zweiter Reihe entlang der Abbruchkante reihen sich wunderbare Restaurants. Die Küche ist überall okay, auch für den Preis. Was mehr zählt, ist ein schöner Tisch mit Aussicht.

Preiswerter isst man innerhalb der Altstadt und vor allem in den Lokalen an der Atatürk Caddesi und in der Fußgängerzone beim Basar. Allerdings bekommt man außerhalb der Altstadt so gut wie nirgendwo mehr alkoholische Getränke.

Schick gestylt – **Vanilla Lounge** 1: Hesapçı Sok. 33, nahe Kesik Minare, Tel. 0242 247 60 13, www.vanillaantalya.com. Das Vanilla serviert in modern-weißem City-Look türkische Küche mit internationalem Touch. Angeschlossen ist eine Bar mit Plätzen auf der Marmorstraße. Hauptgerichte ab 28 TL, Flasche Wein um 60 TL.

Alles aus dem Meer – **Ekici Restaurant** 2: Yat Liman, nahe der Hafenmoschee, Tel. 0242 247 81 90, www.ekicirestaurant.com, tgl. 9–24 Uhr.

Lieblingsort

Mermerli-Strand
Mit tollen Stränden kann die Millionenstadt Antalya naturgemäß nicht auftrumpfen. Und doch bin ich gern am kleinen Mermerli-Strand unterhalb des Altstadt-Plateaus. Im **Mermerli Restaurant** an der Abbruchkante kann man man bei schönem Meerblick essen. Unten am Meer gibt es einen kleinen Sandstreifen, vor allem aber viele Sonnenliegen auf Felsen und Holzinseln. Das Wasser ist ganz klar – und das Panorama des alpinen Hochgebirges bei Kemer hat man beim Baden immer im Blick.
Mermerli Restoran 6 **:** Mermerli Banyo Sok. 25, Tel. 0242 248 54 84. Auch abends sitzt man hier sehr romantisch mit Hafenblick. Vorspeisen ab 12 TL, Hauptgerichte ab 24 TL.

Historische Kulisse für eine Partie Backgammon – das Hadrianus-Tor in Antalya

Terrassenlokal mit Blick auf die Ausflugsboote. Große Auswahl an Fischgerichten und Meeresfrüchten, aber auch viele andere türkische Gerichte mit Fleisch und Pizza. Bei Fisch sollte man vorher nach dem Preis fragen. Hauptgerichte um 30 TL, Meze 10–18 TL.

Toller Hafenblick – **Hisar** **3**: Tophanealtı, Tel. 0242 241 52 81. In den mittelalterlichen Burggewölben unterhalb des Cumhuriyet Meydanı gibt es feine türkische Küche mit gepflegtem Service. Das große Plus ist die tolle Aussicht auf das Hafenrund. Zwei Gänge um 50 TL, Fisch ab 35 TL.

Hübscher Innenhof – **Sirri** **4**: Uzunçarşı Sok. 25, Tel. 0242 241 72 39. Im Innenhof eines Hauses aus dem 19. Jh., das immer noch im Besitz der Gründerfamilie ist, wird Fisch und Fleisch vom Grill serviert, es gibt aber auch Schmorgerichte. Der Service ist nett, man sitzt lauschig unter Zitronenbäumen. Hauptgerichte um 25 TL.

Döner, Döner – **Dönerçiler Çarşısı** **5**: In der ›Fressgasse‹ an der oberen Atatürk Caddesi reihen sich typisch türkische Lokale *(lokantalar)*, alle sind geöffnet ab 6 Uhr bis spät in die Nacht. Oft wird hier Döner auf Holzkohle gegrillt. Am besten schaut man sich erstmal alles an und lässt sich nicht gleich vom ersten Kellner abschleppen. Hauptgerichte (um 16 TL), Vorspeisen (um 8 TL); Beilagen (um 5 TL) müssen extra bestellt werden.

Lieblingsort – **Mermerli Restoran** **6**: s. S. 202

... außerhalb der Altstadt

Grill Master – **Parlak** **7**: 406 Sok. (Kazim Özalp Cad.) 4, Tel. 0242 241 91 60, tgl. 7–22 Uhr. Bodenständiges, bei Türken beliebtes Lokal in einem Innenhof an der Fußgängerzone beim Basar.

Gegrillt wird an einer riesigen offenen Feuerstelle *(ocak)*, es gibt auch Hausmachergerichte wie Mussaka. Hauptgerichte ab 18 TL, Vorspeisen um 10 TL.
Schmorgerichte – **Bızım Soframız** 8: İzmet Paşa Cad. 419 Sok., Tel. 0242 248 54 44, tgl. 7–22 Uhr. Kleines, versteckt gegenüber der Antray-Haltestelle gelegenes Lokal, das mittags auch leckere Schmorgerichte serviert.

Einkaufen

Moderne Einkaufsstraßen – Hierzu zählen die als Fußgängerzone gestaltete **406 Sokak (Kazim Özalp Caddesi)** neben dem Basar, die **Tahilpazarı Sokağı** und die **Atatürk Caddesi** mit modernen Boutiquen.
Schmuck, Uhren, Textilien – **Alter Basar** 1: Vor 30 Jahren reihten sich an den überdachten Basargassen gegenüber dem Saat Kulesi noch Handwerker wie Schuhmacher, Kupferschmiede und Schneider. Heute haben Verkaufsstände das ursprüngliche Gewerbe gänzlich verdrängt – günstige (gefälschte) Textilien, Schuhe, Uhren und Goldschmuck bestimmen inzwischen das Bild.
Konsum modern – **Migros Shopping Center** 2: Yüzüncü (100) Yil Bulv., hinter dem Dumlupınar Bulv., tgl. 10–22 Uhr. Das größte Einkaufszentrum an der Südküste bietet die moderne Konsumwelt unter einem Dach. Neben einem Supermarkt und vielen Boutiquen gibt es dort auch ein Großkino und zahlreiche Lokale.
Kunsthandwerk etc. – **İskele Sokağı** 3: Entlang dieser Straße werden Teppiche, Kupfergeschirr, Stricksocken, Kästchen mit Einlegearbeiten, Meerschaumpfeifen, Repliken historischer Waffen etc. angeboten. Man muss zäh handeln, besonders bei Teppichen ist viel Zeit dafür einzukalkulieren!
Osmanika – **Bindallı** 4: Cumhuriyet Cad., Old Hamam, www.bindalli.org. Im alten Hamam werden osmanische Kostüme, Schuhe, Keramik, Hamam-Utensilien, Taschen etc. verkauft.
Kulinarische Genüsse – **Yenigün Reçelleri** 5: Cumhuriyet Cad. 5., Mo–Sa 8–21 Uhr. Rosenkonfitüre, Antalyas traditionelle Spezialität, sowie Yayla-Honig, eingelegte Früchte, Nüsse und Pistazien sowie *lokum* (Fruchtgelee in Puderzucker).
Wochenmärkte – **Işıklar Caddesi** 6: beim Hotel Divan Talya, Mi 6–14 Uhr; **Milli Egemenlik Caddesi** 7: zwischen 406 Sokağı und Anafartalar Cad., Fr 6–14 Uhr.

Aktiv

Ausflüge – **4x4 Tours** 1: Paşa Camii Sok. 5, Tel. 0242 243 69 50, www.antalya4x4tours.com. Von Bootstouren bis zur Fahrt nach Pamukkale (s. S. 211) viele Ziele in der Umgebung.
Wandern – **Mithra Travel** 2: Hesapçı Sok. 70, Tel. 0242 248 77 47, www.mithratravel.com. Großes Wanderangebot (Lykischer Weg S. 137, St. Paul

Mein Tipp

Hamam-Besuch
Zwei historische türkische Bäder in der Altstadt lohnen den Besuch. Man sollte das Prozedere kennen (s. S. 76); mitsamt Seifenmassage und Reinigung mit der *kese* (Kratzschwamm) zahlt man etwa 50 TL. Gemischtes Baden ist gelegentlich möglich, dazu muss man Badesachen mitbringen.
Sefa Hamamı 5: Kocatepe Sok. 32, Tel. 0242 241 23 21, www.sefahamam.com, tgl. 10–21 Uhr
Balık Pazarı Hamamı 6: Paşa Camii Sok., Balıkpazarı Sok., tgl. 8–24 Uhr

Trail S. 59), Spezialtouren wie botanisches Trekking oder MTB-Touren.
Spaß am Strand – **Beach Park** 3: Konyaaltı-Strand, Eingang Dumlupınar Bulv., www.beachpark.com.tr. Ein riesiges Gelände mit Aqualand-Spaßbad, 35 Beach Clubs und Restaurants, Paintball-Gelände, Minigolfanlage, Abenteuerspielplatz und Openair-Theater für 3500 Besucher.
Tauchen – **Pearl Diving Center** 4: Hotel Divan Antalya, Fevzi Çakmak Cad. 30 (aktuell im Ramada Plaza nebenan), Mobil 0543 692 15 64, www.pearl-diving.de. Deutschsprachige Tauchschule. Die Travertinplatte von Antalya bietet gute Tauchreviere mit Steilabfällen und großen Höhlen, zudem liegen in der Nähe mehrere Schiffswracks am Meeresgrund, darunter das französische Kriegsschiff Saint Didier (›Society‹) direkt 1 km vor dem Jachthafen und ein amerikanisches Flugzeugwrack.
Türkische Bäder – **Sefa Hamamı** 5 und **Balık Pazarı Hamamı** 6: s. Tipp S. 205

Abends & Nachts

Treffpunkt am Hafen – **İskele Cafe** 1: İskele Meyd. Ein beliebter Treffpunkt am Hafen vor den Ausflugsbooten – nett auf ein Bier mit Knabbereien. Hier kann man die Zeit überbrücken, bis in den Music Bars in den alten Hafengebäuden was los ist.
Toller Ausblick – **Tophane Çaybahçesi** 2: Im Teegarten unterhalb des Cumhuriyet Meydanı genießt man einen tollen Altstadtblick.
Kneipenmeilen – An der **Hesapçı Sokak** beim Kesik Minare und der **Mescit Sokak** beim Balık Pazarı Hamam reihen sich Café-Bars. Seit es fast nur noch in der Altstadt Alkohol gibt, treffen sich hier vor allem türkische Nachtschwärmer. Besonders beliebt sind das **Art Cafe** 3 im früheren Rathaus und das **Public** nebenan, beide Hesapçı Sokak.
Rakı & Musik – **Meyhaneler Sokağı** 4: Karanlık Sok., Uzun Çarşı Sok. Im Hinterhof des Fischmarkts treffen sich moderne Türken gern bei Rakı und Livemusik.
Super Disco – **Ally Club** 5: Aydoğdu Sok., www.ally.com.tr, 15. Mai bis 30. Sept. Die In-Disco der Stadt, im Komplex der Tekeli Konakları. Auf der Website kann man unter ›Etkinlikler‹ das Programm abfragen.

Infos & Termine

Verkehr

www.antalyaulasim.com.tr: Info über Antalyas ÖPNV
Flughafen: Der Flughafen *(havalimanı)* liegt 15 km östlich von Antalya. Info zu Terminals und zu Verbindungen in die Stadt s. S. 22. Ein Taxi kostet ca. 70 TL bis Zentrum. Die Verlängerung der Metro bis zum Flughafen ist geplant.
Fern- und Regionalbus: Antalya ist ein Knotenpunkt des innertürkischen Busverkehrs. Die Intercity-Busstation **Yeni Otogar** liegt weit außerhalb an der Straße Richtung Burdur (Zubringerbusse, z. B. ab Kale Kapısı/Şarampol, sind mit Otobüsi Terminalı bezeichnet). Für den **Regionalverkehr** gibt es drei Busstationen am Gazi Bulvarı (der Ringautobahn) und zwei zentrumsnähere Stationen (s. Plan S. 196). Mindestens stdl. gehen Busse auf der D400 Richtung Side/Alanya oder Kaş/Fethiye.
Stadtbus: Die Stadtbuslinien sind recht unübersichtlich, am besten fragt man Einheimische (z. B. nach Lara, Kundu oder zu den Düden-Fällen). Von den Busstationen ins Zentrum kommt man am besten per Taxi oder mit **Minibussen**, deren Haltestellen mit einem D bezeichnet sind. Der Fahrpreis ist sehr günstig.
Tram: Eine historische Straßenbahn (übrigens aus Nürnberg eingekauft)

pendelt zwischen Antalya-Museum im Westen und Işıklar Caddesi (7–22 Uhr). Touristisch wichtige Stationen sind Kalekapısı (Uhrturm), Üçkapılar (Atatürk Caddesi), Belediye (Kara-Alioğlu Parkı).

Antray: Für die neue S-Bahn ist inzwischen eine Linie fertiggestellt, die vom Aspendos Bulvarı zur Altstadt und weiter bis zum Busbahnhof (Otogar) führt. Weitere Linien Richtung Flughafen, neuem Hafen und Lara sind geplant. Als Tickets kauft man Chipkarten an den großen Stationen, z. B. Muratpaşa am Ende der Fußgängerzone.

Termine

Altın Portakal Festival: www.altinportakal.org.tr. Das Filmfestival Goldene Orange präsentiert von Ende Sept. bis Mitte Okt. in den Kinos der Stadt (v. a. im Cinebonus im Migros Center) türkische, oft aber auch deutsch-türkische und internationale Filme.

Beach Party Events: Zwischen Mai und Okt. finden verschiedene Partys und Konzerte an den Stränden vor den großen Hotels oder im Beach Park statt; auf entsprechende Plakate achten.

Weitere Festivals und Events auf www.antalyafestivals.org.

Düden-Wasserfall

▶ H 6

Düdenbaşı Şelalesi

Beschildert ab Gazi Bulvarı, per Dolmuş-Minibus oder Taxi, Eintritt 5 TL

Am **Hauptfall des Düden** (Düdenbaşı Şelalesi) etwa 11 km nördlich wurde ein ausgedehnter Picknickpark angelegt. Man kann schön an den Fällen spazieren gehen, durch einen Felsgang kann man sogar unter den Hauptfall gelangen. Die Anlage ist an den Wochenenden sehr beliebt bei türkischen Familien und Liebespaaren.

Aşağı Düden Şelalesi

Ausflugsboote ab Hafen Antalya

Willkommene Abkühlung am Wasserfall des Düden-Flusses

(Bootsfahrtdauer ca. 90 Min., ca. 35 TL); über Land 9 km ab Atatürk Cad. Richtung Lara-Strand, Eintritt 5 TL
Bei den **unteren Fällen**, etwa 8 km vom Stadtzentrum an der Straße zum Lara-Strand, stürzt der Düden aus ca. 60 m Höhe über die Kalksteinplatte von Antalya ins Meer hinab. Vom Schiff erscheint die gesamte Küste fast wie ein zu Stein erstarrter Wasserfall. Die ›fließenden‹ Gesteinsformationen sind Ablagerungen von Travertin (Quellkalk) aus dem kalkhaltigen Wasser des Düden, der die Felsplatte von Antalya ins Meer hinauswachsen lässt – eine Art Mini-Pamukkale.

Karain-Höhle ▸ H 6

Zufahrt (beschildert) von der Straße nach Isparta, tgl. 8–17.30 Uhr, 8 TL
Die **Karain Mağarası**, etwa 27 km nordwestlich von Antalya, gilt als größte bekannte prähistorische Wohnhöhle Kleinasiens, ist aber nur für speziell Interessierte ein lohnendes Ziel. In dem über 350 m verzweigten Höhlensystem wurden Kulturreste einer Besiedlung seit dem Paläolithikum (Altsteinzeit) ausgegraben, die im kleinen Museum gezeigt werden.

Termessos ▸ H 6

Richtung Burdur, dann Richtung Korkuteli. Nach ca. 26 km ist der Nationalparkeingang erreicht (hier lässt man sich absetzen, wenn man mit dem Korkuteli-Minibus fährt). Weitere 9 km (Serpentinenstraße) bis zum Parkplatz unterhalb von Termessos, Eintritt 10 TL
Die Stadt **Termessos** im Bergland 40 km nördlich von Antalya zählt zu den reizvollsten archäologischen Stätten der südlichen Türkei. Auf 1050 m Höhe, inmitten des wild-romantischen Güllük-Dağı-Nationalparks, ziehen sich ihre Ruinen, teils von Buschwerk überwachsen, über die Hänge des Bergtals. Aufgrund der Gebirgslage hält sich die Hitze auch im Sommer in Grenzen; im Frühjahr und Herbst sollte man unbedingt warme Kleidung mitnehmen.

Die Einwohner von Termessos nannten sich nach dem die Stadt überragenden Berg Solymos (heute Güllük Dağ) Solymer. Schon Homer (8. Jh. v. Chr.) überliefert sie als kriegerisches Volk: Im Auftrag des lykischen Königs Iobates muss der Held Bellerophontes drei gefährliche Aufgaben bestehen. Nachdem er die Chimaira bezwungen hat (s. S. 187), soll er im Kampf gegen die Solymer sterben, unterwirft aber auch sie. Alexander der Große konnte 333 v. Chr. die durch ihre unwegsame Lage geschützte Stadt nicht erobern. Um 150 v. Chr. unterstützte Termessos den König von Pergamon und Gründer Antalyas, Attalos II., der daraufhin eine Säulenhalle an der Agora stiftete. In byzantinischer Zeit wird Termessos noch als Bischofssitz erwähnt, doch schon im 5. Jh. scheint die Stadt, vermutlich nach einem Erdbeben, verlassen worden zu sein. Die meisten Ruinen stammen aus der spätrömischen Kaiserzeit.

Entlang der Königsstraße

Direkt am Parkplatz erhebt sich als Rest eines **Hadrianus-Tempels** 1 ein gut erhaltenes Eingangspropylon. Beim Aufstieg folgt man der uralten Trasse der **Königsstraße** 2, auf der schon Attalos II. in Termessos einzog, passiert Reste eines **Brunnenhauses**, bis mit der mächtigen, teils in voller Höhe stehenden **Wallmauer** 3 das Stadtgebiet erreicht ist. Wenig später folgt auf der linken Seite das 91 m lange **Gymnasion** 4, das vor allem mit seiner reich gegliederten Fassade beeindruckt. Geradeaus geht es weiter zur Ostnekropole. Der

Termessos

Sehenswert

1 Hadrianus-Propylon
2 Königsstraße
3 Wallmauer (Untere Stadtmauer)
4 Gymnasion
5 Kolonnadenstraße
6 Theater
7 Bouleuterion
8 Artemis-Tempel
9 Tempel des Zeus Solymos
10 Agora
11 Stoa des Attalos
12 Stoa des Osbaros
13 Südwest-Nekropole
14 Grab des Alketas

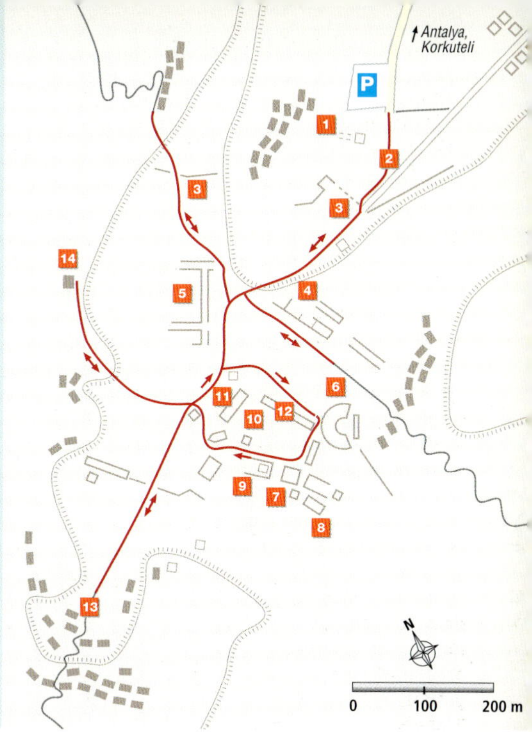

Hauptpfad folgt nun einem Stück der alten Straßenpflasterung (mit Abwasserkanal unter dem Pflaster). Etwas höher am Berg lassen sich Reste einer überwachsenen **Kolonnadenstraße** 5 ausmachen. Vor einem zweistöckigen **Privathaus** biegt ein Pfad nach links, der zum Theater verläuft.

Rund ums Theater

Das von grandiosen Gebirgsstöcken überragte **Theater** 6, das einst über 4000 Zuschauer fasste, ist der Höhepunkt der Tour. Besonders eindrucksvoll erhebt sich der rechte Teil des Bühnengebäudes. Die beiden seitlichen Parodoi (der linke ist eingestürzt) wurden erst in römischer Zeit errichtet, um Platz für Ehrenlogen zu schaffen. Das Bühnengebäude zeigt noch fünf Türen, die zu den Schauspielerräumen führten. Das Kellergeschoss diente, nach den niedrigen Öffnungen zu schließen, wohl als Zwinger für die wilden Tiere.

Vom Theater aus erreicht man ein Gebäude, von dem etwa 9 m hohe Mauern erhalten sind; wegen seiner Sitzreihen im Inneren gilt es als **Bouleuterion** 7, die Versammlungsstätte des Ältestenrates. Auf seiner linken Seite stößt man auf die durcheinandergewürfelten Steinblöcke zweier **Artemis-Tempel** 8. Der kleinere wurde im 3. Jh. n. Chr. als Privatstiftung errichtet, der stark überwachsene Haupttempel entstand in der hellenistischen Zeit. Rechts neben dem Bouleuterion steht der **Tempel des Zeus Solymos** 9, dem kriegerischen Hauptgott von Termessos geweiht.

Nach rechts leitet die antike Straßenpflasterung zu einem aus dem

Mein Tipp

Picknick im Theater

Das Theater von Termessos mit seiner tollen Aussicht auf das Gebirge kann man wirklich als einen der besten Picknickplätze der Welt bezeichnen. Von den weitgehend intakten Sitzreihen blickt man auf monumentale Bergriesen, dahinter erahnt man das Glitzern des Meeres. Da es keinen Kiosk hier oben in den Bergen gibt, nimmt man ausreichend Proviant mit – vielleicht stilecht türkisch *simit*, *börek* und eine Auswahl der Lieblingsmezeler.

Fels gehauenen **Heroon**, wobei es sich wohl um die Grabstätte eines adeligen Kriegers handelt; die drei Nischen unterhalb des Sarkophags dienten Opferungen an den Heros.

Hinter der Kultstätte öffnet sich die **Agora** 10, die so über einer Talsenke errichtet wurde, dass das Untergeschoss als Zisternenanlage dienen konnte. Im Nordwesten wird sie von der überwachsenen **Stoa des Attalos** 11 begrenzt, im Nordosten von der **Stoa des Osbaros** 12, die ein reicher Stifter der Kaiserzeit bauen ließ.

Die Nekropolen

Hinter der Agora biegt links ein Pfad ab zur **Südwest-Nekropole** 13 vielen reliefverzierten Sarkophagen. Alle Dachplatten sind verschoben oder herabgestürzt, als habe das Jüngste Gericht bereits stattgefunden.

Geradeaus geht es zu einer weiteren Nekropole mit prachtvollen, z. T. im lykischen Stil errichteten Felsgräbern. Er endet beim **Grab des Alketas** 14 vom Ende des 4. Jh., das mit dem Relief eines berittenen Kriegers geschmückt ist. Alketas war ein Makedonier aus der Offiziersgarde Alexanders des Großen, ein Bruder des Perdikkas, der als Reichsverwalter für den Sohn Alexanders herrschte, und zugleich der Erste, der in den Diadochenkriegen ein Mitglied des makedonischen Königshauses, die Prinzessin Kynane, ermordete. Nachdem Perdikkas 320 v. Chr. von seinen Offizieren getötet worden war, floh Alketas nach Termessos, um der Rache des Antigonos Monophthalmos zu entgehen, des Machthabers in Kleinasien. Als Antigonos seine Auslieferung verlangte, wurde Alketas von den jüngeren Kriegern von Termessos unterstützt. Doch um keinen Krieg zu riskieren, beschloss der Rat der Ältesten, ihn entgegen den Regeln der Gastfreundschaft auszuliefern. Darauf stürzte Alketas sich in sein Schwert. Antigonos ließ den Leichnam schänden und verweigerte eine Bestattung, und vielleicht um die Schande zu tilgen, schufen die Termessier dem Toten dann dieses aufwendige Grab.

Übernachten, Essen

Snackpause – **Termessos Restaurant:** Das Lokal an der Auffahrt von der D350 serviert einfache türkische Küche; im kleinen Museum werden Präparate zur Flora und Tierwelt des Nationalparks gezeigt.

Im Olivenhain – **Yeşil Vadi:** Tel. 0242 423 75 55, Fax 0242 423 75 16, DZ/F um 60 TL. Kleines Hotel mit Restaurant gegenüber dem Eingang zum Nationalpark. Vermietet werden ordentlich ausgestattete Holzhäuser (mit Klimaanlage, Dusche/WC) in einem Olivenhain. Vom **Restaurant** (tgl. ab 10 Uhr) mit seiner großen offenen Veranda überblickt man die großartige Naturlandschaft, das Essen in bäuerlicher Tradition ist hier gut und günstig.

Auf Entdeckungstour: Ausflug zu den weißen Terrassen von Pamukkale

Pamukkale – das berühmteste Naturschauspiel der Türkei – liegt weit im Hinterland. Wer auf eigene Faust mit einem Leihwagen anreist, kann auf der Fahrt die wahre Türkei am Wegesrand entdecken.

Reisekarte: ► F 4

Anreise: Pamukkale liegt nördlich von Denizli, ab Antalya sind es 230 km via Korkuteli, 260 km via Burdur. Möglichst eine Zwei-Tages-Tour planen, um genügend Zeit für die Ruinen und das Thermenmuseum zu haben. Parkplätze am Süd- und Haupt-(Nord-)eingang, Einfahrt ins Areal nur via Haupteingang.
Öffnungszeiten: tgl. 8–18/19 Uhr
Eintritt: 20 TL, Säulenpool 25 TL, Pamukkale-Museum 8 TL

Übernachten: Pensionen und einfache Mittelklassehotels im Dorf Pamukkale, z. B. **Özbay Hotel** an der Durchgangsstraße, Tel. 0258 272 2126, DZ/F ca. 120–170 TL

Es ist kein Schloss *(kale)*, und auch Baumwolle *(pamuk)* wächst dort nicht, doch ist das ›Baumwollschloss‹ nicht nur ein Fantasiegespinst: Hoch über dem breiten Mäandertal bei Denizli ist schon von Weitem ein langes, weißes Gebilde zu sehen, das an ein Märchenschloss erinnert, sich beim

Näherkommen aber als ein ganz weißer Bergabhang entpuppt. Hier haben die Kalkablagerungen 30–50 °C heißer Thermalquellen eine einzigartige Badelandschaft gebildet, mit tiefen Trögen und flachen Becken, über die das Wasser ins Tal rieselt. Im Sommer schimmert das Wasser in allen Türkisschattierungen, im Mai geben die blühenden Oleanderbüsche auf

dem Plateau der Stätte etwas Paradiesisches, im Winter steigen dampfende Schwaden aus den Becken auf.

Tourismus kontra Naturschutz

Zum Schutz dieser einmaligen Naturlandschaft mussten die Behörden schon in den 1990er-Jahren eingreifen: Neben einer gezielten planmäßigen Bewässerung des Abhangs verfügten sie ein generelles Begehungsverbot und ließen auch die Hotels oben auf dem Plateau abreißen. Das alte Flair ging verloren; böse Zungen behaupteten gar, der Abriss sei hauptsächlich den Schmiergeldzahlungen der Nobelhotels im nahen Thermalkurort Karahayit zu verdanken. Sie sind lästige Konkurrenz losgeworden und bekommen nun mehr vom guten Thermalwasser ab.

Heute darf man also die Terrassen nur noch anschauen, lediglich ein Weg ist zugänglich, und das auch nur barfuß. Ein besonderes Erlebnis jedoch ist das Bad im Pool des ehemaligen Pamukkale Motel. Das frühere Hotel ist geschlossen, doch im Wasserbecken, das auf einer antiken Badeanlage basiert, schwimmt man romantisch über römischen Säulen (tgl. 9–19 Uhr).

Hierapolis – ein antiker Kurort

Schon in der Antike wurden die Thermalquellen genutzt. Zum hiesigen Plutonium, dem Heiligtum für Pluto, den Gott der Unterwelt, kamen Pilger und Kranke, die im Wasser und durch die Mysterien der Priester Heilung suchten. König Eumenes II. von Pergamon, der Bruder von Attalos II., der Antalya gründete, begann im frühen 2. Jh. v. Chr. mit dem Bau einer Stadt, die er Hierapolis, Heilige Stadt, nannte.

Die Ruinen dieses Kurorts, der in der römischen Kaiserzeit seine Blüte erlebte, erstrecken sich auf dem Plateau oberhalb der Kalkterrassen. Bei der Anfahrt über die Straße von Norden passiert man zuerst die große **Nekropole** mit Hunderten von Sarkophagen aus der Kaiserzeit, dazwischen auch einige runde Mausoleen aus hellenistischer Zeit.

Dahinter, noch vor dem eigentlichen Stadttor, folgen die großen Ruinen einer **Bäderanlage** (Thermen) aus dem 3. Jh. n. Chr., die im 5. Jh. in eine christliche Kirche (Basilika) umgewandelt wurde. Erst mit dem **Frontinus-Tor**, einem dreibogigen Bau aus der Zeit Kaiser Domitians, ist der Eingang zur Stadt erreicht. Hier begann die Mitte des 1. Jh. gestiftete **Säulenstraße**, die bis zum Tempelbezirk verlief. Das erste Teilstück bis zu dem drei Jahrhunderte später erbauten **byzantinischen Wehrtor** ist anschaulich rekonstruiert worden.

Von dem antiken **Kultbezirk** sind Reste des monumentalen Nymphäons der Heiligen Quelle, eines Apollon-Tempels dahinter sowie die Felshöhle des Plutoniums erhalten, die im Bereich zwischen dem Thermenmuseum und dem Theater liegen. In einer Felshöhle unterhalb des Apollon-Tempels wurde der Unterweltgott Pluto verehrt (Eingang verschlossen).

Das gut erhaltene **Theater** von Hierapolis beeindruckt vor allem durch den herrlichen Skulpturenschmuck seines Bühnenhauses, der von italienischen Archäologen rekonstruiert wurde. Er wurde wahrscheinlich unter Kaiser Septimius Severus von Steinmetzen aus Aphrodisias gearbeitet und entspricht in seinem üppigen Rankenwerk den herrlichen Werken dieser Bildhauerstadt. Besonders sehenswert der Fries der Skene, der den Festzug des Weingottes Dionysos zeigt.

Den anstrengenden Aufstieg zum **Martyrium des Philippus** (Philippeion) auf der Anhöhe über dem Theater unternimmt man im Sommer am besten abends. Nicht für den Jünger Jesu, sondern zu Ehren eines in den frühen Christenverfolgungen für seinen Glauben gestorbenen Diakons errichtete man im 5. Jh. die Pilgeranlage – ein quadratisches Gebäude mit 60 m langen Seiten, in dem sich Pilgerunterkünfte um eine zentrale Kapelle gruppierten.

Der Säulenpool in Pamukkale

Das Beste auf einen Blick

Belek und die Türkische Riviera

Highlight !

Perge: Die schönste und sehenswerteste antike Stadt an der Südküste – bereits zur Zeit des Troianischen Krieges gegründet, wurde hier die Artemis Pergaia verehrt, die wichtigste Göttin aller Griechen in den Kolonien an der Südküste Kleinasiens. S. 216

Auf Entdeckungstour

Selge und der Köprülü-Kanyon-Nationalpark: Einsame antike Ruinen in den Taurus-Bergen, dazwischen ein kleines türkisches Bergdorf. Ein besonderes Erlebnis ist auch die Anfahrt durch den wild-romantischen Köprülü-Kanyon-Nationalpark. S. 226

Kultur & Sehenswertes

Aspendos: Das besterhaltene römische Theater der Türkei. S. 223

Aktiv unterwegs

Shopping: In Belek und Kadriye ist Shopping die üblichste Freizeitaktivität, in der Tat gibt es jede Menge Schnäppchen und Gelegenheiten. Man muss aber zäh und knallhart handeln! S. 220

Golfen: Belek hat sich zum Golfzentrum der Türkei entwickelt – rund ein Dutzend Plätze sind in Betrieb. S. 220

Rafting: Der Köprülü Çay ist der bekannteste Rafting-Fluss der Türkei, in allen Urlaubsorten kann man einen Tag auf dem Fluss buchen. S. 227

Genießen & Atmosphäre

Seki Cottages: Urlaub machen im Olivenhain der Gemeinde Evrenseki – in zwei renovierten Dorfhäusern mit Pool erlebt man eine ganz andere Türkei. S. 223

Yörükoğlu Restaurant: Forellenessen am Köprülü-Fluss hinter Aspendos – wer hier einkehrt, genießt ländliche Gastlichkeit und kann sogar Bötchen fahren. S. 225

Abends & Nachts

Nightlife: Eine richtige Party-Ecke gibt es nicht, man muss mit den Hoteldiscos vorliebnehmen. Am besten die Kellner fragen, wo am meisten los ist.

Aspendos Festival: Im Juni findet zehn Tage lang das Aspendos Festival statt, aber auch sonst gibt es während der Saison von Mai bis Anfang Oktober immer wieder Shows und Konzerte. Auf Plakate achten. S. 225

Das türkische Golfzentrum

Der Küstensaum östlich von Antalya ist als Türkische Riviera bekannt geworden, und tatsächlich ziehen sich dort kilometerlange Sandstrände bis nach Alanya. Im Altertum wurde diese Landschaft Pamphylien genannt und war von Griechen besiedelt, die große Städte wie Perge, Aspendos und Side hinterließen. Heute stehen in Belek und Side die komfortabelsten Hotels der Türkei. Man kann alle Arten von Wassersport genießen und auf Ausflügen die alpine Bergwelt des Taurus kennenlernen.

Die fruchtbare Ebene östlich von Antalya zählt zu den prosperierendsten Regionen der Türkei und steht daher unter hohem Modernisierungs- und Siedlungsdruck. Die schnell wachsenden Städtchen entlang der jetzt autobahnähnlich ausgebauten Nationalstraße D400 fressen sich immer weiter in die Landschaft, die zudem auch agrarisch intensiv genutzt wird. Erst wenn die hügeligen Ausläufer des Taurus-Gebirges bei İncekum die Küste erreichen, wird die Landschaft reizvoller.

Infobox

Information

Kein offizielles Infobüro, dafür haben alle Luxushotels einen Info-Desk, den Rest besorgen die Reiseleiter.

Anreise und Weiterkommen

Belek ist nur 10–20 km vom Flughafen Antalya entfernt, der Transfer dauert max. 20 Min.

Meist stdl. Minibus-Verkehr von den Hotels nach Kadriye und Belek, von dort nach Aksu, Serik, Antalya. Viele Taxis vor den Hotels, im Türkeivergleich aber enorm teuer. Besser mietet man in Kadriye oder Belek eine Vespa.

Perge ! ▶ J 6

Tgl. 9–18 Uhr, Eintritt 20 TL

Einst eine der mächtigsten Städte Pamphyliens, zählt **Perge** heute zu den meistbesuchten antiken Stätten der Südtürkei. Die Stadt mit einem großen Theater, einem nahezu unversehrten Stadion und einer prunkvollen Kolonnadenstraße ist für ihre reichen Statuenfunde berühmt, die heute im Museum von Antalya stehen. Seit 2011 laufen neue Grabungen, bei denen weitere Skulpturen wie das Pferd einer Reiterfigur und ein lebensgroßer Herkules entdeckt wurden.

Perge, nördlich bei der Kleinstadt Aksu gelegen, wurde im 11. Jh. v. Chr. durch griechische Siedler gegründet. Im 6. Jh. fiel die Stadt, die an dem damals schiffbaren Fluss Kestros (heute Aksu Çayı) auch einen Hafen besaß, an das persische Großreich. 333 v. Chr. machte Alexander der Große sie zu seinem Hauptquartier in Pamphylien. In der ersten Hälfte des 2. Jh. v. Chr. lebte dort der Mathematiker Apollonias, der in seiner Zeit geachteter als Archimedes war.

Heiligtum der Artemis Pergaia

Seine größte Bedeutung erhielt Perge jedoch als Kultstätte der Artemis Pergaia, in der die kleinasiatische Muttergöttin Kybele weiterlebte. Zwar soll Paulus 48 n. Chr. eine erste Christengemeinde gegründet haben, doch fiel auch die Blütezeit des Artemis-Kults in das 1. Jh. n. Chr., sodass das Christentum sich in der Stadt nicht durchsetzen

Die mächtigen Säulen der Agora von Perge

konnte. Damals hatte Plancia Magna, die Tochter des römischen Proconsuls M. Plancius Varus, die Ämter der obersten Artemis-Priesterin und des Demiurgos (höchster städtischer Beamte) inne. Auf sie geht der Bau der prächtigen Agora und der Kolonnadenstraße zurück. Während die Stadt in byzantinischer Zeit als Bischofssitz mit drei Basiliken noch zu den größten Pamphyliens zählte, lebte dort im 15. Jh. nur mehr ein Turkmenenstamm mit ca. 70 Zelten.

Theater und Stadion

Zuerst erreicht man Theater und das Stadion, beide außerhalb der Stadtmauern gelegen. In griechischer Manier wurde das **Theater** 1, das einst an die 14 000 Zuschauer fasste, an einem natürlichen Hang errichtet (meist nicht zugänglich). Erst in römischer Zeit (frühes 2. Jh. n. Chr.) entstanden die umlaufende Arkadengalerie über den Sitzreihen sowie das relativ gut erhaltene Bühnengebäude, das mit Marmorfriesen verziert war (Darstellung der Artemis von Perge mit Flussgott Kestros oder Dionysos). Die äußere Mauer des Bühnengebäudes gestaltete man Ende des 2. Jh. zu einem 12 m hohen Nymphaion mit fünf Wasserbassins.

Das 234 m lange **Stadion** 2, eines der besterhaltenen Kleinasiens, bot etwa 12 000 Zuschauern Platz, die hier nicht nur zu Sportveranstaltungen, sondern auch zu blutigen Gladiatorenkämpfen zusammenströmten. Die Gewölbe unter den Sitzreihen dienten teils als Läden und teils wohl auch als Tierkäfige. Auf der ehemaligen Wettkampfbahn werden heute Marmorfriese aus der Nekropole im Nordwesten von Perge ausgestellt. Sehr häufig

Perge

Sehenswert
1 Theater
2 Stadion
3 Römisches Tor
4 Thermen
5 Agora
6 Hellenistisches Stadttor
7 Cardo (Kolonnaden-straße)
8 Nymphaion
9 Decumanus
10 Palästra
11 West-Therme
12 Westtor
13 Basilika

sieht man apotropäische (Dämonen abwehrende) Gorgonenmasken.

Stadtzentrum

Hinter dem Stadion kommt man zum Parkplatz mit der Kassensperre, dann beginnt das Stadtareal, das noch fast vollständig von einer Mauer umgeben ist. Das **Haupttor** 3, das zu einem Vorplatz zurückspringt, entstand erst in römischer Zeit. Während sich die Fassade außen militärisch nüchtern präsentiert, besaß das Tor eine prachtvolle Innenausstattung – die Marmorgiebel liegen teilweise wieder zusammengefügt hinter dem Tor am Boden.

Der Platz dahinter diente vornehmlich repräsentiven Zwecken, beidseits umgaben ihn repräsentative Bauten. Im Westen liegen die **Thermen** 4, eine große Bäderanlage, im Osten die **Agora** 5 mit Säulenumgängen, Ladenboxen und einem Tholos-Tempel in der Mitte, der vermutlich der Schicksalsgöttin Tyche geweiht war. Die heitere Atmosphäre, die auf diesem Platz, Zentrum des politischen Lebens der Stadt, geherrscht hat, zeigt der original erhaltene Spieltisch in der rechten hinteren Ecke.

Der Hauptblickfang ist das ältere **hellenistische Stadttor** 6 mit zwei Rundtürmen. Sie flankieren einen hufeisenförmigen Hof, an dessen Seiten jeweils fünf Nischen mit Säulenbasen erhalten sind. Hier standen einst, wie die Inschriften ausweisen, die Statuen der mythischen Gründer Mopsos und Kalchas (die die Griechen nach dem Troianischen Krieg hierhergeführt haben sollen) und anderer mächtiger Herrscher, z. B. der Familie Plancius Varus, die auf den Consul der Provinz Asia (seit 71 n. Chr.) zurückging.

Kolonnadenstraßen

Von diesem Hof zieht sich eine ca. 20 m breite **Kolonnadenstraße** 7 zum Akropolis-Hügel hin. Diese nord-südlich verlaufende Hauptachse, der **Cardo,** war auf beiden Seiten von Säulen gesäumt, hinter denen gepflasterte Wege an Geschäften und Amtsgebäuden entlangführte. An einigen Säulen lassen sich Reliefs der Hauptgottheiten von Perge erkennen, darunter die hoch verehrte Artemis Pergaia mit einem Jagdbogen in der Hand.

In der Mitte verlief ein Wasserkanal, der von einem mehrstöckigen Brunnengebäude am Ende der Straße gespeist wurde. Dieses **Nymphaion** 8 am Südrand der Akropolis war ein riesiger, mit Säulen und Statuen verzierter Bau mit zwei Seitenflügeln. Heute ist nur noch die Liegefigur des lokalen Flussgottes Kestros über dem Hauptbecken zu erkennen. Von der Anhöhe hat man einen guten Überblick über die Anlage der Stadt.

Kurz vor dem Brunnen wird der Cardo von einer zweiten Straße, dem ost-westlich verlaufenden **Decumanus** 9, gekreuzt, dessen westlicher Teil in den letzten Jahren freigelegt wurde. Zahlreiche Säulen haben die Archäologen wieder aufgestellt; an der Südseite verlief ebenfalls ein Wasserkanal. Die **Palästra** 10 (Ringerschule) auf der Nordseite, errichtet unter Kaiser Claudius (41–54 n. Chr.), ist nach dem hellenistischen Tor die älteste Monumentalanlage von Perge. Die Straße endet hinter einem **Thermenbau** 11 beim **Westtor** 12, das zur Nekropole von Perge führt. Südlich des Decumanus lassen sich noch Reste einer **Basilika** 13 ausmachen.

Infos

Bus: Die Busse zwischen Antalya und Side/Alanya halten mindestens stdl. in der Kleinstadt Aksu. Dort zweigt die Straße zu den Ruinen von Perge ab (2 km), meist warten dort Taxis.

Kurşunlu-Wasserfall ▸ J 6

Tgl. bis Sonnenuntergang, Picknickpark Eintritt 5 TL

Zum **Kurşunlu Şelalesi** biegt man am Autobahnkreuz westlich vor Aksu nach Norden ab (8 km). Im großen Picknickpark am Fluss Kurşunlu plätschern zwei Wasserfälle in üppig-grünen Tälern – an Wochenenden ein beliebtes Ausflugsziel der Einwohner von Antalya. Am Fluss entlang wandert man zu einem Aussichtspunkt mit Blick über Perge und die weite Ebene.

Die Belek-Region

▸ J 6

Der Name des Weilers **Belek** steht für Luxushotels und Golftourismus (s. S. 220). Vor einer langen Kiefernpflanzung, die im 19. Jh. zum Schutz der Landwirtschaft vor den Seewinden und Sandflug angelegt wurde, ist nun entlang der Küste eine lange Kette hochkarätiger Hotelanlagen entstanden – zwischen Poollandschaft und All-inclusive bleibt dort kaum ein Luxus ausgespart. Kleinere Teile des Schutzforstes am Beşgöz-Flüsschen wurden unter Naturschutz gestellt und bieten über 100 Vogelarten ein Rückzugsgebiet in der mittlerweile immer stärker landwirtschaftlich genutzten Ebene – der Rest schirmt nun den Tourismus vor dem türkischen Alltagsleben ab.

Belek

Aktiv

1 Tat International Golf Club
2 National Golf Club
3 Antalya Golf Club
4 Kaya (Eagles) Golf Club
5 Carya Golf
6 Sueno Golf Club
7 Cornelia Golf Club
8 The Montgomerie Papillon Golf Club
9 Gloria Golf Club 2
10 Gloria Golf Club
11 Robinson Nobilis Golf Club
12 MT Outdoor Center

Da es vielen Gästen schon bald in all dem Luxus langweilig wird, sind die Städtchen **Kadriye** und **Belek**, einst einfache Bauernsiedlungen, inzwischen zu modernen Geschäfts- und Shoppingorten umgebaut worden. Auch Wochenmärkte finden statt: dienstags in Kadriye und samstags in Belek – da muss man aber ordentlich handeln (max. 50 % der Erstforderung!). Sonst gibt man nur zu viel Geld aus.

Beliebt ist auch die Flucht nach vorn: Vom Strand bringen pfiffige Kleinstunternehmer Belek-Gäste zu improvisierten Strandbars, etwa am Belek Beach Park, der vor allem von den Gästen der türkischen Ferienvillen im Hinterland besucht wird.

Die lieben Reiseleiter

Wie überall und immer muss man auch dem Reiseleiter nicht blind vertrauen. Mit einem Mietauto zu fahren ist in der Türkei nicht gefährlicher als zu Hause; spezielle Versicherungen sind dort auch nicht nötig. Manche Reiseleiter erzählen wahre Schauermärchen, um ihre Schäfchen auf organisierte Ausflüge zu locken – muss man nicht glauben! Wenn die Leiter aber eine Sicherheitsgebühr verlangen, sollten Sie sich beim Reiseunternehmen beschweren!

Übernachten

Die Luxushotels am Strand kann man, da allesamt im All-in-Prinzip organisiert, nur pauschal buchen. Wer sich absichern will, findet auf Foren wie www.hotelcheck.de zahlreiche Bewertungen.

Golfen in Belek

Mit der Belek-Region hat sich die Türkei im Winter als Topdestination für Golfer profiliert: das Klima angenehm wie im mitteleuropäischen Frühling, die Hotels überaus luxuriös, die Greenfees im internationalen Vergleich recht günstig. Namhafte Golfarchitekten gestalteten die Anlagen, z. B. David Faherty (National Golf 2), Nick Faldo (Cornelia Golf 7), Michel Gayon (Gloria Golf 9, 10), Dave Thomas (Robinson Nobilis 11) oder die European Golf Design Company (Antalya Golf 3).

Die Plätze, mittlerweile sind es 18, liegen alle auf dem Gelände des alten Kiefernwaldes, der großzügig ausgedünnt und mit Seen ausgestattet

wurde. In der Regel ist die Architektur anspruchsvoll, mit engen Fairways durch den Pinienwald und schwierigen Dünen-Roughs. Beim Tat-Golfplatz verlaufen manche Bahnen sogar direkt am Strand, da sorgt der Wind immer wieder für Überraschungen. Der Carya Golf ist der einzige, bei dem auch Bahnen auf Heideland zu spielen sind.

Bei allen Plätzen verlaufen die Fairways oft nah an den Seen, häufiger müssen die Seen auch überspielt werden. Das ist für den Könner spannend, für Anfänger bieten die Plätze gesonderte Academy Courses mit neun Löchern. Die größte Anlage ist der Gloria Golf mit 45 Löchern. Die meisten Plätze haben Par 72 und erfordern ein Handicap von 36 für Damen und 28 für Herren.

Manche Veranstalter wie etwa Öger Tours haben einen Spezial-Kata-

Golfpartie im Kiefernwald von Belek

Die Cavea des Theaters von Aspendos

log und bietet günstige Pauschalpakete an. Detailierte Info zu Plätzen unter www.antalya.de/divers_htm/golf.htm; alle Plätze sind auch im Netz vertreten und leicht zu googeln.

Sillyon ▶ J 6

Beim Belek-Abzweig von der D400 geht es nach Norden zu den Ruinen der pamphylischen Stadt **Sillyon**, die stets im Schatten von Perge und Aspendos stand. In spätantiker Zeit war sie zwar Bischofssitz, musste diese Würde jedoch an Perge abtreten, als sich dort das Christentum durchgesetzt hatte und der Pergaia-Kult verboten worden war. Nach der seldschukischen Eroberung siedelten Turkmenen auf dem befestigten Hügel, der auch als Militärposten diente.

Beim Anstieg auf den nach allen Seiten steil abstürzenden Stadtberg passiert man ein schwach erkennbares **Stadion**, dann das **hellenistische Stadttor**, ähnlich wie in Perge mit zwei Rundtürmen ausgestattet. Von dort führt eine Rampe zum **Haupttor** aus späterer Zeit empor (nordwestliche Bergflanke). Dahinter folgen die **Moschee**, eine **seldschukische Kommandantur** und ein **hellenistischer Bau**, dessen Südtür eine Inschrift in pamphylischem Dialekt ziert. Spektakulär ist das **Theater** an der südlichen Abbruchkante, dessen Orchestra bei einem Bergsturz in die Tiefe gerissen wurde. Die Aussicht von hier ist der Höhepunkt der Tour.

Serik ▸ J 6

Bislang verirren sich nur wenige Touristen nach Serik, einer lebhaften Mittelstadt mit knapp 35 000 Einwohnern. Das aber bedeutet: Es geht alles noch seinen gewohnten Gang. Hier kann man türkisches Alltagsleben erfahren, günstig an Bankautomaten Geld ziehen und in einfachen Lokalen für geringes Geld besser essen als in ganz Belek. Mit dem Moped braucht man von Belek-Ost kaum 20 Min.

Aspendos ▸ J 6

Tgl. 9–18 Uhr, Eintritt 20 TL
Das antike **Aspendos** beim Weiler Belkıs war einst die nach Side bedeutendste Stadt Pamphyliens; heute ist es für das besterhaltene Amphitheater Kleinasiens berühmt. Dieses Bauwerk lehnt sich zwar nach griechischer Manier an den Hang des etwa 50 m hohen Akropolis-Hügels, wurde in der jetzigen Form jedoch erst zur Zeit des römischen Kaisers Marcus Aurelius (161–180 n. Chr.) errichtet. Die Stadt dagegen wurde nach der mythischen Überlieferung schon um 1100 v. Chr. nach dem Troianischen Krieg gegründet.

Am nahen Fluss Köprülü Çay, in der Antike Eurymedon genannt, fand 465 die letzte Schlacht des Krieges zwischen Athenern und Persern statt. Die Griechen siegten, doch Aspendos fiel noch vor dem Peloponnesischen Krieg wieder unter persischen Einfluss. Mit Alexander schloss die Stadt 334 v. Chr. einen Tributvertrag, hielt diesen aber nicht ein, sodass der Makedone die Belagerung Sillyons abbrechen musste, um das wichtigere Aspendos niederzuwerfen. Unter den Römern wurde Aspendos zu einer der reichsten Handelsstädte an der Südküste und als solche ein Opfer des Quaestors Verres, den Cicero in seiner berühmten Anklage auch des Kunstraubs in dieser Stadt beschuldigte.

Seldschukische Brücke

Der **Köprülü Çay** (Brücken-Fluss) erhielt seinen Namen von der Brücke nahe der Abfahrt von der Küstenschnellstraße; Ende der 1990er-Jahre wurde diese nach archäologischen Untersuchungen restauriert und lohnt einen Abstecher.

Der Flussübergang bestand seit der Antike, die Römer bauten dann eine große, geradlinig den Fluss querende Bücke. Diese wurde durch ein Erdbeben zerstört. Erst die Seldschuken erneuerten im 13. Jh. das Bauwerk, allerdings deutlich kleiner. Neben der römischen Rampe am Nordufer wurde eine neue flachere Rampe gebaut. Da die Brückenpfeiler durch das Beben umgesackt waren, überquert die neue Brücke den Fluss nun mit einem deutlichen Versprung. Steht man auf der

Mein Tipp

Wohnen im Dorf

Die Türkische Riviera steht für Massentourismus, doch zeigen Rückkehrer aus Deutschland, dass es auch anders geht. Familie Altaylı hat im Dörfchen **Seki,** Gemeinde **Evrenseki,** zwei traditionelle Häuser zu romantischen Ferienunterkünften umgebaut. Seki liegt östlich von Aspendos, 6 km von der D400 entfernt an den Taurusausläufern (▸ K 6). Die Häuser für 4 Personen (2 Schlafzimmer, Wohnküche mit Kamin, Bad und Terrasse) haben zusammen einen Pool. Hier macht man Urlaub im Olivenwald.
Seki Cottages: Onur Altaylı, Tel. 0242 749 82 70, www.sekicottages.com, Haus/Woche 500–780 €.

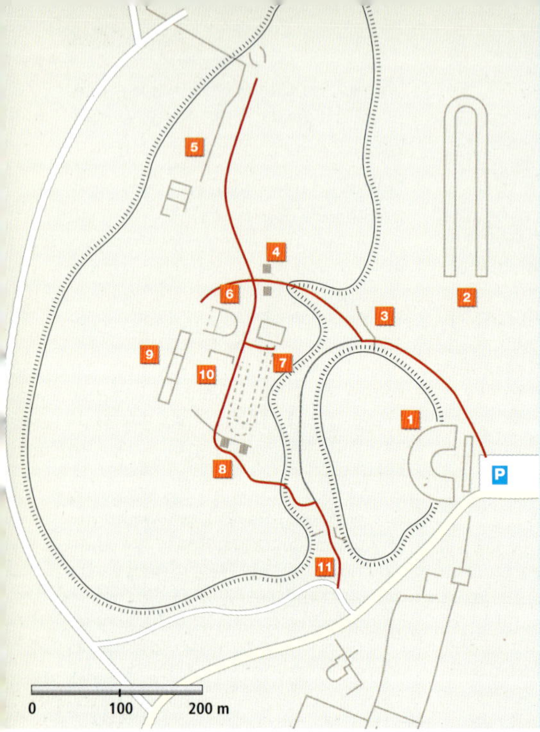

Aspendos

Sehenswert

1 Theater
1 Stadion
3 Osttor
4 Agora-Tor
5 Aquädukt
6 Bouleuterion
7 Römische Basilika
8 Exedra
9 Markthalle
10 Nymphaion
11 Südtor

Brücke, erkennt man noch die Steine der zerstörten Brücke auf dem Flussgrund.

Das Theater 1

Nachdem Aspendos von den Seldschuken übernommen worden war, diente das **Theater** als Karawanserei und Wehrpalast, ein Umstand, dem sich sein hervorragender Zustand nach immerhin 1800 Jahren verdankt. Von den Seldschuken, den ersten Türken in Kleinasien, stammen rote Rhombenmuster am rechten Bühnenturm. Die ganz erhaltene Skene (Bühnenwand) war einst auf drei Ebenen mit korinthischen Säulen, Ziergiebeln und Statuen geschmückt, die sich zu einem monumentalen Gesamtbild zum Ruhm des Römischen Imperiums fügten.

Die Cavea mit umlaufendem Arkadengang, der auf gleicher Höhe wie die Skene abschließt, fasste bis zu 20 000 Menschen. Erstaunlich auch die Akustik der Anlage: Das Klirren einer Münze auf der Orchestra schallt bis zur obersten Sitzreihe! Im kleinen **Museum** im Skenenbau sieht man Theatermasken und Billets aus römischer Zeit.

Die antike Stadt

Nördlich des Theaters führt ein Pfad zur eigentlichen Stadt hinauf. Rechts erkennt man im Flachland die Umrisse des **Stadions** 2. Die Akropolis liegt auf einem Tafelberg, der vom Theaterhügel durch ein schmales Tal getrennt ist. Da der Hügel selbst recht steil war, musste er nur durch kurze Mauerstücke und drei Tore gesichert werden. Hinter dem **Osttor** 3 erreicht man bald das schön skulptierte **Agora-Tor** 4.

Geradeaus weitergehend gelangt man zur Abbruchkante des Hügels, von wo sich ein guter Blick auf das zweieinhalbstöckige, teils in voller Höhe erhaltene **Aquädukt** 5 bietet. Der Bau ist ein Paradebeispiel römischer Ingenieursleistungen. Um nicht die gesamte Talsenke mit einem hohen (und teuren) Aquädukt überspannen zu müssen, wandte man das Prinzip der kommunizierenden Röhren an. Das Wasser aus den Bergen wurde auf der notwendigen Höhe in einen Wasserturm geleitet, von dem aus ein niedriges Aquädukt das Tal überspannte, um in einen ebenso hohen zweiten Turm zu münden. Der Druck presste dann das Wasser auf die ursprüngliche Höhe, sodass es bequem zur Akropolis geleitet werden konnte.

Links vom Agora-Tor schließt sich der halbrunde Bau des **Bouleuterions** 6 (Rathaus) an, hinter dem sich die von Monumentalbauten umstandene Agora öffnete. Beachtenswert sind vor allem die etwa 15 m hohen Mauern der **römischen Basilika** 7, einer gewaltigen Halle, die sich von hier über 80 m bis zum Ende der Agora erstreckte und bei einer **Exedra** 8 endete. Zur Rechten wird der Platz von einer **Markthalle** 9 begrenzt, von der noch Teile (Ladenboxen) aufrecht stehen. Davor verlief eine Säulen-Stoa. Beherrschender Blickpunkt war das prachtvolle **Nymphaion** 10 an der Nordseite. Östlich führt ein Pfad wieder hinab zum **Südtor** 11, dem Hauptzugang der Stadt.

Essen & Trinken

In Belkıs kurz vor Aspendos gibt es Restaurants, netter sitzt man aber in den Lokalen am Flussufer weiter nördlich. Die Spezialität sind Forellen aus dem Köprülü Çay, es gibt auch die bewährten Standards der türkischen Küche.

Am Fluss – **Yörükoğlu Restaurant:** 3,3 km hinter Aspendos, www.yorukoglurestaurant.com. Großes Lokal mit in den Fluss gebauten Podesten; man serviert gegrillte Forellen und viele türkische Standards. Auch Tretboote werden verliehen, um auf dem kleinen Stausee vor dem Damm herumzufahren. Hauptgerichte ab 18 TL.

Infos

Bus: Busse der Strecke Antalya–Manavgat halten beim Abzweig 6 km östlich von Serik; dort warten oft Taxis.

Mein Tipp

Aspendos Festival und Aspendos Nights

Anfang Juni bis Mitte Juli findet das von Öger Tours finanzierte **Aspendos Festival** statt, das Konzerte, Opern und Ballettaufführungen im antiken Theater beinhaltet (www.aspendosfestival.gov.tr). 2013 standen z. B. Verdis »Aida« und »La Traviata« sowie »Tosca« von Puccini auf dem Programm, Ausführende waren Staatsopern aus der Türkei und Ungarn. Mit dem fantastischen antiken Rahmen ist das Festival den Opernfestspielen in Verona durchaus ebenbürtig. Karten gibt es in Reisebüros (inkl. Busanfahrt ca. 35 €), Beginn ca. 21.30 Uhr. Tickets kann man eventuell auch am Eingang des Theaters kaufen (gezahlt wird hier in Lira), allerdings sind sie meist überteuert.

Für die **Aspendos Nights** mit einem bunten Potpourri aus Musik und Tanz wurde eine neue Arena gebaut.

Auf Entdeckungstour: Selge und der Köprülü-Kanyon-Nationalpark

Der Ausflug zur antiken Stadt Selge in 1050 m Höhe führt ca. 52 km ins wilde Bergland des pamphylischen Taurus und zählt zu den reizvollsten Touren an der Südküste.

Reisekarte: ▶ J 5/6

Eintritt: 10 TL
Anfahrt: Die Straße ist durchgehend asphaltiert und gut mit dem Pkw befahrbar. Einfacher ist der Ausflug aber als geführte Jeep-Safari (angeboten ab Side/Belek; ca. 30 €/90 TL).
Planung: Man sollte für die Ausflugstour einen ganzen Tag einplanen, egal ob man von Belek, Side oder Antalya startet. An einen Pulli denken, oben in den Bergen kann es frisch werden.

Die abgeschirmte Lage in den Bergen gestattete der Stadt Selge eine jahrhundertelange Unabhängigkeit. Nach dem Mythos hatten Griechen aus Sparta sie gegründet, später war Selge für seine wilden Krieger berüchtigt und wurde zur nichtgriechischen Landschaft Pisidien gezählt. Mit Alexander dem Großen verbündete sich Selge beim erfolglosen Angriff auf Termessos (s. S. 208), denn gegen die Solymer bestand eine Jahrhunderte währende Feindschaft. In der Kaiserzeit erlebte die Stadt ihre Blüte und war bis in byzantinische Zeit Bischofssitz. Wirklich verlassen wurde Selge nie – man kann also davon ausgehen, dass die heutigen Einwohner Nachfahren der antiken Selger sind, evtl. sogar der Spartaner.

Durch den Köprülü-Kanyon-Nationalpark

Den Abzweig nach Selge erreicht man etwa 5 km östlich von Aspendos. Die Straße folgt dem Flusstal, das bis auf wenige Dörfer unbesiedelt ist und immer wieder schöne Panoramablicke über die wilde Naturlandschaft freigibt: einsame Kiefernwälder, hell schimmernde Bergriesen des Taurus. Hinter Beşkonak liegt bald das Kanyon Restaurant am Weg, in dem man über dem Fluss Köprülü Çay sitzen und gegrillte Forelle *(alabalık)* essen kann. Dort werden auch Kajaks vermietet und Rafting-Touren angeboten. Aber Achtung: Nie ohne Führer fahren, denn die Strömungen und Strudel können sehr gefährlich sein.

Im weiteren Verlauf quert die Straße eine vollständig erhaltene Brücke aus der Römerzeit und führt dann durch eine wild-romantische Berglandschaft mit hellgrau ausgewaschenen Kalkfelsen, betupft mit grünen Kiefernkronen (s. Abb. links).

Selge – Altınkaya

Von der einst prächtigen Stadt Selge, die sich über drei Hügel erstreckte, ist heute nur wenig erhalten. Die Anwohner von Altınkaya haben die zumeist aus römischer Zeit stammenden Ruinen wie selbstverständlich in Besitz genommen und für ihre Zwecke verwendet. Das Theater diente als Steinbruch, das Stadion wurde in ein Terrassenfeld verwandelt, und an die Mauern der Unteren Agora schmiegen sich die Häuser des Dorfes.

Vom Parkplatz führt der Pfad zunächst zum einstigen Haupttor der Stadt, dann zum **Theater**, das damals immerhin etwa 8500 Personen fasste. Von den oberen Sitzreihen übersieht man gut die Fläche des Stadions. Dann geht es zur Nordkuppe empor, die von einer **Basilika** gekrönt wurde. Hier beginnt die große, 230 m lange **Kolonnadenstraße**, die entlang der Stadionthermen beim Haupttor zur Oberen Agora führt.

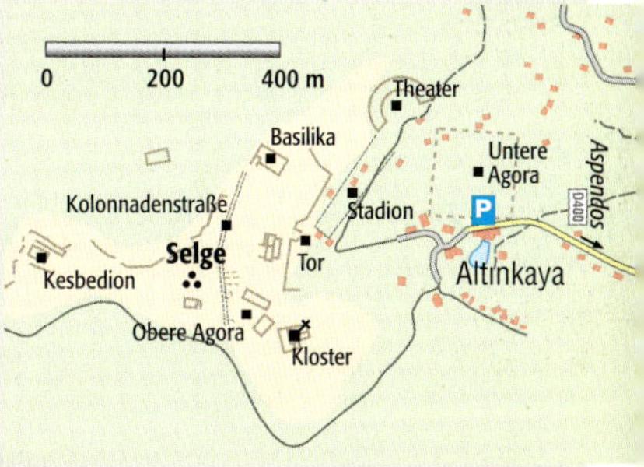

Einst war die **Obere Agora** von öffentlichen Gebäuden umgeben. Neben Markthalle und Stoa standen hier ein Odeion, das später in die erste Kirche der Stadt umgewandelt wurde, sowie ein Tyche-Tempel. Die Agora verlor nach dem Bau der heute nicht mehr sichtbaren Unteren Agora neben dem Theater im 2. Jh. n. Chr. ihre Handelsfunktion und wurde zur reinen Staatsagora, zum politischen Zentrum der Stadt.

Im Südosten überragt der **Klosterberg** mit den Grundmauern einer Klosteranlage den Platz. Im Westen liegt die **Kesbedion-Kuppe,** der älteste Siedlungsplatz der Stadt. Neben zwei stark zerstörten Tempeln und den Resten einer Säulenstraße beeindruckt auf der Kuppe die prächtige Aussicht über die Gesamtanlage von Selge.

Das Beste auf einen Blick

Side und das İncekum-Gebiet

Highlight !

Apollon-Tempel, Side: Unter den großartigen Ruinen von Side der schönste Platz, am besten bei Sonnenuntergang. Riesige Säulen liegen in Trümmern, doch die Giebelfront zum Meer, mit dem das antike Side seine Gäste begrüßte, wurde wieder aufgerichtet. Fürs obligate Foto kommt man am besten am späten Nachmittag, dann hat man das beste Licht. S. 235

Auf Entdeckungstour

Alara Han und Alara-Burg: Eine Karawanserei der Seldschuken und eine Burgruine, ein schöner Tagesausflug. Wo einst die Kamel-Karawanen nach Konya im zentralasiatischen Hochland rasteten, ist heute ein Restaurant mit kleinem Museum eingerichtet – der Ausflug lohnt auch abends, wenn dort die Turkish Night stattfindet. S. 250

Kultur & Sehenswertes

Die Ruinen von Side: Eine der schönsten antiken Gesamtanlagen der Türkei, dazwischen das moderne Side mit vielen Lokalen und Läden. Einen Tag sollte man sich Zeit nehmen. S. 232

Seleucia/Lyrbe: Einsam im Wald gelegene Ruinenstadt mit der besterhaltenen Agora der Türkei. S. 245

Aktiv unterwegs

Bootstouren: Wahlweise geht es von Side-Hafen etwa zur Delfininsel oder nach Alanya. Ein Tag auf dem Boot mit vielen Badestopps. S. 242

Wanderung bei Manavgat: Von Manavgat ins Hinterland zum Wasserfall, der zwar nicht hoch, aber lang ist; dort gibt es einen Picknickpark. Dann per Boot zum Strand und von dort wieder zu Fuß nach Side. Ein abwechslungsreicher Tagesausflug. S. 248

Genießen & Atmosphäre

The End: Das Restaurant liegt zwar am Ende der Side-Halbinsel, ist aber keinesfalls das Letzte. Gute Küche, viel Fisch, toller Meerblick. S. 238

Cuba Restaurant: Die große Plattform im Meer an Sides Nordwestküste ist ein toller Platz, um den Sonnenuntergang zu genießen. S. 240

Sultan Sofrası: Idyllisch am Fluss in Manavgat gelegenes Restaurant mit großer Auswahl echter türkischer Küche. S. 245

Abends & Nachts

The Zone: Heiße Nächte in der ultimativen Party-Gasse von Side; danach geht's in der Lighthouse Disco weiter. S. 242

Turkish Night: Bauchtanz, Folklore und ein bisschen Comedy im Alara Han und im Serapsa Han. S. 252

Strandparadiese und Antike

Side ist auch in der an historischen Stätten so reichen Türkei einzigartig: Zwischen dem riesenhaften Theater und dem Apollon-Tempel am Hafen drängen sich die belebten Gassen eines quirligen Urlaubsstädtchens mit ganz eigenem Flair. An den Stränden rund um Side, ebenso im İncekum-Gebiet weiter östlich, reihen sich luxuriöse Superhotels – hier liegt eine der beliebtesten Ferienregionen der Türkei. Vor allem Deutsche und Österreicher kommen gern, und so verwundert es nicht, dass man fast überall – in den Restaurants, beim Einkaufen und im Hotel – leidlich Deutsch spricht.

Das Hinterland ist vor allem agrarisch geprägt, neben Weizen im Win-

Auf der Spitze der Halbinsel liegt der Apollon-Tempel von Side

ter wird im Sommer viel Baumwolle angebaut.

Urbanen Charakter erhält die Region insbesondere durch die schnell wachsende Stadt Manavgat, die sich mit markanten Neubauvierteln in ihr Umland hinein ausbreitet.

Aber auch im İncekum-Gebiet weiter östlich, das berühmt ist für seine feinsandigen Strandbuchten, erlebten Bauernweiler einen rasanten Aufstieg zu modernen Städtchen. Viele Buchten sind hier zwar inzwischen mit Großhotels besetzt, dennoch gibt es immer noch ruhigere Ecken.

Side ▸ K 7

Das antike Side (sprich *ssidä)* war den Geografen des Altertums zufolge bereits in mykenischer Zeit gegründet worden. Während der Kolonisation im 7./6. Jh. v. Chr. wurde es von Griechen erobert. Später erlangte die Stadt, strategisch günstig auf einer Halbinsel gelegen, als Handelshafen mit großem Sklavenmarkt Bedeutung. Zwischen 130 und 100 v. Chr. war Side mit den kilikischen Seeräubern verbündet, doch als Pompeius die Piraten besiegt hatte, erlebte die Stadt im 2./3. Jh. n. Chr.

Infobox

Infos

www.side-info.de: Gute aktuelle Informationen von einem Deutschen in Side. Man kann auch Fragen stellen, mit Buchungshilfe.

www.side-info.net: Über Sponsorenlinks finanziertes Portal mit einer interaktiven Stadtkarte.

Tourist Information: Side Yolu Üzeri (Kreisel mit dem Mausoleum-Monument). Bessere Infos bei den zahlreichen privaten Reisebüros.

Anreise und Weiterkommen

Der Transfer vom Flughafen Antalya bis zur Region Side dauert 45–70 Min., zur Region İncekum bis zu 90 Min. Entlang der Küste besteht reger Busverkehr, in die Badeorte fahren oft Minibusse. Busse ins Hinterland sind seltener; Mietwagen oder Vespa wären also vorteilhaft.

unter römischem Provinzregiment eine Blütezeit.

Mit dem Zusammenbruch des Ost-West-Fernhandels im 4. Jh. setzte der Niedergang ein. Noch vor der Jahrtausendwende wurde die Stadt nach einer Feuersbrunst aufgegeben und blieb über 900 Jahre lang verlassen. Erst Ende des 19. Jh. siedelten sich türkische Fischer an, die vor den griechischen Aufständen in Kreta fliehen mussten. Die Ausgrabungen begannen 1947, doch mit Rücksicht auf die Anwohner konnten schon damals viele Bauten nicht vollständig freigelegt werden.

Mit Beginn des Tourismusbooms in den 1980ern endete die dörfliche Idylle: Zwar durften in Side selbst keine Großhotels gebaut werden (die liegen an den Sandstränden im Westen und Osten), doch begann damals der Ausbau von Side zu einem riesigen Einkaufszentrum. Da konnte Nepp nicht ausbleiben: Selten sind die Schlepper so aufdringlich wie hier, sind die Touristenpreise derart gepfeffert. Andererseits hat das auch Vorteile: Überall kann man in Euro zahlen, überall kann man sich benehmen wie zu Hause.

Die antiken Ruinen

Wer Side in der Saison besucht, muss meist an der Fernbusstation parken und von hier mit dem Traktorzug weiterfahren, der am Theater stoppt. Zur Besichtigung der Säulenstraßen geht man jedoch besser zu Fuß. Dabei passiert man rechter Hand das große

Side

Sehenswert
1 Nymphaion
2 Großes Tor
3 Peristyl-Villen
4 Archäologisches Museum
5 Handelsagora
6 Spätantike Schutzmauer
7 Römisches Theater
8 Staatsagora
9 Bibliothek
10 Apollon-Tempel
11 Men-Tempel
12 Hafenthermen
13 Große Thermen

Übernachten
1 Leda Beach Hotel
2 Nova Beach Hotel
3 Beach House
4 Kamer Motel

Essen & Trinken
1 Liman Lounge
2 Side Ocakbaşı
3 Paşaköy
4 Moonlight
5 The End
6 Side Çorba Salonu
7 Cuba Bar

Einkaufen
1 Şahin Market
2 Yılmaz Mineral Shop
3 Wochenmarkt
4 Migros-Supermarkt

Aktiv
1 Side-Bootstour
2 Altınkum Wellness Center

Abends & Nachts
1 The Zone
2 Lighthouse Disco
3 Stones Dance Bar
4 Apollonik Bar
5 Pegasis Bar

Nymphaion 1 vor der Stadtmauer, das durch einen ca. 30 km langen Aquädukt mit Wasser von den Quellen des Melas (dem heutigen Manavgat Çayı) versorgt wurde. Dieses monumentale Brunnenhaus aus römischer Zeit besaß eine beeindruckende 52 m lange Fassade mit drei Stockwerken und einem Wasserbecken davor.

Gegenüber, wo man an der noch recht mächtigen Landmauer vorbeigeht, erhob sich das **Große Tor** 2, wie in Perge aus hellenistischer Zeit und mit hufeisenförmigem Hof. In Side sind jedoch nur noch die Fundamente zu sehen; die Steine wurden für den Bau der byzantinischen Mauer beim Theater verwendet.

Dahinter begannen zwei Säulenstraßen: Die linke nach Süden verläuft zu den versandeten Ruinen einer Basilikakirche und des Bischofspalastes. Geradeaus folgt die Zufahrtsstraße zum heutigen Side der zentralen Säulenstraße, die längs über die Halbinsel zum Tempelviertel an ihrer Spitze verlief. Noch gut zu erkennen sind die kleinen Läden, die sich an der Straße reihten, das Mosaikpflaster der überdachten Fußgängerwege und einige Fahrbahnplatten, in die Ochsenkarren tiefe Spuren eingegraben haben.

Etwas weiter stadteinwärts wurden auf der linken Seite einige **Peristyl-Villen** 3 freigelegt, typische Häuser vornehmer Bürger der hellenistisch-römischen Zeit, deren Räume sich um offene Innenhöfe gruppierten.

Rechter Hand liegt nun das **Archäologische Museum** 4 (s. S. 234), links die **Handelsagora** 5 (s. u.), dann folgt das **innere Stadttor**. Dabei handelt es sich um den seiner Marmorverkleidung beraubten Kern eines römischen Triumphbogens, dessen Durchgang mit Säulentrümmern und anderen wiederverwerteten Steinen verkleinert wurde. Der Bogen wurde umgebaut, als man in den unsicheren Zeiten der Spätantike an der engsten Stelle der Halbinsel eine **Schutzmauer** 6 quer durch die Stadt zog, in die das Bühnengebäude des Theaters (s. u.) einbezogen wurde.

Gleich links von diesem Tor, durch das sich der gesamte Verkehr zum Dorf schlängeln muss, steht das **Vespasianus-Monument** – als Hintergrund fürs Erinnerungsfoto eines der beliebtesten Fotomotive. Hinter dem Tor markieren Säulenstümpfe den weiteren Verlauf der Kolonnadenstraße.

Römisches Theater 7

Tgl. 9–18 Uhr, 10 TL

Das eindrucksvollste Bauwerk von Side ist das aus römischer Zeit datierende **Theater**, das inzwischen restauriert und für Veranstaltungen genutzt wird. Als einziges Theater in Pamphylien weist es echte Substruktionsbauten mit Bogengalerien für Läden auf. Nur ein kleiner Teil der Cavea ruht wie üblich auf einem Hang – hier dem eines kleinen Hügels, an den wohl der hellenistische Vorgängerbau gelehnt war. Der jetzige Bau entstand erst im 2. Jh. n. Chr. Die gut erhaltene Cavea fasste vermutlich 20 000 Zuschauer. Vom Bühnengebäude steht noch das Erdgeschoss; seine reiche Fassadendekoration liegt auf der benachbarten Handelsagora.

Archäologisches Museum 4

Tgl. 9–12, 13–17.30 Uhr, 15 TL

Nicht verpassen sollte man das beeindruckende **Archäologische Museum**, das in den zum Teil restaurierten Agorathermen aus dem 5. Jh. n. Chr. untergebracht ist. Dort wird eine überaus eindrucksvolle Sammlung römischer Statuen (zumeist 2. Jh.) und reliefverzierter Sarkophage ausgestellt, u. a. mit musizierenden Eroten und Taten des Herakles.

Beachtung verdient die große Statue der **Siegesgöttin Nike** im Apodyterium, dem Umkleideraum am Eingang. Beeindruckend wirkt auch der **Herkules** mit Knüppel und Löwenfell im Caldarium, dem Warmbad, während die Statuengruppe der **Drei Grazien** (der Chariten, der Nymphen der Anmut) durch ihre wohlgeformten Popos überzeugt. Mit der Plastik des **Sandalenbinders von Lysippos** und des **Diskuswerfers von Myron** besitzt das Museum zwei weitere römische Kopien berühmter klassischer Kunstwerke.

Dass der Bau in frühchristlicher Zeit auch als Grabhaus genutzt wurde, zeigen die aufgedeckten **Skelette** im nächsten Saal. Sehr schön ist zuletzt auch der **Garten** mit zahlreichen Sarkophagen und Skulpturwerken, darunter Weiheinschriften und Gladiatorendarstellungen.

Agora-Bezirk

War 2014 nicht zugänglich

Gegenüber dem Museum liegt die **Handelsagora** 5, deren letzter Baubestand aus der römischen Kaiserzeit ist (Pfad zur Staatsagora und zur Bibliothek an der linken Seite). Die rechte Seite der Agora, einst der größte Sklavenmarkt im römischen Osten, nahm das 65 m lange **Bühnenhaus des Theaters** ein, auf den drei anderen Seiten rahmten 7 m hohe **Säulenhallen** den quadratischen Platz. In dessen Mitte erhebt sich ein der Schicksalsgöttin Tyche geweihter Tholos (Rundtempel), der 2012 teilweise wiederaufgebaut worden ist. In der Nordwestecke, rechte Theaterseite, blieb die öffentliche **Latrine** erhalten.

Südlich der Handelsagora liegt die **Staatsagora** 8 . Zertrümmerte Säulen zeugen von dem einst prächtigen Peristylumgang. Die stadtabgewandte Seite flankierte eine **Bibliothek** 9 mit drei Sälen; vom mittleren, dem Kaisersaal, steht noch eine zweistöckige Wand mit Statuennischen. Hier hat man allein 20 der im Museum ausgestellten Plastiken gefunden.

Der anschließende nordöstliche Stadtteil mit **Bischofspalast** und **Basilika** ist ebenso wie die dazugehörige **Wehrmauer** mit einem weiteren Tor fast ganz unter den Dünen des langen Südoststrandes von Side begraben.

Rundgang durch Side-Dorf

Im Dorf selbst, das von der Hauptstraße Liman Caddesi auf gerader Linie bis zum Hafen durchquert wird, sind alle antiken Reste bis auf wenige Ausnahmen modern überbaut. Hier reiht sich ein Geschäft – Restaurant, Ledermodeladen, Juwelier oder ›Teppichdorf‹ – ans nächste; die Stimmung gleicht der in einer deutschen Fußgängerzone am Samstag. In den Querstraßen wird es etwas ruhiger, aber inzwischen hat sich der Rummel auch auf die Uferpromenaden und die Moscheestraße ausgebreitet. Wer nicht im Hauptgewühl am Hafenplatz bleiben will, kann leicht ausweichen: Am Küçük Plaj an der Südostküste kann man noch ganz lauschige Plätzchen finden.

Apollon-Tempel ! 10

Tgl. 9–18 Uhr, 10 TL

Auf der Spitze der Halbinsel stand der Haupttempel der Stadt: Wie in antiker Zeit bilden hier fünf wiedererrichtete Säulen des **Apollon-Tempels** aus dem

Urlaubsidylle am Küçük Plaj, dem kleinen Strand in Side-Dorf

Lang ziehen sich die Sandstrände an der Küste bei Side

2. Jh. n. Chr. mitsamt einem Teil des Medusengiebels ein großartiges Ensemble. Parallel dazu lag der kleinere Artemis-Tempel; im 5. Jh. wurde der Komplex um eine frühchristliche Basilikalkirche ergänzt.

Eher unspektakulär sind die überwachsenen Trümmer eines halbrunden **Men-Tempels** 11 an der Barbaros Caddesi, der einem kleinasiatischen Mondgott geweiht war (3. Jh. n. Chr.). Die **Hafenthermen** 12 an der Zambak Sokağı, ein gewaltiger Koloss aus Ziegelmauerwerk, standen in der Antike direkt am Hafenkai.

Eine Erkundung der **Großen Thermen** 13 zeigt, wie still es auch mitten in Side noch sein kann. Vor mächtigen Mauern kann man die Piscina (das Schwimmbad) erkennen, dazu Reste der Marmorböden und eine Sitzbank mit dem knorrigen Kopf eines Delfins. Die Palästra, den Sporthof, bedeckt heute Buschwerk.

Strände in und um Side

Im Stadtgebiet gibt es an der Südostküste den kleinen **Küçük Plaj** unterhalb der Barbaros Caddesi mit einer Strandbar und den langen **Büyük Plaj** hinter der Bibliothek; überall werden Sonnenliegen vermietet. Der **Altınkum Plaj** nördlich des Museums wird von vielen Hotels gesäumt – durch den Bau der neuen Strandpromenade hat er leider viel Sand und Flair verloren und ist jetzt nur noch ein schmaler Streifen.

Die **Riviera-Strände** außerhalb des Ortes sind sehr viel breiter, sandig im Nordwesten bei **Çolaklı** und **Kumköy,** feinkieselig im Südosten bei **Sorgun** und **Titreyengöl** (s. S. 243). In regelmäßigen Abständen gibt es Wassersportstationen; Restaurants und Karaoke-Bars säumen den Dünenrand, und etwas anderes als den Badeanzug schreibt der Dresscode nicht vor …

Übernachten

Die großen **Luxusanlagen** außerhalb von Side-Dorf bucht man günstiger pauschal. Die **kleineren Unterkünfte im Ort** – teils einfache Pensionen, teils Hotels der Mittelklasse – bieten mehr landestypisches Flair und auf reduzierter Fläche zum Teil durchaus viel Komfort. Nette kleinere Hotels findet man auch am Strand direkt nördlich der Halbinsel. Außer in der Hauptsaison bekommt man dort immer unproblematisch ein Zimmer (und kann um den Preis sogar gut handeln).

Gartenparadies – **Leda Beach Hotel** **1**: Müze Cad., an der Säulenstraße ausgeschildert, Tel. 0242 753 10 46, www.ledabeachhotel.com, DZ/F 140–240 TL. Familiär geführter Hotelkomplex am Nordstrand mitten in antiken Ruinen, teils Holzbungalows, teils Neubauten. Es gibt auch einen kleinen Pool, ein nettes Restaurant und einen gepflegten Hotelstrand, einen Kinderspielplatz im Garten und freies WLAN (WiFi).

Strandidylle – **Nova Beach Hotel** **2**: Altınkum Plaj, Zufahrt über Kiremithane Sok., Tel. 0242 753 43 96, www.novabeach.com, DZ/F ca. 200 TL. Angenehme Mittelklasseanlage mit geräumigen Holzbungalows mit je eigener Terrasse. Liegt direkt am Strand in Neu-Side, gut mit Pkw zu erreichen. Freundliches Personal, üppiges Frühstück, aber kein Pool.

Im Dorf – **Beach House** **3**: Barbaros Cad., www.beachhouse-hotel.com, Tel. 0242 753 16 07, DZ 140 TL, Familienzimmer ab 180 TL. Traditionsreiche Pension direkt am Südstrand, sogar Sartre und Beauvoir sollen hier schon mal gewohnt haben. Netter Service unter der britischen Chefin, viele britische Stammgäste. Einfache, aber helle, freundliche Zimmer. Einen Pool gibt es nicht, dafür sind es nur 10 m zum Strand.

Am Meer – **Kamer Motel** **4**: Barbaros Cad. 47, Tel. 0242 753 10 07, www.booking.com, DZ/F 180–210 TL. Gut geführte Hotelpension direkt an der Felsküste im Südosten. Freundlich-mediterran gehaltene Meerblickzimmer mit Balkon, kleiner Privatstrand, dazu Sonnenliegen auf einer Holzterrasse. Netter deutschsprachiger Wirt, nur

Zweitwährung Euro

Im Side-Gebiet ist der Euro eine Art offizielle Zweitwährung, wenn nicht sogar für Touristen die Hauptwährung. Wer die Europreise der Lokale oder anderer Anbieter in türkischen Lira zahlen will, muss einen sehr schlechten Umrechnungskurs akzeptieren. Als Rechenbeispiel: Ein Eis kostet normalerweise 3 Türkische Lira, in Side 1,50 €. Will man in Lira zahlen, werden dann (mit Umrechnungsfaktor 3,5) stolze 5,50 Lira verlangt. In den touristischen Urbanisationen an der Side-Küste bieten viele Wechselbüros den Service eines ›Bankautomaten‹, an dem man sich Euro auszahlen lassen kann. Hierfür werden jedoch bei der heimischen Bank um die 15 % Gebühr abgebucht. Echte Bankautomaten gibt es z. B. in Side-Dorf, in Titreyengöl, in Kumköy und in Manavgat. Dafür berechnet die eigene Bank nur 4 €, ausgezahlt wird allerdings nur Lira. Am besten nimmt man für die Side-Region ausreichend Euro-Bargeld in kleinen Scheinen mit (Münzen kursieren vor Ort genügend).

3 Min. vom kleinen Strand Küçük Plaj entfernt.

Essen & Trinken

Von Hamburgern bis zu deutscher oder russischer Küche bietet Side (fast) alles. Für Fisch wird generell viel Geld verlangt. Eine weitere zu teure Spezialität ist das *testi kebap*: Kalbfleisch mit Gemüse in einer Ton-Amphora geschmort, die erst am Tisch aufgeschlagen wird. Tipp: Ein Ausflug nach Manavgat (s. S. 244) lohnt auch zum Essen am Abend. Dann erlebt man dort kleinstädtische Türkei-Idylle.

Das schickste am Hafen – **Liman Lounge** 1: Liman Cad., Nar Sok. 29, tgl. 10–24 Uhr, www.sideliman.com. Schickes Lounge-Restaurant links am Hafen Richtung Tempel – schön bei Sonnenuntergang. Vom Frühstück bis zur Nachtparty mit Feuerspuckern wird eine ansprechend gestylte Küche serviert. Vorspeisen 15–28 TL, Steaks um 40 TL.

Traditionell – **Side Ocakbaşı** 2: Zambak Sok. 46, Tel. 0242 753 18 10, tgl. mittags und ab 19 Uhr. Ein bei Einheimischen beliebtes *lokanta* mit echter türkischer Traditionsküche und freundlicher Bedienung. Lauschiger Garten gegenüber den antiken Thermen, mit altem Handwerksgerät dekorierter Innenraum. Vorspeisen 9–18 TL, Hauptgerichte 25–38 TL.

Grünes Refugium – **Paşaköy** 3: Liman Cad. 98, in den antiken Hafenthermen, Tel. 0242 753 36 22, tgl. 9–24 Uhr. Man sitzt romantisch, ruhig in effektvoll illuminierten antiken Gemäuern, dekoriert mit Statuen. Das ist zwar eine touristische Toplage an der Haupteinkaufsmeile, die Küche ist aber nicht schlechter als woanders (Hauptgerichte ab 26 TL), und man kann sich hier ruhig vom Shoppingstress entspannen.

Am Meer – **Moonlight** 4: Barbaros Cad. 49, Tel. 0242 753 14 00. Gepflegtes, ruhig gelegenes Restaurant an der südöstlichen Küste der Altstadt unter Leitung eines türkisch-deutschen Paares. Mit Kinderspielplatz und kleinem Strand. Internationale Küche, Vorspeisen ab 10 TL, Hauptgerichte um 34 TL.

Dinner mit Aussicht – **The End** 5: Side Liman., Tel. 0242 753 20 05, www.theendside.com. Am Ende der Altstadt liegt das Restaurant wirklich, aber das tut der Beliebtheit keinen Abbruch: Auch Ex-Staatspräsident Gül war schon zu Gast. Gute türkische und auch internationale Küche auf großen Terrassen mit Meerblick, toller Sonnenuntergang. Vorspeisen ab 12 TL, Hauptgerichte ab 32 TL.

Einfach und günstig – **Side Çorba Salonu** 6: Zambak Sok. 42. Etwas versteckt in einer Gasse ohne Shops wird hier einfache, aber leckere und günstige türkische Alltagsküche aufgetischt. Adana Kebab 18 TL, Pide mit Käse oder Spinat um 12 TL.

Mein Tipp

Halbedelsteine en gros

An der Südküste kurz vor dem Apollon-Tempel breitet **Yilmaz Mineral Shop** 2 auf gut 100 m² eine unglaubliche Vielfalt von Ketten, Armreifen und Broschen aus Natursteinen und Silber aus. Von Onyx bis Jade ist jede Farbe für jede Farbkombi zu bekommen. Besonders schön sind die Stücke aus polierten Muscheln, besonders selten die aus geschliffenen Kamelknochen. Männer mit weiblicher Begleitung sollten diesen Teil der Barbaros Caddesi vielleicht besser weiträumig umgehen.

Die Eisverkäufer in Side beherrschen eine Menge Tricks

Zum Sundowner – **Cuba Bar & Restaurant:** s. Lieblingsort S. 240

Einkaufen

Side bezeichnet sich selbst als größtes Shoppingzentrum an der Südküste und brüstet sich mit allein fast 70 Juwelieren. Tatsächlich gibt es kaum Gassen im alten Ort, wo sich nicht Auslagen an Auslagen reihen. Neben Goldschmuck sind vor allem Textilien, Teppiche, Lederwaren und Uhren die Hauptprodukte. Es sollte klar sein, dass die Markenkleidung gefälscht ist und auch Rolex-Uhren für 45 € nicht echt sein können. Man sollte auf jeden Fall nach Kräften handeln, oft kann man 50 % Nachlass erreichen.

Gewürze – **Şahin Market 1:** Gül Sok. Neben einem riesigen Angebot an Gewürzen bekommt man hier auch Honig, Trockenobst, Nüsse, Datteln und vieles mehr.

Bunt und pittoresk – **Wochenmarkt 3:** Gegenüber der Yeni Cami, Sa vormittags. Ein Erlebnis ist der große Wochenmarkt von Side (Mo findet er in Manavgat statt, s. S. 244). Beide Märkte sind zwar inzwischen ziemlich touristisch geworden, lohnen aber immer noch: Einerseits gibt es jede Menge sehr günstiger Textilien, andererseits Bauernprodukte aus dem Hinterland. Man muss auch hier knallhart handeln: halber Preis, sonst einfach weitergehen!

Modernes Leben – **Migros 4:** Manavgat, an der Stadteinfahrt aus Richtung Antalya. Moderner Supermarkt mit großem Sortiment (u. a. Drogerieprodukte, Windeln, Babynahrung etc.).

Aktiv

Organisierte Ausflüge – In allen Hotels werden organisierte Ausflüge angeboten, die über die Reiseleitung zu buchen sind. Nicht selten bekommt

Lieblingsort

Sundowner bei der Cuba Bar 7

Die große Plattform im Meer beim Cuba Restaurant ist noch ein echter Geheimtipp, um den Sonnenuntergang in Side zu genießen. Es ist nicht überlaufen, man sitzt direkt am Wasser und hat vor sich nur Meer und Himmel. Inhaber Mehmet Duran bietet auf seiner Karte auch einige karibische Gerichte an und spielt am liebsten Salsa. Ein wunderbares Plätzchen für romantische Stunden.

Cuba Bar & Restaurant: Side, Zambak Sok. 2, Tel. 0242 753 21 49

man diese Touren am Strand oder vor den Hotels günstiger, dann fährt man aber in der Regel in einer gemischten Truppe mit Briten und Russen. Die Bandbreite der Ausflüge ist riesig: antike Städte oder AquaPark, Bootstouren oder ins Inland nach Konya. Fast immer jedoch steuert man dabei auch ein Teppich-, Juwelier- oder Souvenirzentrum an und fühlt sich an eine ›Butterfahrt‹ erinnert. Man muss allerdings auf keinen Fall etwas kaufen – zumal man kaum Zeit für längeres Handeln hat.

Auf Fluss und Meer – **Side Boat Tours 1**: Mobil 0535 728 50 39. Die Fischervereinigung bietet verschiedene Touren (Manavgat-Fluss, Karaburun-Insel bzw. Delfininsel, nach Alanya), Tickets gibt es am Infostand am Hafen. Bei Reservierung wird man vom Hotel abgeholt. Abfahrt gegen 10 Uhr.

Hamam & Spa – **Altınkum Wellness Center 2**: Side Weststrand, Altınkum Hotel, Tel. 0537 405 64 91. Das Wellness Centrum am Strandweg zur Altstadt bietet neben ›normalem‹ Hamam (40 TL) auch viele Spezialmassagen (Ganzkörper 55 TL) und Shiatsu oder Hot-Stone-Behandlung.

Tauchen – **Side Silence Diving:** Station in Çolaklı, vor Hotel Kamelya World, Tel. 0242 763 00 45, www.sidesilence.com. Das Tauchcenter von Volkan und Nicole (im Side-Gebiet gibt es diverse weitere) erhält gute Bewertungen. Ordentliches Equipment und kompetente Guides (auch deutsche).

Abends & Nachts

Partygasse – **The Zone 1**: Rechte Hafenseite. Ein neuer zwangloser Treffpunkt zum ›Vorglühen‹. Zwei Bars rechts und links der Gasse, auf der jede Menge Stehtische für lockere Kontakte sorgen. Pop, R'n'B, Türkpop, Elektro.

Zum Abhotten – **Lighthouse Disco 2**: rechts vom Hafen, Tel. 0242 753 35 88, tgl. ab 21 Uhr, Happy Hour 21–23 Uhr. Kleine Disco-Bar im Freien mit ordentlicher Tanzfläche. Gespielt wird viel Techno und House; zur Happy Hour sollte man in einer Gruppe kommen, sonst ist meist niemand da. Erst kurz vor Mitternacht wird es voll.

Chillen am Strand – **Stones Dance Bar 3**: Barbaros Cad. 67, Tel. 0242 512 14 98. Tagsüber ein Restaurant, abends eine Music Bar mit Billardtisch und Live-Acts der Stones von DVDs. Es gibt eine Terrasse auf der Steilküste – das Beste sind aber die Tische unten am Strand genau vor den Wellen. Selten ist Side so romantisch.

Sundowner – **Apollonik Bar 4**: Am Hafen, kurz vor dem Apollon-Tempel. Kein Fernseher, keine laute Musik, netter Service – seit Jahren eine beliebte Adresse am Abend (toller Sonnenuntergang), aber auch nachmittags sitzt man dort sehr gemütlich.

Livemusik – **Pegasis Bar 5**: Am Weststrand unterhalb des Parkplatzes beim Theater. Ruhige Bar, abends mit traditioneller Livemusik.

Infos & Termine

Verkehr

Bus: Die Busstation liegt vor der Stadtmauer von Alt-Side; in der Saison ca. alle 2 Std. Verbindung nach Antalya und Alanya, mehr Verbindungen hat man in Manavgat.

Minibus: Alle 15 Min. Minibusse nach Manavgat, alle 10 Min. Richtung Kumköy/Çolaklı und Sorgun/Titreyengöl.

Besuch von Alt-Side per Pkw: Der Parkplatz beim Theater kostet Gebühr; Einfahrt ins Dorf nur für Hotelgäste und Anwohner gestattet. Im Sommer dürfen Touristen nicht weiter als bis zur Busstation fahren, wo ein Großparkplatz eingerichtet ist.

Termine
Side Festival: Verschiedene Kulturspektakel im Juli und im Aug., Konzerte und Tanztheatergruppen im Theater und am Apollon-Tempel. Programm unter www.side-manavgat.de.
Aspendos Festival: Im Aspendos-Theater (s. S. 225), Juni/Juli. Oper und Ballett
Aspendos-Nächte: In der neu gebauten Aspendos Gloria Arena beim antiken Aspendos. Tanz- und Musik-Shows

Badeorte bei Side

Kumköy und Çolaklı ▶ K/J 7

Das Hotelareal von Neu-Side und Kumköy (4–8 km westlich) wird stark von der verkehrsreichen Hauptstraße geprägt: Meerseitig reihen sich die Großhotels, gegenüber Apartmenthäuser, Einkaufszentren und Restaurants mit Großbildschirmfernsehern. Die beliebteste Fußgängerpromenade ist der Strand; zahlreiche Wassersportzentren verleihen hier Tretboote und Jetskis oder bieten Parasailing an.

Wie überall in der Side-Region wird Deutsch gesprochen und in Euro gezahlt. Nicht alles ist wirklich hübsch, das meiste aber insgesamt doch sehr turbulent. Das alte **Kumköy** bei den Großhotels Cesar's und Miramare ca. 8 km westlich hat sich heute zu einem kleinen Shoppingzentrum entwickelt.

Wesentlich ruhiger ist es in **Çolaklı**, dessen Hotels, teils noch recht einsam bis zu 15 km von Side-Dorf entfernt liegen. Es gibt Minibusverbindungen, aber wie auch in Titreyengöl ist es empfehlenswert, sich eine Vespa zu leihen (in Side-Dorf um 45 TL/Tag).

Titreyengöl und Sorgun ▶ K 7

Die beiden großzügigen Hotelurbanisationen verstecken sich hinter Piniewäldchen und zählen nicht zuletzt deshalb zu den schönsten Ecken der Side-Region. Allerdings ist man fast gänzlich auf die Hotelversorgung angewiesen oder muss nach Side-Altstadt fahren.

Essen & Trinken

Mediterrane Edelküche – **Atlantis Bar & Restaurant:** Kumköy, zentral in der Dorfmitte, tgl. 11–1 Uhr. Beliebtes Allround-Lokal von morgens zum Frühstück bis abends zum Abfeiern. Von der Terrasse überblickt man die Einkaufsmeile, innen gibt es eine Tanzfläche und einen Großbildschirm mit Arena-Live, Hauptgerichte 25–45 TL.
Man spricht Deutsch – **Schluckspecht:** Kumköy, gegenüber Ilıca Taxi, Tel. 0242 753 43 16, tgl. 8–24 Uhr. Bei Deutschen beliebtes Restaurant mit großer Auswahl, speziellen Kindergerichten und erstaunlichem Angebot an Cocktails. Der Renner ist das lange Fladenbrot frisch aus dem Ofen, das es zu jedem Essen gibt. Hauptgerichte 25–45 TL.

Abends & Nachts

Feiern bis zum Morgen – **Club Şamata:** Gegenüber Hotel Holiday Point an der Kumköy-Straße, in der Saison tgl. 24–5 Uhr. Zusammen mit dem Laguna

Massage gefällig?
Da viele Luxushotels über eigene Wellness-Einrichtungen verfügen, wird an den Stränden oft Werbung für Hamam und Massage gemacht, teils auch auf etwas lästige Art. Wenn man es ausprobieren möchte: Die Preise sind zumeist deutlich überhöht, sodass man ruhig handeln und das genaue Programm (plus Dauer der Massage!) vorher vereinbaren sollte.

Essen mit Flussidylle
Wegen der zunehmenden All-in-Versorgung gibt es im Gebiet Sorgun/Titreyengöl mangels Kundschaft kaum noch Restaurants. Doch an der Straße von Titreyengöl nach Side (ca. 2 km außerhalb) liegt das **Kazan Restaurant** idyllisch-ländlich am Manavgat-Fluss. Spezialität des Hauses ist frische Forelle, es gibt darüber hinaus auch gute türkische Standards.

nebenan ist der Club eine gute Party-Adresse. Musik: Türkpop, Elektro, Dance bunt gemischt.
Nachtschwärmertreff – **Club Alya:** Çolaklı, Toro Shopping Center, www.clubalya.com, in der Saison tgl. 22–5 Uhr. Großraum-Disco am Rand der Hotelzone Çolaklı mit Freigelände, Musik zwischen Türkpop und Mainstream.

Aktiv

Reiten – **Moonlight Farm:** Serif'in Yeri, zwischen Side und Sorgun, Mobil 0532 411 82 33. Ausritte (Preis verhandelbar) in den Dünen.
Tauchen – **Side Silence Diving:** Çolaklı, vor Hotel Kamelya World, Tel. 0242 763 00 45, www.sidesilence.com, s. S. 242. **Scuba Side Diving School:** Turquoise Hotel, Sorgun, Mobil +49 171 474 28 94, Skype: scubasidediving school. Deutschsprachige Schule von Alev Alpak, auch Kindertauchen, PADI OW um 330 €.
Wilder Westen – **West Virginia City:** Bei Aksaz Köy, östl. von Manavgat (▶ K 7), Tel. 0242 755 76 47, www.west-virginia-city.de. Hier wurde ein echtes Wildwest-Dorf aufgebaut. Man kann Ausritte auf die Berg-Yaylas und im Winter auch am Strand machen, aber auch richtigen Reiturlaub mit Übernachtung buchen.

Infos

Zahlreiche Minibusse fahren die Strecke von **Kumköy** nach Side quasi alle 5 Min., Zustieg nach Handzeichen. Etwas seltener gehen Verbindungen ab **Çolaklı.** Die Anbindung von **Sorgun/Titreyengöl** an Side-Dorf ist ebenfalls akzeptabel (alle 20 Min. ein Minibus); von Sorgun (4–6 km östlich von Side) geht man zu Fuß über den Strand nur ca. 30 Min.

Manavgat ▶ K 7

Die Kreisstadt **Manavgat**, 7 km von Side, ist mit inzwischen schon über 100 000 Einwohnern das Zentrum der Region. Die Hauptattraktionen sind das große turbulente **Geschäftsviertel** östlich der Flussbrücke und der große **Montagsmarkt**, zu dem die Bauern aus der ganzen Umgebung fahren (etwas weiter hinter der Brücke). Das Gebiet am Flussufer hat sich sehr touristisch entwickelt: Restaurants säumen den Kai.

Gut beschildert fährt man zum **Manavgat Şelalesi** (3 km; 5 TL, s. S. 246), dem 3 m hohen Wasserfall des Manavgat-Flusses. Der schattige Picknickpark mit Lokalen und Souvenirständen wird am Wochenende gern von türkischen Familien besucht. Er ist ein schönes und beliebtes Ausflugsziel – zumal man dort auch baden kann. Vor dem Eingang kann man auf Kamelen eine kleine Rundtour machen (10 TL).

In der Stadt starten Bootstouren zum Wasserfall vom Ufer südlich der Brücke über den Manavgat-Fluss (was sich nicht lohnt, da man beim ersten Katarakt in Busse umsteigt) und zum **Manavgat Boğaz**, dem einsamen Nehrungsstrand an der Flussmündung, wo man auf einer Seite im Meer, auf der anderen in Süßwasser badet.

Essen & Trinken

Essen am Fluss – **Sultan Sofrası:** Korun Cad., östl. der Brücke nach Norden, ca. 600 m, Tel. 0242 746 24 44, tgl. 11–23 Uhr. Direkt am Flussufer liegt dieses beliebte Lokal (›Tisch des Sultans‹), das gute türkische Küche in ruhigem, idyllischem Ambiente anbietet. Große Auswahl an Vorspeisen (10–22 TL), Hauptgerichte um 30 TL.

Einfach und nett – **Kümes Restoran:** Atatürk Cad. 12. Das Lokal liegt auf der Ostseite der Brücke (bei der 4. Straße rechts) und serviert türkische Kebabküche mit Döner und Lahmacun, aber auch leckere Schmorgerichte.

Schattig am Fluss – **Şelale Melas Restaurant:** Lauschiges Flussrestaurant an der ersten Staustufe nördlich der Stadt (westl. Flussseite über Şelale Cad., Hastane Cad., dann ausgeschildert, s. S. 248). Hübsch unter Bäumen speist man mit Flussblick regionale türkische Küche, auch mit Fisch vom Grill. Hauptgerichte ab 18 TL.

Hinter dem Wasserfall – **Çağlayan Şelale Restoran:** 5 km hinter dem Wasserfall, tgl. ab 10 Uhr. Wenn man beim Eingang zum Wasserfall-Park weiterfährt, gelangt man zu diesem nett an einer Flussverbreiterung gelegenen Ausflugslokal. Hier wird man freundlich ohne Nepp bewirtet und kann auch im Fluss baden. Es gibt eine einfache türkische Küche mit vielen Grillgerichten (um 20 TL).

Seleucia (Lyrbe) ▶ K 6

Etwa 13 km nordöstlich von Manavgat, oberhalb des Dorfes Bucak Şeyhler, liegen die Ruinen einer antiken Stadt, die meist als Seleucia in Pamphylia bezeichnet wird. Neuere Forschungen identifizierten sie jedoch als das antike **Lyrbe,** das in der Kaiserzeit die bedeu-

Süßigkeiten und Nüsse in großer Auswahl gibt es auf dem Markt in Manavgat

Lieblingsort

Manavgat-Wasserfall ▶ K 7
Der Manavgat-Fluss ist einer jener Gebirgsbäche des Taurus, der auf sehr kurzer Strecke außerordentlich viel Wasser ins Meer führt. Der Wasserfall, den er oberhalb der Stadt Manavgat bildet, ist weder hoch noch gewaltig, aber ein beliebtes Ausflugsziel der türkischen Bevölkerung. Touristen finden es meist nicht sonderlich beeindruckend, aber es ist ein spannender Ausflug, wenn man sich Zeit nimmt, die vielen türkischen Teenies und Familien zu erleben, die hier ihre Freizeit verbringen: spazieren gehen, Kinder auf dem Spielplatz toben lassen, die Freundin bezirzen …

tendste Siedlung im Hinterland von Side war. 4 km hinter dem Wasserfallpark biegt die Straße nach Bucak Şeyhler ab, Schilder weisen den Weg.

Von Süden besteigt man den flachen Hügel, der der Stadt, heute von Pinienwäldern verborgen, einst Schutz bot. Oberhalb des **Südtores** erstreckt sich die **Agora**, die als die besterhaltene Kleinasiens gilt. Der künstlich eingeebnete Platz ruht im Westen auf Unterbauten, die als Lagerräume dienten. Stümpfe des Säulenumgangs zeugen von einer einst prächtigen **Stoa** (Säulenhalle). Eine lang gestreckte, zweistöckige **Markthalle** und ein halbrundes **Odeion** begrenzen die Ostseite.

Nördlich der Agora folgt ein kleiner **Podiumtempel**, dessen Cella bis auf das Dach unversehrt blieb. Auf dem Hang im Westen steht nahe einer ummauerten **Quelle** ein großes **Thermengebäude** mit fünf Räumen und einer wunderbaren Aussichtsexedra.

Wanderungen bei Manavgat

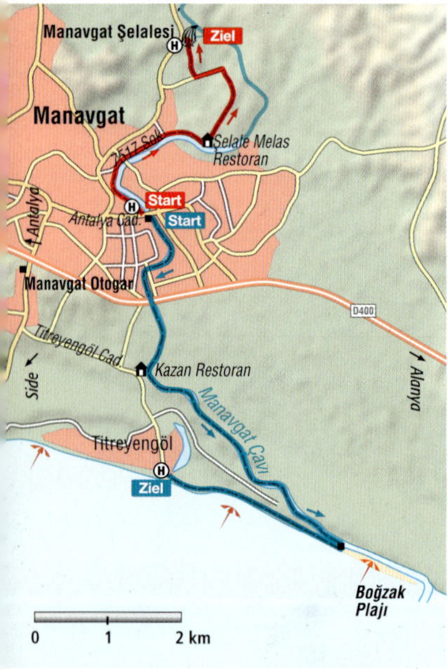

Manavgat-Stauseen ▸ K 6

Auf dem Rückweg lohnt ein Stopp im **Çağlayan Şelale Restoran** an einem kleineren Katarakt in einem schattigen Wäldchen (s. S. 245). Von dort weitere 15 km nach Norden fahrend, erreicht man die Stauseen des Manavgat-Flusses, die **Manavgat Barajı** und die **Oymapınar Barajı**. Am Ufer der smaragdgrünen Seen – daher rührt der heute geläufige Name **Green Canyon** – findet man weitere lauschige Restaurants, die als Spezialität *alabalık*, gegrillte Forelle, servieren. Am besten steuert man ein Lokal an, das auch Bootstouren anbietet.

Essen und Trinken

Schöne Aussicht – **Panorama:** Değirmenli Köyü, Mobil 0532 610 39 66. Große Terrasse über dem Stausee, der sich gewunden in alle Richtungen zieht. Wirt Ramazan spricht ein bisschen Deutsch und bietet neben türkischer Küche auch Kajaks und Pedalos an. Hauptgerichte um 20 TL.

Badeplatz – **Gölbaşı:** Değirmenli Köyü, Tel. 0242 769 40 02. Hübsches Gartenlokal am Stausee mit großem Badesteg und Pedalos. Über dem Tresen hängt eine kuriose Sammlung alter Transistorradios. Hauptgerichte um 20 TL.

Wanderungen bei Manavgat

Zwei Routen, ca. 5,5 km und 4,5 km plus Bootsfahrt ca. 20 Min., insgesamt ca. 6 Std. inkl. Warte- und Aufenthaltszeiten

Man fährt mit dem Minibus nach Manavgat, beim Minibusbahnhof auf der linken Flussseite startet die Wanderung. Zuerst am **Fluss** entlang nach Norden, dann muss man eine Weile auf der 7517 Sokak über Asphalt. Wenn der Fluss sich nach rechts wendet, folgt man ihm mit der Ausschilderung zum **Şelale Melas Restoran** am Küçük Şelale, dem kleinen Wasserfall des Manavgat-Flusses, wo man gut eine Rast einlegen kann (ca. 3 km).

Anschließend geht es weiter nach Norden durch Felder zum großen Wasserfall (2,5 km). Von dort fährt man am besten mit dem Minibus zurück nach Manavgat-Zentrum, wo man hinter der Brücke ein **Ausflugsboot** zur Flussmündung nimmt. Dort kann man baden, dann schön am Strand zurück nach Titreyengöl laufen (knapp 2 km) und dort einen Minibus nehmen. Alternativ über die Straße nach Sorgun/Side zum **Kazan Restoran** (4,5 km, s. S. 244) weitergehen, das ebenfalls hübsch ländlich am Fluss liegt, und später an der Straße einen Minibus stoppen.

Das İncekum-Gebiet ▸ K/L 7

Zwischen Manavgat und Alanya rücken die Taurus-Ausläufer näher an die Küste; bald endet die pamphylische Ebene und damit die Strecke der antiken Griechenstädte. Auch die Vegetation wechselt: Bananenanbau löst ab Okurcalar die weiten Baumwollfelder ab, in den Dörfern lebt man noch primär von der Landwirtschaft.

Über fast 20 km erstreckt sich zwischen Sandstrand und Küstenstraße das Feriengebiet İncekum (trk. für ›feiner Sand‹), das sich mit komfortablen Hotelanlagen von Kızılot über Avsallar bis Konaklı zieht. Den Namen hat das Gebiet vom **İncekum Dinleme Parkı** bei Avsallar, einem Picknickpark mit Strand in und unterhalb eines Pinienwäldchens – eine beliebte Wochenend-Sommerfrische für die Einwohner Manavgats und Alanyas. Nur wenige Strände sind noch öffentlich zugänglich; die schönsten sind der **Fuğla Beach** östlich des Rubi Hotel und der **İncekum Beach** zwischen Hotel Pegasus Royal und Alara Hotel.

Wassersport und Dolce Vita in den luxuriösen Anlagen stehen bei einem Urlaub hier im Vordergrund, Gelegenheiten zum Shoppen, Ausgehen und Bummeln sind meist Fehlanzeige. Die Hotels versuchen den Mangel an Alternativen durch Animation und Abendshows wettzumachen.

Avsallar ▸ K 7

Die größte Urbanisation des Gebiets, rund 34 km westlich von Side und 22 km östlich von Alanya, ist eine der modernsten Ecken der Türkei (allein die durchgehenden Bürgersteige sind bewundernswert). Am Strand reihen sich 4-Sterne-Hotels, den besten Abschnitt, nahe dem Fuğla-Fluss, nimmt das **Aska Just In Beach** ein. Doch wer vom Hotel in die Stadt will, muss erst über eine Art Autobahn springen: Seit dem vierspurigen Ausbau fließt der Verkehr, aber die Anbindung zwischen Strand und Stadt hat doch gelitten. Wer es schafft (es gab schon Todesfälle!), kann rund um die neue Moschee eine ausgedehnte Einkaufsstadt erkunden, die auch abends einen Ausflug lohnt.

Übernachten

Für Baderatten – **Alara Hotel:** Mittelklassehaus westlich von Avsallar, 27 km bis Alanya, Tel. 0242 ▷ S. 252

Auf Entdeckungstour:
Alara Han und Alara-Burg

Zwischen Side und Alanya öffnet sich mit dem Alara-Flusstal eine alte Passstraße ins anatolische Hochland. Hier bauten die Seldschuken-Sultane eine Herberge für ihre Karawanen.

Reisekarte: ▶ K 7

Dauer: Ein ganzer Tag, wenn man auch die Burg besteigen möchte.
Anreise: Organsierte Touren in den Hotels buchbar; leicht auch per Pkw oder Vespa über asphaltierte Straße (11 km von der Küste)
Planung: Han tgl. von Mai bis Anfang Okt. ganztägig geöffnet. Mitnehmen: feste Schuhe, Taschenlampe für die Burgbesteigung, evtl. Badesachen
Einkehren: Idyllisch am Fluss bei Alara Cennet Piknik, Straße zur Burg

Etwas im Landesinneren, am Alara-Fluss im Schatten einer byzantinischen Burg, liegt der Alara Han, eine Karawanserei der Seldschuken-Türken *(selcuk)*, die im Jahr 1231 unter Sultan Alaeddin Keykubat errichtet wurde. Den Bauherrn rühmt die Inschrift über dem Portal: »Er befahl den Bau dieses gesegneten Han, der erhabene Eigentümer der Nacken der Völker, Herr der Sultane über Gläubige und Ungläubige, der Ländereroberer der Welt, Sultan über Land und Meer, über Rûm, Syrien, Armenien und Franken, Alaeddin Keykubat.«

Unterkunft an der Karawanenroute

Damals hatte dieses erste türkische Reich auf kleinasiatischem Boden durch die Eroberung von Antalya und Alanya seine größte Ausdehnung erreicht. Da die Sicherheitslage schwierig war und in den Wäldern griechische Freischärlerbanden lebten, ließ der Sultan entlang der Handelsstraßen befestigte Karawanenstationen, im Türkischen *han* genannt, errichten, um den Händlern sichere Nachtunterkunft zu gewähren. Diese Karawansereien lagen immer eine Tagesreise voneinander entfernt. Der Alara Han markiert den Abzweig der alten Passstraße zur Seldschuken-Hauptstadt Konya (die neue Straße biegt 10 km weiter westlich von der Küste ab).

Schon unter den Byzantinern war auf dem Kegelfelsen über dem Alara-Fluss eine Burg errichtet worden. Die fast uneinnehmbare Alara Kalesi fiel den Seldschuken ebenso wie Alanya kampflos in die Hände, denn der Burgherr gab auf, als er vom Verrat in Alanya hörte (s. S. 257).

Der Han – heute ein Restaurant

Die Ankaraner Baufirma Pusat hat den Han stilvoll renoviert. 2003 wurde er als Restaurant wiedereröffnet (s. S. 252). Das Gebäude kann aber weiterhin besichtigt werden, denn der Hof dient als Minimuseum mit Souvenirshop: Man kann sich sogar im Seldschuken-Kostüm ablichten lassen.

Die ursprüngliche Baugestalt des Han ist seit dem Umbau leider nicht mehr gut zu erkennen. Am Eingang lagen sich ein Badehaus und ein Betraum gegenüber; geradeaus folgte der Innenhof, an dem die Schlafkammern für die Händler lagen. Zwischen Innenhof und Außenmauer waren die Tiere und die Waren untergebracht; durch schmale Schlitze konnten die Besitzer sie im Auge behalten. Diebstahl war im Han scheinbar nicht unbekannt, denn es ist überliefert, dass das große Tor morgens erst geöffnet wurde, wenn alle ihre Waren kontrolliert hatten.

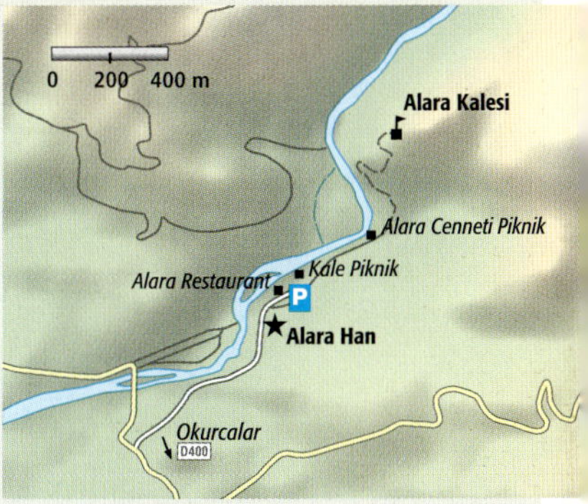

Alara Kalesi

Auch die Alara-Burg (Kalesi) mit ihrer schneckenförmigen Wallmauer lässt sich besteigen, allerdings teils sehr mühsam. Denn auf einer Länge von ca. 100 m führt der Pfad durch einen stockdunklen Tunnel. Man sollte also eine Taschenlampe und feste Schuhe dabei haben! Für den einfachen Weg sind ca. 40 Min. zu veranschlagen.

Geht man vom Han auf den Burgberg zu, führt der rechte Wegabzweig zum Einstieg in den Tunnel, in den man hinunterklettern muss. Der Tunnel endet bei einem Wehrturm und führt jetzt teils über alte Treppenanlagen empor – rot-weiße Zeichen weisen den Weg. Auf der Spitze sind die Fundamente des Donjons erhalten, von dort hat man einen tollen Blick über das Flusstal. In der Staustufe des Alara Çayı kann man nach dem Rückweg übrigens gut baden und sich erfrischen!

532 16 10, www.alarahotels.com, nur all-in buchbar. Top ist hier die Traumlage auf einer Halbinsel über einer felsumrahmten Sandbucht – ein echtes Badeparadies. Die Anlage ist zwar schon gut 25 Jahre alt, wurde aber inzwischen schön renoviert. 5-Sterne-Komfort bietet das nahe Hotel Alara Kum (gleiche Website), das aber nicht direkt am Meer, sondern nördlich der D400 liegt. Avsallar erreicht man per Minibus (3 km).

Kinderfreundlich – **Club Hotel Köşdere:** Türkler, 2 km von Avsallar, nach Alanya 20 km, Tel. 0242 517 19 50, Fax 0242 517 12 58, www.kosdere.com, nur all-in buchbar. In üppiges Gartengrün gebettete 4-Sterne-Anlage mit 375 Zimmern (davon 86 Familiensuiten) auf dem Kap nahe dem Fuğla Beach. Geboten werden ein großzügiger Pool, Fitnesscenter, Sauna, Disco und jeden Tag Animation. Die flache, halb geschlossene Sandbucht ist schön zum Schnorcheln und Planschen, und für Kinder gibt es einen Miniclub.

Strandmotel – **Şafak Beach Motel:** Kızılot, Mısırlar Mahallesi, Tel. 0242 748 21 15, www.safakbeachmotel.com, DZ/F ab 100 TL. Familiäres, gastfreundliches Motel direkt am Strand, etwa 12 km von Side entfernt. Mit kleinem Pool, ordentliche helle Zimmer mit gefliesten Böden, gastfreundliche Führung, man spricht Deutsch.

Camping-Pension – **Mavi Cennet:** Kızılot, Mısırlar Mah., Tel. 0242 748 34 55, www.mavicennetcamping.com, DZ/F ab 90 TL. Einfache Zimmer direkt am Strand; mit Campinggelegenheit.

Einfach am Strand – **Ay Yat Pansiyon:** Stadtnah, bei Avsallar, Tel. 0242 565 10 99. DZ/F ab 80 TL. Kleine Pension direkt am Strand beim Rubi Hotel und nahe der schönen Fuğla-Bucht. Sehr einfache Zimmer mit Küche, überdachte Terrasse.

Das Elend der Delfine

Im İncekum-Gebiet gibt es östlich von Avsallar einen **SeaPark mit Delfinarium,** wo man Shows sehen oder auch mit Delfinen schwimmen kann. Tierschützer rufen zum Boykott dieser Anlagen auf, die es auch in Antalya und anderen Urlaubsorten gibt. Die Tiere werden unter schlechten Bedingungen gehalten und müssen jede Saison neu eingekauft werden, weil die Sterblichkeit enorm hoch ist (s. auch S. 45).

Essen & Trinken

Da die meisten Hotels nur all-inclusive zu buchen sind, ist das Angebot an Restaurants außerhalb der Hotels mangels Nachfrage eher gering. Wer mit dem Hotelessen unzufrieden ist, sollte mal die einfachen Lokale ausprobieren, die sich hauptsächlich an ein türkisches Publikum wenden. Dort isst man in der Regel wirklich gut und lecker.

Türkische Nächte – **Alarahan:** Çakallar (s. S. 250); **Serapsa Han:** Konaklı, ebenfalls eine Karawanserei, gebaut 1236. In beiden türkische Nächte inkl. Show und Menü für 80 TL/Pers.

Aktiv

Für Wasserratten – **Water Planet Aqua Park:** Okurcalar, www.waterplanet.com.tr, April–Sept., Eintritt ca. 50 TL, Kinder die Hälfte. Ein schöner Ausflug für Baderatten. Das Spaßbad bietet mehrere Pools, teils für Kinder, teils mit Wellenanlage, viele Wasserrutschen.

Tauchen

Vor den Sandstränden ist die Unterwasserwelt wenig spannend, es gibt aber eine ganze Reihe Felskaps, die Tauchgänge lohnen. Die Fauna ist hier natürlich nicht so bunt wie im Roten Meer, es gibt aber immerhin Zackenbarsche und Brassenschwärme oder eine zutrauliche Caretta-Schildkröte zu entdecken.

Tauchen – **Deep Sea Diving:** Am Kap Karaburun, Basis nahe Alara Park Hotel, Büro in Avsallar, beim Pal Café, Mobil 0532 273 41 36, www.deep-sea-diving.de. Gut bewertete, deutschsprachige Tauchschule von Bülent Atmaca. PADI-Grundtauchschein (Open Water) um 320 €.

Infos

Flyer und Prospekte liegen in den Hotels aus, **Mietwagenbüros** geben Karten mit Tipps zu Ausflugszielen mit.

Verkehr

Häufiger Bus- und Minibusverkehr entlang der Küste. Die Minibusse halten auch auf Handzeig und fahren sämtliche Großhotels an. Die Intercity-Busse stoppen lediglich fahrplanmäßig in den Orten.

Mit Gulet-Booten zum Schnorcheln im İncekum-Gebiet

Das Beste auf einen Blick

Alanya und Umgebung

Highlight !

Die Seldschuken-Burg, Alanya: Die Zitadelle, die großartige Festungsanlage der türkischen Seldschuken, bietet romantische Ansichten und tolle Aussicht hinunter zur Küste. S. 258

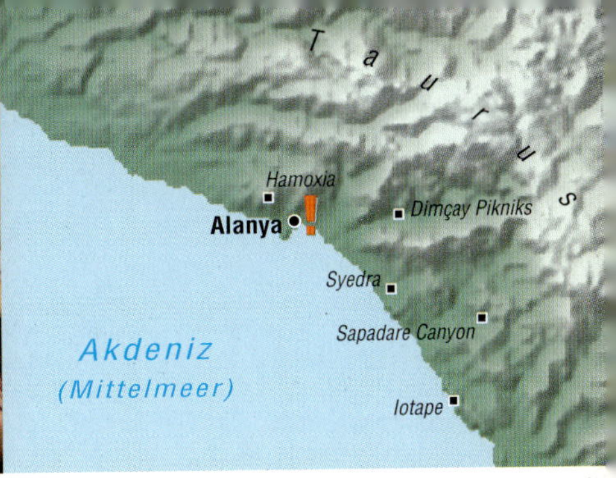

Kultur & Sehenswertes

Alanya Museum: Ein kleines, aber sehenswertes Museum mit antiken Funden aus der Region. S. 259

Iotape: Eine antike Provinzstadt am Meer – zum Abschluss wird gebadet. S. 271

Zu Fuß unterwegs

Wanderung nach Hamoxia: Auf Forstpisten zu einer antiken Siedlung mit tollem Alanya-Blick. S. 267

Wanderung nach Syedra: Durch Bananenplantagen zu imposanten Ruinen, die noch ganz unberührt sind. S. 270

Wanderung zum Sapadere-Canyon: Ein bequemer Weg durch die Felsschlucht bis zum Wasserfall. S. 270

Genießen & Atmosphäre

Güverte Restaurant: Ein edles Restaurant über dem Hafen von Alanya, für eine besondere Gelegenheit. S. 263

Dimçay Pikniks: Idyllisch in einem kleinen Flusstal in den Bergen gelegene Restaurants; auf Plattformen im Fluss entspannt man auf osmanischen Kissen – manche Restaurants haben sogar Spaßbadcharakter. S. 267, 268

Ulaş Plaj: Den Strand westlich von Alanya hat man oft noch ganz für sich allein. S. 263

Abends & Nachts

Spaziergang auf den Burgberg: Romantik schlechthin; im Restaurant Hisar kann man die Aussicht auf das erleuchtete Alanya genießen. S. 264

Bar Street am Hafen: Riesige Openair-Bars mit pompösen Säulen, schwebenden Autos, wummernden Bässen. S. 265

Unter der Seldschukenburg

Mit Alanya endet die Kette der großen internationalen Urlaubsorte an der Südküste der Türkei. Was dem İncekum-Gebiet fehlt, hat die Stadt mit der grandiosen Seldschukenburg im Übermaß: ein quirliges, urbanes Flair mit großen Geschäftsvierteln, einem hübschen Hafen und zahlreichen Lokalen. Darüber hinaus zählt Alanya inzwischen zu den spannendsten Nightlife-Spots an der türkischen Küste. Und wer zwischendurch Ruhe sucht, findet diese auf den Yayla-Hochebenen (Hochalmen) in den nicht weit entfernten Taurus-Bergen. Hier liegen stillere Ausflugsziele, darunter etliche einsame antike Stätten, die noch kaum ein Ausgräber berührt hat.

Infobox

Infos

www.alanya-tuerkei.de: Infoseite einer deutsch-türkischen Autovermietung auf Deutsch mit vielen Tipps zu Ausflügen, auch individuell geführte Touren. Chefin Martina stammt aus dem Rheingau.
Tourist Information: Damlataş Cad. 1 (nahe Museum), Tel. 0242 513 12 40

Anreise und Weiterkommen

Transfer vom Flughafen Antalya ca. 2 (nachts) bis 2,5 Std.; ca. 1 Std. vom Flughafen Gazipaşa, der seit 2012 auch von internationalen Maschinen angeflogen wird. Alle Küstenorte sind über die Minibusse auf der D400 gut zu erreichen. Ein Mietwagen ist nur vorteilhaft, wenn man längere Ausflüge (Richtung Antalya, Adana) oder Abstecher ins Hinterland plant.

Alanya ▶ L 7

Schon von Weitem sichtbar, beherrscht der gedrungene, 250 m hohe Sattel des Burgfelsens von Alanya die Küste. Auf diesem uneinnehmbaren Vorgebirge wurde wohl im 4. Jh. v. Chr. das antike Korakesion gegründet, die Grenzstadt zwischen Pamphylien und dem wilden Kilikien im Osten.

Das moderne Alanya ist jedoch längst vom Burgberg herunter und weit in die fruchtbare Ebene am Fuße des Felsens gewachsen, denn schon in den 1970er-Jahren begann der Ausbau des Städtchens für den Tourismus. Allein in den letzten zehn Jahren hat sich die Bevölkerungszahl verdoppelt (130 000 Einw.). Seit dem Bau der Umgehungsstraße (Çevre Yolu) ist die alte Küstenschnellstraße zur Hauptachse der Stadt geworden, an ihr reihen sich im Westen und Osten die Strandhotels. Alanya überzeugt heute nicht nur durch reizvolle Landschaft oder schöne Strände, sondern mit städtischem Flair, guten Einkaufsmöglichkeiten und einem sehr quirligen Nachtleben.

Aus der Antike ist bekannt, dass die Stadt 197 v. Chr. als einzige an der Südküste dem Eroberungszug Antiochos' III. trotzte und danach zum Stützpunkt der berüchtigten kilikischen Piraten wurde, die den römischen Getreideimporten nach Italien derart zusetzten, dass dort jahrzehntelang Versorgungsprobleme auftraten. Erst der Feldzug des Pompeius (67 v. Chr.) setzte der Seeräuberei ein Ende: In der Seeschlacht bei Korakesion wurden sämtliche Schiffe der Piraten vernichtet, 10 000 sollen gefallen sein.

Marcus Antonius schenkte die Burg später der ägyptischen Königin Kleopatra, die über den Hafen Holz für den Flottenbau nach Alexandria exportieren ließ.

Aus byzantinischer Zeit ist bekannt, dass die Stadt Kalonoros, ›Schönberg‹, hieß und in den Wirren des ersten Türkeneinfalls von einem Fürsten des kleinarmenischen Reiches okkupiert wurde. 1221 übernahm der Seldschuken-Sultan Alaeddin Keykubat, an den nun ein Denkmal an der Stadteinfahrt von Westen erinnert, die strategisch wichtige Festung nach langer Belagerung kampflos: Der armenische Fürst Kyr Vart bekam einen Alterssitz bei Aksaray, der Sultan im Austausch dessen Tochter Huand zur Frau, der er dann den Namen Mahperi gab. Die Stadt erhielt den Namen Ala'iye (erst in den 1920er-Jahren machte Atatürk daraus Alanya) und wurde zur Winterresidenz der Seldschuken, die sonst in Konya residierten. Doch schon 1293 fiel Ala'iye an die Karamanen und schließlich 1471 an das Osmanische Reich.

Das Hafenviertel

Das Zentrum Alanyas mit Discomeile, Touristenshops und den besten Restaurants liegt östlich der Festung am Hafen, der schöne Kleopatra-Strand westlich. Während auf dem Burgberg noch die für das alte Alanya typischen Schindeldachhäuser mit steinernem Untergeschoss und einem Obergeschoss in Holzarchitektur und vorspringendem Balkon erhalten blieben, wird das Hafenviertel von Jahr zu Jahr schicker und moderner. Die Gassen unterhalb der Kuyularönü-Moschee sind mittlerweile eine einzige Shoppingmeile, während weiter am Hafen Restaurants und immer mehr Music Bars folgen, die schon mittags mit Clubsounds die Kundschaft anlocken wollen.

Kızıl Kule [1]

Museum Di–So 10–17/19 Uhr, 8 TL

Markanter Blickfang am Hafen ist der **Kızıl Kule**, der Rote Turm. Das 33 m hohe Bollwerk wurde 1224 bis 1228 unter Sultan Alaeddin Keykubat zum Schutz des Hafens erbaut und bildet ein Oktogon um eine Zisterne als Mittelachse. Jedes der fünf Geschosse weist einen unterschiedlichen Bauplan auf – jeweils passend für die Funktion als Lagerstätte, Wohnraum und Verteidigungsposten. Ganz auf militärische Zwecke zugeschnitten waren die beiden obersten Stockwerke, wobei sich das vierte zu einer offenen Plattform öffnet, die von zinnenbewehrten Mauern überragt wird.

Im Erdgeschoss ist heute ein **Ethnologisches Museum** untergebracht, das Kunsthandwerk und Teppiche zeigt. Eine sehenswerte Schmiedearbeit ist das große Schloss der Eingangspforte.

Unter Sultan Keykubat entstand auch eine Schiffswerft, die **Tersane** [2], mit fünf überwölbten, 40 m tief in den Felsen vorgetriebenen Galerien, in denen die Seldschuken ihre Galeeren sicher unterbringen konnten. Hier ist heute eine Ausstellung mit Werkzeugen und Modellen zum Schiffbau der damaligen Zeit eingerichtet (Eintritt 5 TL). Dahinter liegt der **Tophane**, ein Kanonenturm zur Verteidigung der Werft.

Am Burgberg

Vom Roten Turm zur Andızlı Camii

Vom Roten Turm steigt ein Fußweg hinauf zum **Aşağı Kapı** [3], dem Unteren Tor, das in die mittelalterliche Altstadt von Alanya führt. Hier wurden inzwischen die ersten historischen Holzhäuser renoviert, teils auch als Hotels. Kurz hinter dem Tor kommt man zur **Andızlı Camii** 4, einer 1277 von dem Seldschuken-Emir Bedreddin gestifteten Moschee mit niedrigem Ziegelstein-Minarett.

Die Seldschuken-Burg !

İç Kale: tgl. 8–17 Uhr, Eintritt 20 TL; Ehmedek: Eintritt 8 TL. Bei großer Hitze fährt man besser per Taxi zur Burg hinauf und geht zu Fuß zurück

Auf halber Höhe sperrt die mächtigste Mauer der Befestigung den Hang ab – hier lag die verwundbarste Stelle der Festung. Entsprechend wurde das **Kale Kapı** 5 angelegt: drei rechtwinklig versetzte Torbogen, von Graben, Doppelmauer und Verteidigungsbastionen geschützt. Der heutige Durchbruch in den mit Zinnen bekrönten Bruchsteinmauern entstand erst beim Bau der Asphaltstraße. Hinter dem Tor kann man vom Zinnenkranz die tolle Alanyaaussicht genießen.

Auf der Bergspitze liegt die **İç Kale** 6, die seldschukische Zitadelle. Neben der Ruine einer byzantinischen Kuppelkirche (Freskenreste) sind Zisternen *(sarniç)* und Kasematten mit rautenförmigen Mauerverzierungen erhalten. Verpassen Sie nicht die legendäre Hinrichtungsstätte, **Adam Atacağı** 7, wo Gefangene die Klippen hinuntergestürzt wurden. Vorher hatten sie aber die Chance, sich zu retten: Erreichten sie mit einem Steinwurf das Meer, wurden sie ins Heer aufgenommen. Die meisten, die heute den Stein schleudern, hätten ihr Leben jedenfalls verwirkt.

Vor der Zitadelle liegen die Ruinen eines **Hamams** aus der Seldschukenzeit. Hier beginnt ein schmaler Fußpfad hinunter zur restaurierten **Akşebe Mescidi,** einer kleinen Grabmoschee mit stumpfem Ziegelstein-Minarett von 1230, in der vermutlich der erste seldschukische Kommandant begraben liegt. Etwas unterhalb wurde ein historisches Alanya-Haus wieder aufgebaut, das jetzt eine Ausstellung zu altem Handwerk und zur Wohnkultur beherbergt.

Danach erreicht man das einstige Zentrum der Stadt: Die frühere **Karawanserei** 8 war zu einem Hotel umgebaut, das inzwischen geschlossen ist. Gut zu erkennen ist aber noch der Hof, um den die Ställe (später die Zimmer) lagen. Vom seldschukischen Bedesten nebenan, einer Markthalle, zeugt nur noch ein Rechteck verfallener Gewölbebogen. Beide Gebäude stammen wohl aus dem 16. Jh., ebenso die **Süleymaniye Camii** 9 weiter im Norden. Diese Moschee soll von Sultan

Süleyman dem Prächtigen bezahlt und von dessen berühmtem Hofarchitekten Mimar Sinan entworfen worden sein.

Rings um die Moschee scharen sich ein paar dörfliche Häuser, vor denen die Frauen Souvenirs wie Decken und Tücher verkaufen, die aber nur zum kleineren Teil selbst hergestellt sind.

Weiter nördlich liegt malerisch auf einem Felssporn die Festung **Ehmedek** 10, die Residenz der Kommandanten von Alanya. Die Anlage ist noch nicht freigelegt oder restauriert, beeindruckt aber mit ihren Türmen, einem verzierten Torportal und dem tollen Blick zum Hafen und Kleopatra-Strand.

Die Neustadt

Alanya-Museum 11

Di–So 9–12, 13.30–17.30 Uhr, 5 TL

Das **Alanya Müzesi** unweit des Kleopatra-Strandes präsentiert archäologische Funde aus phrygischer, hellenistischer und römischer Zeit: u. a. einen Münzschatz, eine bronzene Herakles-Statue, eine kaiserliche Inschrift aus Syedra (s. S. 270) und einen Grenzstein mit phönikischer Schrift aus der antiken Stadt Laertes, der beweist, dass die Phöniker hier im frühen 1. Jt. Weinanbau betrieben haben.

Dazu kommen osmanische Stücke (Teppiche, Kalligrafie) und die Einrich-

Blick vom Burgberg auf den Roten Turm und die Bucht von Alanya

SARAY MAH.
Yunus Emre Cad.
Kızlarpınarı Sok.
Dereköy
Busstation, Side, Antalya
Gülen Cad.
Şevket Tokuş Cad.
Yagla Cad.
913 Sok.
Sara
Hal Cami
Sipahi
Hacıhamdioğlu Cad.
İsmail Hilmi Balcı Cad.
Alaatinoğlu Sk.
Atatürk Caddesi
Fevziler Sok.
Sugözü Cad.
Tevfikiye Cad.
SEKERHANE MAH
Güzelyalı Cad.
Atatürk Statue
Damlataş Cad.
Bostancıpınarı Cad.
Müftüler Cad.
Yeni Cami
Belediye
Kleopatra Strand
Seral
210 Sok.
Sultan Alaaddin Sok.
Sunny Hill
ÇARŞI MAH.
Kuyularönü Camii
Bella Vista
Mahmlar Sok.
Şenli Sok.
Meltem Sok.
Yamaç Sok.
H. Emin Paşa Cad.
Tophane Cad.
Iskele Cad.
Hafen
Ausflugs-boote
Bootstouren
Kleopatra Pool
Helvacı Cad.
siehe Detailkarte
Kale Cad.
Andızlı Camii Sok.
Kargı Sok.
Akşebe Mescidi
HISARIÇI
Selcuklu Hamamı
TOPHANE MAH.
Phosphor Höhle
Piratenhöhle
Mittelmeer
0
150
300 m

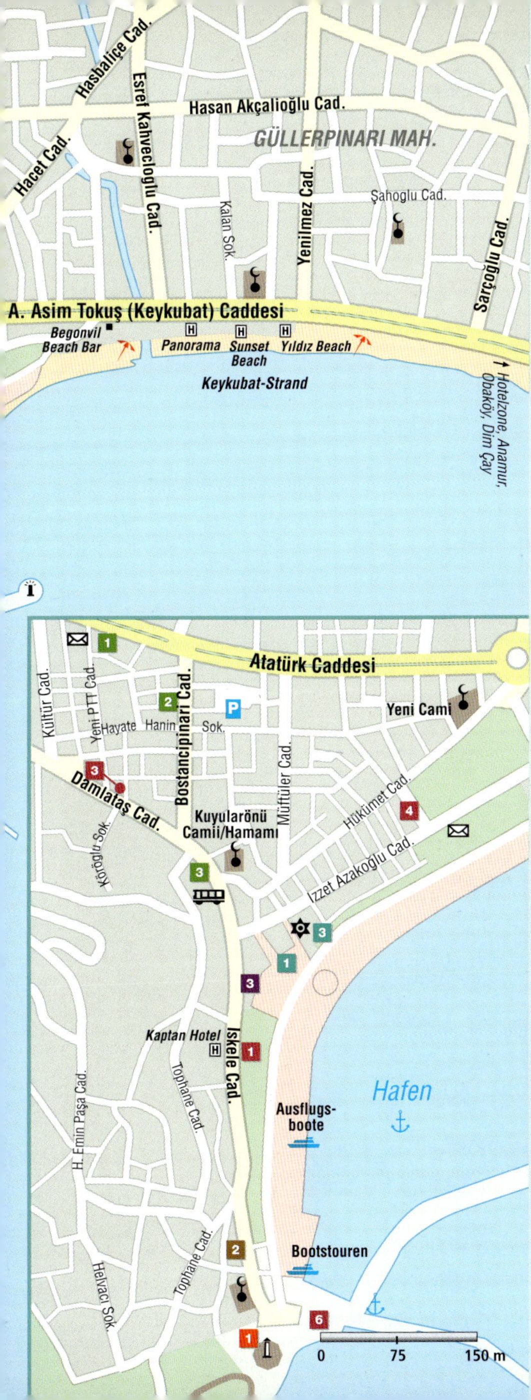

Alanya

Sehenswert

1 Kızıl Kule
2 Tersane
3 Aşağı Kapı
4 Andızlı Camii
5 Kale Kapı
6 İç Kale
7 Adam Atacağı
8 Karawanserei
9 Süleymaniye Camii
10 Ehmedek
11 Alanya Müzesi
12 Damlataş-Höhle
13 Alanya-Häuser
14 Atatürk Müzesi

Übernachten

1 Pansiyon Villa Turka
2 Seaport Hotel
3 Azak Beach Hotel
4 Muz Hotel

Essen & Trinken

1 Güverte
2 Sarnıç Cafe
3 Lokantasu
4 Ravza Lokantası
5 Hisar
6 Harbour

Einkaufen

1 Derin
2 No Limit
3 Özgür Müsik
4 Migros-Supermarkt
5 Wochenmarkt

Aktiv

1 Damlataş Aqua Park
2 Martin Türkay
3 Dolphin Dive

Abends & Nachts

1 Bar Street (Janus, James Dean, Bellman)
2 Ehl-i Keyf
3 Robin Hood Club
4 Club Summer Garden

tung eines vornehmen Gästezimmers mit bemalter Wandvertäfelung. Im Garten sind antike Sarkophage und Großskulpturen zu sehen.

Damlataş-Höhle 12

Tgl. 10–17/19 Uhr, 6 TL

Am Kleopatra-Strand direkt unterhalb des Burgbergs liegt die **Damlataş Mağarası.** Diese Tropfsteinhöhle mit sehenswerten Stalaktiten wurde 1948 entdeckt und aufgrund des feucht-kühlen Innenklimas schon seit den frühen 1950er-Jahren zur Linderung von Asthmaleiden benutzt.

Atatürk Caddesi

Entlang der von Palmen gesäumten **Atatürk Caddesi** pulsiert das Leben des modernen Alanya – Großstadtflair muss man mögen, wenn man sich hier wohlfühlen will. Unbestrittener Vorteil aber: Tourismus und normales Leben sind nicht so getrennt wie in den Kunstsiedlungen von Side etwa, sondern gehen Hand in Hand. Das erleichtert authentische Erfahrungen mit der echten Türkei.

Nördlich des Boulevards erstreckt sich, gegenüber dem Hafenviertel, ein weiteres **Einkaufsviertel** (vor allem Textilien mit gefälschten Markenlogos), das in das Areal des **Wochenmarkts** 5 übergeht. Mittendrin wurden mehrere alte **Alanya-Häuser** 13 schön restauriert, wo nun Restaurants eingezogen sind.

Atatürk-Museum 14

Azaklar Sok., Di–So 8.30–17.30 Uhr, Eintritt frei

Hinter dem Gelände des Wochenmarkts ist ein herrschaftlicher Konak, in dem 1935 Atatürk bei einem Besuch beherbergt wurde, heute als **Atatürk Müzesi** hergerichtet. Zu sehen sind historische Fotos, Dokumente und die Einrichtung dieser Zeit.

Am Kleopatra-Strand – Beach-Volleyball mit Blick auf die Seldschukenburg

Strände

Der feinkieselige **Kleopatra-Strand** westlich der Burg bietet trotz dichter Hotelbebauung sauberes Wasser und ist mit einer Blauen Flagge der EU ausgezeichnet. Wegen gröberer Kiesel im Wasser sind Badeschuhe zu empfehlen. Für Strandaktivitäten gibt es ein Sportzentrum mit Tennisplätzen, Beach-Volleyball-Felder und etliche Wassersportanbieter.

Östlich der Burg erstreckt sich der lange **Keykubat-Strand** (Sand mit Kieseln), hier verläuft jedoch die Schnellstraße unmittelbar zwischen Strand und den Hotels.

Schön ist der **Ulaş Plaj** im Westen (9 km, hinter 2. Tunnel zurückfahren!) mit einem überschaubaren Sandstrand vor befestigter Steilküste. Die Schnellstraße stört hier kaum, denn sie verläuft oberhalb am Hang. Auch die Kiesbuchten kurz vor der antiken Siedlung **Iotape** östlich von Alanya sind ein gutes Badeausflugsziel (s. S. 271).

Übernachten

Anders als in Side gibt es in Alanya kaum größere **Clubanlagen,** nur einige im Osten bei Mahmutlar. Als Alternative ist die Region Kolaklı, etwa 12 km westlich, stark mit größeren Luxusanlagen ausgebaut worden. **Unterkünfte in Alanya** bestehen meist aus fünfstöckigen Hochhäusern mit nur kleinem Garten und nicht allzu großem Pool. Dafür ist man aber mitten im Trubel.

Eigene Küche – **Ferienwohnungen** kann man vielfach im Internet buchen, große Auswahl mit deutscher Betreuung findet man z. B. unter www.alanyaurlaub.de.

Am Burgberg – **Villa Turka 1**: Tophane Mah., Kargı Sok. 7, Mobil 0530 547 46 41, www.hotelvillaturka.com, DZ/F 230–300 TL, Suite 450 TL (im Internet). Eine außergewöhnliche Adresse am Hang des Burgbergs hinter dem Roten Turm (10 Min. zu Fuß vom Hafen). Sehr schön restauriertes osmanisches Holzhaus mit hübschen Zimmern *alla turka* und gutem türkischen Frühstücksbuffet.

Seemannsflair – **Seaport Hotel 2**: İskele Cad. 82, Tel. 0242 513 64 87, www.hotelseaport.com. DZ/F 180–270 TL. Ganz maritim gestaltetes Hotel über dem Hafen, zentral, aber nicht zu laut gelegen. Das Haus ist relativ neu eingerichtet und besitzt ein schickes Restaurant, zwei Bars mit Hafenblick und 65 angenehm geflieste Zimmer mit Klimaanlage.

Am Kleopatra-Strand – **Azak Beach Hotel 3**: Güzelyalı Cad., Tel. 0242 511 73 66, www.azakbeach.com, DZ/F 210–300 TL. Gut ausgestattetes Haus in Spitzenlage am Kleopatra-Strand: kaum Straßenlärm, 3 Min. über den Strand zum Meer. Mit kleinem Pool, Sauna und Hamam, 109 helle, angenehm geflieste Zimmer.

Strandidylle – **Muz Hotel 4**: Manavgat Yolu, Dinek Mevkii 187, Tel. 0242 513 56 50, www.muzhotel.com. DZ/F ca. 150– 270 TL. Das Hotel liegt zwar ca. 2 km vor dem Zentrum, dafür aber direkt am Strand. Zwei nicht allzu hohe Bauteile bieten 85 Zimmer, dazu gibt es einen kleinen Pool und ein Restaurant. Nach hinten sind die Zimmer lauter, weil dort die Hauptstraße verläuft. Vorn zum Meer ist es jedoch ein kleines Paradies.

Essen & Trinken

Besondere Gelegenheiten – **Güverte 1**: İskele Cad., Tel. 0242 513 49 00, tgl. 10–14.30, 18–23 Uhr. Vorspeisen um 15–28 TL, Hauptgerichte 34–46 TL, Wein ab 65 TL. Ein nobles Restaurant mit mediterraner Küche am Hafen

Richtung Kızılkule, abends mit eindrucksvollem Blick auf die erleuchtete Discomeile.

Küche von Alanya – **Sarnıç Cafe** 2: Kale Yolu Cad., Tel. 0242 511 00 98. Das familiäre Gartenlokal auf dem Burgberg hat eine enorme Auswahl an typisch türkischen Gemüsegerichten – ein Paradies für Vegetarier. Die Chefin Nazmiye bemüht sich zugleich, viele alte Gerichte aus Alanya auf den Tisch zu bringen, die sie von ihrer Oma gelernt hat. Vorspeisen ab 12 TL, Hauptgerichte ab 24 TL.

Yuppie-Treff – **Lokantasu** 3: Damlataş Cad. 14/A, Tel. 0242 512 15 00, 10 Uhr bis Open End. Coole In-Location, ein edel renoviertes alt-osmanisches Haus (Ağaoğlu Konağı, früher Residenz des Gouverneurs) mit großem, modern gestaltetem Garten, in dessen Mitte eine offene Bar unter einem Schiffssegel liegt. Gute mediterrane Küche, nachts eine Alternative zur lauten Discomeile am Hafen. Vorspeisen um 20 TL, Hauptgerichte 30–50 TL, Flasche Wein um 70 TL.

Kebabs im Basar – **Ravza** 4: Ziraat Bankası Yanı 16, Tel. 0242 513 39 83. In einer Basargasse zwischen Gazipaşa und Hükümet Cad, ein typisches, einfaches Basar-Lokanta, wo die Tische in langer Reihe auf der Gasse stehen. Spezialität ist İskender Kebap: Döner-Fleisch auf Fladenbrot mit Jogurtsauce (ca. 18 TL). Gut auch für den Snack zu Mittag.

Romantisch – **Hisar** 5: Kale Yolu (Straße zur Burg), Tel. 0242 512 01 53, tgl. ab 10 Uhr. Lauschiges Gartenlokal unter den Burgmauern mit Grillgerichten und türkischen *mezeler*. Abends sitzt man ausgesprochen gemütlich mit tollem Ausblick über das erleuchtete Alanya. Vorspeisen ab 10 TL, Hauptgerichte 28–40 TL.

Essen am Meer – **Harbour Restaurant** 6: İskele Meyd., Tel. 0242 512 10 19. Nobles Fischrestaurant in romantischer Lage am Meer beim Kızıl Kule. Ruhige Atmosphäre, Spitzenküche, allein das Dessert-Buffet ist sehenswert. Menü mit Wein um 90 TL/Pers.

Wasserspiele – **Dimçay Pikniks:** s. S. 268

Alanya-Seide

Die Seidenmanufaktur hatte seit dem 16. Jh. große Bedeutung in Alanya, sie lieferte den Rohstoff für die Kleiderkammer des Sultanshofs. Diese Tradition, die auf den Schmuggel von Seidenraupen aus China durch die Byzantiner zurückgeht, ist heute so gut wie abgerissen. Nur noch in wenigen Dörfern werden die weißen Kokons abgehaspelt und versponnen. Auf dem Burgberg sieht man aber manchmal noch selbst hergestellte Seidentücher, eine feste, glänzende Ware mit Blockstreifen.

Einkaufen

Alanya ist eine sehr interessante Einkaufsstadt; vor allem an der **Atatürk Caddesi** und an der **Damlataş Caddesi** gibt es viele moderne Lifestyle-Läden. Souvenirs kauft man im alten **Basarviertel**, wo neben gefälschten Markentextilien handgeknüpfte Teppiche, Goldschmuck, Lederkleidung und sogar Bauchtanzkostüme angeboten werden. Auf dem **Burgberg** verkaufen die Frauen Seidentücher, Stickereien und hübsch bemalte Figuren, manches auch selbst hergestellt.

Verrückte Mode – **Derin** 1: Atatürk Cad. 39/2, östl. der PTT, tgl. bis 22 Uhr. Schrill und schräg ist hier das Motto. Absolute Hingucker für Frauen, die sich was trauen.

Streetwear – **No Limit** 2: Bostancıpınarı Cad. 21/B. Tragbare Alltagsmode für Frauen, schicker türkischer Style, günstig und gute Qualität.

Saz und Shisha – **Özgür Müsik 3**: Damlataş Cad. 17E, www.alanya-musik.de. In dem gut sortierten Laden werden türkische Traditionsinstrumente wie *baglama* (Saz), Mandolinen, *zurna*, *kava*-Flöten oder Trommeln und dazu westliche Instrumente sowie Schachspiele, Meerschaumpfeifen oder *shisha* (Wasserpfeifen) verkauft.
Täglicher Bedarf – **Migros-Supermarkt 4**: I. H. Balcı Cad. Gut sortierter Supermarkt mit ›Westwaren‹ (Drogerieartikel, Kindernahrung, Babywindeln etc.).
Markttreiben – **Wochenmarkt 5**: Nahe Minibus-Station, Fr Vormittag. Hier bieten Bauern aus dem Umland ihre Erzeugnisse an: Oliven, Gemüse, Olivenöl, Käse, *lokum* und auch Haushaltswaren, Textilien.

Aktiv

Aquaparks

Wasserspaß – **Damlataş Aqua Park 1**: Atatürk Cad., tgl. 10–17.30 Uhr, Erw. 35 TL, Kinder 22 TL. Der Aquapark liegt im Zentrum und bietet auf relativ kleiner Fläche verschiedene ›Adrenalin-Rutschen‹ und Spaßbad-Flair. Größer ist der Water Planet Aqua Park in Okurcalar (s. S. 252).

Bootstouren

Vom Hafenkai beim Kızıl Kule starten **Bootstouren** zu den Meereshöhlen am Burgberg (60 TL/Pers., 10.30–15 Uhr). Es werden z. B. die **Piratenhöhle** (Korsanlar Mağarası) oder die **Phosphorhöhle** (Fosforlu Mağarası) mit fluoreszierenden Lichteffekten besucht. Am **Kleopatra Pool**, einer kleinen Bucht unterhalb der Steilwand, soll die ägyptische Herrscherin bei einem Besuch gebadet haben. Hier wird auch ein Stück des Tunnels gezeigt, durch den sie von der Burg hinunterstieg. Man kann die Höhlen auch mit einem Fischerboot besuchen (90 TL ca. 1,5 Std.).

Ausflugsboote zu **Tagestouren** starten auf Höhe des Robin-Hood-Clubs 3. Von 10 bis 18 Uhr geht es nach Side oder Manavgat, stets mit mehreren Badestopps. Am besten zum Baden sind Touren zu den Buchten an den näheren Küsten (İncekum oder Iotape, s. S. 271), dabei hat man am längsten Aufenthalt am Strand. Gezahlt wird an Bord.

Mountainbike-Touren, Enduro

Hoch zur Yayla – **Martin Türkay 2**: Atatürk Cad., Neslihan Sok. 3/a, Tel. 0242 511 57 21, www.martin-tuerkay.com. Deutschsprachige Touren in die Taurus-Berge mit dem Mountainbike oder einer leichten Enduro. Zugleich kann man auch gute Motorräder leihen oder ein professionelles MTB-Trainingscamp buchen.

Tauchen

Die Felsküste am Burgberg von Alanya ist ein interessantes Revier mit Höhlen, Tunneln und Steilabfällen.
Tauchschule – **Dolphin Dive 3**: Iskele Cad. 23, Tel. 0242 512 30 30, www.dolphin-dive.com. PADI-Anfängerkurs 4 Tage 320 €; Tauchfahrt 62 €/Tag.

Abends & Nachts

Bar Street 1: Am Hafen ist ein ganzer Disco-Strip mit Openair-Discos entstanden. **Janus**, **James Dean**, **Bellman** und andere machen sich gegenseitig mit Lichteffekten und Musikbeschallung Konkurrenz. Die Atmo unterm Sternenhimmel ist super, gegen 2 Uhr morgens ist hier aber überall Schluss. Wer länger feiern will, fährt zum Club Summer Garden (s. u.).
Raucherclub – **Ehl-i Keyf 2**: Damlataş Cad. 32, Tel. 0242 513 48 23. Ein bei der Jugend Alanyas angesagtes Café, wo

man ruhig im Garten sitzt und zum Tee eine Wasserpfeife schmökern kann.

Abfeiern – **Robin Hood Club** 3: Izzet Azakoğlu Cad., am Hafen, tgl. 22–4 Uhr, bis 23.30 Uhr Happy Hour. Disco im Zentrum auf vier Etagen, jede mit anderer Musikrichtung, im Obergeschoss (Latino) tanzt man mit toller Aussicht.

Abhängen – **Club Summer Garden** 4: in Konaklı,10 km westlich, www.summer-garden.com, Shuttle-Service ab Alanya (Mobil 0535 768 13 26), Restaurant tgl. ab 19 Uhr, Disco tgl. 23–5 Uhr. Große Party-Location mit drei Floors und Bar mit Haifischbecken, Hip-Hop, R'n'B, Pop, an den Floors Riesengebläse zur Kühlung, schöne Chill-out-Sofas in tropischem Garten.

Infos & Termine

Verkehr

Bus: Intercity-Busstation ca. 2 km westlich des Zentrums an der vierspurigen Umgehungsstraße Richtung Antalya. Stdl. Verbindung mit Antalya und Side, mehrmals tgl. mit Anamur (125 km), Kızkalesi (290 km) und Adana.

Minibus: Minibus-Station hinter dem Wochenmarktgelände, von dort häufig Minibusse zur östlichen Hotelzone (Obaköy, Mahmutlar) und nach Konaklı, İncekum im Westen. Die Busse fahren bis ca. 1 Uhr nachts

Zypern-Fähre: In der Saison 4 x/Woche per Hydrofoil-Schnellboot nach Girne (3,5 Std. Fahrt), Retour-Ticket 135 €. Auch 3-Tages-Trips mit Übernachtung inkl. Führung möglich.

Termine

Alanya-Triathlon: Ende Okt./Anf. Nov. International bekanntes Sportereignis, das als Finalmeisterschaft des europäischen Triathlonverbandes ETU ausgerichtet wird.

In den Music Bars am Hafen von Alanya wird nachts ordentlich gefeiert

Dimçay-Tal ▶ L 7

Man fährt auf der Hauptstraße nach Osten und biegt bei Obaköy in die Berge ab. Am Flusslauf liegen zahlreiche Restaurants (s. S. 268), doch es lohnt sich, ganz bis zur Staumauer hochzufahren, denn dort sind die schönsten Lokale.

Ausgeschildert ist die **Dim Mağarası**, die zweitgrößte für Besucher geöffnete Tropfsteinhöhle der Türkei (360 m Länge, tgl. 9.30–18 Uhr, 6 TL).

Wanderung nach Hamoxia ▶ L 7

Ca. 6,5 km, gut 2 Std. mit Besichtigung, kein Eintritt, 11 km westlich des Zentrums von Alanya

Über den antiken Ort Hamoxia (auch Hamaxia), den die Türken Sinek Kale, ›Fliegenburg‹ nennen, ist wenig bekannt. Es heißt, die befestigte Siedlung sei von Kleopatra gegründet worden, nachdem Marcus Antonius ihr die Region Alanya geschenkt hatte. Der Ort diente wahrscheinlich dem Holzeinschlag der früheren Zedernwälder, heute wächst hier als Folge des Raubbaus nur noch Wacholder.

Kurz hinter dem zweiten Straßentunnel der D400 biegt eine Straße Richtung **Elikesik** ab. Etwa 800 m hinter dem Steinbruch parkt man und wandert in östliche Richtung um einen Höhenrücken herum, bis auf der gegenüberliegenden Talseite einige Häuser auftauchen. Auf Höhe der Häuser nehmen Sie die ausgewaschene Piste nach rechts, laufen an der Siedlung links vorbei und steigen über den Sattel nach rechts hoch zum antiken Siedlungsort. Das Gelände ist schwer zugänglich, da stark eingewachsen (auf ungesicherte Zisternen achten!).

Mein Tipp

Hoch zu den Yaylas

Die Berge sind in Alanya stets allgegenwärtig, Ausflüge lohnen vor allem, wenn man sich einer organisierten Tour mit einem türkischen Guide anschließt. Sowohl Martin Türkay (s. S. 265) als auch andere Agenturen bieten solche Touren an, ob mit Mountainbike, Enduro oder Quads.

Ausflugstipp: Zur Dereköy Yayla (▶ L 7) z. B. führt eine 30 km lange Asphaltstraße. Auf dem Weg zu der Hochalm erlebt man eine einsame, majestätische Bergwelt, im Hochlanddorf Dereköy am Hang des Kargı Çayı kann man Tee trinken oder in einem einfachen Lokal *köfte* essen.

Zuerst erreicht man das Nordtor mit einem **Thermenbau** davor, nach

Wanderung nach Hamoxia

Lieblingsort

Dimçay-Tal ► L 7
Wenn es in Alanya mal wieder zu voll, zu laut, zu hektisch ist, fährt man am besten ins Tal des Dim-Flusses. Im oberen Abschnitt wurde ein Stausee angelegt, im unteren bewaldeten Bereich hingegen haben sich eine ganze Reihe von *piknikler* angesiedelt. Das sind einfache Picknick-Lokale, die teils am Wasser, teils auf dem Wasser Sitzgruppen im osmanischen Stil mit Kissen und flachen Tischen haben und eine einfache Volksküche bieten. Manche haben auch große Sprinkleranlagen zur Erfrischung installiert oder sogar Wasserrutschen und Planschbecken für die Kinder. Dort kann man sehr lauschig bei plätscherndem Wasser auf osmanischen Kissen die Zeit vertrödeln.

TUBORG
PEPSI

Süden dann eine **Basilika** mit einem Turm, von dort nach Osten wieder die Stadtmauer, die südlich um die Hausruinen herum verläuft. Von der Anhöhe bietet sich bei klarem Wetter ein wahrer Traumblick auf Alanya.

Für den **Rückweg** kann man den Weg nach Norden nehmen und noch einen Gang durch einsame Macchia anhängen. Es ist aber auch möglich, über die östliche Forstpiste an die Küste zurückzuwandern, die dann auf Höhe des Jachthafens erreicht wird (ca. 5 km).

Wanderung nach Syedra ▶ L 7

Ca. 4 km eine Strecke, mit Besichtigung knapp 3 Std., derzeit kein Eintritt, 26 km östlich des Zentrums von Alanya

Von der Küstenschnellstraße D400 führt beim Weiler Seki eine erst asphaltierte, später etwas raue Piste hoch zu der antiken Stadt Syedra. Die leicht ansteigende Route durch Bananenplantagen und Kiefernwälder, den markanten Akropolis-Berg immer vor Augen, kann man auch gut wandern.

Wanderung nach Syedra

Da es an der Westseite des Hügels eine artesische Quelle gab, war der Platz vermutlich seit Jahrtausenden besiedelt, schriftlich taucht der Ortsname Syedra jedoch erst im 1. Jh. v. Chr. auf. Aus der Zeit des Kaisers Septimius Severus wurde auf der Agora eine Weihinschrift gefunden, in der die Stadt für ihren tapferen Kampf gegen kilikische Räuber gelobt wird.

Vom großen Parkplatz steigt man auf Fußpfaden zu den Ruinen hoch, die teils in Macchia-Buschwerk verborgen sind. Der Pfad erreicht die hohen Mauern einer **Thermenanlage,** auf der nächsten Terrasse verläuft eine **Kolonnadenstraße** entlang einer Stützmauer mit Nischen für die Statuen verehrter Bürger und Herrscher. Darüber erhebt sich eine **byzantinische Kirche,** eine gut erhaltene Treppenanlage führt hinauf. Von dort oben hat man einen schönen Blick hinunter zum Meer.

Beim Rückweg zweigt kurz vor dem Parkplatz ein zweiter Pfad nach rechts ab, der entlang der Stadtmauer führt, dabei ein **Tempelpodest** streift, kurz dahinter liegen die Ruinen einer **Stoa,** einer Art Ladenstraße. Nordwestlich ist das **Theater** fast völlig von Macchia überwachsen. Der Pfad endet dann bei der **Quellhöhle** mit einer riesigen **Zisterne,** dahinter eine **Basilika** mit einer ›Taufhöhle‹, die noch byzantinische Freskenbemalung aufweist.

Wanderung zum Sapadere-Canyon ▶ L 7

Ca. 6 km, mäßige Steigung, Canyon ab Parkplatz 400 m, Eintritt 8 TL, 45 km ab Alanya-Zentrum, 24 km ab der Küste

Man kann zwar auch direkt zur Schlucht des Sapadere fahren, kann den Ausflug aber auch mit einer Wanderung verbinden. Beim Ort Demirtaş biegt man von der D400 nach links ab, nach ca. 20 km hält man bei einer sehr spitzen Straßengabelung links und parkt gleich vor dem nächsten Gebäude. Die Forstpiste führt am **linken Talhang** durch unberührte Macchia, quert den Bach und erreicht das Dorf **Sapadere.** Dort soll mit Fördergeldern ein alternativer Agrotourismus aufgebaut werden, bislang ist das aber noch Zukunftsmusik. Hinter dem Dorf ist wieder die Straße erreicht, Sie nehmen die ausgeschilderte **Piste zum Canyon,** die auf der rechten Talseite dem Fluss folgt, bis zum Parkplatz mit einem Lokal. Geplant ist dort zudem ein Basar für lokales Handwerk und die Produkte der Seidenspinnerei der Dörfer rund um Alanya.

In die Schlucht führt ein sicherer **Brückenpfad,** über den man bis hoch zum **Wasserfall** gelangt. Für den Rückweg nimmt man die andere Talseite bis zu einem einsamen Gehöft, dort kann man auf einem Serpentinenpfad zur Straße heruntersteigen. Danach folgt man der Straße nach links zum Abzweig, wo das Auto parkt.

Iotape (Aytap) ▸ L 8

Frei zugänglich

Weiter östlich an der Küste erreicht man nach 35 km die Ruinen der römischen Hafenstadt **Iotape**, die von der D400 durchquert werden. Kurz zuvor lohnen mehrere Kiesbuchten mit Restaurants einen Badestopp. Auch der natürliche Hafen, der durch eine kleine Festung auf dem Fels geschützt wurde, bietet Gelegenheit zum Baden.

Iotape wurde von Antiochus IV., 38–72 n. Chr. König von Kommagene, gegründet und nach dessen Gattin Iotape benannt. Neben einem großen Speicherbau für Getreide an der Ostbucht blieben Reste der Hauptstraße, die von Statuen verdienter Bürger gesäumt war, sowie Thermen, Tempel und Grabbauten der Nekropole erhalten.

Wanderung zum Sapadere-Canyon

Das Beste auf einen Blick

Von Alanya nach Kızkalesi

Highlight !

Mamure Kalesi: Die Burg direkt an der Küste wurde von europäischen Kreuzrittern erbaut – die Zinnen auf Türmen und Mauern erinnern nicht zufällig an Burgen in Deutschland. Viele schöne Fotomotive und ein naturbelassener Strand. S. 276

Entdeckungstour

Anemourion – Untergang einer antiken Stadt: Der antike Küstenort Anemourion liegt bis heute ungestört von späterer Besiedlung so da, wie er gegen 700 n. Chr. verlassen wurde. Archäologen konnten den Untergang dieser einst blühenden Stadt detailliert nachzeichnen. S. 278

Kultur & Sehenswertes

Olba/Diocaesarea (Uzuncaburç): Das Heiligtum einer Priesterdynastie aus römischer Zeit mit imposanter Tempelruine. S. 281

Kızkalesi und Korykos: Meerburg, Landburg und eine romantische Nekropolenstraße – am schönen Sandstrand von Kızkalesi kann man auch viel Antike entdecken. S. 283

Zu Fuß unterwegs

Wanderungen: In Kızkalesi führen Wanderungen durch das antike Korykos, zu den Felsgräbern Adamkayalar und ins Şeytan Deresi, das ›Teufelstal‹. S. 283

Genießen & Atmosphäre

Bananen frisch von der Staude: Am Straßenrand zwischen Gazipaşa und Aydıncık werden frisch gepflückte, reife Minibananen angeboten. Einfach mal anhalten und probieren! S. 274

Wochenmarkt in Anamur: Hier bieten noch Bauern ihre Produkte an. Olivenöl in alten Wasserflaschen, selbstgemachten Käse, halbe Ziegen, Fisch, Tomaten, Granatäpfel ... ein Fest für die Sinne. S. 275

Fischrestaurants in Narlıkuyu: In der kleinen Bucht reihen sich die Restaurants. Das Meer glitzert und die Seele lässt die Beine baumeln. S. 287

Abends & Nachts

Bars mit Strandlagerfeuer: In Kızkalesi zünden einige Music-Bars jeden Abend am Strand große Lagerfeuer an; dazu spielt aktuelle Tanzmusik. Nightlife mal ganz anders. S. 286

Die Küste Kilikiens

Im Osten von Alanya, im antiken Kilikien, durchquert man einsame Berghöhen, der Tourismus steckt noch in den Anfängen. Doch lohnen die Mamure-Burg bei Anamur und Kızkalesi mit seinem schönen Strand und der geheimnisvollen Mädchenburg einen Abstecher, für den man mindestens zwei Tage kalkulieren muss.

Wie bei Okurcalar im Westen von Alanya findet man auch im Osten ausgedehnte Bananenplantagen. Bananen sind hier das Hauptprodukt und werden in alle Landesteile exportiert. Angebaut werden die sehr süßen Zwergbananen vom kanarischen Typ, die zwischen Oktober und Mai zur Ernte anstehen. Falls sie am Straßenrand zum Kauf angeboten werden, sollte man unbedingt mal probieren: So schmeckt die Banane, wenn Sie nicht wie Chiquita & Co. durch Begasung künstlich reift.

Infobox

Infos

www.kizkalesi-reise.info: Seite eines deutsch-türkischen Paares in Kızkalesi, Infos, geführte Touren, Unterkünfte und Tipps für einen individuellen Urlaub.

Anreise und Weiterkommen

Die Küstenstraße von Alanya nach Silifke ist jetzt teilweise autobahnähnlich ausgebaut, die Autofahrt dauert nur noch ca. 4 Std. Vom Flughafen Antalya rechnet man ca. 7 Std. bis Silifke. Der Flughafen Gazipaşa wird seit 2012 von internationalen Maschinen angeflogen.

Rund um Gazipaşa

Hinter Iotape (s. S. 271) erreicht man bald **Gazipaşa** (24 000 Einw.), eine noch recht traditionelle Kreisstadt, die aber durch die Inbetriebnahme des neuen Flughafens rasanten Aufschwung nehmen dürfte.

In der Küstenebene identifizierten die Archäologen die Ruinen des antiken **Selinus**, wo der römische Kaiser Trajanus am 8. August 117 n. Chr. auf der Rückfahrt von seinem gescheiterten Feldzug gegen die Parther starb. Beim Abstecher zu dem noch wenig erschlossenen weiten Sandstrand (mit dem Hotel Selinus Beach Club) quert man ein gutes Stück des Aquädukts. Am Fuß des Hügels an der Ostseite des Strandes stehen die monumentalen Reste des Kaisergrabes. Die Anhöhe gegenüber krönt eine armenische Festung des 12. Jh.

Antiochia ad Cragum

▸ M 8

Eintritt frei, evtl. Bakschisch 5 TL
Etwa 20 km hinter Gazipaşa (Abzweig zum Dorf Güney, dann über eine passable Piste den Hügel empor) erreichen archäologisch Interessierte die antike Stadt **Antiochia ad Cragum**, wie Iotape eine Gründung des Kommagene-Herrschers Antiochos IV.

Kurz vor der heutigen Bauernsiedlung liegt links am Weg die **Kolonnadenstraße** mit den Doppeltürmen eines **Triumphtores**, die an das hellenistische Perge-Tor erinnern. Auf der anderen Seite endet sie bei einer **Basilikalkirche** aus frühbyzantinischer Zeit und dem **Gymnasium** mit einem gut erkennbaren Hof zur Leibesertüchtigung. Man kann dann noch 2 km weiter zum Hügel mit der armenischen Zitadelle fahren, muss allerdings den letzten Weg zu Fuß erklettern (festes Schuhwerk nötig!). Die Burg liegt direkt auf der 300 m hohen Steilküste zum Meer und wird im Volksmund **Antonius Kalesi** genannt. Hier hat man eine schöne Aussicht auf das hoch über dem Meer gelegene Stadtgebiet (ad Cragum = an der Klippe).

Eine schöne Stelle für einen Stopp ist **Melleç**, wo die Straße dicht über einem naturbelassenen Strand mit guten Schnorchelplätzen verläuft. Hier gibt es zwei Restaurants und die einfache Pansiyon Melleç mit einem freundlichen Wirt (Tel. 0324 824 20 60).

Anamur ▸M 8

Anamur (40 000 Einw.) ist bislang vom großen Touristenrummel verschont geblieben, im Vergleich zu Side oder Alanya sind ausländische Touristen noch eher selten. Mit den Hotels des Strandortsteils **İskele Mahallesi** an der Küste ist die Stadt aber ein akzeptables Standquartier für Durchreisende – auch wenn von Jahr zu Jahr mehr Hotelkästen entstehen, in denen vornehmlich Türken Urlaub machen.

Nach jüngsten Untersuchungen der Universität Mersin ist der lange **Anamur-Strand** eine der bedeutendsten Brut-Strände der Caretta-Schildkröten (s. Dalyan, S. 129) der Türkei. Umweltexperten fordern inzwischen Schutzmaßnahmen, doch scheinen die Behörden wenig interessiert (wohl um den Ausbau des Tourismus nicht zu gefährden). Wenn man badet, sollte man auf jeden Fall alles unterlassen, was die Gelege beeinträchtigen könnte.

In der am Hügelfuß im Inland liegenden Stadt selbst erlebt man echtes türkisches Alltagsleben zwischen der **Akcami** (Weiße Moschee) am westlichen Ende der Hauptstraße und dem **Festgelände** am anderen. Ein sehr ländlicher **Wochenmarkt** mit vielen Bauernprodukten findet samstags bei der Moschee an der Atatürk Caddesi statt.

Das **Archäologische Museum** (Anamur Müzesi, Yalıevler Mah., Fahri Görgülü Cad. 8, Tel. 0324-814 16 77, Di–Sa 8.30–12.30, 13.30–17.30 Uhr, 5 TL) in İskele zeigt Keramik und Glaswaren aus dem antiken Anemourion sowie Münzen aus mittelalterlicher und osmanischer Zeit.

In der 500 m² großen **Tropfsteinhöhle Koşekbükü Mağarası** 19 km nördlich kann man auf drei Ebenen Stalagmiten und Stalaktiten bewundern.

Übernachten

Mittelklasse – **Anemonia Oteli:** İnönü Cad., Tel. 0324 814 40 00, www.anemonia.8m.com, DZ/F 100–150 TL. Hohes 2-Sterne-Hotel am Fluss auf der östlichen Seite in İskele. Moderne Zimmer, Dachterrasse mit toller Aussicht.

Mittelklasse mit Pool – **Anemurion:** in Bozyazı (10 km östlich), Mersin Yolu (D400), Tel. 0324-851 70 10, www.anemurionhotel.com.tr, DZ/HP ab 180 TL. Neueres 4-Sterne-Haus, am Anfang von Bozyazi (von Anamur aus), direkt am Strand. Geräumige, moderne Zimmer mit Meerblick; es gibt einen Pool und einen schönen Garten.

Essen & Trinken

In Anamur gibt es nahe der Busstation einfache *lokantalar*, modern und gut z. B. das **Güleryüz**, das Gerichte wie Şiş Kebap und Hackfleischbällchen in Tomatensauce anbietet (um 12 TL). An der Promenade in İskele gibt es die Restaurants der Hotels, wo man gute Fisch- und Fleischgerichte erhält.

Forellenessen am Bergfluss – **Sevgi Piknik:** (▶ M 8) 12 km, auf der Hauptstraße Richtung Ermenek, kurz vor der Ala Köprü (seldschukische Flussbrücke) weisen Tafeln nach links zur Forellenzucht, gut befahrbare Bergstraße, Tel. 0324 83 25 75, tgl. tagsüber. Hier kann man an einem Gebirgsbach gegrillte Forelle essen. Hauptgerichte ab 15 TL, Vorspeisen um 8 TL. Ein riesiges Wasserrad versorgt die Zuchtbecken am Fluss; überall sind lauschige Picknickplätze mit Liegekissen eingerichtet. An der Badestelle am Fluss gibt es sogar eine große Wasserrutsche.

Infos

Tourist Information: Otogar Binası 2 (bei der Busstation), Tel. 0324 814 40 58.
Bus: Die Busstation liegt an der Hauptküstenstraße D400 bei der Hauptkreuzung, mind. alle 2 Std. Verbindung nach Antalya/Alanya, Tarsus/Silifke.

Mamure Kalesi ! ▶ M 8

Per Dolmuş-Minibus oder mit Bussen Richt. Bozyazı, Di–So 9–17 Uhr, 8 TL mit Führung

Die 6 km östlich von Anamur unmittelbar an der Küste gelegene **Mamure Kalesi** ist eine der schönsten Burgen der Türkei. Die gut erhaltene Wehranlage erinnert stark an europäische Festungen aus dem Mittelalter – tatsächlich wurde sie im 12. Jh. von Armeniern erbaut, wahrscheinlich sogar durch fränkische Baumeister der Kreuzfahrerreiche. Anfang des 14. Jh. fiel sie an die Karamanen, die Teile der Mauern nach einem fränkischen Angriff 1373 erneuerten. 1469 ging die Festung an die Osmanen über, die sie im 19. Jh. noch einmal renovierten.

Eine imposante **Mauer** mit 36 Bastionen und umlaufendem Wehrgang umspannt zwei Innenhöfe. Direkt am Meer steht ein 14-eckiger **Wachturm,** der bestiegen werden kann. Besonders reizvoll wirkt der Kontrast von Ritterromantik und der kleinen **Moschee**, die direkt nach der Eroberung von Karamanoğlu Mahmut Bey im landseitigen Innenhof errichtet wurde. Das einstige Haupttor zur Landseite trägt noch eine karamanische Bauinschrift.

Zwischen Anamur und Silifke ▶ M–O 8

Die Küstenstraße windet sich über oft schwindelerregende Steilabfälle zum Meer, immer wieder passiert man schmale Küstenebenen mit weiten Sandstränden vor türkisfarbenem Meer. Auch hier wuchern heute die Ferienhauskomplexe, die sich und den Strand hinter Zäunen und Schlagbäumen verschanzen. Doch in Dörfern wie **Tekmen, Yenikaş, Sipahili** oder **Büyükeçeli** (▶ N/O 8) geht das Leben seinen ursprünglichen Gang. Man sieht hier Frauen mit Kindern auf dem Rücken, kleine, hoch bepackte Esel an der Straße, Männer in Pluderhosen auf Maultieren …

Kurz vor dem Zentrum von **Aydıncık** (▶ N 8) markiert die Ruine eines Ziegelsteinbaus – eventuell handelte es sich um Thermen – am kleinen Hafen die Lage des antiken **Kelendris.** Diese Stadt wurde um 452 v. Chr. in den Tributlisten des delisch-attischen Seebunds geführt – und war der östlichste Stützpunkt der Machtsphäre der Athener nach den Perserkriegen.

Silifke ▶ O 7

Silifke (50 000 Einw.) und die flache Mündungsebene des Göksu Nehri, des

Eine der schönsten Burgen der Türkei – Mamure Kalesi

antiken Kalykadnos, sind noch stark landwirtschaftlich geprägt. Seleukos I. Nikator, ein Feldherr Alexanders und erster König des Seleukiden-Reichs (312–281 v. Chr.), gründete die Stadt unter dem Namen Seleukia ad Kalykadnos. Unter den Römern Provinzhauptstadt, unter den Byzantinern als Sterbeort der hl. Thekla ein beliebtes Wallfahrtsziel auf dem Pilgerweg nach Jerusalem, fiel es Ende des 12. Jh. an die Armenier. Um 1210 übernahmen die Johanniter von Rhodos die Stadt als Lehen. Baumeister des Ordens vollendeten die Burg, die die Ebene beherrscht.

Im Ortszentrum dient eine letzte Säule des antiken **Jupiter-Tempels** (İnönü Cad.) einem der vielen Störche der Stadt als Nistplatz. Auch die schmale **Taşköprü** über den oft lehmgelben Göksu Çay im Zentrum ist im Kern römischen Ursprungs, erbaut 78 n. Chr. unter Kaiser Vespasianus. Hier findet auf dem linken Ufer ein **Fischmarkt** statt. Die **Gassen** ringsum sind das Zentrum dieser Stadt mit malerischen Teehäusern, Werkstätten und Läden. Besonders lebhaft geht es hier beim **Wochenmarkt** zu (Cumhuriyet Meydanı/Taşköprü, Fr).

Silifke-Museum

Anamur Yolu, Di–So 9–17 Uhr, 5 TL

Im **Silifke Müzesi** an der Umgehungsstraße verdienen neben der ethnologischen Sammlung (Webwaren, Trachten) und Kleinskulpturen aus der Antike vor allem einige exemplarische Stücke des **Schatzes von Gülnar** Beachtung. Die Goldmünzen und Silbergegenstände stammen aus der Zeit Alexanders und der Dia- ▷ S. 281

Auf Entdeckungstour: Anemourion – Untergang einer antiken Stadt

Anemourion war einst eine blühende Stadt. Ihr Untergang im Arabersturm konnte genau erforscht werden – er ist typisch für viele antike Küstenstädte der Südtürkei.

Reisekarte: ▶ M 8

Anfahrt: Straße Richtung Alanya, nach ca. 5 km ausgeschildert
Dauer: Je nach Interesse 1–4 Std., klettert man zur Zitadelle hinauf, länger. Auch wer am schönen Strand baden möchte, sollte mehr Zeit einplanen.
Öffnungszeiten: Tgl., 9–18 Uhr, Eintritt 5 TL

Die Ruinen von Anemourion liegen auf dem südlichsten Zipfel der türkischen Küste, ca. 7 km westlich von Anamur. Der Name bedeutet im Griechischen ›Windnase‹, denn allen Stürmen ist der Ort schutzlos ausgesetzt. Zur Stadtgeschichte gibt es nur wenige schriftliche Quellen, immerhin soll der Apostel Barnabas hier eine Gemeinde gegründet haben. Tacitus berichtet von einer Belagerung durch isaurische Bergstämme 52 n. Chr. – mitten in der römischen Friedenszeit. Die Archäologie konnte jedoch durch ihre Befunde ein genaues Bild des Lebens der Bewohner zeichnen, vor allem zur Endphase Anemourions. Seit dem

Untergang der Stadt siedelte hier niemand mehr, die Fundzusammenhänge blieben ungestört.

Schicksal einer Frontstadt

Die Stadt hatte ihre größte Bedeutung in der Zeit vom 1. bis zum 3. Jh. Damals entstanden ambitionierte öffentliche Bauten wie ein Aquädukt, ein Theater, Thermen (Bäder) und eine große, von Säulengängen umgebene Palästra als Sporthof. Anemourion prägte sogar eigene Münzen.

Der erste Schlag kam mit dem Perserüberfall unter Schapur I. im Jahr 260. Danach blieb die römische Herrschaft schwach, im 4. Jh. plünderten marodierende Horden der Isaurier aus den kilikischen Bergen mehrfach den Ort. Unter Kaiser Zenon (474–491), einem Isaurier, erlebte die Stadt unter christlich-byzantinischen Vorzeichen erneut einen Aufschwung, der bis 580 andauerte. Dann zerstörte ein Erdbeben u. a. den Aquädukt, was das zivilisatorische Niveau nochmals absenkte.

Die Eroberung Zyperns durch die Muslime besiegelte das Ende. Die Küstenschifffahrt kam durch die beständigen arabischen Überfälle zum Erliegen, die letzten Fundmünzen tragen das Datum 705. Erst im 12. Jh. – Zypern war inzwischen ein Kreuzfahrerstaat – bauten die kleinarmenischen Könige die Zitadelle aus – vermutlich bestanden auch wieder Schiffsverbindungen zur Insel im Süden. Nach der osmanischen Eroberung endete jegliche Siedlungstätigkeit.

Die wichtigsten Gebäude

Direkt oberhalb der Zufahrtsstraße liegt die **Nekropole** mit ihren gut erhaltenen, teils zweistöckigen Grabbauten, meist in Form kleiner Tempelhäuser. Vielfach sind Inschriften, Symbole und sogar Mosaiken zu entdecken. Geradeaus, im Süden, ragt die **armenische Festung** auf dem Felskap empor. Wer durch das dornige Niederbuschwerk hinaufklettern will, steigt am besten zu dem erhöhten Sattel über der Nekropole empor und bahnt sich dann einen eigenen Weg – das lohnt aber nur wegen der Aussicht.

Eine spätantike **Stadtmauer**, 382 gegen die Überfälle der isaurischen Bergstämme errichtet, teilt das Stadtgebiet in der Küstenebene. Direkt davor liegen die Ruinen der **Großen Thermen** (Anfang 3. Jh.) mit der nach Osten anschließenden **Palästra**.

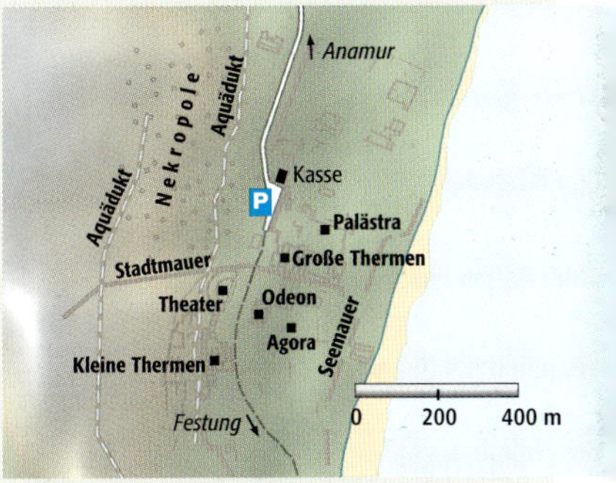

Hinter der Stadtmauer folgte das römerzeitliche **Theater**, gegenüber begrenzt ein **Odeion** (eine Art Ratssaal) die **Agora.** Hinter dem Theater liegen die **Kleinen** (oder Byzantinischen) **Thermen**; dort sind noch die Reste der Hypokaustenkonstruktion (s. S. 63) zu sehen.

Geht man weiter zum Strand, kann man dort die **Seemauer** mit einer Kirchenruine und den Resten einer Kolonnadenstraße erkunden.

Fischer, Bauern, Kalkbrenner

Vor allem die Grabungen von James Russel im Bereich der Palästra erbrachten spannende Hinweise zum

Leben in den letzten 100 Jahren der sterbenden Provinzstadt. Bereits nach dem persischen Überfall hatte man den Bau der Sportanlage aufgegeben. Die prachtvollen skulptierten Marmorwerkstücke wurden zerschlagen und wie alle Säulen zu Kalk gebrannt, um die neue Stadtmauer hochzuziehen. Damit wurde fast die Hälfte der früheren Stadtfläche aufgegeben.

Für das 5. Jh. ist eine Neubesiedlung der Palästra mit Holzhütten, die sich vielfach an antike Mauern lehnten, nachgewiesen. Das herrliche Mosaik der Palästra war schon mit einer 25 cm dicken Erdschicht bedeckt, nur die Gruben für die Pfosten der Hütten fügten ihm Schäden zu. In dieser Dorfstruktur lebten meist Fischer, wie zahlreiche Angelhaken belegen. Es wurde Korn angebaut und Olivenöl gewonnen. Weitere Funde dokumentieren Werkstätten eines Tischlers, eines Schneiders, eines Maurers, eines Sattelmachers; im Theater hatte sich der Schmied eingerichtet. In allen Grabungsbereichen kamen Spindeln und Webgewichte zutage – Spinnerei und Weberei waren also privat als Arbeit aller Frauen organisiert.

Der Töpfer-Händler

Während der byzantinischen Zeit dauerte die Kalkbrennerei – und damit die Vernichtung der antiken Pracht – an. 580 zerstörte ein großes Erdbeben die Aquädukte, sodass die Bäder nicht mehr mit Wasser versorgt waren, zu einer Reparatur war die Gemeinschaft nicht mehr in der Lage. Danach wanderten auch die Wandverkleidungen der Großen Thermen und die Bodenplatten über den Hypokausten in die Kalköfen. Die Kleinen Thermen neben dem Theater okkupierte ein Töpfereibetrieb. Keramikware hatte die Stadt schon früher hergestellt, doch nach dem Beben verlagerte man die Werkstätten vom nördlichen Stadtrand ins Zentrum.

Die Thermentöpferei hatte sich offenbar auf Tonlampen spezialisiert. Man entdeckte entsprechende Model sowie ein Lager mit 700 unbenutzten Lampen, die wohl zum Schutz vor Plünderern vergraben worden waren. Anemourion lieferte diese Lampen auch nach Zypern, wo man sie z. B. in der antiken Inselhauptstadt Salamis gefunden hat. Zugleich handelte der Thermentöpfer mit importierter Gebrauchskeramik aus Zypern. Viele Stücke entsprechen der damals verbreiteten Cypriot-Red-Slip-Ware, ein feines, aus geschlämmtem Ton gebranntes Geschirr. Die Geschäfte gingen recht gut, wie die von den Archäologen gefundene Kasse der Werkstatt belegt: Sie enthielt 62 Kupfermünzen, alle aus den Jahren 629 bis 658.

Das Ende

Kurz vor 660 erreichten die Araber die Region und brandschatzten von Zypern her die Südküste. Die Kasse des Töpfers wurde in planierten Trümmern gefunden, vielleicht war die Werkstatt bei einem Angriff zerstört worden. Aus späteren Zeiten ist nur eine recht plumpe Keramik aus Eigenproduktion bekannt – aufgrund des Dekors spricht Russel von Piecrust-Rim-Ware (Brotkrustenrand-Keramik). Offenbar waren die Importverbindungen per Schiff abgerissen, Handelsverbindungen gab es danach nicht mehr.

Steht man heute auf der Palästra, deren Mosaikpflaster zum Schutz wieder mit Sand abgedeckt ist, kann man die Fantasie spielen lassen. Wie kam das Ende? Irgendwann nach 700 zogen die letzten Bewohner hoch ins sicherere Hügelland. Anemourion und seinen Hafen bedeckte der Sand.

dochen. Ihre Entdeckung im Jahr 1980 löste einen fatalen Schatzsucherwahn aus, dem etliche antike Grabstätten zum Opfer gefallen sind: Sie wurden einfach gesprengt.

Silifke Kalesi

Zur **Zitadelle** mit einem Aussichtsrestaurant gelangt man über die Ausfallstraße D715 Richtung Konya, vorbei an Felsgräbern und Sarkophagen der antiken Nekropole. Die Hügelfestung erlebte übrigens ein echt mittelalterliches Drama: 1226 flüchtete sich die 12-jährige Prinzessin Zabel, Erbtochter des kleinarmenischen Königs Leon II., zur Johanniterburg, um der Heirat mit dem Adligen Hethum zu entgehen, der neuer König werden sollte. Doch als die Armenier mit Krieg drohten, zogen die Ordensritter ab und überließen Zabel ihrem Schicksal. Richtung Stadt schaut man über die gewaltige **Tekir Ambarı**, eine Zisterne aus byzantinischer Zeit, die aus dem Felsen geschlagen wurde und 46 x 23 m misst.

Meryemlik

Beim spätantiken **Wallfahrtsort Meryemlik** (= Marienort) oder Ayatekla an der Anamur-Straße wurde die hl. Thekla, die noch vom Apostel Paulus selbst bekehrt worden sein soll, verehrt; noch heute pilgern Muslime zu dieser Stätte. Schon im 2. Jh. baute man die Wohngrotte der Einsiedlerin zu einer **Höhlenkirche** aus; sie kann in Begleitung des *bekçi* (Aufseher) besichtigt werden.

Im 5. Jh. entstand ein regelrechtes Martyrion, zu dem Christen aus ganz Europa während der Jerusalem-Fahrt pilgerten. Zu dieser Zeit wurde die 80 m lange, dreischiffige **Thekla-Basilika** errichtet, von der heute nur noch eine gewaltige Apsis steht. Hinter einer großen **Zisterne** erstrecken sich die Fundamente der vom Kaiser Zenon, der aus Isaurien stammte, im 5. Jh. gestifteten **Kuppelkirche**, die als frühester Bau dieses Typus gilt.

Übernachten

Wirklich empfehlenswerte Hotels gibt es bei Silifke nicht, man weicht besser Richtung Kızkalesi aus.

Am Strand – **Mediterranean Hotel:** Susanoğlu, Mersin Cad. 189, 16 km von Silifke Richt. Mersin, Tel. 0324 722 28 00, www.mediterraneanhotel.com.tr, DZ/F um 150 TL. 8-stöckiges Strandhotel mit zumeist türkischen Gästen, Pool, Frühstücks- und Abendbuffet, Wassersport, direkte Strandlage.

Essen & Trinken

Einfache Grillrestaurants im Fischerviertel rund um die Menderes Caddesi südlich der Taşköprü, z. B. **Gözde** oder **Taşhan**.

Blick von der Burg – **Kale Restoran:** Kale'nin yanı, tgl. 10–22 Uhr. Schöne Aussicht zu türkischer Küche, Hauptgerichte ab 16 TL, Vorspeisen ab 8 TL.

Infos

Tourist Information: Veli Bozbey Cad. 6, Tel. 0324 714 11 51

Bus: Busstation an der Kreisverkehrkreuzung von D400 und D715

Silifkes Hinterland

Olba/Diocaesarea (Uzuncaburç) ▸ O 7

Tgl. bis Sonnenuntergang, 5 TL

Die antike Tempelstadt **Diocaesarea** liegt nördlich von Silifke auf 1100 m Höhe in reizvoller Gebirgslandschaft. Bei der Anfahrt passiert man die antike **Nekropole von Demircili** mit gut erhaltenen Grabbauten in Form kleiner freistehender Tempel.

In Diocaesarea wurde seit dem 3. Jh. v. Chr. der Zeus Olbios verehrt, dessen Kult unter Kontrolle der Priesterdynastie der Teukriden stand, die große Teile des kilikischen Berglands beherrschten.

Beim Parkplatz liegt die nach Süden geöffnete **Theater-Cavea**, die ca. 3000 Zuschauer fasste und teilweise mit neuzeitlichen Häusern bebaut ist. Hier markiert ein **Portikus** aus fünf korinthischen Säulen den Beginn der von Säulenstümpfen gesäumten **Kolonnadenstraße**. Sie führt zum **Tempel des Zeus Olbios** aus dem 2. Jh. v. Chr. Die Einfriedungsmauer des heiligen Bezirks (Temenos) und 30 Säulen stehen unversehrt aufrecht. In der christlichen Spätantike wurde der Bau zur Kirche, deren Eingangsportal und Apsis noch gut erkennbar sind.

Anschließend kreuzt man eine von Säulenbasen flankierte Straße und kommt zum **Tyche-Tempel** mit fünf Monolithsäulen und fast unversehrter Cella. Die antike Querstraße (der Cardo) endet nach Norden bei einem monumentalen dreibogigen **Stadttor.** Am nördlichen Ortsrand (der antiken Stadtmauer folgen!) liegt ein gut 20 m hoher Wehrturm.

Mein Tipp

Schauplatz der Geschichte – wo Kaiser Friedrich Barbarossa starb
Die Straße, die als D715 von Silifke durch das Taurus-Gebirge nach Konya führt, erschließt ein einsames, wild-romantisches Flusstal. Nach etwa 7 km erreicht man einen Parkplatz mit einer einsamen, kleinen Gedenktafel: Dort erinnert die Deutsche Botschaft an den Tod Kaiser Friedrichs I. Barbarossa, der hier am 10. Juni 1190 während des Dritten Kreuzzuges in den Stromschnellen im Fluss ertrunken ist.

Mut und Alahan Manasteri ▸ N 7

Beim interessanten Abstecher zur byzantinischen Klosterruine Alahan fährt man im Tal des Göksu Nehri, der zu einer großen Talsperre gestaut ist, nach Norden über die D715 Richtung Konya.

82 km von Silifke entfernt erreicht man das Kleinstädtchen **Mut**, die einzige größere Siedlung an der Taurus-Überquerung. Die Karamanen schützten den Ort im 14. Jh. durch eine imposante **Festung**. Aus derselben Zeit stammt auch die **Lal Ağa Camii**, eine der ersten Zentralbau-Moscheen in Anatolien. In der Saison werden an der Straße vor Mut Kanus verliehen, mit denen man auf dem Göksu festgelegte Strecken fahren kann.

Nachdem die Straße das Göksu-Tal verlassen hat, fährt man 3 km in die Berge zum **Alahan Manasteri** (Eintritt 5 TL). Es handelt sich um die Ruine eines früh-byzantinischen Klosters, entstanden im 5. Jh. Die erste Kirche ist die **Evangelistenkirche,** benannt nach der Darstellung der vier Evangelisten auf dem Sturz des prächtigen Naos-Portals (zu beiden Seiten des Christusmedaillons). Ein Arkadenportikus verband sie mit dem Baptisterium. Dahinter folgt dann eine **Kuppelbasilika** mit einer nahezu unversehrten Giebelfassade.

Für den Rückweg kann man ab Mut die Bergstraße über Bağcağız nach **Uzuncaburç** (Olba/Diocaesarea; s. S. 281) nehmen; die 75 km über Asphalt führen in gut 1,5 Std. durch eine grandiose Berglandschaft.

Kızkalesi ▸ P 7

Die Küstenstraße Richtung Mersin passiert nun ein Gebiet, in dem zahlreiche antike Stadtruinen von alter Besiedlung zeugen, das in den letzten Jahren aber für den türkischen Tourismus mit zahlreichen über zehnstöckigen Apartmenthäusern zugebaut wurde. Noch relativ beschaulich und hübsch ist aber das Hoteldorf **Kızkalesi** (sprich *keskalessi),* das sich am Sandstrand beim antiken Korykos entwickelt hat.

Landburg

Tgl. bis Sonnenuntergang, 8 TL
Schon in römischer und byzantinischer Zeit war Korykos ein Stützpunkt des Zypernhandels. Anfang des 12. Jh. ließ der byzantinische Feldherr Eustathios die **Landburg** an der Küste ausbauen und vor dem Hafen eine zweite Festung anlegen. Unter Hethum I. (1226–1269) fiel das Bollwerk an das kleinarmenische Königreich. Nach dem Niedergang der Armenier konnten die fränkischen Könige von Zypern die Festung bis 1448 als letzte abendländische Basis im südlichen Kleinasien halten.

Meerburg

In der Saison per Tretboot (25 TL/Std.), oder Motorboot (ca. 50 TL), immer zugänglich, in der Saison Eintritt 5 TL
Die **Meerburg** wird Kızkalesi (Mädchenburg) genannt, weil hier eine Königstochter zu ihrer Sicherheit gehütet worden sein soll, bis ihr der so sehr besorgte Vater einen Obstkorb sandte. In dem hatte sich unbemerkt eine giftige Schlange verborgen, und so geschah das Unglück doch. Dass der mächtige Mauerring ein schauriges Geheimnis hütete, stellte sich bei Renovierungsarbeiten 2001 heraus: Über ein Dutzend Skelette wurden entdeckt, die aus einem über 50 Jahre alten Massengrab geborgen wurden – vielleicht Zeugnis einer Bluttat im Zuge der Armenierpogrome des Ersten Weltkriegs.

Wanderung in Korykos und ins Teufelstal

Wanderung 1: ca. 3,5 km, Wanderung 2: ca. 5 km, Wanderung 3: ca. 6,5 km, bei dieser genügend Wasser mitnehmen und Handynummer im Hotel hinterlassen! (Karte s. S. 286)
Eine **kleine Wanderung** von unter 2 Std. inkl. Besichtigung führt östlich der **Korykos-Burg** zu einer großen Zisterne südlich der D400, dann in das Macchia-Gebiet nördlich der Straße, wo man die Ruine einer großen Basilika und die Nekropole mit zahlreichen Grabhäusern besuchen kann.

Für die **zweite Wanderung** fährt man mit dem Taxi in Richtung des Dorfs Hüseyinler bis zum ausgeschilderten Abzweig ›Adamkayarlar‹. Von dort führt der Pfad zu einem seitlichen Taleinschnitt des Şeytan Deresi, über eine markierte Treppe gelangt man zu den **Felsreliefs Adamkayarlar.** Diese Reliefs zeigen typisch spätrömische Totenszenen ähnlich wie bei den lykischen Nekropolen und sind zum großen Teil gut erhalten. Beim Abstieg hat man einen tollen Blick ins gut 200 m tief abfallende Şeytan Deresi, das sich über viele Kilometer ins Inland zieht.

Dieses **Şeytan Deresi** (›Teufelstal‹) kann man im regenlosen Sommer auf einer durchaus anspruchsvollen **Trekking-Tour** (Wanderung 3) erkunden, bei Regenwetter ist die Gefahr plötzlicher Flutwellen zu hoch. Man folgt von der D400 dem Flutsammler nach Norden und gelangt nach 1,5 km in das Tal, das sich mit eindrucksvollen Felswänden durch die Karststeppe zieht. Trittsicherheit ist Voraussetzung, einen Pfad im Flussgeröll gibt es nicht. Nach 4,5 km nimmt man ein Seitental

Lieblingsort

Alahan ▶ N 7
Im Landesinneren, etwa eine Fahrstunde von Silifke, erreicht man das Alahan-Kloster, eines jener vergessenen Zentren christlicher Frömmigkeit, wie es in den Bergen Anatoliens so unendlich viele gibt. Wenig ist bekannt über die Stätte, nicht einmal der antike Name. Der türkische Begriff bedeutet nur farbige Herberge. Tatsächlich fasziniert vor allem das strahlende Sonnengelb, in dem die antiken Steine der zwei Kirchen im Licht der späten Nachmittagssonne aufleuchten. Wer genug Zeit hat, bringt ein Fläschchen Wein mit und genießt die kaum zu überbietende Mystik dieses verlassenen Ortes.

nach rechts und gelangt etwas mühsam zwischen beackerten Parzellen zur Straße nach Hüseyinler, wo man einen Minibus anhalten kann oder besser trampt (Minibusse sind selten, und wer nicht zurücklaufen will, muss winken).

Wanderung in Korykos und ins Teufelstal

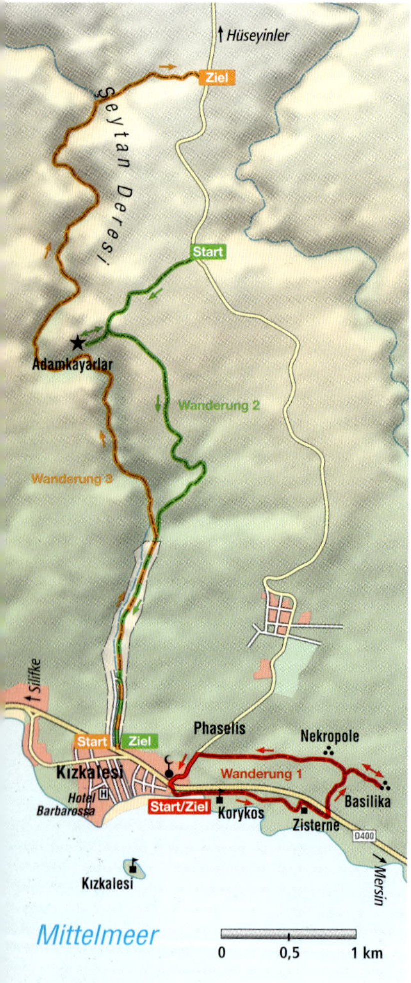

Alternativ fragt man den Hotelier nach einem Lift zur Endstelle und wandert nach Kızkalesi zurück.

Die Königsdisziplin hier ist die Tour durchs Teufelstal bis hoch nach Hüseyinler (17 km, 1 Tag) und von dort per Minibus zurück, aber das sollten nur versierte Trekker unternehmen.

Übernachten

Wer pauschal bucht, sollte darauf achten, möglichst strandnah unterzukommen. **Hotel Hantur**, **Hotel Kızkalesi** oder **Club Barbarossa** z. B. liegen am schönsten Strandabschnitt.

Unter Palmen – **Baytan:** Ahmet Kale Cad., Tel. 0324 523 20 04, DZ/F ca. 120–180 TL. Mittelklassehotel direkt am schönsten Strandabschnitt, hübscher Garten mit Palmen und freilaufendem Federvieh. Die Zimmer sind zwar etwas schlicht, aber zweckmäßig ausgestattet und haben auch Klimaanlage.

Essen & Trinken

Besonders beliebt – **Paşa Restoran:** Nahe der Atatürk-Statue, Tel. 0324 523 23 89, tgl. 8–14.30, ab 18 Uhr. Zu richtig scharfem Adana Kebab (15 TL) oder Kichererbsenpüree (Humus, 7 TL) wird ein langes Fladenbrot frisch aus dem Ofen serviert. Man spricht auch etwas Deutsch.

Unbedingt lohnt auch ein Ausflug zu den Fischrestaurants in der **Narlıkuyu-Bucht** (s. S. 287).

Abends & Nachts

Den späteren Abend verbringt man romantisch in den Music Bars mit Tanzfläche, tollem Seeburg-Blick und Lagerfeuer am Strand, z. B. **Albatros Beach Club,** Südende des Hauptstrands gegenüber der Meerburg (www.albatrosbeachclub.com).

Vor der Küste von Kızkalesi liegt die Mädchenburg im Meer

Umgebung von Kızkalesi

Bei **Narlıkuyu** (▶ P 7), 5 km Richtung Silifke, kann man beim Besuch der hübschen **Fischrestaurants** in der kleinen Bucht ein kleines **Mosaikenfragment** mit den Drei Grazien besichtigen. Das Badebecken gehörte ursprünglich zu einer antiken Thermenanlage, die durch das unterirdisch von den Korykischen Grotten herabfließende Wasser gespeist wurde. »Wer von diesem Wasser trinkt, wird weise, wer hässlich ist, wird schön«, sagt eine Inschrift.

Die berühmten **Korykischen Grotten** – dabei handelt es sich um zwei eingestürzte Karstdolinen – werden heute Cennet ve Cehennem (›Paradies und Hölle‹) genannt. Die unzugängliche Cehennem galt als Sitz des schlangenköpfigen Gottes Typhon, des Vaters des Höllenhundes Kerberos. Die Mauerreste links neben dem Besucherpavillon gehören zu einem antiken Tempel, in dem Zeus Korykos als Sieger über Typhon verehrt wurde.

Ins ›Paradies‹, die zweite Senke, führt ein Treppenweg von 452 Stufen. Zahlreiche Stofffetzen an den Ästen zeigen, dass die Bevölkerung hier immer noch dämonische Mächte vermutet und mit einem *adak* um Beistand bittet. Am Grund steht die Ruine einer Marienkapelle aus dem 5. Jh. n. Chr. Dahinter öffnet sich eine Höhle, die in der Antike als Eingang zur Unterwelt galt. Tief im Berg hört man den unterirdischen Fluss rauschen.

Östlich von Kızkalesi durchquert die Küstenstraße das Ruinenareal von **Elaiussa Sebaste** (▶ P 7), das seine Blüte wie Korykos in der Spätantike erlebte, nach den Araberkriegen jedoch nicht wieder aufgebaut wurde.

Knapp 4 km weiter zweigt man nach **Kanlıdivane** (▶ P 7), dem antiken Kanytelis, ab, das sich rund um einen tiefen Karsteinbruch erstreckt.

Sprachführer

Auch ohne türkische Sprachkenntnisse kommt man an der türkischen Südküste gut zurecht; fast alle, mit denen man als Tourist unmittelbar zu tun hat, sprechen Deutsch oder zumindest Englisch. Bei Reisen ins Inland braucht man jedoch einige türkische Sätze; oft gibt es aber ehemalige Gastarbeiter, die Deutsch können. Wichtig für die Verständigung ist die richtige Betonung des Türkischen. Fast immer wird auf der ersten Silbe betont und nicht auf der Wortmitte.

Aussprache

- c wie dsch; cami (Moschee) = *dschami*
- ç wie tsch; kaç (wie viel) = *katsch*
- e wie ä; evet (ja) = *äwät*
- ğ als Längung nach a, ı, o, u; dağ (Berg) = *daa*
- – wie j nach e, i, ö, ü; değil (nicht) = *dejil*
- h wie in Hans vor Vokal; wie ch in ›Macht‹ nach dunklem Vokal; bahçe (Garten) = *bachtsche*
- – wie ch in ›ich‹ nach hellem Vokal; salih (fromm) = *salich*
- ı wie das dumpfe e in laufen; halı (Teppich) = *hale*
- j wie g in Garage; plaj (Strand) = *plaasch*
- s scharfes s wie in Masse; su (Wasser) = *ssu*
- ş wie sch, şelale (Wasserfall) = *schelale*
- v wie in Wut; ve (und) = *we*
- – hinter a wie u; pilav (Reis) = *pilau*
- y wie j; yol (Weg) = *jol*
- z s wie in Rose; güzel (schön) = *güsel*

Begrüßung und Höflichkeit

Guten Tag!	İyi günler!
Guten Abend!	İyi akşamlar!
Auf Wiedersehen!	Allaha ısmarladık

(sagt der, der geht. Der, der bleibt, sagt: Güle, güle [letzte Silbe betont])

Hallo!	Merhaba!
ja / nein	evet / hayır
Bitte!	Lütfen!
Bitte sehr!	Buyurun *(büjrun)* !
Danke!	Teşekkürler!
Danke Ihnen!	Teşekkür ederim!
Entschuldigung!	Pardon!
Nichts, keine Ursache	bir şey değil
In Ordnung, okay	tamam
Freund	arkadaş (arkadasch)
mein Lieber	aşık *(aschek)*

Reisen

Haltestelle	durak
Bus	otobüs
Fahrkarte	bilet
Hafen	liman
Schiff, Fähre	gemi
Auto	araba
Reifen	lastik
Eingang	giriş *(girisch)*
Ausgang	çıkış *(tschekesch)*
nach links / rechts	solda / sağda
geradeaus	dosdoğru
zurück	geri
Vorsicht	dikkat
Bank	banka
Post	posta
Kirche	kilise
Museum	müze
Strand	plaj *(plaasch)*
Brücke	köprü
Platz	meydan
geöffnet	açık
geschlossen	kapalı
wo	nerede *(närde)*
es gibt	var
es gibt nicht	yok
groß	büyük
klein	küçük *(kütschük)*

Übernachten

Pension / Hotel	pansiyon / otel
Zimmer	oda
Dreibettzimmer	üç kişilik oda
Toilette	tualet
Dusche	duş *(dusch)*

Gepäck	bagaj *(bagaasch)*
Rechnung	hesap

Einkaufen

Supermarkt	süpermarket
Markt	pazar *(basar)*
Markthalle	çarşı *(tscharsche)*
Geld	para
Kreditkarte	kredi kartı
zu teuer	çok pahalı
drei Stück	üç tane *(ütsch tanä)*
zwei Kilo	iki kilo
genug	yeter

Notfall

Hilfe!	yardım *(jardem)*
Polizei	polis
Arzt	doktor
Krankenhaus	hastane
Apotheke	eczane *(ädschsanä)*
Unfall / Panne	kaza / arıza

Zeit

heute	bugün
morgen	yarın
morgens	sabahleyin
abends	akşamları
vor / nach	önce / sonra
früh / spät	erken / geç *(gätsch)*
Montag	pazartesi
Dienstag	salı
Mittwoch	çarşamba
Donnerstag	perşembe
Freitag	cuma *(dschuma)*
Samstag	cumartesi
Sonntag	pazar *(basar)*

Zahlen

0	sıfır
1	bir
2	iki
3	üç
4	dört
5	beş
6	altı
7	yedi
8	sekiz
9	dokuz
10	on
11	on bir
12	on iki
13	on üç
14	on dört
15	on beş
16	on altı
17	on yedi
18	on sekiz
19	on dokuz
20	yirmi
21	yirmi bir
30	otuz
40	kırk
50	elli
60	altmış
70	yetmiş
80	seksen
90	doksan
100	yüz
500	beş yüz
1000	bin
10 000	on bin

Die wichtigsten Sätze

Allgemeines

Ich verstehe nicht.	Anlamıyorum.
Wie heißen Sie?	Adınız ne?
Ich heiße … !	Beni adım … !
Wie geht's?	Nasılsın? (per Du)
Sehr gut!	Çok iyiyim!
Sprichst du Deutsch?	Almanca bilir misin?
Wie spät ist es?	Saat kaç?
Lassen Sie mich in Ruhe!	Beni rahat bırakın!

Unterwegs

Wo ist …?	… nerede bulunur?
Welcher Bus geht nach …?	…e (a) hangı otobüs gider?
Wann fährt er los?	Ne zaman kalkıyor?
Bitte anhalten!	Lütfen durun!
Wir haben es eilig!	Acelimiz var!
Wo ist die Toilette?	Tuvalet nerede?

Notfall

Ich möchte telefonieren.	Telefon açmak istiyorum.
Wo ist die nächste Apotheke?	En yakın eczane nerede?

Einkaufen

Was wünschen Sie?	Buyurunuz?
Ich möchte …	… istiyorum!
Was kostet das?	Bu ne kadar?
Das ist teuer!	Çok pahalı!

Kulinarisches Lexikon

Frühstück (kahvaltı)

kahve *(kachve)*	Kaffee
çay *(tschai)*	Tee
şeker *(scheker)*	Zucker
ekmek	Brot
tereyağı *(tere'ja'e)*	Butter
reçel *(retschäl)*	Konfitüre
bal	Honig
peynir	Käse
sucuk *(ssudschuk)*	Wurst
yumurta (-lar)	Ei (-er)
sahanda yumurta	Spiegelei
hiyar	Gurke
domates	Tomate
zeytin (-ler)	Olive (-n)

Suppen (çorbalar)

balık çorbası	Fischsuppe
düğün çorbası	›Hochzeitssuppe‹: Fleischbrühe mit Ei
işkembe çorbası	Kuttelsuppe
mercimek çorbası	Linsensuppe

Salate und Pürees (mezeler)

antep ezme	scharfes Püree aus Tomaten und Peperoni
arnavut çiğeri	gebratene Leber mit rohen Zwiebeln
caçık *(dschatschek)*	Joghurt mit Gurke und Dill
çerkes tavuğu	Paste aus Hühnerfleisch
çoban salatası	›Hirtensalat‹: Tomaten, Gurken, Paprika
haydari	Püree aus Jogurt, Schafskäse, Kräutern
humus	Kichererbsenpüree
imam bayıldı	›Der Imam fiel in Ohnmacht‹ – Auberginen in Olivenöl
kokoreç	Innereienwürste
mücver	ausgebackene Bällchen aus geraspelten Zucchini
piyaz	weiße Bohnen in Essig und Öl
patlıcan ezmesi	Auberginenpüree
patlıcan kızartması	gebratene Aubergine
patates	Kartoffeln, Pommes frites
sigara böreği	gebackene Teigröllchen mit Schafskäse
tarama	Fischrogencreme
yaprak dolması	gefüllte Weinblätter

Grillgerichte (ızgaralar)

adana kebap	Hackfleisch am Spieß gegrillt (scharf)
biftek	Beefsteak
bonfile	Filet
çöp şiş	kleine Fleischstücke auf Holzspießen
döner kebap	Fleisch vom Drehspieß
iskender kebabı	Döner auf Fladenbrot mit Jogurt
ızgara köfte	Hackfleischbällchen
kuzu pirzolası	Lammkotelett
piliç izgara	Hühnchen vom Rost
şiş kebap	Fleisch am Spieß

Schmorgerichte (suyu yemekler)

biber dolması	gefüllte Paprika
etli bamya	Okraschoten mit Lammfleisch
etli kagıt kebabı	Lammkebap in Pergamentpapier
fasulye pilaki	weiße Bohnen in Tomatensauce
güveç	Auberginen-Fleisch-Eintopf
İzmir köfte	Hackfleischbällchen mit Kartoffeln und Tomatensauce
musakka	Auberginen mit Hackfleisch
saç kavurma	auf dem Blech gegartes Lammfleisch

soğanlı yahni	Lamm mit Zwiebeln in Zimtsauce
tandır	im Tontopf gegartes Fleisch, meist Lamm
tas kebap	Rindfleisch mit Zwiebel, wie Gulasch
türlü	Fleisch mit Gemüse

Fisch (balık)

ahtapot	Oktopus
alabalık	Forelle
barbunya	Meerbarbe
çupra	Goldbrasse
istakoz	Languste
karides	Krevetten
kılıç balığı	Schwertfisch
levrek	Meerbarsch
midye	Muscheln
mercan	Rotbrasse
orfoz	Riesenbarsch
ton balığı	Tunfisch
uskumru	Makrele

Teiggerichte & Eierspeisen

gözleme	dünner Teig mit Schafskäse
ispanaklı börek	Spinat in Blätterteig
lahmacun	türkische Pizza
mantı	türkische Ravioli, mit kalter Jogurtsauce
menemen	Rührei mit Zwiebeln, Tomate und Paprika
su böreği *(ssu börä'i)*	Nudelblätter mit Käsefüllung

Dessert (tatlılar)

aşure	Trockenobst u. Nüsse in Zuckersauce
baklava	Blätterteig mit Nussfüllung in Honigsirup
dondurma	Speiseeis
helva	türkischer Honig
hoşmarim	Pfannkuchen
kadayıf	süße Fadennudeln
lokma	Hefebällchen in Zuckersirup
lokum	Geleekonfekt in vielen Sorten
revani	Grießkuchen
sütlaç	Reismehlpudding

Obst (meyve)

elma	Apfel
erik	Pflaume
karpuz *(karpus)*	Wassermelone
kavun	Honigmelone
kayısı *(kajesse)*	Aprikose
muz *(mus)*	Banane
portakal	Orange
şeftalı *(schäftale)*	Pfirsich
üzüm *(üsüm)*	Weintraube
vişne *(vischne)*	Kirsche

Getränke (içkiler)

bira	Bier
şarap *(scharap)*	Wein
süt	Milch
su	Wasser
portakalsuyu	Orangensaft

Im Restaurant

Die Speisekarte, bitte.	Menü, lüften.
Gibt es (Bier)?	(Bira) varmı?
Ich möchte …	İstiyorum …
Nicht scharf!	Acı yok! *(adsche yok)*
Guten Appetit!	Afiyet olsun!
Die Rechnung, bitte.	Hesap lütfen.
Prost!	Şerefe *(schäräfä)* !
Messer	bıçak
Gabel	çatal
Löffel	kaşık
Teller	tabak
Serviette	peçete
Glas	bardak
Flasche	şişe *(schischä)*
Salz / Pfeffer	tuz / biber
eine Portion	bir porsiyon
heiß / kalt	sıcak / soğuk

Der Autor: Seit 20 Jahren schreibt der Reisejournalist Hans E. Latzke über die Türkei, die für ihn zu einer zweiten Heimat geworden ist. Bereits während seines Studiums der Soziologie, Politik und Philosophie lernte er das Land zwischen Bosporus und Ararat auf langen Reisen kennen. Seither ist er jedes Jahr in der Türkei unterwegs, meist am Mittelmeer, um alte Freunde zu besuchen – und kehrt stets mit neuen Tipps zurück. Er lebt mit Frau und zwei Kindern in Bielefeld, wo er auch Reise- und Kulturbücher anderer Autoren lektoriert.

Abbildungsnachweis

Corbis, Düsseldorf: S. 213 (Reza/Webistan)
Getty Images, München: S. 60 (Miller/Robert Harding World Imagery)
Rainer Hackenberg, Köln: S. 13 o. re., 13 u. li., 56/57, 67, 70, 79, 90, 104/105, 112 li., 115, 120, 129, 142, 161, 169, 177, 180/181, 217, 246/247, 268/269, 272 (2x), 277, 278
laif, Köln: S. 7, 25, 92/93, 94 re., 108, 122 (Amme); Titelbild, 133, 146/147 (Celentano); 43 (Gerald); 46/47, (Harscher); 66 (Keribar); 59, 77, 135 (Knop); 215, 226 (Mehlig); 198 (Le Figaro Magazine, © Forget); 27, 34, 190 re., 191, 204, 211, 214 li., 221 (Schliack); 62, 214 re., 222, 254 li., 258/259 (Standl); 28, 85, 152/153, 168 re., 186 (Tophoven); 31, 38, 113, 127 (Türemiş)
Hans E. Latzke, Bielefeld: S. 6, 9, 10, 11, 12 o. re., 12 u. re., 13 o. li., 13 u. re., 44, 53, 83, 91, 112 re., 124/125, 132 li., 132 re., 138/139, 150, 156, 158, 168 li., 171, 174, 188, 190 li.,193, 195, 202/203, 207, 235, 239, 240/241, 250, 254 re., 262, 284/285, 296
Look, München: Umschlagklappe vorn (Age), S. 73, 95, 97, 228 li., 230/231, 255, 266 (Pompe)
Mauritius Images, Mittenwald: S. 16/17 (go-images); 229, 253 (imagebroker); 228 re., 236 (Kreder); 273, 287 (Mattes); 245 (FreshFood); 12 o. li., 94 li., 102 (World Pictures)
picture-alliance, Frankfurt a. M.: S. 12 u. li., 182/183 (Huber-Images, Schmid); 68 (Scheidemann); 86/87 (Schiffer)

Kartografie

DuMont Reisekartografie, Fürstenfeldbruck
© DuMont Reiseverlag, Ostfildern

Umschlagfotos

Titelbild: Bucht von Ölüdeniz an der Südwestküste bei Fethiye
Umschlagklappe vorn: Das Yivli Minare (Gerilltes Minarett), das Wahrzeichen von Antalya

Hinweis: Autor und Verlag haben alle Informationen mit größtmöglicher Sorgfalt geprüft. Gleichwohl erfolgen alle Angaben ohne Gewähr. Bitte schreiben Sie uns! Über Ihre Rückmeldung und Ihre Verbesserungsvorschläge freuen wir uns: **DuMont Reiseverlag,** Postfach 3151, 73751 Ostfildern, info@dumontreise.de, www.dumontreise.de

4., vollständig überarbeitete Auflage 2015

Grafisches Konzept: Groschwitz/Blachnierek, Hamburg
Printed in China

FSC www.fsc.org
MIX
Papier aus verantwortungsvollen Quellen
FSC® C020056